M000307374

SCRIPTORVM CLASSICORVM

BIBLIOTHECA OXONIENSIS

OXONII

E TYPOGRAPHEO CLARENDONIANO

M. TVLLI CICERONIS

ORATIONES

PRO P. QVINCTIO   PRO Q. ROSCIO COMOEDO
PRO A. CAECINA   DE LEGE AGRARIA CONTRA RVLLVM
PRO C. RABIRIO PERDVELLIONIS REO
PRO L. FLACCO   IN L. PISONEM
PRO C RABIRIO POSTVMO

RECOGNOVIT
BREVIQVE ADNOTATIONE CRITICA INSTRVXIT

ALBERTVS CVRTIS CLARK

COLLEGII REGINAE SOCIVS

OXONII

E TYPOGRAPHEO CLARENDONIANO

Oxford University Press, Walton Street, Oxford OX2 6DP

Oxford New York Toronto
Delhi Bombay Calcutta Madras Karachi
Petaling Jaya Singapore Hong Kong Tokyo
Nairobi Dar es Salaam Cape Town
Melbourne Auckland

and associated companies in
Beirut Berlin Ibadan Nicosia

Oxford is a trade mark of Oxford University Press

Published in the United States
by Oxford University Press, New York

ISBN 0-19-814608-6

First edition 1909
Thirteenth impression 1986

All rights reserved. No part of this publication may be reproduced,
stored in a retrieval system, or transmitted, in any form or by any means,
electronic, mechanical, photocopying, recording, or otherwise, without
the prior permission of Oxford University Press

Jeff Chandler

Printed in Great Britain
by Antony Rowe Ltd.
Chippenham

PRAEFATIO

ORATIONES quae hoc volumine continentur id commune habent quod Italis saeculo xv ineunte innotuerunt. Defensiones P. Quinctii et L. Flacci quis invenerit non traditur: ceteras ex legatione Helvetica reportavit Poggius. E Poggianis tres, quae sunt pro Q. Roscio Comoedo, pro C. Rabirio perduellionis reo, pro C. Rabirio Postumo habitae— ut Palimpsesti particulam quandam omittam—nullo postea in codice inventae sunt: ceteris accesserunt subsidia nova aetate ipsius Poggii. Anno enim fere 1425[1] luci redditus est nobilis ille codex Vaticanus (V), in quo pars Pisonianae aliis cum orationibus continetur, anno 1426 alterum Pisonianae et orationum contra Rullum exemplar Coloniae invenit Nicolaus Treverensis, sive Cusanus.[2] Alios hodie habemus libros postea repertos (TEe), de quibus mox dicendum.

De his Italorum inventis quam brevissime dicam: multa, quae angustum Praefationis spatium non capit, libello quem typothetis prope diem traditurus sum reservabo.[3]

Vt ab orationibus pro Quinctio et pro Flacco incipiam, utramque tractat Antonius Luschus in Commentariis, quos ante annum 1405 scriptos esse docet R. Sabbadini.[4] Nullam

---

[1] Hoc libro usus est Poggius Romae anno 1428 (*Epistulae, ed. Tonelli,* 1. p. 216): nuper inventum esse dicit Aurispa anno 1430 (*Sabbadini, Scoperte,* p. 87). De oratione nuper reperta loquitur Guarinus anno 1425 (*Sabbadini, Museo ital.* ii. p. 289), quam Fonteianam esse arbitror, quae in V solo servata est. Alia saltem quae fuerit non video.

[2] 'Nicolaus ille Treverensis . . . dicit se habere (volumina) multorum operum Ciceronis, in quibus sunt orationes de lege agraria, in Pisonem. de Legibus. de Fato. et plura alia ex fragmentatis,' *Tonelli,* p. 266. Cf. *Sabbadini, Scoperte,* p. 110.

[3] *Anecdota Oxoniensia, Classical Series, Part* XI.

[4] *Bricciole Umanistiche.* p. 5.

earum mentionem inveni in Coluccii epistulis, qui anno
1406 mortuus est, quem virum, si Flacci defensionem legis-
set, de locis ubi de Graecorum mendaciis, de Iudaeorum
religione agitur, tacere potuisse vix veri simile est. Anno
igitur fere 1405 has orationes Italis innotuisse credo. Vna
inventas esse arbitror cum eodem tempore emerserint, et
in omnibus quos novi codicibus altera alteram sequatur,[1]
eodem modo quo Roscianae Mureniana coniungitur, vel
quo orationes pro Roscio Comoedo, pro Rabirio perduellionis reo, pro Rabirio Postumo conectuntur. E Gallia
advectas esse significat, opinor, numerus satis magnus codicum manu Gallica saeculo xv ineunte scriptorum, quos
quidem ab uno archetypo fluxisse manifestum est. Familiam
Gallicam ducit codex Parisinus 14749, olim S. Victoris 91
(Σ), cuius praestantia aliis in orationibus nota est.[2] Cum hoc,
ut ex Italicis unum sumam, codex olim S. Marci 255 (b)
fere conspirat.

Alter codex alia stirpe ortus postea inventus est, quo loco
nescio. Ex hoc novo fonte emanarunt cum varietas lectionis fere perpetua in eiusdem codicis b margine posita,
tum supplementa aliquot quae non librarii ingenio deberi,
sed e bono codice orta esse aliquando confirmat Rufiniani
et Palimpsesti (P) auctoritas.[3] Addiderim lectiones multas
esse mendosas, multas in rebus minimis velut in verborum
collocatione versari. E familia Gallica (Σ) et his correctioni-
bus (B) nata est contaminata Italorum recensio, quae in
altero codice S. Marci, num. 254 (χ), et in recentioribus invenitur.[4]

---

[1] Ita in editionibus priscis usque ad Aldinam anno 1519 a Naugerio
curatam.

[2] *Anecdota Oxoniensia, Classical Series, Part X.*

[3] *Quint.* §§ 53, 92. Vnum supplementum (§ 25) ex hoc fonte
ortum esse non credo, sed ex ea quam b exhibet corruptione (*nisi* pro
ubi) natum.

[4] E Parisinis quibus usus est F. L. Keller octo manu Gallica scripti

Venio ad syllogen Poggianam, de qua ipse Poggius in litteris ad F. Barbarum anno 1417 Constantiae datis ita loquitur.

Orationum volo hic exemplar remanere, post modum vel ipse deferam, vel per alium ad te mittam, idque quam primum.[1]

Thesaurum misit non ad Barbarum sed ad Nicolaum Niccolum, qui postea librum Barbaro permisit, quod, credo, non fecisset nisi transcribendum in usum suum iam ante curasset. Anno 1423 Poggius a Britannia redux binis litteris ad Barbarum missis codicem suum flagitabat, sed frustra: nam, ut ait, '*ille neque respondet neque librum mittit*', id quod aegre tulit Poggius, qui dicit '*amo enim hunc libellum tum propter multa, tum in primis quia egomet scripsi*'. Nicolai etiam et Guarini auxilium in hac re poscebat.[2] Anno 1424 Ambrosius Camaldunensis in epistula ad Nicolaum data dicit de Barbaro '*orationes illas a Poggio in Germania repertas ad te prope diem missurum pollicetur*'. Anno denique 1436, si annus recte traditur, orationes sospitatori suo reddidit Barbarus cum his litteris.[3]

Orationes illas Ciceronis quas a Germania in Italiam longo, ut aiunt, postliminio reduxisti ab illis mensariis de quibus fecisti mentionem recipies. Quae etsi tardius ad te reverterentur quam voluisses, sibi facile ignosces; nam cum mecum peregrinari non crederent, sic in aede Camenarum, ut aiunt, apud me se receperant, quasi haec sua hospitalitas tuae Germanicae legationis monumentum quoddam in perpetuum esse debuisset. Vale. Venetiis 1436.[4]

Alia profecto ratio est orationum de quibus nunc agitur atque earum quas in Cluniacensi Poggius invenerat. Clu-

sunt, e quibus tres (*hin*) ex ipso Σ transcriptos esse, quinque *bcdfg*) codicis Σ simillimos esse cognovi; quattuor (*aelm*) in Italia exarati eandem fere quam χ recensionem exhibent. Restat unus *k*, de quo mox dicendum.

[1] *Classical Review*, xiii. p. 125.
[2] *Tonelli*, i. pp. 93, 95, 96, 100.
[3] *Sabbadini*, Centotrenta lettere inedite di Fr. Barbaro, p. 84.
[4] *Sabbadini* 1436 errore positum pro 1424 suspicatur.

niacensi enim codicis Σ scriptor ante Poggii adventum usus est, ipsum codicem in Italiam misit Poggius, plures et Florentiae et Romae contulerunt, inter quos ipse Poggius. Contra in his orationibus numquam de codicibus a se reportatis loquitur Poggius, sed identidem de suo exemplari sua manu scripto. Ad hoc igitur redire constat in orationibus pro Roscio Comoedo, pro Rabirio perduellionis reo, pro Rabirio Postumo codices omnes, in ceteris quotquot libri in familiam Poggianam cadunt. Quod si ipsius Poggii exemplar praesto esset, ceteris libris qui ab eo derivati sunt, quorum ingens est numerus, supersederi potuit : hoc vero deperdito necesse est ut omissis rivulis ad fontem, si potest fieri, quam proxime accedamus.

Illud, opinor, veri simile est ab apographo Poggiano proxime abesse eos codices, si qui eius modi sint, qui nihil nisi has octo orationes praebeant. Atqui tales exstare iam diu notum est. Hi sunt

1. Codex olim S. Mariae, sive Abbatiae Florentinae, qua in bibliotheca numero CL. 11. 39 signabatur, nunc Laurentianus, Conv. Soppr. 13 (*M*). Hunc descripsit Mehus in vita Ambrosii Camaldunensis,[1] Bandinius in catalogo,[2] contulit H. Lagomarsinius, qui codicem Lag. 39 appellavit, plures postea inspexerunt.

2. Codex alter olim S. Mariae, num. CL. 11. 38 designatus, nunc Oxoniensis, Dorvill. 78 (*o*). Hunc Ambrosii manu exaratum esse dixit Mehus,[3] sed in tali re vir doctus saepe fallitur. A Lagomarsinio collatus est Florentiae et Lag. 38 appellatus. Quo modo in Dorvillii manus venerit nescio.

3. Codex Senensis H. VI. 12 (*s*): quem nuper indicavit N. Terzaghi.[4]

4. Codex Laur. XLVIII. 26 (ω) a Lagomarsinio collatus

[1] p. xxxv. [2] *Catal. Lat. Bibl. Laur.* ii. p. 231.
[3] p. ccclxxxvii.
[4] *Bullettino Senese di storia patria*, x (1903).

et Lag. 26 designatus. Praeter has octo orationes continet Roscianam et Murenianam, sed manu nova scriptas et prae-cedentibus postea additas.

5. His nescio an addendus sit codex Ambrosianus C. 96 supr. (*m*), qui decem orationes a Poggio repertas continet.[1] Restant duo libri hodie deperditi, qui sunt

6. Codex olim S. Michaelis Venetiis (*v*), quem in catalogo huius monasterii descripsit Mittarelli.[2] Bibliotheca anno 1812 divendita multos codices emerunt Capellari, postea Papa Gregorius XVI, et Zurla, postea Cardinalis, qui tum in eo monasterio monachi erant : libros postea Romam translatos monasterio S. Gregorii donaverunt.[3] In hoc numero hunc librum fuisse colligo, quoniam eius modi codicem in bibliotheca S. Gregorii vidit anno 1822 F. Blume,[4] etiam postea A. Reifferscheid.[5] Magnam mihi exspectationem moverat hic codex cum alias ob causas,[6] tum quod in S. Michaelis bibliotheca aliquot F. Barbari codices servatos esse Mittarelli testatur. Frustra tamen in Victoris Emmanuelis bibliotheca inter codices S. Gregorii requisivi. Anno 1870 fures in hac bibliotheca incredibilem in modum grassatos esse constat.[7]

7. Codex Glorieri (*g*), quo usus est Muretus, olim in Collegio Romano asservatus. Hunc quoque in Victoris Emmanuelis bibliotheca inter Collegii Romani libros non inveni.

[1] Liber fuit olim Iac. Corbinelli, dein I. V. Pinelli : in prima pagina est *Iste liber est* || || || || || *entiae.*
[2] *Bibliotheca S. Michaelis,* p. 255.
[3] *Cicogna. Bibliografia Veneziana,* 1847. p. 580.
[4] *Bibliotheca librorum MSS. Italica* (Göttingen, 1834), p. 186.
[5] *Rhein. Mus.* xxiii (1868), p. 146.
[6] Orationes pro Rabirio Postumo, pro Rabirio perduellionis reo, pro Roscio Comoedo ante Pisonianam, sicut *M* nondum mutilatus, solus e meis habet. solus etiam, si vera tradit Reifferscheid, eandem quam *M* in fine Caecinianae subscriptionem.
[7] Cf. *Les malversations à la Bibliothèque Vittorio Emanuele à Rome,* *Bibl. de l'École des Chartes,* xlii (1881), p. 605.

Codices *mosω* ex *M*, vel potius ex apographo eius non
nullis in locis suppleto et correcto, derivatos esse manifestum est, neque minus apertum a cod. *M* proxime abesse
Laur. XLVIII. 26 (ω). Codicem *M* ceteris antiquiorem esse
ostendunt loci satis multi in quibus eandem quam codd.
TEe, alio fonte orti, lectionem manus prima exhibet,[1] tum
menda quaedam orthographica, verba perperam divisa, compendia ex archetypo repetita, quae a scriptore mox correcta
sunt. Correctiones habent ceteri.

De codice primario *M* nunc plenius dicendum est. Liber
hodie est mutilus: tres enim orationes, in quibus huius
codicis ope maxime egemus, desiderantur. Amissae orationes post Caecinianam intercidisse non possunt, ante
Pisonianam possunt: cum nulla scissura appareat, eas ante
quam liber compactus est avulsas esse arbitror. Codicem
exaraverunt duo librarii, alter orationes pro Caecina et
contra Rullum confecit, alter Pisonianam: ille manu rudi,
fere senili utebatur, non indoctum hominem diceres sed
scribendi insuetum, hic manu veloci, utpote vir doctus, sibi
bene fidens. Vterque chartis ex eodem genere usus est:
locos aliquot in priore libri parte omissos addidit Pisonianae
scriptor.

Primi librarii manus Poggii esse non potest, in secundi
scripturam Poggii non agnosco.

In calce Caecinianae est subscriptio a Bandinio ex hoc
libro iamdudum prolata:[2]

Hanc orationem antea culpa temporum deperditam **Poggius** Latinis
viris restituit et in Italiam reduxit cum eam diligentia sua in Gallia
reclusam in silvis Lingonum[3] adinvenisset conscripsissetque ad Tullii
memoriam et doctorum hominum utilitatem.

In fine Pisonianae est alia:[4]

[1] Cf. *Caec.* 92, 95, 100, 101, 103.
[2] Hanc in cod. *v* exstare dicit Reifferscheid, de qua re silet Mittarelli.
[3] Prope urbem quae hodie *Langres* vocatur.   [4] Ita codd. *gsv*.

PRAEFATIO

Has septem M. Tullii orationes, quae antea culpa temporum apud Italos deperditae erant, Poggius Florentinus, perquisitis plurimis Galliae Germaniaeque summo cum studio ac diligentia bibliothecis, cum latentes comperisset in squalore et sordibus, in lucem solus extulit ac in pristinam dignitatem restituens Latinis Musis dicavit.

Ipsius Poggii de se gloriantis, nisi fallor, verba sunt.

Ad orationem primam contra Rullum in margine adnotatum est : [1]

In quodam antiquo volumine deficiunt due charte in principio, quare hoc non est principium orationis.

Ad secundam in margine adnotatum : [2]

IN exemplari uetustissimo hoc erat in margine.
Emendaui ad tyronem et ḷẹ laeccanianum acta ipso cicerone et antonio cossi. oratio xxiiii.
In exemplo sic fuit.
Statiḷus maximus rursū emendaui ad tironem et ḷẹ.
laeccanianum et dom̄. et alios ueteres iii.

Oratio eximia.

In hac subscriptione testatur Statilius Maximus, grammaticus saeculi secundi, cuius *Singularia* de Catonis, Sallustii, Ciceronis sermone laudat Charisius,[3] se hanc orationem emendasse ope sex codicum, e quibus unum Tironiana cura correctum, alterum Laecanii, tertium domini sui fuisse dicit, alios tres 'veteres' tantum appellat. Erraret profecto si quis putaret singularem quandam necessitudinem inter exemplar Statilianum et codicem a Poggio repertum intercedere : omnes enim codices ex eodem archetypo, id est e libro Statilii cura emendato, fluxisse communes lacunae probant. Subscriptiones duas, eiusdem laboris testes, in codice quem invenit Poggius exstitisse manifestum est.

De his quidem orationibus hactenus. Venio ad eas quae in *M* desiderantur, in quibus quasi ἔφεδρος fit Laur. XLVIII. 26, quem in his littera maiore dignatus Ω appello. Codi-

---

[1] Ita multi codices.
[2] Ita codd. *msω*, sed *v.* 2 laet- *s*; *v.* 3 cons. *ω*, coss. *s*, cos. *m*; *v.* 5 tyronem *msω*; *v.* 6 laecan- *mω*, laetan. *s* : verba *oratio eximia* prioribus continuant *msω*.
[3] *Inst. Gram.* ii. 14.

ix

cem, quem alio loco[1] plenius descripsi, librarii plures raptim exaraverunt. Quod ad orthographiam attinet multa ubique occurrunt a norma Poggiana prorsus aliena,[2] velut *michi*, *nichil, ytalia, ymago*, ut alia nunc omittam. In fine orationis pro Q. Roscio prima manus adnotavit *deficit residuum*, secunda addidit *quia non erat plus in exemplari quod ex Gallia seu Germania habuimus*. In media parte orationis pro Rabirio perduellionis reo (§ 19) scripsit *m*. 2 in margine *in exemplari vetustissimo deficit una pagina*, in lacuna quam textus exhibet eadem *m*. 2 addidit *nobis dabit*[3] : in fine orationis monitum est *in exemplari deficiunt due carte que sunt abscise et sic finis precedentis orationis est et sequentis initium.*[4] Ad Pisonianae initium *m*. 1 in margine adnotavit *ex Asconio apparet hoc non esse principium orationis sed aliquantum deesse*[5] : in media orationis parte (§ 61) scripsit *m*. 1 in margine *oechetę* (= οἴχεται), quam correctionem e Vaticano (*V*) fluxisse manifestum est, unde codicem non ante annum 1425 scriptum esse colligo. Librum ceteris antiquiorem esse non dico, integriorem esse testantur non solum lectiones aliquot optimae, sed magnus mendorum apertissimorum numerus, quae Italorum ingenio sensim emendata sunt. Vt brevissime dicam, nihil fere inveni in ceteris, quos plurimos contuli, quod ex Ω derivatum non sit, nisi quod verba quaedam habent ab Ω omissa et propriis quibusdam mendis carent. Non igitur ex ipso Ω sed ex apographo eius, hic illic suppleto et correcto, eos codices qui eius simillimi sunt emanasse iudico.

Redeo ad orationes contra Rullum habitas, in quibus nodus offenditur. In his undecim codices Florentinos

---

[1] *Anecdota Oxoniensia, Classical Series, Part* X, p. lix.

[2] *Epistulae Colucci* (*ed. Novati*), iv. 163, quod *nichil* atque *michi* non inscitia sed nefas et sacrilegium arbitrere (*ad Poggium*).

[3] Ita codd. *μs*.   [4] Eiusmodi adnotationes habent plures codices.

[5] In cod. Veneto, Bessar. CCCXXVII, haec adnotatio a Gasparino scripta esse dicitur.

Lagomarsinius contulit, lectiones ex eius schedis exscriptas
A. W. Zumpt iuris publici fecit. Atque hos in duas
familias sponte sua discedere manifestum est. Vna est
Poggiana, quae e codd. 9, 20, 26 (ω), 38 (*o*), 39 (*M*) constat[1] : altera in codd. 1, 7, 8, 13, 24 invenitur. Vnius codicis
Lag. 3 singularis ratio est, quod prima manus cum Poggianis,
secunda cum altero grege conspirat. Duae igitur sunt
familiae Italicae, non una. Alteram vero non e Poggiana
derivatam esse monstrant cum diversitas lectionis fere perpetua, tum scripturae plurimae a codicibus postea repertis
(*Ee*) confirmatae. Vnde igitur venit haec nova familia ?

Mihi statim in mentem venit illius codicis a Nicolao
Cusano Coloniae anno 1426 reperti.[1] Quia tamen hic liber
non solum has orationes sed etiam Pisonianam continebat,
in Pisoniana quoque, si coniectura veritate niteretur, duas
familias exsistere necesse erat. Coniecturam firmavit ipsorum codicum inspectio,[2] in quibus eosdem codd. 1, 7, 8,
13, 24 et secundam manum in cod. 3 contra Poggianos
semper conspirare cognovi. Alteram igitur hanc familiam
ad exemplar Cusanum redire mihi persuasum est. Hoc
quasi filum nactus pedes meos per hunc labyrinthum regere
potui. Inveni Italos codicem Cusanum, quem non solum
valde corruptum sed lectu difficilem[3] fuisse indicia multa
demonstrant, non totum transcripsisse, sed more suo codices
e Poggiano fonte ductos lectionibus e Cusano exscriptis
adornasse. Ipsum quidem codicem plures librarios con-

---

[1] Cod. 9 ex hoc fonte ductus est sed docte emendatus. His corre-
ctionibus deceptus A. W. Zumpt miram de Lag. 9 fabulam commen-
tatus est, cum huius codicis scriptorem solum ad ipsum caput, id est
exemplar Poggianum, rediisse crederet : quo errore ductus menda
apertissima in textum recepit. Sed hoc est, ut ait Tullius, ' lapidem e
sepulcro venerari pro deo.'

[2] Collationes a Lagomarsinio factas, quae in Collegio Romano olim
asservabantur, in bibliotheca Victoris Emmanuelis frustra requisivi.

[3] Velut *Pis.* § 1 *paruulum* pro *periculum,* § 2 *trivium* pro *te vivum*
hi libri habent.

tulisse manifestum est. Collationis primae fructum exhibet
Lag. 3 (χ), qui in orationibus contra Rullum lectiones aliquot
ex hoc codice exscriptas, in Pisoniana complures in contextu habet; collationem secundam testantur variae in
margine eiusdem codicis positae lectiones,[1] tertiam codd.
1, 7, 8, 13 qui multas in contextu habent ubi χ cum Poggianis consentit, e quibus plures codd. *Ee* consensu con-
firmantur.[2] Quartae denique collationis vestigia ostendit
cod. 24 in Pisoniana, qui ex Lagg. solus cum *E* saepe
consentit.[3] Huius quidem codicis originem operae pretium
est cognoscere. Scilicet in orationibus contra Rullum ex
ipso *M* derivatus est,[4] in Pisoniana ex cod. 13, qui tamen
huius quartae collationis fructu caret.[5] Illud denique addiderim non solum codicum quos Lagomarsinius contulit sed
omnium quos novi fere dimidiam partem ex exemplari
Cusano esse derivatam.

Restant duo codices quos in omnibus his orationibus
contuli. Hi sunt

Codex Oxon. Canonici 226 (*c*).

Codex Parisinus 7779, anno 1459 Paviae scriptus (*k*).

In codicem *c* cum abhinc triennium incidissem, valde
miratus sum, cum invenirem magnum correctionum numerum quae editionibus Venetae et Romanae, quae Angelio,
Naugerio, aliisque ad haec tempora[6] editoribus acceptae
referuntur, hoc codice contineri. Mox intellexi inter hunc
librum et Parisinum 7779 (*k*), quo in Quinctiana et Caeciniana usus est F. L. Keller, summam necessitudinem intercedere, Parisinum autem etiam Oxoniensi esse correctiorem.

---

[1] Cf. *Rull.* ii. 103.   [2] Cf. *Rull.* ii. 3.
[3] Cf. *Pis.* 89, 90, 92.
[4] *Rull.* ii. 86 omittit *altera . . . vestram* quae verba uno codicis *M*
versu continentur.
[5] *Pis.* 1 omittit *m.* 1. *mentis . . . ignotus*, quae verba uno codicis 13
versu continentur.
[6] Velut *Cael.* 60 *tonantem* pro *conantem*, quod ipse conieceram, in
c inveni.

Cum autem cod. *k* anno 1459 exaratus sit, patet hanc ingentem coniecturarum farraginem—omnes enim emendationi deberi perspicuum est—ante hoc tempus concinnatam esse. Tanta erat Italis industria, tam felix audacia, quae intra hos paucos annos tantum profecit. Nam post editiones Venetam et Romanam typis impressas paucissimae emendationes factae sunt usque ad Angelium et Naugerium, qui ex hoc ipso fonte hortulos suos irrigabant. Priores quidem qui codices MSS. tantum tractabant, cum mendorum causas bene intellegerent, audacius res agebant : posteris religionis aliquid iniecit littera typis impressa. Ex eodem quo *ck* fonte deducti sunt alii libri, velut ille 'vetus codex' Lauredani in orationibus contra Rullum, 'vetus liber' Turnebi in oratione pro Rabirio Postumo, quem eundem esse suspicor atque codicem S. Dionysii[1] quem laudat Lambinus, codex denique Francianus, quo usus est Graevius.

His quaestionibus absolutis inter codices quos habemus contentio quaedam dignitatis fiat. In Quinctiana particulam habemus Palimpsesti (*P*), in oratione pro Flacco—ut de fragmentis Mediolanensi et Peutingeriano sileam—cod. Vaticanum (*V*), qui partem tantum orationis continet, Scholiastam denique Bobiensem. De codicum *P* et *V* principatu, ubi exstant, dicere non necesse est. Praeter hos nihil habemus nisi duos fontes ΣB. Ex his quidem Σ mendis refertissimum esse non nego ; manum interpolatricem non agnosco : correctiones aliquot insignes praebet $\dot{B}$, sed has ab homine Italo exscriptas esse non obliviscendum est. Illud etiam cavendum est ne librarii qui has lectiones exscripsit silentio credamus : multa enim eum fefellisse veri simile est. Ex Σ igitur fere pendemus, quamvis inviti.

---

[1] Lectiones, quas se e suo vetere libro traxisse in Adversariis asseverat, in libro typis impresso quem in bibliotheca Paris. inveni (X. 17, 180) siglo *D* designat.

In Caeciniana sine dubio praestantissimus est Tegernseensis (*T*), quocum fere consentiunt Erfurtensis (*E*) et
Palatinus secundus (*e*), quem non ex ipso *E* sed ex gemello
quodam derivatum esse iudicavit C. Halm,[1] cui ego assen-
tior. Codicem Lingonensem a Poggio repertum neque
antiquum esse iudico neque, quod doleo, valde bonum:
saeculo fere xii litteris minusculis scriptum esse ostendunt
compendia multa in cod. *M* servata. In orationibus contra
Rullum habitis eadem codicum ratio est, nisi quod Tegern-
seensi caremus. Exemplar a Poggio repertum saeculo xii
scriptum esse iudico. Non multum boni praeter lectiones
ex *E* diu notas praebet fons Cusanus. Optimi igitur duces
sunt *Ee*, qui quam claudicent et caecutiant ut demonstrem
non necesse est. Illud sane constat orationis secundae
finem miserrime esse corruptum. Hucine reciderunt illi
omnes Statilii Maximi atque ipsius Tironis labores!

In Pisoniana optimi sunt Palimpsestus (*P*) et Vaticanus
(*V*), quibus accedit testis locuples Asconius. Vbi eius modi
subsidiis fruimur, firmo fundamento res nititur, ubi deficiunt, lubrico. Ita enim *Ee* cum *PV* aliquando con-
spirant ut interpolationibus non nullis foedati sint quibus
Poggiani carent. Excerpta quaedam ex hac oratione, partim
nova, suppeditat codex Cusanus (*Cus.*), olim Nicolai Cusani,
saeculo xii neglegentissime scriptus.[2]

---

[1] *Jahn, Jahrb. Suppl.* xv. (1849) p. 169. Codex erat olim Heidelbergae, qua in urbe codices aliquot e monasterio Laurisheimensi
adlatos saeculo xv transcriptos esse constat (Gurlitt, *Jahrb. Suppl.*
xxii. (1896) p. 517). Potest igitur ex eo codice qui in vetere huius
monasterii (*Manitius*, p. 18) catalogo descriptus est, in quo Pisoniana
fuisse traditur, emanasse. Codicis *e* simillimi sunt Erlangensis, anno
1466 Heidelbergae scriptus, et Frisingensis, quos contulit C. Halm.

[2] *Über eine HS. des Nicolaus von Cues. I. Klein*, 1866. Liber
habet locos cum ex aliis auctoribus excerptos, tum ex Tullii Paradoxis
et libro qui de Inventione appellatur. ex orationibus in Pisonem, pro
Flacco, pro Fonteio, Philippicis. Nihil habet ex orationibus contra
Rullum, vel ex libris de Legibus, de Fato. Non potest igitur is esse
liber a Nicolao repertus de quo iam dixi: potest is esse quem 'plura
alia ex fragmentatis' habere dicit Poggius.

Orationis pro Rabirio perduellionis reo particulam Palimpsestus Taurinensis (*P*) continebat: alter Palimpsestus
Vaticanus (*V*) fragmentum novum praebet. Reliqua pars
et duae quae restant defensiones ex apographo Poggiano
pendent. Decurtatum fuisse archetypum ostendunt mancae
pro Rabirio perduellionis reo et pro Q. Roscio orationes,
squalore et sordibus deformatum foedae quae in defensione
Postumi occurrunt corruptiones. Quod ad codices attinet,
omnium fere instar Ω esse arbitror: huic proximi sunt cod.
Matritensis (*μ*), et Parisinus *Nouv. Acq.* 1564 (*p*), qui quidem orationem pro Q. Roscio non habent. Ceteris inte-
griores sunt *mos*, reliqui coniecturis refertissimi.[1]

Editiones pristinas fere omnes perscrutatus sum et id egi,
quantum in me fuit, ut suum cuique redderem, velut
Manutio aliqua restitui quae Lauredano[2] et Faerno, qui
eius editione secunda usi sunt, vulgo accepta referuntur.
Orationis pro Postumo editio aureola a Patricio curata
emendationes aliquot bonas habet hactenus neglectas.
Castigationes Puteani eius manu scriptas inveni in libro
Parisino typis impresso (Rés. x. 371-2), sed, nisi fallor, fere
omnes iam notae sunt.

De viris doctis qui me auxilio suo adiuverunt nominandi
sunt G. Biagi, Bibliothecae Laurentianae Praefectus, cuius
beneficio plures codices quos Florentiae inspexeram Oxonii
in Bibliotheca Bodleiana consulere mihi licuit; Ed. Ströbel
Monacensis, qui mihi non solum codicum *V* et *R* novam
collationem a se factam commodavit, sed etiam ingentem
lectionum variarum copiam ex quinquaginta fere codicibus

---

[1] Cod. Ambros. C. 121 inf.. quem in defensione Postumi optimum
esse arbitratus est C. F. W. Müller. contuli, sed sine fructu.

[2] Quaestionem, quae exorta est. utrum haec editio Lauredani fuerit
an Sigonii, tractare nolui. Saepe auctor ad Sigonium provocat et
eum laudibus cumulat. Quod si Sigonii opus sit, iure plectitur, qui
sese pulcherrimarum emendationum laude fraudavit

PRAEFATIO

qui orationes pro Flacco et in Pisonem continent incredibili diligentia comparatam permisit. Restat Iacobus S.
Reid Cantabrigiensis, vir in hoc genere apud nostrates
doctissimus, otii sui prodigus, quem et per litteras et coram
multis de locis consulere mihi contigit.

A. C. C.

Scribebam Oxonii
Mense Ianuario MDCCCCIX.

Palimpsesti (*P*) in Pisoniana, codicis Vaticani (*V*) in orationibus
pro Flacco et in Pisonem multas lectiones a prioribus neglectas vel
perperam traditas confirmavit Ed. Ströbel, quem ubique sequor. *Cf.*
Blätter f. d. bay. Gymn. xxv. (1889), *pp.* 381-386; *Philologus* lii.
(1893), *pp.* 490-495.

Codicem Erfurtensem (*E*) aliquot locis meo rogatu inspexit
C. Brinckman, Berolinensis, olim mei Collegii alumnus. Eius testimonio fretus has lectiones in hoc codice inveniri confirmo. Rull. ii.
34 *accedit*, 74 om. *possint*, 87 *eripere*, Pis. 12 *consilia* inest, 86
apolliniate.

Codicis Harleiani (*H*) lectiones aliquot vel in Anecdotis vel in
editionibus meis aut mea aut typothetarum incuria mendose traditas
hanc occasionem nactus corrigo. In Pompeiana § 13 codex habet
quod id tandem, § 18 *partim eorum qui*, § 56 *nos . . . videmus*, in
Miloniana § 74 *terminabat*, § 75 *cessissent*. In Rosciana siglorum
quadam confusione deceptus de codicis ω scriptura quater erravi.
Re vera habet § 16 *atque ex omni*, § 76 *homo ut* ᵼsine *qui*), § 80 *ergo
est quo*, § 113 *recte*: quae menda in nova eius voluminis impressione
quae e prelo iam iam exitura est correxi.

M. TVLLI CICERONIS
PRO P. QVINCTIO ORATIO

SIGLA

P = Palimpsestus Taurinensis (*continebat* §§ 50–53 sed bonorum . . . tute collegis- : §§ 66–70 -sentem sine causa . . . commemorando renova- : §§ 92–93 minas quas . . . ait officium)

Σ = cod. Paris. 14749
b = cod. S. Marci 255 (Flor. Bibl. Nat. I. iv. 4)
B = m. 2 in cod. S. Marci 255
χ = cod. S. Marci 254 (Flor. Bibl. Nat. I. iv. 5)
c = cod. Oxon. Canonici 226
k = cod. Paris. 7779, A.D. 1459 scriptus
ς = codd. *ck*

Omnes codices praeter P saeculo XV° scripti sunt

M. TVLLI CICERONIS

PRO P. QVINCTIO ORATIO

QVAE res in civitate duae plurimum possunt, eae contra **1**
nos ambae faciunt in hoc tempore, summa gratia et elo- **1**
quentia ; quarum alteram, C. Aquili, vereor, alteram metuo.
Eloquentia Q. Hortensi ne me in dicendo impediat, non
5 nihil commoveor, gratia Sex. Naevi ne P. Quinctio noceat,
id vero non mediocriter pertimesco. Neque hoc tanto **2**
opere querendum videretur, haec summa in illis esse, si
in nobis essent saltem mediocria ; verum ita se res habet,
ut ego, qui neque usu satis et ingenio parum possum, cum
10 patrono disertissimo comparer, P. Quinctius, cui tenues
opes, nullae facultates, exiguae amicorum copiae sunt, cum
adversario gratiosissimo contendat. Illud quoque nobis **3**
accedit incommodum, quod M. Iunius, qui hanc *causam*
aliquotiens apud te egit, homo et in aliis causis exercitatus
15 et in hac multum ac saepe versatus, hoc tempore abest
nova legatione impeditus, et ad me ventum est qui, ut
summa haberem cetera, temporis quidem certe vix satis
habui ut rem tantam, tot controversiis implicatam, possem
cognoscere. Ita quod mihi consuevit in ceteris causis esse **4**
20 adiumento, id quoque in hac causa deficit. Nam, quod

---

1 duae res in civitate $b^1\varsigma$ hae ς 4 in *om.* Σb^1 5 ne
P. $\chi\varsigma$: nepotis (*add.* ne B) *cett.*   Quintio *mei* (*ita semper,* Quinctium *in* §§ 53, 67, 68, 93 *hab. P*)   6 nec Σ tanto opere $B\chi c^1$:
tanto tempore Σ : tempore b^1c^2k 9 neque hoc usu *k*   13 causam
suppl. Angelius : causam C. Aquili *suppl. Klotz*   14 egit] causam
Aquili *add. k*   15 ac] et χ 16 est *om.* Σ 18 habeo ς
possim *codd.* : *corr. ed. R*   20 quod ingenio minus *Quintil.* xi.
1. 19 : quo minus ingenio *codd.*

3

ingenio minus possum, subsidium mihi diligentia com-
paravi ; quae quanta sit, nisi tempus et spatium datum sit,
intellegi non potest.　Quae quo plura sunt, C. Aquili, eo
te et hos qui tibi in consilio sunt meliore mente nostra
verba audire oportebit, ut multis incommodis veritas debili- 5
5 tata tandem aequitate talium virorum recreetur.　Quod si
tu iudex nullo praesidio fuisse videbere contra vim et
gratiam solitudini atque inopiae, si apud hoc consilium
ex opibus, non ex veritate causa pendetur, profecto nihil
est iam sanctum atque sincerum in civitate, nihil est quod 10
humilitatem cuiusquam gravitas et virtus iudicis consoletur.
Certe aut apud te et hos qui tibi adsunt veritas valebit,
aut ex hoc loco repulsa vi et gratia locum ubi consistat
reperire non poterit.

2　　Non eo dico, C. Aquili, quo mihi veniat in dubium tua 15
fides et constantia, aut quo non *in* his quos tibi advocavisti
viris lectissimis civitatis spem summam habere P. Quinctius
6 debeat.　Quid ergo est?　Primum magnitudo periculi
summo timore hominem adficit, quod uno iudicio de
fortunis omnibus decernit, idque dum cogitat, non minus 20
saepe ei venit in mentem potestatis quam aequitatis tuae,
propterea quod omnes quorum in alterius manu vita posita
est saepius illud cogitant, quid possit is cuius in dicione
7 ac potestate sunt, quam quid debeat facere.　Deinde habet
adversarium P. Quinctius verbo Sex. Naevium, re vera 25
huiusce aetatis homines disertissimos, fortissimos, florentissimos nostrae civitatis, qui communi studio summis opibus
Sex. Naevium defendunt, si id est defendere, cupiditati

---

1 subsidium . . . diligentia *Quintil.* : subsidio . . . diligentiam *codd.*
3 eos Σ*b*¹　　4 sunt] adsunt ϛ　　7 nulli *Lambinus*　　10 atque
Σ*b*¹ : neque *cett.*　　　　nihil est quod *mei* : nihil quod *ed. Hervag.*
13 locum *om. k*　　ubi Σ : ubi res *cett.*　　15 dico] loquor Σ　　quo]
quod *b*　　16 in *k* : *om. cett.*　　advocasti *b*　　17 electissimis
codd. : *corr. Lambinus*　　20 dum] cum Σ*b*¹　　21 mentem] mentem vis ϛ　　26 florentissimos *Hotoman* : horrentissimos Σ : hone-
stissimos *b* : ornatissimos χϛ

4

alterius obtemperare quo is facilius quem velit iniquo
iudicio opprimere possit. Nam quid hoc iniquius aut 8
indignius, C. Aquili, dici aut commemorari potest, quam
me qui caput alterius, famam fortunasque defendam priore
5 loco causam dicere? cum praesertim Q. Hortensius qui
in hoc iudicio partis accusatoris obtinet contra me sit
dicturus, cui summam copiam facultatemque dicendi natura
largita est. Ita fit ut ego qui tela depellere et volneribus
mederi debeam tum id facere cogar cum etiam telum
10 adversarius nullum iecerit, illis autem id tempus im-
pugnandi detur cum et vitandi illorum impetus potestas
adempta nobis erit et, si qua in re, id quod parati sunt
facere, falsum crimen quasi venenatum aliquod teium
iecerint, medicinae faciendae locus non erit. Id accidit 9
15 praetoris iniquitate et iniuria, primum quod contra omnium
consuetudinem iudicium prius de probro quam de re
maluit fieri, deinde quod ita constituit id ipsum iudicium
ut reus, ante quam verbum accusatoris audisset, causam
dicere cogeretur. Quod eorum gratia et potentia factum
20 est qui, quasi sua res aut honos agatur, ita diligenter
Sex. Naevi studio et cupiditati morem gerunt et in eius
modi rebus opes suas experiuntur, in quibus, quo plus
propter virtutem nobilitatemque possunt, eo minus quantum
possint debent ostendere.

25   Cum tot tantisque difficultatibus adfectus atque adflictus 10
in tuam, C. Aquili, fidem, veritatem, misericordiam
P. Quinctius confugerit, cum adhuc ei propter vim
adversariorum non ius par, non agendi potestas eadem,
non magistratus aequus reperiri potuerit, cum ei summam
30 per iniuriam omnia inimica atque infesta fuerint, te,

---

6 in *suppl. Baiter*   10 iecerit *B, Ruhnken* : legerit Σχ : egerit �
10-12 illis... et si qua *cm.* b^1 14 iecerint *B*: legerint (egerint *k*)
cett.   15 omnem b^1�   21 in *om.* Σb^1 23 quantum *k*:
quod Σ : quam *cett.*

C. Aquili, vosque qui in consilio adestis, orat atque obsecrat
ut multis iniuriis iactatam atque agitatam aequitatem in
3 hoc tandem loco consistere et confirmari patiamini. Id
11 quo facilius facere possitis, dabo operam ut a principio
res quem ad modum gesta et contracta sit cognoscatis.   5

    C. Quinctius fuit P. Quincti huius frater, sane ceterarum
rerum pater familias et prudens et attentus, una in re
paulo minus consideratus, qui societatem cum Sex. Naevio
fecerit, viro bono, verum tamen non ita instituto ut iura
societatis et officia certi patris familias nosse posset; non 10
quo ei deesset ingenium ; nam neque parum facetus scurra
Sex. Naevius neque inhumanus praeco umquam est existimatus. Quid ergo est? Cum ei natura nihil melius quam
vocem dedisset, pater nihil praeter libertatem reliquisset,
vocem in quaestum contulit, libertate usus est quo im- 15
12 punius dicax esset. Qua re quidem socium tibi eum velles
adiungere nihil erat nisi ut in tua pecunia condisceret qui
pecuniae fructus esset ; tamen inductus consuetudine ac
familiaritate Quinctius fecit, ut dixi, societatem earum
rerum quae in Gallia comparabantur. Erat ei pecuaria res 20
ampla et rustica sane bene culta et fructuosa. Tollitur ab
atriis Liciniis atque a praeconum consessu in Galliam
Naevius et trans Alpis usque transfertur. Fit magna
mutatio loci, non ingeni. Nam qui ab adulescentulo
quaestum sibi instituisset sine impendio, postea quam 25
nescio quid impendit et in commune contulit, mediocri
13 quaestu contentus esse non poterat. Nec mirum, si is qui
vocem venalem habuerat ea quae voce quaesiverat magno
sibi quaestui fore putabat. Itaque hercule haud mediocriter de communi quodcumque poterat ad se in privatam 30

1 atque ... iactatam *om.* Σ*b*¹   11 ei] eidem Σ : idem *b*¹   12
est umquam χ*k*   16 quidem] quod *ed. R*   20 pecuniaria
*b*¹χ²ς   22 Licinius Σ   ad praeconium consensu Σ*b*¹   30
quodcumque *Baiter* : quod quidque (quisque *b*) *codd.* : quidquid *Naugerius* (1)

domum sevocabat; qua in re ita diligens erat quasi ei
qui magna fide societatem gererent arbitrium pro socio
condemnari solerent. Verum his de rebus non necesse
habeo dicere ea quae me P. Quinctius cupit commemo-
5 rare; tametsi causa postulat, tamen quia postulat, non
flagitat, praeteribo.

Cum annos iam compluris societas esset, et cum saepe ⁴₁₄
suspectus Quinctio Naevius fuisset neque ita commode
posset rationem reddere earum rerum quas libidine, non
10 ratione gesserat, moritur in Gallia Quinctius, cum adesset
Naevius, et moritur repentino. Heredem testamento reliquit hunc P. Quinctium ut, ad quem summus maeror morte
sua veniebat, ad eundem summus honos quoque perveniret.
Quo mortuo, nec ita multo post, in Galliam proficiscitur 15
15 Quinctius, ibi cum isto Naevio familiariter vivit. Annum
fere una sunt, cum et de societate multa inter se communi-
carent et de tota illa ratione atque re Gallicana; neque
interea verbum ullum interposuit Naevius aut societatem
sibi quippiam debere aut privatim Quinctium debuisse.
20 Cum aeris alieni aliquantum esset relictum, quibus nominibus pecuniam Romae curari oporteret, auctionem in Gallia
P. hic Quinctius Narbone se facturum esse proscribit earum
rerum quae ipsius erant privatae. Ibi tum vir optimus Sex. 16
Naevius hominem multis verbis deterret ne auctionetur;
25 eum non ita commode posse eo tempore quo proscripsisset
vendere; Romae sibi nummorum facultatem esse, quam, si
saperet, communem existimaret pro fraterna illa necessitudine et pro ipsius adfinitate; nam P. Quincti consobrinam
habet in matrimonio Naevius et ex ea liberos. Quia, quod

1 ei] hi Σ*b*   2 arbitrium] arbitrio *Hotoman* : ad arbitrum *Ran-*
connetus   3 solerent *b*¹*c*¹*k* : solent *cett.*   5 tametsi] nam etsi
Hotoman   7 quamplures *b*¹ : plures *c*   15 Naevio *del. Manutius*
16 inter se multa χ   19 deberet Σ   C. Quinctium *coni. Müller*
20 aliquantulum *b*   21 curare oportuerit *b*¹   23 tum] tamen *b*¹
25 eum] cum *b*χ²   posset *b*χ   quo] quae χ, *ed. R*

7

virum bonum facere oportebat, id loquebatur Naevius,
credidit Quinctius eum qui orationem bonorum imitaretur
facta quoque imitaturum ; auctionem velle facere desistit,
Romam proficiscitur ; decedit ex Gallia Romam simul
17 Naevius. Cum pecuniam C. Quinctius P. Scapulae de- 5
buisset, per te, C. Aquili, decidit P. Quinctius quid liberis
eius dissolveret. Hoc eo per te agebatur quod propter
aerariam rationem non satis erat in tabulis inspexisse
quantum deberetur, nisi ad Castoris quaesisses quantum
solveretur. Decidis statuisque tu propter necessitudinem 10
quae tibi cum Scapulis est quid eis ad denarium solveretur.

5
18   Haec omnia Quinctius agebat auctore et consuasore
Naevio. Nec mirum, si eius utebatur consilio cuius auxilium
sibi paratum putabat ; non modo enim pollicitus erat in
Gallia sed Romae cotidie, simul atque sibi hic adnuisset, 15
numeraturum se dicebat. Quinctius porro istum posse
facere videbat, debere intellegebat, mentiri, quia causa cur
mentiretur non erat, non putabat ; quasi domi nummos
haberet, ita constituit Scapulis se daturum ; Naevium cer-
19 tiorem facit, rogat ut curet quod dixisset. Tum iste vir 20
optimus—vereor ne se derideri putet quod iterum iam dico
' optimus '—qui hunc in summas angustias adductum putaret,
ut eum suis condicionibus in ipso articulo temporis adstrin-
geret, assem sese negat daturum, nisi prius de rebus ratio-
nibusque societatis omnibus decidisset et scisset sibi cum 25
Quinctio controversiae nihil futurum. ' Posterius,' inquit,
' ista videbimus,' Quinctius ; ' nunc hoc velim cures, si tibi
videtur, quod dixisti.' Negat se alia ratione facturum ;
quod promisisset, non plus sua referre quam si, cum auctio·

     2 credebat *b*   3 destitit *b*^{1}ς   6 deciditur Σ *mg.*   quid
Baiter : quod *codd.*   7 agebatur] cogebatur Σ*b*^{1} 9 ad Castoris Σ : a quaestoribus *b*χ : ad quaestores ς   quaesisses *Arusian.*
K. vii. 454 : quaesisset *codd.*   11 his Σχ   15 sibi *om.* ς   adnuisset Σ : annuisset *cett.*   18 domi nummos] dominum Σ*b*^{1} 20
tum] cum Σ^{1}χ^2 22 putet *B*χ^2 29 auctione ς, *Hotoman*

8

nem venderet, domini iussu quippiam promisisset.   Desti- 20
tutione illa perculsus Quinctius a Scapulis paucos dies
aufert, in Galliam mittit ut ea quae proscripserat venirent,
deteriore tempore absens auctionatur, Scapulis difficiliore
5 condicione dissolvit.   Tum appellat ultro Naevium ut,
quoniam suspicaretur aliqua de re fore controversiam,
videret ut quam primum et quam minima cum molestia
tota res transigeretur.   Dat iste amicum M. Trebellium, nos 21
communem necessarium, qui istius domi erat eductus et
10 quo utebatur iste plurimum, propinquum nostrum, Sex.
Alfenum.   Res convenire nullo modo poterat, propterea
quod hic mediocrem iacturam facere cupiebat, iste mediocri
praeda contentus non erat.   Itaque ex eo tempore res esse 22
in vadimonium coepit.   Cum vadimonia saepe dilata essent
15 et cum aliquantum temporis in ea re esset consumptum
neque quicquam profectum esset, venit ad vadimonium
Naevius.

Obsecro, C. Aquili vosque qui adestis in consilio, ut dili- **6**
genter attendatis, ut singulare genus fraudis et novam ratio-
20 nem insidiarum cognoscere possitis.   Ait se auctionatum 23
esse in Gallia ; quod sibi videretur se vendidisse ; curasse
ne quid sibi societas deberet ; se iam neque vadari amplius
neque vadimonium promittere ; si quid agere secum velit
Quinctius, non recusare.   Hic cum rem Gallicanam cuperet
25 revisere, hominem in praesentia non vadatur ; ita sine vadimonio disceditur.   Deinde Romae dies xxx fere Quinctius
commoratur ; cum ceteris quae habebat vadimonia differt
ut expeditus in Galliam proficisci posset ; proficiscitur.
Roma egreditur ante diem II Kalend. Februarias Quinctius 24
30 Scipione et Norbano coss.   Quaeso ut eum diem memoriae

5 tunc Ϛ   8 res transigeretur tota *b*[1]   nos] nostrum Σ   9
eductus *B*χ : educatus *cett.* (*cf.* § 69)   14 in vadimonio *B*   16
perfectum *Par.* 16, 226, *Hotoman*   20 se auct. esse Σχ : auct. se
esse *b* : esse se auct. Ϛ   28 posset *B*χ : possit *cett.*   29 II
Hotoman (*cf.* § 57) : IV *codd.*   3c Scipione *B* : spricione (spic. Σ) *cett.*

9

mandetis. L. Albius Sex. filius Quirina, vir bonus et cum
primis honestus, una profectus est. Cum venissent ad Vada
Volaterrana quae nominantur, vident perfamiliarem Naevi,
qui ex Gallia pueros venalis isti adducebat, L. Publicium;
qui, ut Romam venit, narrat Naevio quo in loco viderit 5
25 Quinctium. Quod ubi ex Publicio *audivit*, pueros circum
amicos dimittit, ipse suos necessarios ab atriis Liciniis et
a faucibus macelli corrogat ut ad tabulam Sextiam sibi
adsint hora secunda postridie. Veniunt frequentes. Testificatur iste P. QVINCTIVM NON STETISSE ET STETISSE SE; 10
tabulae maxime signis hominum nobilium consignantur,
disceditur. Postulat a Burrieno praetore Naevius ut ex
edicto bona possidere liceat; iussit bona proscribi eius
quicum familiaritas fuerat, societas erat, adfinitas liberis
26 istius vivis divelli nullo modo poterat. Qua ex re intellegi 15
facile potuit nullum esse officium tam sanctum atque sol-
lemne quod non avaritia comminuere ac violare soleat.
Etenim si veritate amicitia, fide societas, pietate propinquitas
colitur, necesse est iste qui amicum, socium, adfinem fama
ac fortunis spoliare conatus est vanum se et perfidiosum et 20
27 impium esse fateatur. Libellos Sex. Alfenus, procurator
P. Quincti, familiaris et propinquus Sex. Naevi, deicit,
servolum unum quem iste prenderat abducit, denuntiat sese
procuratorem esse, istum aequum esse famae fortunisque
P. Quincti consulere et adventum eius exspectare; quod si 25
facere nolit atque imbiberit eius modi rationibus illum ad

---

1 Albinus χ²ና   Quirinas *codd.*: *corr. Naugerius* (2)   et in-
primis *b*¹ና   2 ad vadabo laterrana Σ*b*¹   3 nominatur Σ*b*¹
videntur *b*¹ና   4 adducebant Σ*b*¹   6 ubi] nisi *b*   audivit
Rau: *om.* Σ*b*¹χ¹ *in lac.* (1½ *versuum* Σ): agnovit ና: narratum Naevio
esset non tam cito res in contentionem venisset. Tum Naevius ipse
*B*χ   8 marcelli *k*   9 testificatur iste Σ: testificantur isti (isti
test. ና)   10 stetisse se Σ: se stetisse *cett.* (non stitisse et se
stitisse *Hotoman, sed cf. Roby ad Iustinian.* p. ccxxvii)   11
maxime Σ*b*: maximae χና   17 ac Σ*b*: atque χና   20 atque *b*
23 prehenderat χ   adducit *b*χ   26 imbiberit Σχ: inhibuerit *b*ና:
instituerit *Hotoman*

suas condiciones perducere, sese nihil precari et, si quid agere
velit, iudicio defendere. Haec dum Romae geruntur, Quin- 28
ctius interea contra ius, consuetudinem, edicta praetorum de
saltu agroque communi a servis communibus vi detruditur.

5 Existima, C. Aquili, modo et ratione omnia Romae Nae- **7**
vium fecisse, si hoc quod per litteras istius in Gallia gestum
est recte atque ordine factum videtur. Expulsus atque
eiectus e praedio Quinctius accepta insigni iniuria confugit
ad C. Flaccum imperatorem, qui tunc erat in provincia,
10 quem, ut ipsius dignitas poscit, honoris gratia nomino. Is
eam rem quam vehementer vindicandam putarit ex decretis
eius poteritis cognoscere. Alfenus interea Romae cum isto 29
gladiatore vetulo cotidie pugnabat ; utebatur populo sane
suo, propterea quod iste caput petere non desinebat. Iste
15 postulabat ut procurator iudicatum solvi satis daret ; negat
Alfenus aequum esse procuratorem satis dare, quod reus satis
dare non deberet, si ipse adesset. Appellantur tribuni ; a
quibus cum esset certum auxilium petitum, ita tum disceditur ut Idibus Septembribus P. Quinctium sisti Sex.
20 Alfenus promitteret.

Venit Romam Quinctius, vadimonium sistit. Iste, homo **8**
acerrimus, bonorum possessor, expulsor, ereptor, annum et ³⁰
sex mensis nihil petit, quiescit, condicionibus hunc quoad
potest producit, a Cn. Dolabella denique praetore postulat
25 ut sibi Quinctius iudicatum solvi satis det ex formula :
QVOD AB EO PETAT QVOIVS EX EDICTO PRAETORIS BONA DIES
XXX POSSESSA SINT. Non recusabat Quinctius quin ita satis
dare iuberetur, si bona possessa essent ex edicto. Decernit—

3 edicto Σ*b*   5 modo *Angelius* : id modo *codd.*   7 recte]
ratione *Bc*   videtur] esse videatur χ, *ed R* : esse videtur *Müller*
(*cf. Zielinski, p.* 190)   9 tunc Σ*b* : tum χ⌐   12 poteris *b*¹
15 postulat *codd.* : corr. *ed. R*   daret] det *Lambinus*   18 tum]
tamen *b, Ernesti*   22 possessorum Σ   26 quoius *Klotz* (cuius
Manutius) : quoniam eius *codd.*   praetoris Σ*b*¹ : praetoris ro. *cett.*
27 sint Σ*B* : sunt *cett.*   28 iuberetur ⌐, *Hotoman* : iuberet *cett.*
decrevit *b*¹

quam aequum, nihil dico, unum hoc dico, novum ; et hoc
ipsum tacuisse mallem, quoniam utrumque quivis intellegere
potuit—sed iubet P. Quinctium sponsionem cum Sex. Naevio
facere : SI BONA SVA EX EDICTO P. BVRRIENI PRAETORIS DIES
XXX POSSESSA NON ESSENT. Recusabant qui aderant tum 5
Quinctio, demonstrabant de re iudicium fieri oportere ut aut
uterque inter se aut neuter satis daret ; non necesse esse
31 famam alterius in iudicium venire. Clamabat porro ipse
Quinctius sese idcirco nolle satis dare ne videretur iudicasse
bona sua ex edicto possessa esse ; sponsionem porro si 10
istius modi faceret, se, id quod nunc evenit, de capite suo
priore loco causam esse dicturum. Dolabella—quem ad
modum solent homines nobiles ; seu recte seu perperam
facere coeperunt, ita in utroque excellunt ut nemo nostro
loco natus adsequi possit—iniuriam facere fortissime perse- 15
verat ; aut satis dare aut sponsionem iubet facere, et interea
recusantis nostros advocatos acerrime submoveri.

9
32 Conturbatus sane discedit Quinctius ; neque mirum, cui
haec optio tam misera tamque iniqua daretur ut aut ipse se
capitis damnaret, si satis dedisset, aut causam capitis, si 20
sponsionem fecisset, priore loco diceret. Cum in altera re
causae nihil esset quin secus iudicaret ipse de se, quod
iudicium gravissimum est, in altera spes esset ad talem tamen
virum iudicem veniendi, unde eo plus opis auferret quo
minus attulisset gratiae, sponsionem facere maluit ; fecit ; 25
te iudicem, C. Aquili, sumpsit, ex sponso egit. In hoc summa
iudici causaque tota consistit.

33 Iudicium esse, C. Aquili, non de re pecuniaria, sed de
fama fortunisque P. Quincti vides. Cum maiores ita con-

---

2 tacuissem *Halm*   3 potuit sed *Müller* : potuisset *codd.*
cum *om.* b⌇   4 P.] publico ⌇   Burreni Σ   5 non *om.* ⌇
(*cf.* § 84)   tum *ed. V* : cum *codd.*   14 excellunt] excedunt b¹⌇
15 possit *Lag.* 13, *Manutius* : posset *cett.*   16 satis dare Bχ : satis
daret *cett.*   22 se] re Σb¹   23 tamen Σχ : tum b⌇   26
sponsu *Hotoman* (*cf. Gell.* iv. 4)

stituerint ut, qui pro capite diceret, is posteriore loco diceret,
nos inaudita criminatione accusatorum priore loco causam
dicere intellegis. Eos porro qui defendere consuerunt vides
accusare, et ea ingenia converti ad perniciem quae antea
5 versabantur in salute atque auxilio ferendo. Illud etiam
restiterat quod hesterno die fecerunt, ut te in ius educerent,
ut nobis tempus quam diu diceremus praestitueres ; quam
rem facile a praetore impetrassent, nisi tu quod esset tuum
ius et officium potestasque docuisses. Neque nobis adhuc 34
10 praeter te quisquam fuit, ubi nostrum ius contra illos obtine-
remus, neque illis umquam satis fuit illud obtinere quod
probari omnibus posset; ita sine iniuria potentiam levem
atque inopem esse arbitrantŭr.

Verum quoniam tibi instat Hortensius ut eas in con- **10**
15 silium, a me postulat ne dicendo tempus absumam,
queritur priore patrono causam defendente numquam
perorari potuisse, non patiar istam manere suspicionem
nos rem iudicari nolle ; neque illud mihi adrogabo, me
posse causam commodius demonstrare quam antea demon-
20 strata sit, neque tamen tam multa verba faciam, propterea
quod et ab illo qui tum dixit iam informata causa est
et a me, qui neque excogitare neque pronuntiare multa
possum, brevitas postulatur, quae mihimet ipsi amicissima
est ; faciam quod te saepe animadverti facere, Hortensi ; 35
25 totam causae meae dictionem certas in partis dividam.
Tu id semper facis, quia semper potes, ego in hac causa
faciam, propterea quod in hac videor posse facere ; quod
tibi natura dat ut semper possis, id mihi causa concedit ut

1 is . . . diceret *om.* Σ*b*¹   3 intelligis 𝔖 : intelligitis (Σ² *in lac.*)
cett.   consueverunt χ𝔖   6 educerent *B*χ : adducerent *cett.* (*cf.*
Gell. xi. 17)   8 impetrassent *Naugerius* (1) : impetrari (*sup. l.*
-assent) spero *B in lac. inexpleta* : *om.* (*in lac.* 8 *litt.* Σ) *cett.*   9
potestasque *B, Naugerius* (1) : testesque *cett.*   12 possit *B*χ
17 patiaris Σ*b*¹   18 neque Σ : nec *cett.*   20 sit] est *Klotz*
21 tum] ante *B*γ   informata iam *B*χ   23 ipsa Σ (*m. 2 in ras.*) *b*¹
26 quia id *b*

hodie possim. Certos mihi finis terminosque constituam,
extra quos egredi non possim, si maxime velim, ut et mihi
sit propositum de quo dicam, et Hortensius habeat exposita
ad quae respondeat, et tu, C. Aquili, iam ante animo pro-
spicere possis quibus de rebus auditurus sis.   5

36   Negamus te bona P. Quincti, Sex. Naevi, possedisse
ex edicto praetoris. In eo sponsio facta est. Ostendam
primum causam non fuisse cur a praetore postulares ut
bona P. Quincti possideres, deinde ex edicto te possidere
non potuisse, postremo non possedisse. Quaeso, C. Aquili 10
vosque qui estis in consilio, ut quid pollicitus sim diligenter memoriae mandetis; etenim rem facilius totam
accipietis, si haec memineritis, et me facile vestra existimatione revocabitis, si extra hos cancellos egredi conabor quos
mihi ipse circumdedi. Nego fuisse causam cur postularet, 15
nego ex edicto possidere potuisse, nego possedisse. Haec
tria cum docuero, peroraro.

11
37   Non fuit causa cur postularet. Qui hoc intellegi potest?
Quia Sex. Naevio neque ex societatis ratione neque
privatim quicquam debuit Quinctius. Quis huic rei testis 20
est? Idem qui acerrimus adversarius; in hanc rem te, te
inquam, testem, Naevi, citabo. Annum et eo diutius post
mortem C. Quincti fuit in Gallia tecum simul Quinctius.
Doce te petisse ab eo istam nescio quam innumerabilem
pecuniam, doce aliquando mentionem fecisse, dixisse 25
38 deberi; debuisse concedam. Moritur C. Quinctius qui
tibi, ut ais, certis nominibus grandem pecuniam debuit.
Heres eius P. Quinctius in Galliam ad te ipsum venit in
agrum communem, eo denique ubi non modo res erat sed
ratio quoque omnis et omnes litterae. Quis tam dissolutus 30

2 ut et] ut *b*⌒   7 responsio ⌒   15 ipsi *b*χ   17 peroraro *k*, *ed.* *V*: peroravero *b*¹*c*¹: perorabo *cett.* (*Mart. Cap.* § 556)
18 postularet *c*¹*k*, *Hotoman* : postulares *cett.*   20 privatum *b*¹χ
21 in hanc rem⌒: in hac re *cett.* (*cf. Verr.* iii. 146)   22 teste Σ
citato Σ

in re familiari fuisset, quis tam neglegens, quis tam tui,
Sexte, dissimilis qui, cum res ab eo quicum contraxisset
recessisset et ad heredem pervenisset, non heredem, cum
primum vidisset, certiorem faceret, appellaret, rationem
5 adferret, si quid in controversiam veniret, aut intra parietes
aut summo iure experiretur? Itane est? quod viri optimi
faciunt, si qui suos propinquos ac necessarios caros et
honestos esse atque haberi volunt, id Sex. Naevius non
faceret, qui usque eo fervet ferturque avaritia ut de suis
10 commodis aliquam partem velit committere ne quam
partem huic propinquo suo ullius ornamenti relinquat?
et is pecuniam, si qua deberetur, non peteret qui, quia, 39
quod debitum numquam est, id datum non est, non
pecuniam modo verum etiam hominis propinqui sanguinem
15 vitamque eripere conatur? Huic tum molestus esse videlicet noluisti quem nunc respirare libere non sinis; quem
nunc interficere nefarie cupis, eum tum pudenter appellare
nolebas. Ita credo; hominem propinquum, tui observantem, virum bonum, pudentem, maiorem natu nolebas
20 aut non audebas appellare; saepe, ut fit, cum ipse te
confirmasses, cum statuisses mentionem de pecunia facere,
cum paratus meditatusque venisses, homo timidus virginali
verecundia subito ipse te retinebas; excidebat repente
oratio; cum cuperes appellare, non audebas, ne invitus
25 audiret. Id erat profecto. Credamus hoc, Sex. Naevium, ¹²
cuius caput oppugnet, eius auribus pepercisse. Si debuisset, ⁴⁰
Sexte, petisses, et petisses statim; si non statim, paulo
quidem post; si non paulo, at aliquanto; sex quidem illis
mensibus profecto; anno vertente sine controversia. Anno

7 claros *Hotoman*   9 fervet Σ*b*¹ : ferbuit *cett.*   10 velit Σχ :
nolit *cett.*   committere Σ : obmittere *b* : amittere *c*χ : omittere *k*
17 tum *Naugerius* (1) : tamen Σ : tu *cett.*   impudenter *b mg.*, χϚ
19 prudentem *b*¹Ϛ   21 de pecunia mentionem χ   27 et petisses
B, Klotz : si petisses Σ*b*¹ : om. *cett.*   28 aliquanto *codd. Lambini* :
aliquando (aliᾱ Σ) *mei*

B

et sex mensibus vero, cum tibi cotidie potestas hominis
fuisset admonendi, verbum nullum facis; biennio iam
confecto fere appellas. Quis tam perditus ac profusus
nepos non adesa iam sed abundanti etiam pecunia sic
dissolutus fuisset ut fuit Sex. Naevius? Cum hominem 5
41 nomino, satis mihi videor dicere. Debuit tibi C. Quinctius,
numquam petisti; mortuus est ille, res ad heredem venit;
cum eum cotidie videres, post biennium denique appellas.
Dubitabitur utrum sit probabilius, Sex. Naevium statim
si quid deberetur petiturum fuisse, an ne appellaturum 10
quidem biennio? Appellandi tempus non erat? At tecum
plus annum vixit. In Gallia agi non potuit? At et in
provincia ius dicebatur et Romae iudicia fiebant. Restat
ut aut summa neglegentia tibi obstiterit aut unica liberalitas.
Si neglegentiam dices, mirabimur, si bonitatem, ridebimus; 15
neque praeterea quid possis dicere invenio. Satis est
argumenti nihil esse debitum Naevio, quod tam diu nihil
petivit.

13
42   Quid si hoc ipsum quod nunc facit ostendo testimonio
esse nihil deberi? Quid enim nunc agit Sex. Naevius? 20
qua de re controversia est? quod est hoc iudicium in quo
iam biennium versamur? quid negoti geritur in quo ille tot
et talis viros defatigat? Pecuniam petit. Nunc denique?
43 verum tamen petat; audiamus. De rationibus et controversiis societatis volt diiudicari. Sero, verum aliquando 25
tamen; concedamus. 'Non,' inquit, 'id ago, C. Aquili,
neque in eo nunc laboro. Pecunia mea tot annos utitur
P. Quinctius. Vtatur sane; non peto.' Quid igitur
pugnas? an, quod saepe multis in locis dixisti, ne in

---

4 iam Σ: iam pecunia *cett.*   9 dubitabitur Σ*b*¹: dubitatur *cett.*
12 anno *B*χ¹   vixit. In Gallia agi Σχ: vixit in Gallia. Agi *b*ς
15 negligentiam *k, ed. V*: negligentia *cett.*   mirabimur *b*¹ς: mira-
buntur *cett.*   19 testimonio ostendo *b*   20 Sex. *om. k*   25
deiudicari Σ: iudicari *b*   28 P. *Naugerius* (1): C. *codd.*   igitur
om. Σ*b*¹

civitate sit, ne locum suum quem adhuc honestissime
defendit obtineat, ne numeretur inter vivos, *ut* decernat
de vita et ornamentis suis omnibus, apud iudicem causam
priore loco dicat et, eam cum orarit, tum denique vocem
5 accusatoris audiat? Quid? hoc quo pertinet? ut ocius
ad tuum pervenias? At si id velles, iam pridem actum
esse poterat. Vt honestiore iudicio conflictere? At sine 44
summo scelere P. Quinctium, propinquum tuum, iugulare
non potes. Vt facilius iudicium sit? At neque C. Aquilius
10 de capite alterius libenter iudicat et Q. Hortensius contra
caput non didicit dicere. Quid a nobis autem, C. Aquili,
refertur? Pecuniam petit; negamus deberi. Iudicium
fiat statim; non recusamus. Num quid praeterea? Si veretur ut res iudicio facto parata sit, iudicatum solvi satis
15 accipiat; quibus a me verbis satis acceperit, isdem ipse,
quod peto, satis det. Actum iam potest esse, C. Aquili;
iam tu potes liberatus discedere molestia prope dicam
non minore quam Quinctius.

Quid agimus, Hortensi? quid de hac condicione dicimus? 45
20 Possumus aliquando depositis armis sine periculo fortunarum de re pecuniaria disceptare? possumus ita rem nostram
persequi ut hominis propinqui caput incolume esse patia-
mur? possumus petitoris personam capere, accusatoris
deponere? 'Immo,' inquit, 'abs te satis accipiam; ego
25 autem tibi satis non dabo.' Quis tandem nobis ista iura 14
tam aequa discribit? quis hoc statuit, quod aequum sit in
Quinctium, id iniquum esse in Naevium? 'Quincti bona,'
inquit, 'ex edicto praetoris possessa sunt.' Ergo, id ut
confitear, postulas ut, quod numquam factum esse iudicio

2 ut *supplevi*   4 perorarit *Hotoman*   5 quid hoc? quo *b*ⅭＦ
11 nobis Σ*b*¹: vobis *cett.*   13 num *b*¹: ut *cett.*   15 acceperit
Kayser: acciperet Σχ²: accipiet *cett.*   17 liberatus *om.* χ   discere *b*¹   19 dicamus *b*¹   22 prosequi *b*¹   25 satis non
dabo Σ*b*¹: non satis dabo *cett.*   26 describit *codd.*: *corr. Bücheler*
in Quinctium] iniquum Σ   27 id *om.* ⅭＦ

defendimus, id, proinde quasi factum sit, nostro iudicio
46 confirmemus? Inveniri ratio, C. Aquili, non potest ut ad
suum quisque quam primum sine cuiusquam dedecore,
infamia pernicieque perveniat? Profecto, si quid deberetur, peteret; non omnia iudicia fieri mallet quam unum 5
illud unde haec omnia iudicia nascuntur. Qui inter tot
annos ne appellarit quidem Quinctium, cum potestas esset
agendi cotidie, qui, quo tempore primum agere coepit, in
vadimoniis differendis tempus omne consumpserit, qui
postea vadimonium quoque missum fecerit, hunc per 10
insidias vi de agro communi deiecerit, qui, cum de re
agendi nullo recusante potestas fuisset, sponsionem de
probro facere maluerit, qui, cum revocetur ad id iudicium
unde haec nata sunt omnia, condicionem aequissimam
repudiet, fateatur se non pecuniam sed vitam et sanguinem 15
petere, is non hoc palam dicit: 'mihi si quid deberetur,
47 peterem atque adeo iam pridem abstulissem; nihil hoc tanto
negotio, nihil tam invidioso iudicio, nihil tam copiosa advocatione uterer, si petendum esset; extorquendum est invito
atque ingratis; quod non debet, eripiendum atque exprimen- 20
dum est; de fortunis omnibus P. Quinctius deturbandus est;
potentes, diserti, nobiles omnes advocandi sunt; adhibenda
vis est veritati, minae iactentur, pericula intendantur, formi-
dines opponantur, ut his rebus aliquando victus et perterritus
ipse se dedat?' Quae me hercule omnia, cum qui contra 25
pugnent video, et cum illum consessum considero, adesse
atque impendere videntur neque vitari ullo modo posse;
cum autem ad te, C. Aquili, oculos animumque rettuli, quo

1 perinde $B\chi^2$ 5 iudicio Σ 6 iudicia *del. Manutius (cf.*
Zielinski, p. 191)   8 quo] pro Σ agere *Madvig*: male agere
codd.   10 postea Σc: postea quam b^1k (postea quoque vad. missum
$B\chi$)   quoque *om.* $\mathcal{S}$ 11 vi *om.* Σb^1 13 id iudicium Σb^1:
iudicium id *cett.*   15 repudiet et *Garatoni*   18 advocatione
copiosa Σb^1 20 ingratis $\chi\mathcal{S}$: ingrato Σb: ingratiis *Cuiacius*   23
iactentur] locentur Σb^1 25 se dedat *Klotz*: sedeat *codd.* : cedat
Naugerius (1)   26 consensum Σb^1 27 atque] ad Σ: *om.* b^1

maiore conatu studioque aguntur, eo leviora infirmioraque
existimo.   Nihil igitur debuit, ut tu ipse praedicas.

Quid si debuisset? continuone causa fuisset cur a prae- 48
tore postulares ut bona possideres?   Non opinor id quidem
5 neque ius esse neque cuiquam expedire.   Quid igitur
demonstrat?   Vadimonium sibi ait esse desertum.   Ante 15
quam doceo id factum non esse, libet mihi, C. Aquili, ex
offici ratione atque ex omnium consuetudine rem ipsam et
factum simul Sex. Naevi considerare.   Ad vadimonium non
10 venerat, ut ais, is quicum tibi adfinitas, societas, omnes
denique causae et necessitudines veteres intercedebant.
Ilicone ad praetorem ire convenit? continuone verum fuit
postulare ut ex edicto bona possidere liceret? ad haec
extrema et inimicissima iura tam cupide decurrebas ut tibi
15 nihil in posterum quod gravius atque crudelius facere posses
reservares?   Nam quid homini potest turpius, quid viro 49
miserius aut acerbius usu venire? quod tantum evenire
dedecus, quae tanta calamitas inveniri potest?   Pecuniam
si cuipiam fortuna ademit aut si alicuius eripuit iniuria,
20 tamen, dum existimatio est integra, facile consolatur honestas
egestatem.   At non nemo aut ignominia adfectus aut iudicio
turpi convictus bonis quidem suis utitur, alterius opes, id
quod miserrimum est, non exspectat, hoc tamen in miseriis
adiumento et solacio sublevatur.   Cuius vero bona venie-
25 runt, cuius non modo illae amplissimae fortunae sed etiam
victus vestitusque necessarius sub praeconem cum dedecore
subiectus est, is non modo ex numero vivorum exturbatur,
sed, si fieri potest, infra etiam mortuos amandatur.   Etenim

5 nec cuiquam Σ   7 ex offici] ea officii Σ*b*¹   8 ex omnium
Σχ : omnium *b* : ex omni ς   10 qui tum tibi Σ   12 verum Σ
(*m. 2 in lac.*) χ : vestrum (aequum *B*) *b*ς   15 atque] aut *b*   16
viro *Naugerius* (2) : vero *codd.*   20 tam Σ*b*   22 suis quidem
Σ*b*¹   23 miserrimum] infirmum *b*¹   26 praecone *codd.* : *corr.*
Wesenberg   27 exturbatus Σ*b*¹   28 amandatur *Naugerius* (2) :
mandatur *codd.*

mors honesta saepe vitam quoque turpem exornat, vita *ita*
50 turpis ne morti quidem honestae locum relinquit. Ergo
hercule, cuius bona ex edicto possidentur, huius omnis fama
et existimatio cum bonis simul possidetur ; de quo libelli
in celeberrimis locis proponuntur, huic ne perire quidem 5
tacite obscureque conceditur ; cui magistri fiunt et domini
constituuntur, qui qua lege et qua condicione pereat pro-
nuntient, de quo homine praeconis vox praedicat et pretium conficit, huic acerbissimum vivo videntique funus
indicitur, si funus id habendum est quo non amici conve- 10
niunt ad exsequias cohonestandas, sed bonorum emptores
ut carnifices ad reliquias vitae lacerandas et distrahendas.

16   Itaque maiores nostri raro id accidere voluerunt, prae-
51 tores ut considerate fieret comparaverunt. Viri boni cum
palam fraudantur, cum experiendi potestas non est, timide 15
tamen et pedetemptim istuc descendunt vi ac necessitate
coacti, inviti, multis vadimoniis desertis, saepe inlusi ac
destituti ; considerant enim quid et quantum sit alterius
bona proscribere. Iugulare civem ne iure quidem quisquam
bonus volt, mavolt commemorari se cum posset perdere 20
pepercisse, quam cum parcere potuerit perdidisse. Haec
in homines alienissimos, denique *in* inimicissimos viri boni
faciunt et hominum existimationis et communis humanitatis
causa, ut, cum ipsi nihil alteri scientes incommodarint, nihil
ipsis iure incommodi cadere possit. 25

52   Ad vadimonium non venit. Quis ? Propinquus. Si res
ista gravissima sua sponte videretur, tamen eius atrocitas
necessitudinis nomine levaretur. Ad vadimonium non venit.
Quis ? Socius. Etiam gravius aliquid ei deberes concedere, quicum te aut voluntas congregasset aut fortuna 30

---

1 vita ita *Clericus* : vita *codd.* (vita tam *Lehmann*) : existimatio
Lambinus   10 indicitur *B*χ𝔖 : ducitur *b¹* : dicitur Σ   est *Halm* :
sit *codd.*   12 ut] et *b¹k*   20 mavult *P* : mavult enim *cett.*
commemorare *codd.* : *corr. Madvig*   22 in *suppl. Manutius*   25
ipsis] in se *b¹*

coniunxisset. Ad vadimonium non venit. Quis? Is, qui tibi praesto semper fuit. Ergo in eum qui semel hoc commisit, ut tibi praesto non esset, omnia tela coniecisti quae parata sunt in eos qui permulta male agendi causa fraudandique fecerunt? Si dupondius tuus ageretur, Sex. Naevi, 53
si in parvola re captionis aliquid vererere, non statim ad C. Aquilium aut ad eorum aliquem, qui consuluntur, cucurrisses? cum ius amicitiae, societatis, adfinitatis ageretur, cum offici rationem atque existimationis duci conveniret, eo tempore tu non modo non ad C. Aquilium aut L. Lucilium rettulisti, sed ne ipse quidem te consuluisti, ne hoc quidem tecum locutus es: 'Horae duae fuerunt; Quinctius ad vadimonium non venit. Quid ago?' Si me hercule haec tecum duo verba fecisses: 'Quid ago?' respirasset cupiditas atque avaritia, paulum aliquid loci rationi et consilio dedisses, tu te conlegisses, non in eam turpitudinem venisses ut hoc tibi esset apud talis viros confitendum, qua tibi vadimonium non sit obitum, eadem te hora consilium cepisse hominis propinqui fortunas funditus evertere.

Ego pro te nunc hos consulo post tempus et in aliena re, 17 54
quoniam tu in tua re, cum tempus erat, consulere oblitus es; quaero abs te, C. Aquili, L. Lucili, P. Quinctili, M. Marcelle: vadimonium mihi non obiit quidam socius et adfinis meus quicum mihi necessitudo vetus, controversia

5 dupondius tuus] de praediis tuis b^1ϛ 6 captionis *P*, *Rufinian. de fig.* § 10 : captuus (-iuis χ) Σχ : capitis *b*ϛ vererere *PBk*, *Rufinian.* : verere *cett.* non *om. Rufinian.* 7–10 aut ad . . . C. Aquilium *om.* Σb^1 7 aut ad] aut *B*ϛ, *Rufinian.* cucurrisses ϛ, *Rufinian.* : concurrisses *cett.* (*cf. Zielinski, p.* 191) 8 adfinitatis *om. P* 10 aut] aut ad *b* Lucilium *P* : Lucullum *cett.* 11 sed *om.* Σ te consuluisti *P* : ad te retulisti χϛ : te consuluisti sed ne ipse quidem (ne idem ipse b^1) ad te retulisti Σ*b* ne] nec *b* : non ϛ 12 hoc *P* : haec *cett.* es *om. P* 15 paulum *P* : paululum *cett.* 17 confitendum ϛ : conficiendum *cett.* 21 ego] ergo *k* nunc pro te *Rufinian.* hos *Rufinian.* : hoc *codd.* 23 Luculli (-e ϛ) *codd.* : *corr. Orelli* 25 quocum *Rufinian.*

de re pecuniaria recens intercedit ; postulone a praetore ut
eius bona mihi possidere liceat, an, cum Romae domus eius,
uxor, liberi sint, domum potius denuntiem ? Quid est
quod hac tandem de re vobis possit videri ? Profecto, si
recte vestram bonitatem atque prudentiam cognovi, non 5
multum me fallit, si consulamini, quid sitis responsuri :
primum exspectare, deinde, si latitare ac diutius ludificare
videatur, amicos convenire, quaerere quis procurator sit,
domum denuntiare.   Dici vix potest quam multa sint quae
respondeatis ante fieri oportere quam ad hanc rationem 10
55 extremam necessario devenire.   Quid ad haec Naevius ?
Ridet scilicet nostram amentiam, qui in vita sua rationem
summi offici desideremus et instituta virorum bonorum
requiramus.   ' Quid mihi,' inquit, 'cum ista summa sancti-
monia ac diligentia ? viderint,' inquit, 'ista officia viri boni, 15
de me autem ita considerent : non quid habeam sed quibus
rebus invenerim quaerant, et quem ad modum natus et quo
pacto educatus sim.   Memini ; vetus est, "de scurra multo
56 facilius divitem quam patrem familias fieri posse." '   Haec
ille, si verbis non audet, re quidem vera palam loquitur. 20
Etenim si volt virorum bonorum instituto vivere, multa
oportet discat ac dediscat, quorum illi aetati utrumque
difficile est.

18   'Non dubitavi,' inquit, 'cum vadimonium desertum
esset, bona proscribere.'   Improbe ; verum, quoniam tu id 25
tibi adrogas et concedi postulas, concedamus.   Quid si
numquam deseruit, si ista causa abs te tota per summam
fraudem et malitiam ficta est, si vadimonium omnino tibi

2 eius *om.* *b*   3 denuntio *Madvig*   5 agnovi *Rufinian.*
6 quod *k*   8 conveniri Σ*b*[1]   11 necessario *Gulielmius* : necessariam *codd.* : ac necessariam *Lambinus*   haec *k, Rufinian.* § 5 :
hoc *cett.*   13 bonorum virorum *b*⟨, *Rufinian.*   14 summa *om.* Σ*b*[1]
16 autem] tamen *c* : tantum *k*   ita Σχ : ista *b*⟨   18 est] proverbium *add.* *c*[2]   22 ac] atque *b*   25 verum *k*: utrum *cett.*
28 ficta *k* : facta *cett.*

cum P. Quinctio nullum fuit? quo te nomine appellemus?
Improbum? At etiam si desertum vadimonium esset,
tamen in ista postulatione et proscriptione bonorum impro-
bissimus reperiebare. Malitiosum? Non negas. Fraudu-
5 lentum? Iam id quidem adrogas tibi et praeclarum putas.
Audacem, cupidum, perfidiosum? Volgaria et obsoleta
sunt; res autem nova atque inaudita. Quid ergo est? 57
Vereor me hercule ne aut gravioribus utar verbis quam
natura fert, aut levioribus quam causa postulat. Ais esse
10 vadimonium desertum. Quaesivit a te, statim ut Romam
rediit, Quinctius quo die vadimonium istuc factum esse
diceres. Respondisti statim: Nonis Febr. Discedens in
memoriam redit Quinctius quo die Roma in Galliam profectus sit; ad ephemeridem revertitur; invenitur dies pro-
15 fectionis pridie Kal. Febr. Nonis Febr. si Romae fuit, causae
nihil dicimus quin tibi vadimonium promiserit. Quid? hoc 58
inveniri qui potest? Profectus est una L. Albius, homo
cum primis honestus; dicet testimonium. Prosecuti sunt
familiares et Albium et Quinctium; dicent hi quoque testi-
20 monium. Litterae P. Quincti, testes tot, quibus omnibus
causa iustissima est cur scire potuerint, nulla cur mentiantur, cum astipulatore tuo comparabuntur.

Et in hac eius modi causa P. Quinctius laborabit et 59
diutius in tanto metu miser periculoque versabitur? et
25 vehementius eum gratia adversarii perterrebit quam fides
iudicis consolabitur? Vixit enim semper inculte atque
horride; natura tristi ac recondita fuit; non ad solarium,
non in campo, non in conviviis versatus est; id egit ut
amicos observantia, rem parsimonia retineret; antiquam

---

4 non malitiosum negas Σ*b*¹ : num malitiosum? negas *B*χ⌐, *corr.*
Lambinus   5 iam⌐ nam *b*χ¹   11 istud *b*¹⌐   12 Februarii ⌐
13 rediit *codd.* : *corr. Müller*   18 dicet χ*c* : dicit *cett.*   prosecuti
B : profecti *cett.*   19 et Albium et Quintium Σ*B* : et Albii et
Quintii *cett.*   hi *b*χ : hii Σ : ii ⌐   21 nulla cur] nulla Σ   23
huiusmodi *b*   laborabit *b*¹⌐ : laboravit *cett.*

offici rationem dilexit cuius splendor omnis his moribus
obsolevit.   At si in causa pari discedere inferior videretur,
tamen esset non mediocriter conquerendum ; nunc ın causa
superiore ne ut par quidem sit postulat, inferiorem *se* esse
patitur, dumtaxat usque eo ne cum bonis, fama fortunisque 5
omnibus Sex. Naevi cupiditati crudelitatique dedatur.

19
60   Docui quod primum pollicitus sum, C. Aquili, causam
omnino cur postularet non fuisse, quod neque pecunia debebatur et, si maxime deberetur, commissum nihil esset qua
re ad istam rationem perveniretur.   Attende nunc ex edicto 10
praetoris bona P. Quincti possideri nullo modo potuisse.
Recita edictum.   QVI FRAVDATIONIS CAVSA LATITARIT.
Non est is Quinctius ; nisi si latitant qui ad negotium suum
relicto procuratore proficiscuntur. CVI HERES NON EXSTABIT.
Ne is quidem.   QVI EXSILI CAVSA SOLVM VERTERIT. * * * * 15
Quo tempore existimas oportuisse, Naevi, absentem Quinctium defendi aut quo modo ? tum cum postulabas ut bona
possideres ?   Nemo adfuit ; neque enim quisquam divinare
poterat te postulaturum, neque quemquam attinebat id recusare quod praetor non fieri, sed *ex* edicto suo fieri iubebat. 20
61 Qui locus igitur absentis defendendi procuratori primus
datus est ?   Cum proscribebas.   Ergo adfuit, non passus
est, libellos deiecit Sex. Alfenus ; qui primus erat offici
gradus, servatus est a procuratore summa cum diligentia.

   Videamus quae deinde sint consecuta.   Hominem P. 25
Quincti deprehendis in publico, conaris abducere ; non
patitur Alfenus, vi tibi adimit, curat ut domum reducatur

    2 absolevit Σ : absolvit *b*[1]   4 inferiore *B*χ   se esse *k* : se *c* :
esse se *cod. Graevii* : esse *cett.*   9 esset *c* : esse *cett.* : erat *Ernesti*
11 possideri Ϛ : possidere *cett.*   12 recita *Manutius* : tractat
codd. : tracta *Beroaldus*   latitarit *Paris.* 7778 *in mg., Manutius* :
latitat Σ : *om. cett.*   15 verterit] Dici id non potest.   Qui absens
iudicio defensus non fuerit.   Ne id quidem *add. Hotoman* (*et sic fere
Lambinus*) *e codd.* (?)   19 neque] nec Σ*b*   ad quemquam Ϛ
20 ex *b* : *om. cett.*   25 sint conservata Σ*b*[1]   27 adimit *k* :
ademit *cett.*

ad Quinctium.   Hic quoque summe constat procuratoris
diligentis officium.   Debere tibi dicis Quinctium, procurator
negat; vadari vis, promittit; in ius vocas, sequitur; iudicium
postulas, non recusat.   Quid aliud sit absentem defendi ego
5 non intellego.   At quis erat procurator?   Credo aliquem 62
electum hominem egentem, litigiosum, improbum, qui posset
scurrae divitis cotidianum convicium sustinere.   Nihil minus;
eques Romanus locuples, sui negoti bene gerens, denique
is quem, quotiens Naevius in Galliam profectus est, pro-
10 curatorem Romae reliquit.   Et audes, Sex. Naevi, negare **20**
absentem defensum esse Quinctium, cum eum defenderit
idem qui te solebat? et, cum is iudicium acceperit pro
Quinctio cui tu et rem et famam tuam commendare profici-
scens et concredere solebas, conaris hoc dicere, neminem
15 exstitisse qui Quinctium iudicio defenderet?

   'Postulabam,' inquit, 'ut satis daret.'   Iniuria postulabas. 63
'Ita iubebare'; recusabat Alfenus.   'Ita, verum praetor decernebat.'—Tribuni igitur appellabantur.—'Hic te,' inquit,
'teneo; non est istud *iudicio* pati neque iudicio defendere,
20 cum auxilium a tribunis petas.'   Hoc ego, cum attendo qua
prudentia sit Hortensius, dicturum esse eum non arbitror.
Cum autem antea dixisse audio et causam ipsam considero,
quid aliud dicere possit non reperio.   Fatetur enim libellos
Alfenum deiecisse, vadimonium promisisse, iudicium quin
25 acciperet in ea ipsa verba quae Naevius edebat non recusasse,
ita tamen, more et instituto, per eum magistratum qui
auxili causa constitutus est.   Aut haec facta non sint necesse 64

3 negat] recusat *Bc*   vis promittit] compromitti Σ   vocat *b*χ
4 postulat *B*χ   6 electum Σχ : eiectum *cett.*   7 divitis*B* χ :
devictis (di- *b*¹) Σ*b*¹ : diutius ς   12 acceperit ς : acciperet *cett.*
13 et rem et *edd. VR* : rem et *b* : et rem χ *mg.* : veterem et (*om.* et
χ) Σχ (et famam tuam et rem ς)   16 daret *Naugerius* (1) : darent
Σ : daretur *cett.*   17 iubebare *Hotoman* (*cf.* § 30) : videbare *codd.*
19 iudicio *suppl. Klotz* : iudicium *suppl. Angelius* (*cf.* § 87, *Verr.* ii. 60)
20 a *om.* Σ   cum Σ : tecum (te cum) *cett.*   24 deiecisse *b* : dei-
casse Σ : dedisse χς

est aut C. Aquilius, talis vir, iuratus hoc ius in civitate constituat : cuius procurator non omnia iudicia *acceperit* quae
quisque in verba postularit, cuius procurator a praetore
tribunos appellare ausus sit, eum non defendi, eius bona
recte possideri posse, ei misero, absenti, ignaro fortunarum 5
suarum omnia vitae ornamenta per summum dedecus et
65 ignominiam deripi convenire.   Quod si probari nemini
potest, illud certe probari omnibus necesse est, defensum
esse iudicio absentem Quinctium.   Quod cum ita sit, ex
edicto bona possessa non sunt.   At enim tribuni plebis ne 10
audierunt quidem.   Fateor, si ita est, procuratorem decreto
praetoris oportuisse parere.   Quid ? si M. Brutus intercessurum se dixit palam, nisi quid inter ipsum Alfenum
et Naevium conveniret, videturne intercessisse appellatio
tribunorum non morae, sed auxili causa ?   15

21
66   Quid deinde fit ?   Alfenus, ut omnes intellegere possent
iudicio defendi Quinctium, ne qua subesse posset aliena aut
ipsius officio aut huius existimatione suspicio, viros bonos
compluris advocat, testatur isto audiente se pro communi necessitudine id primum petere ne quid atrocius 20
in P. Quinctium absentem sine causa facere conetur; sin
autem inimicissime atque infestissime contendere perseveret,
se paratum esse omni recta atque honesta ratione defendere
quod petat non deberi ; se iudicium id quod edat accipere.
67 Eius rei condicionisque tabellas obsignaverunt viri boni 25
complures.   Res in dubium venire non potest.   Fit rebus
omnibus integris neque proscriptis neque possessis bonis
ut Alfenus promittat Naevio sisti Quinctium.   Venit ad
vadimonium Quinctius.   Iacet res in controversiis isto

   2 non] non recusarit ς   acceperit *suppl. Naugerius* (1)   4 tribunis Σ : ad tribunos ς   7 diripi *codd.* : *corr. Ernesti*   9 sit
Paris. 7774 : est *cett.*   12 praetoris *b*¹ς : praetoris Romani (r. χ)
cett.   quod si Σ   15 morae *Naugerius* (1) : more (morte Σ) *cett.*
19 testantur *b*χ   24 petat] peto ac Σ   quod edat *B*ς : quod
(quo χ) dedat (dederat *b*¹) *cett.*   26 fit] fit sic *B*   29 iacet *P*,
Angelius : tacet *cett.*

calumniante biennium, usque dum inveniretur qua ratione
res ab usitata consuetudine recederet et in hoc singulare
iudicium causa omnis concluderetur.

Quod officium, C. Aquili, commemorari procuratoris potest 68
5 quod ab Alfeno praeteritum esse videatur? quid adfertur
qua re P. Quinctius negetur absens esse defensus? An vero
id quod Hortensium, quia nuper iniecit et quia Naevius
semper id clamitat, dicturum arbitror, non fuisse Naevio
parem certationem cum Alfeno illo tempore, illis domi-
10 nantibus? Quod si velim confiteri, illud, opinor, concedent,
non procuratorem P. Quincti neminem fuisse, sed gratiosum
fuisse. Mihi autem ad vincendum satis est fuisse procuratorem quicum experiretur; qualis is fuerit, si modo absentem
defendebat per ius et per magistratum, nihil ad rem arbitror
15 pertinere.

'Erat,' inquit, 'illarum partium.' Quid ni? qui apud te 69
esset eductus; quem tu a puero sic instituisses ut nobili
ne gladiatori quidem faveret. Si, quod tu semper summe
cupisti, idem volebat Alfenus, ea re tibi cum eo par contentio
20 non erat? 'Bruti,' inquit, 'erat familiaris; itaque is inter-
cedebat.' Tu contra Burrieni qui iniuriam decernebat,
omnium denique illorum qui tum et poterant per vim et
scelus plurimum et, quod poterant, id audebant. An omnis
tu istos vincere volebas qui nunc tu ut vincas tanto opere
25 laborant? Aude id dicere non palam, sed ipsis quos advocasti. Tametsi nolo eam rem commemorando renovare 70

2 recideret Σb¹   et in] in P   4 C. P: om. cett.   Aquilli Σ
5 offertur Σ   6 negetur absens esse P: absens negatur esse cett.
10 concedent Pk: concedant (-derent b¹) cett.   13 experiretur P:
experiri posset cett.   14 et per] et Σ¹b5   16 erat] erat enim b
17 eductus P: educatus cett.   18 faveret P: veret Σχ: veretur b:
cederet 5   si quod P: sicut cett.   summe om. Σb¹   19 cupisti P: concupisti cett.   20 non Pk: om. cett.   21 contra
Brutum 5   24 volebas Pbχ: nolebas Σ: malebas 5   25
laborant aude PBχ5: laboras tu de Σb¹   ipsis P: his (hiis Σ) ipsis
cett.   advocastis Σ   26 tamen etsi Σχ

cuius omnino rei memoriam omnem tolli funditus ac deleri
22 arbitror oportere; unum illud dico: Si propter partium
studium potens erat Alfenus, potentissimus Naevius; si fretus
gratia postulabat aliquid iniquius Alfenus, multo iniquiora
Naevius impetrabat. Neque enim inter studium vestrum 5
quicquam, ut opinor, interfuit; ingenio, vetustate, artificio
tu facile vicisti. Vt alia omittam, hoc satis est: Alfenus
cum eis et propter eos periit quos diligebat, tu, postquam
qui tibi erant amici non poterant vincere, ut amici tibi essent
qui vincebant effecisti. 10

71   Quod si tum par tibi ius cum Alfeno fuisse non putas,
quia tamen aliquem contra te advocare poterat, quia magistratus aliqui reperiebatur apudquem Alfeni causa consisteret,
quid hoc tempore Quinctio statuendum est? cui neque
magistratus adhuc aequus inventus est neque iudicium 15
redditum est usitatum, non condicio, non sponsio, non
denique ulla umquam intercessit postulatio, mitto aequa,
verum ante hoc tempus ne fando quidem audita. De re
pecuniaria cupio contendere. — 'Non licet.' — At ea controversia est. — 'Nihil ad me attinet; causam capitis dicas 20
oportet.' — Accusa ubi ita necesse est. — 'Non,' inquit,
'nisi tu ante novo modo priore loco dixeris.' — Dicendum
necessario est. — 'Praestituentur horae ad arbitrium no-
72 strum, iudex ipse coercebitur.' — Quid tum? — 'Tu aliquem
patronum invenies, hominem antiqui offici, qui splendorem 25
nostrum et gratiam neglegat; pro me pugnabit L. Philippus,
eloquentia, gravitate, honore florentissimus civitatis, dicet
Hortensius, excellens ingenio, nobilitate, existimatione,

---

4 multa $\Sigma b^1 \chi^2$ 5 nostrum Σb^1 6 venustate *Turnebus*
8 iis ς : his *cett.*   12 tamen $b\chi$: tum $\Sigma\varsigma$ 13 aliqui Σ : aliquis *cett.*   reperiebantur Σ quem] quos Σ 18 nefandum Σ
19 at] ad Σ 20 est *om.* Σb 21 ubi $B\chi c^2$: ibi Σ : tibi *cett.*
23 praestituentur *Madvig* : restituendum (-us b^1) *codd.*   24 coerce-
bitur *Klotz* : ac archiarbiter b (*in mg.* ‡ creabitur ‡ arcebitur):
arcebitur (-itur *in ras. hab.* Σ) *cett.*   26 pugnabit $\chi\varsigma$: pugnavit
Σb^1 : pugnabat B

aderunt autem homines nobilissimi ac potentissimi, ut
eorum frequentiam et consessum non modo P. Quinctius
qui de capite decernit, sed quivis qui extra periculum sit
perhorrescat.' Haec est iniqua certatio, non illa qua tu 73
5 contra Alfenum equitabas ; huic ne ubi consisteret quidem
contra te locum reliquisti. Qua re aut doceas oportet
Alfenum negasse se procuratorem esse, non deiecisse libellos, iudicium accipere noluisse, aut, cum haec ita facta sint,
ex edicto te bona P. Quincti non possedisse concedas.

10 Etenim si ex edicto possedisti, quaero cur bona non 23
venierint, cur ceteri sponsores et creditores non convenerint;
nemone fuit cui deberet Quinctius? Fuerunt, et complures
fuerunt, propterea quod C. frater aliquantum aeris alieni
reliquerat. Quid ergo est ? Homines erant ab hoc omnes
15 alienissimi, et eis debebatur, neque tamen quisquam inventus est tam insignite improbus qui violare P. Quincti
existimationem absentis auderet ; unus fuit, adfinis, socius, 74
necessarius, Sex. Naevius, qui, cum ipse ultro deberet, quasi
eximio praemio sceleris exposito cupidissime contenderet ut
20 per se adflictum atque eversum propinquum suum non modo
honeste partis bonis verum etiam communi luce privaret.
Vbi erant ceteri creditores ? denique hoc tempore ubi sunt ?
Quis est qui fraudationis causa latuisse dicat, quis qui absentem defensum neget esse Quinctium ? Nemo invenitur. At 75
25 contra omnes, quibuscum ratio huic aut est aut fuit, adsunt,
defendunt, fides huius multis locis cognita ne perfidia Sex.
Naevi derogetur laborant. In huius modi sponsionem testis
dare oportebat ex eo numero qui haec dicerent: 'vadimonium mihi deseruit, me fraudavit, a me nominis eius quod
30 infitiatus esset diem petivit ; ego experiri non potui, latitavit,

1 ut (et *b*¹) eorum Σ*b*¹ : quorum *cett.*   2 consensum Σ¹*b*¹   non]
ut non Σ   5 equitabas] velitabaris *Angelius*   10 bona non]
bona nunc Σ*b*¹   12 et complures fuerunt *om.* Σ*b*¹   15 iis ⌢ :
his *cett.*   16 insigniter ⌢   18 ultro] ultro defendere *Hotoman*
quasi *c*¹*k* : qui quasi *cett.*   27 sponsione *b*¹*k*

29

procuratorem nullum reliquit. Horum nihil dicitur. Parantur testes qui hoc dicant. Verum, opinor, viderimus, cum
dixerint. Vnum tamen hoc cogitent, ita se gravis esse ut,
si veritatem volent retinere, gravitatem possint obtinere ; si
eam neglexerint, ita levis esse ut omnes intellegant non ad 5
obtinendum mendacium, sed ad verum probandum auctoritatem adiuvare.

24
76   Ego haec duo quaero, primum qua ratione Naevius
susceptum negotium non transegerit, hoc est cur bona quae
ex edicto possidebat non vendiderit, deinde cur ex tot credi- 10
toribus alius ad istam rationem nemo accesserit, ut necessario confiteare neque tam temerarium quemquam fuisse,
neque te ipsum id quod turpissime suscepisses perseverare
et transigere potuisse. Quid si tu ipse, Sex. Naevi, statuisti
bona P. Quincti ex edicto possessa non esse ? Opinor, 15
tuum testimonium, quod in aliena re leve esset, id in tua,
quoniam contra te est, gravissimum debet esse. Emisti
bona Sex. Alfeni L. Sulla dictatore vendente ; socium tibi
in his bonis edidisti Quinctium. Plura non dico. Cum
eo tu voluntariam societatem coibas qui te in hereditaria 20
societate fraudarat, et eum iudicio tuo comprobabas quem
spoliatum fama fortunisque omnibus arbitrabare ?

77   Diffidebam me hercule, C. Aquili, satis animo certo et
confirmato me posse in hac causa consistere. Sic cogitabam,
cum contra dicturus esset Hortensius et cum me esset 25
attente auditurus Philippus, fore uti permultis in rebus
timore prolaberer. Dicebam huic Q. Roscio, cuius soror
est cum P. Quinctio, cum a me peteret et summe contenderet ut propinquum suum defenderem, mihi perdifficile

---

2 hoc] haec *Naugerius* (1)   4 volent Σc¹k : nolent χ : nollent bc²
5 neglexerint (-unt Σ) Σ*B*χ*k* : negligendo b¹ : negligent c : negligere
ed. V   esse *scripsi* : sint *codd.* (ita leves sint *del. Madvig*)   10
non *om.* Σb¹   11 alius Bχ : aliis *cett.*   17 te *om.* Σ   18 ven-
dente] vidente Σ *mg.*   19 his] huius Bχ   edisti Σχ   25 me
Σb¹ : *om. cett.*   28 a] et Σb¹ : ex *Gulielmius*   29 propinquum
suum Σbk : suum propinquum *cett.*

esse contra talis oratores non modo tantam causam perorare
sed omnino verbum facere conari. Cum cupidius instaret,
homini pro amicitia familiarius dixi mihi videri ore duris-
simo esse qui praesente eo gestum agere conarentur; qui
5 vero cum ipso contenderent, eos, etiam si quid antea recti
aut venusti habere visi essent, id amittere ; ne quid mihi
eiusdem modi accideret, cum contra talem artificem dicturus essem, me vereri.

Tum mihi Roscius et alia multa confirmandi mei causa **25**
78
10 dixit, ut me hercule, si nihil diceret, tacito ipso officio et
studio, quod habebat erga propinquum suum, quemvis
commoveret—etenim cum artifex eius modi sit ut solus
videatur dignus esse qui in scaena spectetur, tum vir eius
modi est ut solus dignus *esse* videatur qui eo non accedat—
15 verum tamen : ' Quid ? si,' inquit, ' habes eius modi causam
ut hoc tibi planum sit faciendum, neminem esse qui
possit biduo aut summum triduo ᴅᴄᴄ milia passuum am-
bulare, tamenne vereris ut possis hoc contra Hortensium
contendere ? ' ' Minime,' inquam, ' sed quid id ad rem ? ' 79
20 ' Nimirum,' inquit, 'in eo causa consistit.' ' Quo modo ? '
Docet me eius modi rem et factum simul Sex. Naevi quod,
si simul proferretur, satis esse deberet. Quod abs te,
C. Aquili, et a vobis qui adestis in consilio, quaeso ut diligenter attendatis ; profecto intellegetis illinc ab initio
25 cupiditatem pugnasse et audaciam, hinc veritatem et pu-
.dorem quoad potuerit restitisse. Bona postulas ut ex edicto
possidere liceat. Quo die ? Te ipsum, Naevi, volo audire ;

---

4 conaretur *codd.* : *corr. Halm*   6 essent *Ernesti* : sunt *codd.*
7 eiusdem Σ : eius *b* : huius *c* : huiusce *k*   9 et] ut Σ   10 ut]
et *k*   13 videatur dignus *Quintil.* ix. 3. 86 : dignus videatur *codd.*
in scaena spectetur] scaenam introeat *Quintil.*   tum] tamen Σ¹
14 esse *suppl. Emlein e vestigiis cod. A Quintiliani*   eo *om. Quintil.*
17 aut] ad *b*¹   18 tamenne Σχ : tum ne *b*ς   haec *b*¹χ¹   23
adestis Σ*b*¹*k* : estis *cett.*   24 illinc *B* : illum Σχ : illam *b*¹ : ipsum
ς : illim *Müller*   25 cupiditatem Σ*b*¹ : cupiditate *cett.*   hinc *b* :
huic *cett.*

volo inauditum facinus ipsius qui id commisit voce convinci.
Dic, Naevi, diem. 'Ante *diem* v Kalend. intercalaris.'
Bene ais. Quam longe est hinc in saltum vestrum Galli-
canum? Naevi, te rogo. 'DCC milia passuum.' Optime.
De saltu deicitur Quinctius — quo die? possumus hoc 5
quoque ex te audire? Quid taces? dic, inquam, diem.
Pudet dicere ; intellego ; verum et sero et nequiquam pudet.
Deicitur de saltu, C. Aquili, pridie Kalend. intercalaris ;
biduo post aut, ut statim de iure aliquis cucurrerit, non toto
80 triduo DCC milia passuum conficiuntur. O rem incredi- 10
bilem ! o cupiditatem inconsideratam ! o nuntium volu-
crem ! Administri et satellites Sex. Naevi Roma trans Alpis
in Sebagninos biduo veniunt. O hominem fortunatum qui
eius modi nuntios seu potius Pegasos habeat !

26   Hic ego, si Crassi omnes cum Antoniis exsistant, si tu, 15
L. Philippe, qui inter illos florebas, hanc causam voles cum
Hortensio dicere, tamen superior sim necesse est ; non
enim, quem ad modum putatis, omnia sunt in eloquentia ;
est quaedam tamen ita perspicua veritas ut eam infirmare
81 nulla res possit. An, ante quam postulasti ut bona possi- 20
deres, misisti qui curaret ut dominus de suo fundo a sua
familia vi deiceretur? Vtrumlibet elige ; alterum incredibile est, alterum nefarium, et ante hoc tempus utrumque
inauditum. DCC milia passuum vis esse decursa biduo?
dic. Negas? ante igitur misisti. Malo ; si enim illud 25
diceres, improbe mentiri viderere ; cum hoc confiteris, id
te admisisse concedis quod ne mendacio quidem tegere
possis. Hoc consilium Aquilio et talibus viris tam cupidum,

---

    2 ante diem *Manutius* : ante *codd.*   **3** ais *Garatoni* : agis *codd.*
nostrum Σ*b*¹   **12** at (ac *b*¹) ministri *codd.* : corr. *Angelius*   **13**
Sebagninos Σ*b*¹ : sabagnanos *B*χ : sabaginnes *c* : sebagudios *k* :
Segusiavos *Baiter* : Cebennas *Hirschfeld* : *fort.* Sanagenses *vel* Sego-
vellaunos, *cf. Plin. N. H.* iii. 37   **20** postulares *B*χ¹   **21** curarent *b*
a *om. B*χ   **24** passuum *om.* Σ*b*¹   **27** tegere] agere Σ*b*¹   **28**
et χ*ʃ* : de Σ*b*¹ : *om. B*

tam audax, tam temerarium probabitur? Quid haec amentia, 82
quid haec festinatio, quid haec immaturitas tanta significat?
non vim, non scelus, non latrocinium, non denique omnia
potius quam ius, quam officium, quam pudorem? Mittis
5 iniussu praetoris. Quo consilio? Iussurum sciebas. Quid?
cum iussisset, tum mittere nonne poteras? Postulaturus
eras. Quando? Post dies xxx. Nempe si te nihil impediret, si voluntas eadem maneret, si valeres, denique si
viveres. Praetor scilicet iussisset. Opinor, si vellet, si
10 valeret, si ius diceret, si nemo recusaret, qui ex ipsius
decreto et satis daret et iudicium accipere vellet. Nam, per 83
deos immortalis! si Alfenus procurator P. Quincti tibi tum
satis daret et iudicium accipere vellet, denique omnia quae
postulares facere voluisset, quid ageres? revocares eum
15 quem in Galliam miseras? At hic quidem iam de fundo
expulsus, iam a suis dis penatibus praeceps eiectus, iam,
quod indignissimum est, suorum servorum manibus nuntio
atque imperio tuo violatus esset. Corrigeres haec scilicet
tu postea. De cuiusquam vita dicere audes qui hoc con-
20 cedas necesse est, ita te caecum cupiditate et avaritia fuisse
ut, cum postea quid futurum esset ignorares, accidere
autem multa possent, spem malefici praesentis in incerto
reliqui temporis eventu conlocares? Atque haec perinde
loquor, quasi ipso illo tempore, cum te praetor iussisset ex
25 edicto possidere, si in possessionem misisses, debueris aut
potueris P. Quinctium de possessione deturbare.

Omnia sunt, C. Aquili, eius modi quivis ut perspicere **27**
possit in hac causa improbitatem et gratiam cum inopia et 84
veritate contendere. Praetor te quem ad modum possidere
30 iussit? Opinor, ex edicto. Sponsio quae in verba facta
est? SI EX EDICTO PRAETORIS BONA P. QVINCTI POSSESSA

---

2 festinatio *Angelius*: extimatio *codd.*   3 vim non] nimirum
Σ*b*¹   9 scilicet *Klotz*: si *codd.*   10 qui] quin *k, Lambinus*
12 tibi tum ϛ: tibi cum *bχ*: tum Σ   31 si] ni *Hotoman*

NON SVNT. Redeamus ad edictum. Id quidem quem ad
modum iubet possidere? Numquid est causae, C. Aquili,
quin, si longe aliter possedit quam praetor edixit, iste ex
edicto non possederit, ego sponsione vicerim? Nihil,
opinor. Cognoscamus edictum. QVI EX EDICTO MEO IN 5
POSSESSIONEM VENERINT. De te loquitur, Naevi, quem ad
modum tu putas; ais enim te ex edicto venisse; tibi quid
facias definit, te instituit, tibi praecepta dat. EOS ITA
VIDETVR IN POSSESSIONE ESSE OPORTERE. Quo modo?
QVOD IBIDEM RECTE CVSTODIRE POTERVNT, ID IBIDEM CV- 10
STODIANT; QVOD NON POTERVNT, ID AVFERRE ET ABDVCERE
LICEBIT. Quid tum? DOMINVM, inquit, INVITVM DETRV-
DERE NON PLACET. Eum ipsum qui fraudandi causa latitet,
eum ipsum quem iudicio nemo defenderit, eum ipsum qui
cum omnibus creditoribus suis male agat, invitum de 15
85 praedio detrudi vetat. Proficiscenti tibi in possessionem
praetor ipse, Sex. Naevi, palam dicit: 'ita possideto ut
tecum simul possideat Quinctius, ita possideto ut Quinctio
vis ne adferatur.' Quid? tu id quem ad modum observas?
Mitto illud dicere, eum qui non latitaret, cui Romae domus, 20
uxor, liberi, procurator esset, eum qui tibi vadimonium non
deseruisset; haec omnia mitto; illud dico, dominum
expulsum esse de praedio, domino a familia sua manus
adlatas esse ante suos Lares familiaris; hoc dico . . .

Sic Cicero pro Quinctio adversarii definitionem ex opinione 25
hominum reprehendit: Si qui unum aliquem fundum quavis

1 sunt] sint *Hotoman*   quidem] quid est Σ: quod est *b*[1]   2
numquid *Naugerius* (1): nunc quid *codd.*   4 de sponsione *b*[1]
6 venerint Σ: venerit *cett.*   7 tu *om. b*   8 instituit] infatuit
Σ *mg.*   14 defenderit *Klotz*: defendit Σ*b*: defendat χϚ   16
trudi *b*[1]   17 edicit *k*   19 vis ne Σχ[2]: vis non Ϛ: ius non *b*χ[1]
19 auferatur *b*χ[1]   20-21 eum qui . . . esset *om.* Σ   non *om. B*χ
latitaret *b*[1]: latitarit *cett.*   24 illatas *b*χ   Lares *B*χϚ: labores
Σ[1]: liberos *b*[1]   24 *sqq.* hoc edam unum me appellasset Σ: hoc
edicti unum (num χ) me appellasset *b*[1]χ: hoc dico Naevium appellasse *B*: cum hoc edicti nomine ne appellasset Ϛ

ratione possideat, ipsum autem dominum patiatur cetera
praedia tenere, is, *inquit*, ut opinor, praedium non bona
videatur alterius possidere. *Et ponit definitionem suam:*
Quid est, *inquit*, possidere? Nimirum in possessione esse
5 earum rerum quae possunt eo tempore possideri. *Probat
Naevium non bona sed praedium possedisse:* Cum domus
erat, *inquit*, Romae, servi, in ipsa Gallia privata P. Quincti
praedia, quae numquam ausus es possidere; *et colligit*:
Quod si bona P. Quincti possideres, possidere omnia eo
10 iure deberes. (*Iul. Severian.* § 16.)

. . . Naevium ne appellasse quidem Quinctium, cum **28**
simul esset *et* experiri posset cotidie; deinde quod omnia
iudicia difficillima cum summa sua invidia maximoque
periculo P. Quincti fieri mallet quam illud pecuniarium
15 iudicium quod uno die transigi posset; ex quo uno haec
omnia nata et profecta esse concedit. Quo in loco condicionem tuli, si vellet pecuniam petere, P. Quinctium
iudicatum solvi satis daturum, dum ipse, si quid peteret,
pari condicione uteretur.

20 Ostendi quam multa ante fieri convenerit quam hominis 86
propinqui bona possideri postularentur, praesertim cum
Romae domus eius, uxor, liberi essent et procurator aeque
utriusque necessarius. Docui, cum desertum esse dicat
vadimonium, omnino vadimonium nullum fuisse; quo die
25 hunc sibi promisisse dicat, eo die ne Romae quidem eum
fuisse; id testibus me pollicitus sum planum facturum qui
et scire deberent et causam cur mentirentur non haberent.
Ex edicto autem non potuisse bona possideri demonstravi,
quod neque fraudandi causa latitasset neque exsili causa

12 et *Baiter*: cum Ϛ: *om. cett.*   13 invidia] iudicia Σ¹c¹:
iniuria Σ *mg.*   15 posset b¹: potest *cett.*   18 solvi ‹solvere
b¹› iudicaturum autem ipse Σb¹   20 convenerit Σb¹χ²: conveniret
cett.   24 tum omnino *Lambinus*   29 latitasse *Lambinus*

35

87 solum vertisse diceretur. Reliquum est ut eum nemo
iudicio defenderit. Quod contra copiosissime defensum
esse contendi non ab homine alieno neque ab aliquo
calumniatore atque improbo, sed ab equite Romano, propinquo ac necessario suo, quem ipse Sex. Naevius procura- 5
torem relinquere antea consuesset; neque eum, si tribunos
appellarit, idcirco minus iudicio pati paratum fuisse, neque
potentia procuratoris Naevio ius ereptum; contra istum
potentia sua tum tantum modo superiorem fuisse, nunc

29
88 nobis vix respirandi potestatem dare. Quaesivi quae causa 10
fuisset cur bona non venissent, cum ex edicto possiderentur.
Deinde illud quoque requisivi qua ratione ex tot creditoribus
nemo neque tum idem fecerit neque nunc contra dicat,
omnesque pro P. Quinctio pugnent, praesertim cum in tali
iudicio testimonia creditorum existimentur ad rem maxime 15
pertinere. Postea sum usus adversarii testimonio, qui sibi
eum nuper edidit socium quem, quo modo nunc intendit, ne
in vivorum quidem numero tum demonstrat fuisse. Tum
illam incredibilem celeritatem seu potius audaciam protuli;
confirmavi necesse esse aut biduo DCC milia passuum esse 20
decursa aut Sex. Naevium diebus compluribus ante in possessionem misisse quam postularet uti ei liceret bona possidere.

89 Postea recitavi edictum quod aperte dominum de praedio
detrudi vetaret; in quo constitit Naevium ex edicto non
possedisse, cum confiteretur ex praedio vi detrusum esse 25
Quinctium. Omnino autem bona possessa non esse constitui, quod bonorum possessio spectetur non in aliqua
parte, sed in universis quae teneri et possideri possint.

    1 vertisset Σ   3 neque] nec *b*[1] : non *B*   4 Romano *om.* Σⳤ
5 ac Σ : atque ⳤ: et *b*χ   6 ante *b*[1]χ   eum] enim Σ   7 iudicio
Σ : iudicem *b* : iudicium *cett.*   14 omnisque Σ *mg.* *b*[1]   pugnet *b*[1]
15 iudicio] negotio χ²ⳤ   17 edidit] dedit Σ*b*[1]   20 necesse est
aut Σ   22 ei] eius Σ*b*   24 constitit] constitui *b*[1] : consistit *B*
26 omnino *Hotoman* : omnia *codd.*   28 et Σ*b* : ac χⳤ   possint Σ : possunt *cett.*

Dixi domum Romae fuisse quo iste ne aspirarit quidem,
servos compluris, ex quibus iste possederit neminem, ne
attigerit quidem ; unum fuisse quem attingere conatus sit ;
prohibitum quievisse.   In ipsa Gallia cognostis in praedia 90
5 privata Quincti Sex.   Naevium non venisse ; denique ex
hoc ipso saltu quem per vim expulso socio possedit servos
privatos Quincti *non* omnis eiectos esse.   Ex quo et ex
ceteris dictis, factis cogitatisque Sex. Naevi quivis potest
intellegere istum nihil aliud egisse neque nunc agere nisi uti
10 per vim, per iniuriam, per iniquitatem iudici totum agrum,
qui communis est, suum facere possit.

   Nunc causa perorata res ipsa et periculi magnitudo, **30**
C. Aquili, cogere videtur, ut te atque eos qui tibi in con- 91
silio sunt obsecret obtesteturque P. Quinctius per senectutem
15 ac solitudinem suam nihil aliud nisi ut vestrae naturae boni-
tatique obsequamini, ut, cum veritas *cum* hoc faciat, plus
huius inopia possit ad misericordiam quam illius opes ad
crudelitatem.   Quo die ad te iudicem venimus, eodem die 92
illorum minas quas ante horrebamus neglegere coepimus.
20 Si causa cum causa contenderet, nos nostram perfacile cuivis
probaturos statuebamus ; quod vitae ratio cum ratione vitae
decerneret, idcirco nobis etiam magis te iudice opus esse
arbitrati sumus.   Ea res nunc enim in discrimine versatur,
utrum possitne se contra luxuriem ac licentiam rusticana
25 illa atque inculta parsimonia defendere an deformata atque
ornamentis omnibus spoliata nuda cupiditati petulantiaeque
addicatur.   Non comparat se tecum gratia P. Quinctius, 93

---

1 Romae domum *bχ*   adspirarit Σ²ς   2 quamplures *b*¹   4
prohibitum] fuisse (fuisse et *k*) *add. codd.* : *del. Madvig* (*cf. Zielinski,*
p. 191)   7 non *suppl. hoc loco Naugerius* (1), *ante* esse *Klotz*
esse *om.* ς   14 sunt] adsunt *Lambinus*   per *b*¹ : ad Σ :
per se ac *cett.*   senectutem ac Σ*b* : senectutem et *cett.*   16
cum *suppl. Naugerius* (1)   hoc] hec Σ*b*¹   20-22 nos . . . decerneret *om.* Σ*b*¹   20 cuivis] quotvis *P* : quoivis *Müller*   21 statu-
eremus ς   22 te iudice magis Σ : te magis (*sup. l.*) iudice *b*   23
nunc enim *P* : enim nunc *cett.*   24 utrum *om.* ς   25 an] aut Σ*b*¹
27 addicatur *Pk* : adiciatur *cett.* (*lacunam post hoc voc. hab. multi codd.*)

37

Sex. Naevi, non opibus, non facultate contendit ; omnis
tuas artis quibus tu magnus es tibi concedit ; fatetur se
non belle dicere, non ad voluntatem loqui posse, non ab
adflicta amicitia transfugere atque ad florentem aliam de-
volare, non profusis sumptibus vivere, non ornare magnifice 5
splendideque convivium, non habere domum clausam pudori
et sanctimoniae, patentem atque adeo expositam cupiditati
et voluptatibus ; contra sibi ait officium, fidem, diligentiam,
vitam omnino semper horridam atque aridam cordi fuisse.
Ista superiora esse ac plurimum posse his moribus sentit. 10
94 Quid ergo est ?   Non usque eo tamen ut in capite fortunisque hominum honestissimorum dominentur ei qui
relicta virorum bonorum disciplina et quaestum et sumptum Galloni sequi maluerunt atque etiam, quod in illo non
fuit, cum audacia perfidiaque vixerunt.   Si licet vivere eum 15
quem Sex. Naevius non volt, si est homini honesto locus in
civitate invito Naevio, si fas est respirare P. Quinctium contra
nutum dicionemque Naevi, si, quae pudore ornamenta sibi
peperit, ea potest contra petulantiam me defendente obtinere, spes est etiam hunc miserum atque infelicem aliquando 20
tandem posse consistere.   Sin et poterit Naevius id quod
libet, et ei libebit id quod non licet, quid agendum est ?
qui deus appellandus est ? cuius hominis fides imploranda
est ? qui denique questus, *qui luctus*, qui maeror dignus
31 inveniri in calamitate tanta potest ?   25
95 Miserum est exturbari fortunis omnibus, miserius est
iniuria ; acerbum est ab aliquo circumveniri, acerbius a
propinquo ; calamitosum est bonis everti, calamitosius cum

1 Sex. *om. P*   3 belle] velle Σ¹ϛ   ad voluptatem *Lambinus*
8 voluntatibus *P*   ait *P : om. cett.*   9 atque] ac Σϛ   10 ista]
illa Σ : ita *b*   12 ii ϛ : hi *cett.*   13 bonorum virorum ϛ
19 ea Σb¹k : et Bχ : *om. c*   me *Madvig* : te *codd.*   20 etiam
Klotz : et (ut *c, om.k*) *codd.*   22 id Σχ : et id b¹ : *om. Bϛ*   24
qui luctus *supplevi* : *om. codd. in lac.* (15 *litt.* Σ)   25 in *del. Lambinus*   26 deturbari Bχ²ϛ   est iniuria] iniuria *k*   27 est ab]
ab Σ¹

38

dedecore ; funestum est a forti atque honesto viro iugulari,
funestius ab eo cuius vox in praeconio quaestu prostitit ;
indignum est a pari vinci aut superiore, indignius ab in-
feriore atque humiliore ; luctuosum est tradi alteri cum
5 bonis, luctuosius inimico ; horribile est causam capitis
dicere, horribilius priore loco dicere.   Omnia circumspexit 96
Quinctius, omnia periclitatus est, C. Aquili ; non praetorem
modo a quo ius impetraret invenire *non* potuit, atque adeo
ne unde arbitratu quidem suo postularet, sed ne amicos
10 quidem Sex. Naevi, quorum saepe et diu ad pedes iacuit
stratus obsecrans per deos immortalis, ut aut secum iure
contenderent aut iniuriam sine ignominia sibi imponerent.
Denique ipsius inimici voltum superbissimum subiit, ipsius 97
Sex. Naevi lacrimans manum prehendit in propinquorum
15 bonis proscribendis exercitatam, obsecravit per fratris sui
mortui cinerem, per nomen propinquitatis, per ipsius con-
iugem et liberos, quibus propior P. Quinctio nemo est, ut
aliquando misericordiam caperet, aliquam, si non propinquitatis, at aetatis suae, si non hominis, at humanitatis
20 rationem haberet, ut secum aliquid integra sua fama qualibet,
dum modo tolerabili, condicione transigeret.   Ab ipso re- 98
pudiatus, ab amicis eius non sublevatus, ab omni magistratu
agitatus atque perterritus, quem praeter te appellet habet
neminem ; tibi se, tibi suas omnis opes fortunasque com-
25 mendat, tibi committit existimationem ac spem reliquae
vitae.   Multis vexatus contumeliis, plurimis iactatus iniuriis
non turpis ad te sed miser confugit ; e fundo ornatissimo
eiectus, ignominiis omnibus appetitus, cum illum in paternis bonis dominari videret, ipse filiae nubili dotem
30 conficere non posset, nihil alienum tamen vita superiore
commisit.

2 vox cuius Σ   quaestu prostitit Σ : quaestum praestitit *cett.*
3 aut χϚ : aut a Σ : atque (*om. b¹*) B   7 praetore *B* : praetor *B*χ
8 non *k* : *om. cett.*   19 at aetatis] et aetatis Σ   28 eiectus *b*χ¹ :
deiectus *cett.*   in Σ*B* : in suis *cett.*   29 nobili Σ   30 posset Ϛ :
possit *cett.*

99   Itaque hoc te obsecrat, C. Aquili, ut, quam existimationem,
quam honestatem in iudicium tuum prope acta iam aetate
decursaque attulit, eam liceat ei secum ex hoc loco efferre,
ne is de cuius officio nemo umquam dubitavit LX denique anno dedecore, macula turpissimaque ignominia 5
notetur, ne ornamentis eius omnibus Sex. Naevius pro
spoliis abutatur, ne per te fiat quo minus, quae existimatio
P. Quinctium usque ad senectutem produxit, eadem usque
ad rogum prosequatur.

   1 te *om.* ⟨   4 de *om.* Σ*b*[1]   LX Σ*B* : hoc *b*[1] : sexagesimo *cett.*
   7 fiat *Passeratius* : ferat *codd.*   8 produxit Σχ[2] : perduxit *cett.*

M. TVLLI CICERONIS

PRO Q. ROSCIO COMOEDO

ORATIO

SIGLA

Ω = cod. Laur. XLVIII. 26 (Lag. 26)
b = cod. S. Marci 255 (Lag. 6)
m = cod. Ambros. C. 96 supr.
c = cod. Oxon. Dorvill. 78 (Lag. 38)
s = cod. Senensis H. VI. 12
t = cod. Senensis H. XI. 61
ψ = cod. Laur. (Gadd.) XC. sup. 69

———

c = cod. Oxon. Canon. 226
k = cod. Paris. 7779
ς = codd. ck

Omnes codices saeculo $XV°$ scripti sunt

M. TVLLI CICERONIS

PRO Q. ROSCIO COMOEDO
ORATIO

.... malitiam naturae crederetur.   Is scilicet vir opti- ^I
mus et singulari fide praeditus in suo iudicio suis tabulis
testibus uti conatur.   Solent fere dicere qui per tabulas
hominis honesti pecuniam expensam tulerunt : 'egone
5 talem virum corrumpere potui, ut mea causa falsum in
codicem referret?'   Exspecto quam mox Chaerea hac
oratione utatur : 'egone hanc manum plenam perfidiae et
hos digitos meos impellere potui ut falsum perscriberent
nomen?'   Quod si ille suas proferet tabulas, proferet suas
10 quoque Roscius.   Erit in illius tabulis hoc nomen, at *in*
huius non erit.   Cur potius illius quam huius credetur? — 2
Scripsisset ille, si non iussu huius expensum tulisset?
— Non scripsisset hic quod sibi expensum ferre iussisset?
Nam quem ad modum turpe est scribere quod non
15 debeatur, sic improbum est non referre quod debeas.
Aeque enim tabulae condemnantur eius qui verum non
rettulit et eius qui falsum perscripsit.   Sed ego copia et
facultate causae confisus vide quo progrediar.   Si tabulas

---

1 is] iste *Garatoni*   3 testibus *om.* ψ   qui] ipsi Ω, *fort.* ii qui
4 homines (hões Ω, *litt.* .ões *mg. incurrunt*) : *corr. Sylvius*   honesti
Manutius : citi (*post* 5 *litt. ras.* Ω, *post lac. plerique*) *codd.*   6
referet Ω   8 perscriberem *codd.* : *corr. Manutius*   9 pro-
feret] proferret Ω*bt* : profert ψ   proferet proferrat Ω : profert ψ
10 in *suppl. Sylvius*   11 crederetur scripsisse ille *codd.* : *corr.*
Manutius   13 ferri *Naugerius* (2) : *cf. Rull.* ii. 28

43

C. Fannius accepti et expensi profert suas in suam rem suo
arbitratu scriptas, quo minus secundum illum iudicetis
3 non recuso. Quis hoc frater fratri, quis parens filio tribuit
ut, quodcumque rettulisset, id ratum haberet? Ratum
habebit Roscius; profer; quod tibi fuerit persuasum, huic 5
erit persuasum, quod tibi fuerit probatum, huic erit probatum. Paulo ante M. Perpennae, P. Saturi tabulas
poscebamus, nunc tuas, C. Fanni Chaerea, solius flagitamus
et quo minus secundum eas lis detur non recusamus; quid
4 ita non profers? Non conficit tabulas? Immo diligentis- 10
sime. Non refert parva nomina in codices? Immo omnis
summas. Leve et tenue hoc nomen est? HS CCICCC
sunt. Quo modo tibi tanta pecunia extraordinaria iacet?
quo modo HS CCICCC in codice accepti et expensi non
sunt? Pro di immortales! essene quemquam tanta audacia 15
praeditum qui, quod nomen referre in tabulas timeat, id
petere audeat, quod in codicem iniuratus referre noluerit, id
iurare in litem non dubitet, quod sibi probare non possit,
id persuadere alteri conetur!

2

5   Nimium cito ait me indignari de tabulis; non habere se 20
hoc nomen in codicem accepti et expensi relatum confitetur,
sed in adversariis patere contendit. Vsque eone te diligis
et magnifice circumspicis ut pecuniam non ex tuis tabulis
sed *ex* adversariis petas? Suum codicem testis loco recitare
adrogantiae est; suarum perscriptionum et liturarum ad- 25
6 versaria proferre non amentia est? Quod si eandem
vim, diligentiam auctoritatemque habent adversaria quam
tabulae, quid attinet codicem instituere, conscribere, ordi-

---

1 proferet *Lambinus*   8 chere (-ee *b*) *codd.* : *corr. Sylvius*
9 recusaturmus Ω   10 conficit $Ω^1bm$: confecit *cett.*   12 est
om. b, edd.   HS *om.* $Ω^1c$ CCICCC *Naugerius* (2) : CCCLIII *codd.*
(*ita semper*)   17 iniuratus c^2k, *Naugerius* (1): iuratus (·ans $Ω^1$)
cett.   noluerit *scripsi*: noluit *codd.* : nolit *mg. Lambini*   21
codice *codd.* : *corr. Beroaldus*   24 ex *suppl. Sylvius*   adversariis ς, *ed. Mediol.* : adversarii *cett.*

nem conservare, memoriae tradere litterarum vetustatem?
Sed si, quod adversariis nihil credimus, idcirco codicem
scribere instituimus, quod etiam apud omnis leve et infirmum est, id apud iudicem grave et sanctum esse ducetur?
5 Quid est quod neglegenter scribamus adversaria? quid est 7
quod diligenter conficiamus tabulas? qua de causa? Quia
haec sunt menstrua, illae sunt aeternae; haec delentur
statim, illae servantur sancte; haec parvi temporis memoriam, illae perpetuae existimationis fidem et religionem
10 amplectuntur; haec sunt disiecta, illae sunt in ordinem
confectae. Itaque adversaria in iudicium protulit nemo;
codicem protulit, tabulas recitavit. Tu, C. Piso, tali fide, 3
virtute, gravitate, auctoritate ornatus ex adversariis pecuniam
petere non auderes. Ego quae clara sunt consuetudine 8
15 diutius dicere non debeo; illud vero quod ad rem vehementer pertinet, quaero: quam pridem hoc nomen, Fanni,
in adversaria rettulisti? Erubescit, quid respondeat nescit,
quid fingat exemplo non habet. Sunt duo menses iam,
dices. Tamen in codicem accepti et expensi *referri* debuit.
20 Amplius sunt sex menses. Cur tam diu iacet hoc nomen
in adversariis? Quid si tandem amplius triennium est?
quo modo, cum omnes qui tabulas conficiant menstruas
paene rationes in tabulas transferant, tu hoc nomen triennium amplius in adversariis iacere pateris? Vtrum cetera 9
25 nomina in codicem accepti et expensi digesta habes an
non? Si non, quo modo tabulas conficis? si etiam, quam
ob rem, cum cetera nomina in ordinem referebas, hoc

4 duceretur *codd.* : *corr. ed. R*   7 haec *t꜔* : hae *cett.* (*ita mox*)
menstrua *꜔, ed. R* : menstruae *cett.*   aeternae *b²t꜔* : alternae *cett.*
haec . . . haec] hae . . . hae *Ωb*   10 amplectuntur (*compl- t*) *b²tc* :
amplectitur *cett.*   haec *꜔, ed. R* : hae *cett.*   deiecta *꜔*, deiectae *cett.* :
corr. Hotoman   sunt in] in *o꜔, Naugerius* (1)   18 extemplo
꜔, Beroaldus : exemplo *cett.*   19 tamen] tum *Ωmc*   acceptum
et expensum *codd.* : *corr. Turnebus*   referri *꜔, Angelius* : *om. cett.*
22 conficiunt *Lambinus*   25 codice *cod. Lambini*   digesta *Ω¹꜔* :
et digesta *cett.* : relata et digesta *Halm*

nomen triennio amplius, quod erat in primis magnum,
in adversariis relinquebas? Nolebas sciri debere tibi
Roscium; cur scribebas? Rogatus eras ne referres; cur
in adversariis scriptum habebas?

Sed haec quamquam firma esse video, tamen ipse mihi 5
satis facere non possum, nisi a C. Fannio ipso testimonium
sumo hanc pecuniam ei non deberi. Magnum est quod
conor, difficile est quod polliceor; nisi eundem et adver-
4 sarium et testem habuerit Roscius, nolo vincat. Pecunia
10 tibi debebatur certa, quae nunc petitur per iudicem, in qua 10
legitimae partis sponsio facta est. Hic tu si amplius HS
nummo petisti, quam tibi debitum est, causam perdidisti,
propterea quod aliud est iudicium, aliud est arbitrium.
Iudicium est pecuniae certae, arbitrium incertae; ad iudicium hoc modo venimus ut totam litem aut obtineamus 15
aut amittamus; ad arbitrium hoc animo adimus ut neque
nihil neque tantum quantum postulavimus consequamur.
11 Ei rei ipsa verba formulae testimonio sunt. Quid est in
iudicio? Derectum, asperum, simplex: SI PARET HS ↃↃↃ
DARI —. Hic nisi planum facit HS ↃↃↃ ad libellam sibi 20
deberi, causam perdit. Quid est in arbitrio? Mite,
moderatum: QVANTVM AEQVIVS ET MELIVS SIT DARI. Ille
tamen confitetur plus se petere quam debeatur, sed satis
superque habere dicit quod sibi ab arbitro tribuatur. Itaque
12 alter causae confidit, alter diffidit. Quae cum ita sint, 25
quaero abs te quid ita de hac pecunia, de his ipsis HS ↃↃↃ,
de tuarum tabularum fide compromissum feceris, arbitrum
sumpseris QVANTVM AEQVIVS ET MELIVS SIT DARI REPROMIT-

10 debeatur *codd.* : *corr. Naugerius* (1)   16 amittamus *k, Bero-*
aldus : omittamus *cett.*   18 ei *Müller* : eius *codd.*   19 directum
codd. : *corr. Müller*   si peteret *codd.* : *corr. Lambinus* (*cf.* § 12)
ↃↃↃ *Naugerius* (2): LIII *codd.* (*ita ubique, cf. Caec.* 28)   20 libellum
codd. : *corr. Beroaldus*   22 quanto *codd.* : *corr. Manutius*   sit
Manutius : id *codd.*   dari Ωt, *Manutius* : clarius *cett.*   27
de *del. Baiter*   28 quanto *codd.* : *corr. Manutius*   et melius]
melius *Graevius*

TIQVE SI PAREAT.   Quis in hanc rem fuit arbiter?   Vtinam
is quidem Romae esset!   Romae est.   Vtinam adesset in
iudicio!   Adest.   Vtinam sederet in consilio C. Pisonis!
Ipse C. Piso est.   Eundemne tu arbitrum et iudicem sume-
5 bas? eidem et infinitam largitionem remittebas et eundem
in angustissimam formulam sponsionis concludebas?   Quis
umquam ad arbitrum, quantum petiit, tantum abstulit?
Nemo; quantum enim aequius esset sibi dari, petiit.   De
quo nomine ad arbitrum adisti, de eo ad iudicem venisti!
10 Ceteri cum ad iudicem causam labefactari animadvertunt, 13
ad arbitrum confugiunt, hic ab arbitro ad iudicem venire est
ausus! qui cum de hac pecunia tabularum fide arbitrum
sumpsit, iudicavit sibi pecuniam non deberi.

Iam duae partes causae sunt confectae; adnumerasse
15 sese negat, expensum tulisse non dicit, cum tabulas non
recitat.   Reliquum est ut stipulatum se esse dicat; praeterea enim quem ad modum certam pecuniam petere possit
non reperio.   Stipulatus es — ubi, quo die, quo tempore, 5
quo praesente? quis spopondisse me dicit?   Nemo.   Hic 14
20 ego si finem faciam dicendi, satis fidei et diligentiae meae,
satis causae et controversiae, satis formulae et sponsioni,
satis etiam iudici fecisse videar cur secundum Roscium
iudicari debeat.   Pecunia petita est certa; cum tertia parte
sponsio facta est.   Haec pecunia necesse est aut data aut
25 expensa lata aut stipulata sit.   Datam non esse Fannius
confitetur, expensam latam non esse codices Fanni con-
firmant, stipulatam non esse taciturnitas testium concedit.
Quid ergo est?   Quod et reus is est cui et pecunia levissima 15

1 si pareat *scripsi* : si peieres *codd.* : si pareret *Lambinus* : sic
petieris *Mommsen* (*colon litt. mai. scripsi*)   2 est. Vtinam ⵃ :
est.   Nam utinam *cett.* : *fort.* est nunc.   Vtinam   5 idem
(id est *k*) *codd.* : *corr. Angelius*   7 petiit ⵃ : petit *cett.*   8
dari ⵃ : pari *cett.*   petit *codd.* : *corr. Manutius*   10 ad iudicem Ω
13 indicavit *Lambinus*   14 adulterasse *codd.* : *corr. Camerarius*
23 cum] cuius *Huschke*   28 res eius est *codd.* : *corr. Manutius*
cui *Manutius* : cuius *codd.*

C

et existimatio sanctissima fuit semper, et iudex est is quem
nos non minus bene de nobis existimare quam secundum
nos iudicare velimus, et advocatio ea est quam propter
eximium splendorem ut iudicem unum vereri debeamus,
perinde ac si in hanc formulam omnia iudicia legitima, 5
omnia arbitria honoraria, omnia officia domestica conclusa
et comprehensa sint, perinde dicemus. Illa superior fuit
oratio necessaria, haec erit voluntaria, illa ad iudicem, haec
ad C. Pisonem, illa pro reo, haec pro Roscio, illa victoriae,
haec bonae existimationis causa comparata.   10

6
    Pecuniam petis, Fanni, a Roscio. Quam ? dic audacter
16
et aperte.   Vtrum *quae* tibi ex societate debeatur, an quae
ex liberalitate huius promissa sit et ostentata ?   Quorum
alterum est gravius et odiosius, alterum levius et facilius.
Quae ex societate debeatur ?   Quid ais ?   Hoc iam neque 15
leviter ferendum est neque neglegenter defendendum.   Si
qua enim sunt privata iudicia summae existimationis et
paene dicam capitis, tria haec sunt, fiduciae, tutelae, societatis.   Aeque enim perfidiosum et nefarium est fidem
frangere quae continet vitam, et pupillum fraudare qui in 20
tutelam pervenit, et socium fallere qui se in negotio coniunxit.
17 Quae cum ita sint, quis sit qui socium fraudarit et fefellerit
consideremus ; dabit enim nobis iam tacite vita acta in
alterutram partem firmum et grave testimonium. Q. Roscius ?
Quid ais ? nonne, ut ignis in aquam coniectus continuo 25
restinguitur et refrigeratur, sic refervens falsum crimen in
purissimam et castissimam vitam conlatum statim concidit
et exstinguitur ?   Roscius socium fraudavit ! Potest hoc
homini huic haerere peccatum ? qui me dius fidius—au-
dacter dico—plus fidei quam artis, plus veritatis quam 30
disciplinae possidet in se, quem populus Romanus meliorem

---

     4 unum] mutum *Müller*   5 proinde *Lambinus*   7 proinde
b¹, Lambinus : *del. Naugerius* (2)   12 quae *k, Angelius* : *om. cett.*
14 et odiosius et Ω   lenius Ω¹   22 quis sit 5 : quid sit *cett.*

48

virum quam histrionem esse arbitratur, qui ita dignissimus
est scaena propter artificium ut dignissimus sit curia propter
abstinentiam. Sed quid ego ineptus de Roscio apud Pisonem 18
dico? Ignotum hominem scilicet pluribus verbis com-
5 mendo. Estne quisquam omnium mortalium de quo melius
existimes tu? estne quisquam qui tibi purior, pudentior,
humanior, officiosior liberaliorque videatur? Quid? tu,
Saturi, qui contra hunc venis, existimas aliter? nonne, quo-
tienscumque in causa in nomen huius incidisti, totiens hunc
10 et virum bonum esse dixisti et honoris causa appellasti?
quod nemo nisi aut honestissimo aut amicissimo facere
consuevit. Qua in re mihi ridicule es visus esse inconstans 19
qui eundem et laederes et laudares, et virum optimum
et hominem improbissimum esse diceres. Eundem tu et
15 honoris causa appellabas et virum primarium esse dicebas
et socium fraudasse arguebas? Sed, ut opinor, laudem
veritati tribuebas, crimen gratiae concedebas; de hoc, ut
existimabas, praedicabas, Chaereae arbitratu causam agebas.
   Fraudavit Roscius! Est hoc quidem auribus animisque 7
20 omnium absurdum. Quid si tandem aliquem timidum,
dementem, divitem, inertem nactus esset qui experiri non
posset? Tamen incredibile esset. Verum tamen quem 20
fraudarit videamus. C. Fannium Chaeream Roscius fraudavit! Oro atque obsecro vos qui nostis, vitam inter se
25 utriusque conferte, qui non nostis, faciem utriusque considerate. Nonne ipsum caput et supercilia illa penitus
abrasa olere malitiam et clamitare calliditatem videntur?
non ab imis unguibus usque ad verticem summum, si quam

   6 tu *sup. lin. hab.* Ω   7 liberalior (*sine* -que) *Beroaldus*   19
hoc quidem] hoc primum quidem Ω² : hoc quidem primum oς   20
omnium *Mommsen* : hominum *codd.*   21 divitem timidum dementem divitem inertem *o* : divitem timidum dementem inertem ς
experiri *bᵛmᵖtς* : experire *cett.*   24 nostis] *fort.* eos nostis   27
adrasa Ω¹*o*   28 non] nonne *otς*, *Naugerius* (2)

coniecturam adfert hominibus tacita corporis figura, ex
fraude, fallaciis, mendaciis constare totus videtur? qui idcirco capite et superciliis semper est rasis ne ullum pilum
viri boni habere dicatur; cuius personam praeclare Roscius
in scaena tractare consuevit, neque tamen pro beneficio ei 5
par gratia refertur. Nam Ballionem illum improbissimum
et periurissimum lenonem cum agit, agit Chaeream; persona illa lutulenta, impura, invisa in huius moribus, natura
vitaque est expressa. Qui quam ob rem Roscium similem
sui in fraude et malitia existimarit, mihi *vix* videtur, nisi 10
forte quod praeclare hunc imitari se in persona lenonis
21 animadvertit. Quam ob rem etiam atque etiam considera,
C. Piso, quis quem fraudasse dicatur. Roscius Fannium!
Quid est hoc? probus improbum, pudens impudentem,
periurum castus, callidum imperitus, liberalis avidum? In- 15
credibile est. Quem ad modum, si Fannius Roscium
fraudasse diceretur, utrumque ex utriusque persona veri
simile videretur, et Fannium per malitiam fecisse et Roscium per imprudentiam deceptum esse, sic, cum Roscius
Fannium fraudasse arguatur, utrumque incredibile est, et 20
Roscium quicquam per avaritiam appetisse et Fannium
quicquam per bonitatem amisisse.

8   Principia sunt huius modi; spectemus reliqua. HS ↁↃↃ
22 Q. Roscius fraudavit Fannium. Qua de causa? Subridet
Saturius, veterator, ut sibi videtur; ait propter ipsa HS 25
ↀↃↃ. Video; sed tamen cur ipsa HS ↁↃↃ tam vehementer
concupierit quaero; nam tibi, M. Perpenna, *tibi* C. Piso,
certe tanti non fuissent ut socium fraudaretis. Roscio cur
tanti fuerint causam requiro. Egebat? Immo locuples
erat. Debebat? Immo in suis nummis versabatur. Avarus 30

3 rasus *oↃ, Ernesti*   10 mihi (non mihi Ↄ, mihi causa non *t*)
codd. : nihil *Naugerius* (1) : mirum mihi *Madvig*   vix *supplevi*   22
per se bonitate *codd.* : corr. *Manutius*   27 tibi *supplevi*   28
fuisset ut . . . fuerit *codd.* : corr. *Turnebus*   30 nummis Ↄ, *Naugerius* (2) : summis *cett.*

erat? Immo etiam ante quam locuples *esset*, semper
liberalissimus munificentissimusque fuit.   Pro deum homi- 23
numque fidem! qui HS ɪɔɔɔ cccɪɔɔɔ quaestus facere noluit
—nam certe HS ɪɔɔɔ cccɪɔɔɔ merere et potuit et debuit,
5 si potest Dionysia HS cccɪɔɔɔ cccɪɔɔɔ merere—is per
summam fraudem et malitiam et perfidiam HS ɪɔɔɔ
appetiit?   Et illa fuit pecunia immanis, haec parvola, illa
honesta, haec sordida, illa iucunda, haec acerba, illa propria,
haec in causa et in iudicio conlocata.   Decem his annis
10 proximis HS sexagiens honestissime consequi potuit; noluit.
Laborem quaestus recepit, quaestum laboris reiecit; populo
Romano adhuc servire non destitit, sibi servire iam pridem
destitit.   Hoc tu umquam, Fanni, faceres? et si hos quaestus 24
recipere posses, non eodem tempore et gestum et animam
15 ageres?   Dic nunc te ab Roscio HS ɪɔɔɔ circumscriptum
esse, qui tantas et tam infinitas pecunias non propter
inertiam laboris sed propter magnificentiam liberalitatis
repudiarit!   Quid ego nunc illa dicam quae vobis in
mentem venire certo scio?   Fraudabat te in societate
20 Roscius!   Sunt iura, sunt formulae de omnibus rebus
constitutae, ne quis aut in genere iniuriae aut *in* ratione
actionis errare possit.   Expressae sunt enim ex unius
cuiusque damno, dolore, incommodo, calamitate, iniuria
publicae a praetore formulae, ad quas privata lis accommo-
25 datur.   Quae cum ita sint, cur non arbitrum pro socio **9**
adegeris Q. Roscium quaero.   Formulam non noras? **25**
Notissima erat.   Iudicio gravi experiri nolebas?   Quid
ita? propter familiaritatem veterem?   Cur ergo laedis?

---

1 esset *suppl. Halm*   3 *et* 4 ɪɔɔɔ cccɪɔɔɔ *Schütz*: cccliii
cccliii ccccliii *codd.*: cccɪɔɔɔ cccɪɔɔɔ cccɪɔɔɔ *Naugerius, quod si*
verum sit, v. 9 viginti (xx) *pro* decem (x) *legendum vid.*   5 cccliii
cccliii *codd.*: *corr. Naugerius*   11 quaestus laboris *codd.*: *corr.*
Beroaldus   13 et *Turnebus*: sed *codd.*   21 in ratione *b²*,
Lambinus: ratione *cett.*   24 publicae *Naugerius* (ɪ): publica
hae *codd.*

51

Propter integritatem hominis? Cur igitur insimulas?
Propter magnitudinem criminis? Itane vero? quem per
arbitrum circumvenire non posses, cuius de ea re proprium
non erat iudicium, hunc per iudicem condemnabis, cuius
de *ea* re nullum est arbitrium? Quin tu hoc crimen aut 5
obice ubi licet agere, aut iacere noli ubi non oportet.
Tametsi iam hoc tuo testimonio crimen sublatum est.
Nam quo tu tempore illa formula uti noluisti, nihil hunc
in societatem fraudis fecisse indicasti. Dic enim, tabulas
habes an non? Si non habes, quem ad modum pactio 10
26 est? si habes, cur non nominas? Dic nunc Roscium abs te
petisse ut familiarem suum sumeres arbitrum! Non petiit.
Dic pactionem fecisse ut absolveretur! Non pepigit.
Quaere qua re sit absolutus! Quod erat summa inno-
centia et integritate. Quid enim factum est? Venisti 15
domum ultro Rosci, satis fecisti; quod temere commisisti,
in iudicium ut denuntiares, rogasti ut ignosceret; te adfutu-
rum negasti, debere tibi ex societate nihil clamitasti.
Iudici hic denuntiavit; absolutus est. Tamen fraudis ac
furti mentionem facere audes? Perstat in impudentia. 20
'Pactionem enim,' inquit, 'mecum fecerat.' Idcirco videlicet ne condemnaretur. Quid erat causae cur metueret
ne condemnaretur? — Res erat manifesta, furtum erat
apertum.

27   Cuius rei furtum factum erat? Exorditur magna 25
cum exspectatione veteris histrionis exponere societatem.
10 'Panurgus,' inquit, 'fuit Fanni; is fit ei cum Roscio
communis.' Hic primum questus est non leviter Saturius

2 magnitudinem *Manutius* : egritudinem *codd.*   4 non *del.*
Manutius   hunc *Manutius* : nunc *codd.*   5 ea *suppl. Manutius*
6 tacere *codd.* : *corr. Manutius*   7 iam *om.* Ωb   9 societate
codd. : *corr. Beroaldus*   indicasti. Dic enim *scripsi* : iudiditionem
(iuditionem Ω, in deditionem *k* : iudicasti *b²t*) *codd.*   10 habet
codd. (*ter*) : *corr. Menardus*   17 in *del. Lambinus* : *fort.* ei
denuntiaret *codd.* : *corr. Lambinus*   18 deberi *Lambinus*   27 fit
Passow : fuit *codd.*

communem factum esse gratis cum Roscio, qui pretio
proprius fuisset Fanni. Largitus est scilicet homo liberalis
et dissolutus et bonitate adfluens Fannius Roscio. Sic
puto. Quoniam ille hic constitit paulisper, mihi quoque 28
5 necesse est paulum commorari. Panurgum tu, Saturi,
proprium Fanni dicis fuisse. At ego totum Rosci fuisse
contendo. Quid erat enim Fanni? Corpus. Quid Rosci?
Disciplina. Facies non erat, ars erat pretiosa. Ex qua
parte erat Fanni, non erat HS ∞, ex qua parte erat
10 Rosci, amplius erat HS cccIↄↄↄ Iↄↄↄ; nemo enim illum
ex trunco corporis spectabat sed ex artificio comico aestima-
bat; nam illa membra merere per se non amplius poterant
duodecim aeris, disciplina quae erat ab hoc tradita locabat
se non minus HS cccIↄↄↄ Iↄↄↄ. O societatem captiosam 29
15 et indignam, ubi alter HS ∞, alter cccIↄↄↄ Iↄↄↄ quod
sit in societatem adfert! nisi idcirco moleste pateris quod
HS ∞ tu ex arca proferebas, HS cccIↄↄↄ Iↄↄↄ ex
disciplina et artificio promebat *Roscius*. Quam enim spem
et exspectationem, quod studium et quem favorem secum
20 in scaenam attulit Panurgus, quod Rosci fuit discipulus!
Qui diligebant hunc, illi favebant, qui admirabantur hunc,
illum probabant, qui denique huius nomen audierant, illum
eruditum et perfectum existimabant. Sic est volgus; ex
veritate pauca, ex opinione multa aestimat. Quid sciret 30
25 ille perpauci animadvertebant, ubi didicisset omnes quae-
rebant; nihil ab hoc pravum et perversum produci posse

4 mihi quoque *k*, *Naugerius*: quoque mihi *cett*.   9 ∞ *scripsi* (*ita
mox*): LIII∞ *codd*. (*ita v*. 17, *sed* LII∞ *v*. 15): Iↄↄ∞ *Mommsen*
(*Hermes* xx. 317), Iↄↄↄ *Naugerius* (2)   10 cccIↄↄↄ Iↄↄↄ *Mommsen*:
cccLIII cccL (cccLIII ⌙) *codd*.: cccIↄↄↄ *Naugerius* (2)   11 aestim. ⌙:
extim. *cett*.   14 cccLIII *codd*., *cf*. *v*. 10   15 HS LIII∞ alter
LIII (cccLIII ⌙) *codd*., *cf*. *v*. 10   17 cccLIII LII (cccLIII ⌙) *codd*.,
cf. *v*. 10   ex] ille ex *k*   18 Roscius *supplevi* (*hoc loco, ante
promebat ed. R peiore numero*)   spem *Boemoraeus*: rem *codd*.   19
secum *om*. Ω   24 aestim. ⌙: existim. Ωb: extim. *cett*.   26
pravum ⌙: parvom (-um *bf*) *cett*.   perversum Ωo

arbitrabantur. Si veniret ab Statilio, tametsi artificio
Roscium superaret, aspicere nemo posset; nemo enim,
sicut ex improbo patre probum filium nasci, sic a pessimo
histrione bonum comoedum fieri posse existimaret. Quia
veniebat a Roscio, plus etiam scire quam sciebat videbatur. 5

11 Quod item nuper in Erote comoedo usu venit; qui postea
quam e scaena non modo sibilis sed etiam convicio explode-
batur, sicut in aram confugit in huius domum, disciplinam,
patrocinium, nomen: itaque perbrevi tempore qui ne in
novissimis quidem erat histrionibus ad primos pervenit 10

31 comoedos. Quae res extulit eum? Vna commendatio
huius; qui tamen Panurgum illum, non solum ut Rosci
discipulus fuisse diceretur domum recepit, sed etiam summo
cum labore, stomacho miseriaque erudivit. Nam quo quisque est sollertior et ingeniosior, hoc docet iracundius et 15
laboriosius; quod enim ipse celeriter arripuit, id cum tarde
percipi videt, discruciatur. Paulo longius oratio mea pro-
vecta est hac de causa ut condicionem societatis diligenter cognosceretis.

32   Quae deinde sunt consecuta? 'Panurgum,' inquit, 'hunc 20
servum communem, Q. Flavius Tarquiniensis quidam inter-
fecit. In hanc rem,' inquit, 'me cognitorem dedisti. Lite
contestata, iudicio damni iniuria constituto tu sine me cum
Flavio decidisti.' Vtrum pro dimidia parte an pro *re* tota?
planius dicam: utrum pro me an et pro me et pro te? Pro 25
me; potui exemplo multorum; licitum est; iure fecerunt
multi; nihil in ea re tibi iniuriae feci. Pete tu tuum, exige
et aufer quod debetur; suam quisque partem iuris possideat et persequatur. — 'At enim tu tuum negotium gessisti

3 a *mg. Lambini* : ex *codd.*   6 evenit Ω   10 novissimis]
fort. vilissimis.   *Cf. Gell.* x. 21   14 erudivit *Zielinski, p.* 192 :
erudiit *codd.* (*cf. Neue* iii. 428)   nam *Sylvius* : iam *codd.*   15 et
ingeniosior *om.* Ω   18 hac de causa *om.* Ω*m*   23 sine me
sine me Ω   24 re *supplevi* (*cf.* § 34) : societate (*post* tota) *suppl.*
Naugerius (2)   26 est iure ; fecerunt *Boemoraeus*

bene.' — Gere et tu tuum bene. — 'Magno *tu* tuam dimidiam partem decidisti.' — Magno et tu tuam partem decide.
— 'HS Q. tu abstulisti.' — Sit ita hoc, vero HS Q. tu
aufer. Sed hanc decisionem Rosci oratione et opinione
5 augere licet, re et veritate mediocrem et tenuem esse inve-
nietis. Accepit enim agrum temporibus eis cum iacerent
pretia praediorum; qui ager neque villam habuit neque
ex ulla parte fuit cultus; qui nunc multo pluris est quam
tunc fuit. Neque id est mirum. Tum enim propter rei
10 publicae calamitates omnium possessiones erant incertae,
nunc deum immortalium benignitate omnium fortunae sunt
certae; tum erat ager incultus sine tecto, nunc est cultissi-
mus cum optima villa. Verum tamen, quoniam natura tam 34
malivolus es, numquam ista te molestia et cura liberabo.
15 Praeclare suum negotium gessit Roscius, fundum fructuosissimum abstulit; quid ad te? Tuam partem dimidiam,
quem ad modum vis, decide. Vertit hic rationem et id
quod probare non potest fingere conatur. 'De tota re,'
inquit, 'decidisti.'
20   Ergo huc universa causa deducitur, utrum Roscius cum
Flavio de sua parte an de tota societate fecerit pactionem.
Nam ego Roscium, si quid communi nomine tetigit, con- 35
fiteor praestare debere societati. — Societatis, non suas
litis redemit, cum fundum a Flavio accepit. — Quid ita
25 satis non dedit amplius assem neminem petiturum? Qui
de sua parte decidit, reliquis integram relinquit actionem,
qui pro sociis transigit, satis dat neminem eorum postea

1 tu *suppl. Naugerius* (2)   3 Q. *scripsi* : que (*om.* que *c*) CCCLIII
codd. : Q. CCCIƆƆ *Mommsen* : CCCIƆƆ *Naugerius* (Q. = 500,000, *cf.*
Neue ii. 345. *De sententia cf.* § 33 nunc multo pluris est quam tunc
fuit)   sit ita hoc, vero *scripsi* : si fit hoc vero *codd.* : si sit hoc
verum *Hotoman*   Q.] que (quoque *c*) *codd.* : Q. CCCIƆƆ *Momm-*
sen (CCCIƆƆ tu quoque *Naugerius*)   14 malivolus *mei* : male-
volus *ed. Hervag.*   liberabo *k, Angelius* : liberabis *cett.*   18
approbare ΩoꟄ   25 assem *scripsi* (*cf.* § 49) : a se (*om. k*) *codd.*
esse *Boemoraeus* : *del. Garatoni*   26 relinquit *t* : reliquit *cett.*

petiturum. Quid ita Flavio sibi cavere non venit in
mentem? nesciebat videlicet Panurgum fuisse in societate.
Sciebat. Nesciebat Fannium Roscio esse socium. —
Praeclare; nam iste cum eo litem contestatam habebat.
36 Cur igitur decidit et non restipulatur neminem amplius 5
petiturum? cur de fundo decedit et iudicio non absolvitur?
cur tam imperite facit ut nec Roscium stipulatione adliget
37 neque a Fannio iudicio se absolvat? Est hoc primum et
ex condicione iuris et ex consuetudine cautionis firmissimum
et gravissimum argumentum, quod ego pluribus verbis 10
amplecterer, si non alia certiora et clariora testimonia in
causa haberem.

13   Et ne forte me hoc frustra pollicitum esse praedices, te,
te inquam, Fanni, ab tuis subselliis contra te testem susci-
tabo. Criminatio tua quae est? Roscium cum Flavio pro 15
societate decidisse. Quo tempore? Abhinc annis xv.
Defensio mea quae est? Roscium pro sua parte cum
Flavio transegisse. Repromittis tu abhinc triennium Roscio. Quid? recita istam restipulationem clarius. Attende,
quaeso, Piso; Fannium invitum et huc atque illuc tergiver- 20
santem testimonium contra se cogo dicere. Quid enim
restipulatio clamat? QVOD A FLAVIO ABSTVLERO, PARTEM
DIMIDIAM INDE ROSCIO ME SOLVTVRVM SPONDEO. Tua
38 vox est, Fanni. Quid tu auferre potes a Flavio, si Flavius
nihil debet? quid hic porro nunc restipulatur quod iam 25
pridem ipse exegit? quod vero Flavius tibi daturus est, qui
Roscio omne quod debuit dissolvit? Cur in re tam
vetere, in negotio iam confecto, in societate dissoluta nova
haec restipulatio interponitur? quis est huius restipula-

---

2 in societate *om.* Ω   4 praeclare sciebat *Kayser* (*fort.* sciebat
e. v. 3 *ante* praeclare *transponendum*)   6 decedit *b¹sc* : decidit
cett.   7 nec *ed. R* : ne *codd.*   16 xv] iv *Hotoman*   21
cogo dicere *Boemoraeus* : dicere cogo *codd.* (*fort.* dicere ego cogo)
28 veteri *codd.* : *corr. ed. R*   iam *Gulielmius* : tam *codd.*

tionis scriptor, testis arbiterque ?   Tu, Piso ; tu enim
Q. Roscium pro opera *ac* labore, quod cognitor fuisset,
quod vadimonia obisset, rogasti ut Fannio daret HS ccciɔɔ
hac condicione ut, si quid ille exegisset a Flavio, partem
5 eius dimidiam Roscio dissolveret. Satisne ipsa restipulatio
dicere tibi videtur aperte Roscium pro se decidisse ? At 39
enim forsitan hoc tibi veniat in mentem, repromisisse Fannium Roscio, si quid a Flavio exegisset, eius partem dimidiam, sed omnino exegisse nihil.   Quid tum ?   Non exitum
10 exactionis, sed initium repromissionis spectare debes. Neque, si ille id exsequendum *non iudicavit,* non, quod in se
fuit, iudicavit Roscium suas, non societatis litis redemisse.
Quid si tandem planum facio post decisionem veterem Rosci,
post repromissionem recentem hanc Fanni HS ccciɔɔɔ
15 Fannium a. Q. Flavio Panurgi nomine abstulisse ? tamen
diutius inludere viri optimi existimationi, Q. Rosci, audebit ?

Paulo ante quaerebam, id quod vehementer ad rem per- 14
tinebat, qua de causa Flavius, cum de tota lite faceret 40
pactionem, neque satis acciperet a Roscio neque iudicio
20 absolveretur a Fannio ; nunc vero, id quod mirum et incredibile est, requiro : Quam ob rem, cum de tota re decidisset
cum Roscio, HS ccciɔɔɔ separatim Fannio dissolvit ? Hoc
loco, Saturi, quid pares respondere scire cupio ; utrum omnino Fannium *a* Flavio HS ccciɔɔɔ non abstulisse an alio

1 arbiter. que tu *codd.* : *corr. Baiter* : arbiter ? Quis ? Tu *Nau-*
gerius (1)   2 ac *suppl. Müller* (pro *suppl. Manutius*)   3 obisset
*b²*ϛ : obiret *t* : obesset (-ent *b²s*) *cett.*   ccciɔɔɔ *Naugerius* (2) :
ccclɪɪɪ *codd.* (*ita v.* 14) : ccɪɔɔ ɪɔɔ *Lambinus*   5 stipulatio *codd.* :
corr. Manutius   6 at *Manutius* : et *codd.*   7 Fannium Roscio
ϛ : Fannium (·io *b²t*) Roscium *cett.*   9 se domino *codd.*: *corr.*
Manutius   tum *Lambinus* : tu *codd.*   11 id exsequendum
scripsi : in eo sequendum Ωoϛ : inexsequendum *t* : inersequendum
ms : persequendum *b* : persequi noluit *Manutius*   non iudicavit
supplevi   15 Q. *Naugerius* (1) : C. *codd.*   22 ccclɪɪɪ *codd.* :
ita semper, cf. § 38   dissolverit *Lambinus*   24 Fannium *bm* :
Fannius *cett.*   a *k* : de *c* : om. *cett.*   Flavio Ω *mg.*, ϛ : Fabio *cett.*
abstulisse *b* : abstulisset *cett.*

41 nomine et alia de causa abstulisse. Si alia de causa, quae
ratio tibi cum eo intercesserat? Nulla. Addictus erat
tibi? Non. Frustra tempus contero. 'Omnino,' inquit,
'HS cccɔɔ a Flavio non abstulit neque Panurgi nomine
neque cuiusquam.' Si planum facio post hanc recentem 5
stipulationem Rosci HS cccɔɔ a Flavio te abstulisse,
numquid causae est quin ab iudicio abeas turpissime victus?

42 Quo teste igitur hoc planum faciam? Venerat, ut opinor,
haec res in iudicium. Certe. Quis erat petitor? Fannius.
Quis reus? Flavius. Quis iudex? Cluvius. Ex his unus 10
mihi testis est producendus qui pecuniam datam dicat.
Quis est ex his gravissimus? Sine controversia qui omnium iudicio comprobatus est iudex. Quem igitur ex his
tribus a me testem exspectabis? petitorem? Fannius est;
contra se numquam testimonium dicet. Reum? Flavius 15
est. Is iam pridem est mortuus; si viveret, verba eius
audiretis. Iudicem? Cluvius est. Quid is dicit? HS
cccɔɔ Panurgi nomine Flavium Fannio dissolvisse.
Quem tu si ex censu spectas, eques Romanus est, si ex
vita, homo clarissimus est, si ex fide, iudicem sumpsisti, 20

43 si ex veritate, id quod scire potuit et debuit dixit. Nega,
nega nunc equiti Romano, homini honesto, iudici tuo
credi oportere! Circumspicit, aestuat, negat nos Cluvi
testimonium recitaturos. Recitabimus. Erras; inani et
tenui spe te consolaris. Recita testimonium T. Manili et 25
C. Lusci Ocreae, duorum senatorum, hominum ornatissi-
morum qui ex Cluvio audierunt. *TESTIMONIVM T. MANILI
ET C. LVSCI OCREAE.* Vtrum dicis Luscio et Manilio, an
etiam Cluvio non esse credendum? Planius atque aper-

7 causae est ↄ: causae erit b^2t: causare (-ãr Ω) *cett.*   13 iudex
del. Orelli   14 exspectabis b^2, *Hotoman*: spectabis *cett.*   16
est. Is *ed. R*: testis *codd.*   17 quid is dicit *om.* Ω   18
Flavium Fannio] Fannium Flavio b^1c: Fannio Flavium b^2 20
castissimus *Lambinus*   fide *Kayser*: te *codd.*   27 TESTIMONIVM
.... OCREAE *suppl. Hotoman*   28 an etiam *scripsi*: an et (an b:
et ↄ) *codd.* : anne *Müller*

tius dicam. Vtrum Luscius et Manilius nihil de HS **15**
cccↃↃↃ ex Cluvio audierunt, an Cluvius falsum Luscio et
Manilio dixit? Hoc ego loco soluto et quieto sum animo et
quorsom recidat responsum tuum non magno opere laboro ;
5 firmissimis enim et sanctissimis testimoniis virorum optimorum causa Rosci communita est. Si iam tibi delibera- 44
tum est quibus abroges fidem iuris iurandi, responde.
Manilio et Luscio negas esse credendum ? Dic, aude ; est
tuae contumaciae, adrogantiae vitaeque universae vox.
10 Quid exspectas quam mox ego Luscium et Manilium dicam
ordine esse senatores, aetate grandis natu, natura sanctos
et religiosos, copiis rei familiaris locupletis et pecuniosos ?
Non faciam ; nihil mihi detraham, cum illis exactae aetatis
severissime fructum quem meruerunt retribuam. Magis
15 mea adulescentia indiget illorum bona existimatione quam
illorum severissima senectus desiderat meam laudem. Tibi 45
vero, Piso, diu deliberandum et concoquendum est utrum
potius Chaereae iniurato in sua lite, an Manilio et Luscio
iuratis in alieno iudicio credas. Reliquum est ut Cluvium
20 falsum dixisse Luscio et Manilio contendat. Quod si facit,
qua impudentia est, eumne testem improbabit quem iudicem
probarit ? ei negabit credi oportere cui ipse crediderit ?
eius testis ad iudicem fidem infirmabit cuius propter fidem
et religionem iudicis testis compararit ? quem ego si ferrem
25 iudicem, refugere non deberet, cum testem producam,
reprehendere audebit ?

'Dicit enim,' inquit, 'iniuratus Luscio et Manilio.' Si **16**
diceret iuratus, crederes ? At quid interest inter periurum 46
et mendacem ? Qui mentiri solet, peierare consuevit. Quem
30 ego ut mentiatur inducere possum, ut peieret exorare facile

---

1 Manlius *Ωms (ita mox)*   4 recidat] tendat *b¹m*   13
nihil] ne *Mommsen*   14 severissime *del. Mommsen*   15 ex-
timatione bona Ω   19 reliquum *b²ſ* : relictum *cett.*   24
compararit *Halm* : comparabit *c* : comparabat *cett.*   25 cum] eum
cum *Lambinus*   28 iuratus *k, ed. R* : iniuratus *cett.*

potero. Nam qui semel a veritate deflexit, hic non maiore
religione ad periurium quam ad mendacium perduci consuevit. Quis enim deprecatione deorum, non conscientiae
fide commovetur? Propterea, quae poena ab dis immortalibus periuro, haec eadem mendaci constituta est ; non 5
enim ex pactione verborum quibus ius iurandum compre-
henditur, sed ex perfidia et malitia per quam insidiae ten-
duntur alicui, di immortales hominibus irasci et suscensere
47 consuerunt. At ego hoc ex contrario contendo : levior
esset auctoritas Cluvi, si diceret iuratus, quam nunc est, 10
cum dicit iniuratus. Tum enim forsitan improbis nimis
cupidus videretur, qui qua de re iudex fuisset testis esset ;
nunc omnibus non iniquis necesse est castissimus et con-
stantissimus esse videatur, qui id quod scit familiaribus
suis dicit.   15
48   Dic nunc, si potes, si res, si causa patitur, Cluvium esse
mentitum ! Mentitus est Cluvius ? Ipsa mihi veritas
manum iniecit et paulisper consistere et commorari coegit.
Vnde hoc totum ductum et conflatum mendacium est?
Roscius est videlicet homo callidus et versutus. Hoc 20
initio cogitare coepit : ' quoniam Fannius a me petit
HS ı၁၁၁, petam a. C. Cluvio, equite *Romano*, ornatissimo
homine, ut mea causa mentiatur, dicat decisionem factam
esse quae facta non est, HS cccı၁၁၁ a Flavio data esse
Fannio quae data non sunt.' Est hoc principium im- 25
49 probi animi, miseri ingeni, nullius consili. Quid deinde?
Postea quam se praeclare confirmavit, venit ad Cluvium.
Quem hominem? levem? Immo gravissimum. Mobilem?
Immo constantissimum. Familiarem? Immo alienissi-

1 non maiore ς, *Angelius* : non minore *cett.* : minore *Mommsen*
4 praeterea ς, *Turnebus*   6 conp̄rditur Ω   7 et ex malitia
Ω   9 consueverunt Ω*c*   13 non iniquis *scripsi* (*cf. Rab. Post.*
45) : inimicis *codd.* : civibus *Müller* : *del. Madvig*   18 inicit *Sylvius*
coegit *Nizolius* : cogit *codd.*   22 Romano *b*ς : *om. cett.*   25
principio *Müller*   26 nullius *o²k* : nulli *cett.*

mum. Hunc postea quam salutavit, rogare coepit blande et
concinne scilicet : ' mentire mea causa, viris optimis, tuis
familiaribus, praesentibus dic Flavium cum Fannio de
Panurgo decidisse qui nihil transegit ; dic HS cccɔɔɔ
5 dedisse qui assem nullum dedit.' Quid ille respondit?
' Ego vero cupide et libenter mentiar tua causa, et, si
quando me peierare *vis*, ut paululum tu compendi facias,
paratum fore scito; non fuit causa cur tantum laborem
caperes et ad me venires ; per nuntium hoc quod erat tam
10 leve transigere potuisti.' Pro deum hominumque fidem!   **17**
hoc aut Roscius umquam a Cluvio petisset, si HS miliens   **50**
in iudicium haberet, aut Cluvius Roscio petenti conces-
sisset, si universae praedae particeps esset? vix me dius
fidius tu, Fanni, a Ballione aut aliquo eius simili hoc et
15 postulare auderes et impetrare posses. Quod cum est veritate falsum, tum ratione quoque est incredibile; obliviscor
enim Roscium et Cluvium viros esse primarios; improbos
temporis causa esse fingo. Falsum subornavit testem Ro-   51
scius Cluvium! Cur tam sero? cur cum altera pensio
20 solvenda esset, non tum cum prima? nam iam antea HS
ɪɔɔɔ dissolverat. Deinde, si iam persuasum erat Cluvio ut
mentiretur, cur potius HS cccɪɔɔɔ quam cccɪɔɔɔ cccɪɔɔɔ
cccɪɔɔɔ data dixit Fannio *a* Flavio, cum ex restipulatione
pars eius dimidia Rosci esset? Iam intellegis, C. Piso,
25 sibi soli, societati nihil Roscium petisse. Hoc quoniam
sentit Saturius esse apertum, resistere et repugnare contra
veritatem non audet, aliud fraudis et insidiarum in eodeɪn
vestigio deverticulum reperit.

 ' Petisse,' inquit, ' suam partem Roscium a Flavio con-   5²

    2 mentire *ɪ'* : mentiri *cett.*   5 respondit *om. ɪ', del. Angelius*
7 peierare vis ut *scripsi* : peierare oportuit (-uerit *k*) ut *ɪ* : peierare
ut *cett.* : vis peierare ut *ed. R*   12 iudicio *mg. Lambini*   14
et postulare *Garatoni* : expostulare *codd.*   23 Fannio a Flavio *tɪ* :
Flavio a Fannio *c* : Fannio Flavio *cett.*   25 quoniam *coni. Müller* :
cum *codd.*   28 diverticulum *mei* : corr. *Lambinus*   29 inquam
codd. : corr. *Angelius*

fiteor, vacuam et integram reliquisse Fanni concedo ; sed,
quod sibi exegit, id commune societatis factum esse contendo.' Quo nihil captiosius neque indignius potest dici.
Quaero enim potueritne Roscius ex societate suam partem
petere necne. Si non potuit, quem ad modum abstulit ? si 5
potuit, quem ad modum non sibi exegit ? nam quod sibi
53 petitur, certe alteri non exigitur. An ita est : si quod universae societatis fuisset petisset, quod tum redactum esset
aequaliter omnes partirentur ; nunc cum petierit quod suae
18 partis esset, non quod tum abstulit soli sibi exegit ? Quid 10
interest inter eum qui per se litigat et eum qui cognitor est
datus ? Qui per se litem contestatur, sibi soli petit, alteri
nemo potest, nisi qui cognitor est factus. Itane vero ?
cognitor si fuisset tuus, quod vicisset iudicio, ferres tuum ;
cum suo nomine petiit, quod abstulit, tibi non sibi exegit ? 15
54 Quod si quisquam petere potest alteri qui cognitor non est
factus, quaero, quid ita, cum Panurgus esset interfectus et
lis contestata cum Flavio damni iniuria esset, tu in eam
litem cognitor Rosci sis factus, cum praesertim ex tua oratione quodcumque tibi peteres huic peteres, quodcumque 20
tibi exigeres, id in societatem recideret. Quod si ad
Roscium nihil perveniret quod tu a Flavio abstulisses, nisi
te in suam litem dedisset cognitorem, ad te pervenire nihil
debet quod Roscius pro sua parte exegit, quoniam tuus
55 cognitor non est factus. Quid enim huic rei respondere 25
poteris, Fanni ? Cum de sua parte Roscius transegit cum
Flavio, actionem tibi tuam reliquit an non ? Si non reliquit, quem ad modum HS cccɔɔɔ ab eo postea exegisti ?
si reliquit, quid ab hoc petis quod per te persequi et petere

7 si quid *codd.* : *corr. Angelius*   8 quod cum *codd.* : *corr. Manu-*
tius   9 nunc cum *Manutius* : numquid *codd.*   10 non quod
tum *Marchalus* : numquid cum *codd.*   11 per] pro *Lambinus* (*ita*
mox)   et eum Ω[1], *Lambinus* : et cett. (*cf. Rab. perd.* 19)   cognitorem dat *codd.* : *corr. Manutius*   15 cum *suppl. Lambinus*   petit
codd. : *corr. ed. R*   sibi non tibi *codd.* : *corr. Hotoman*   22 per-
veniret] pertineret *b*

debes? Simillima enim et maxime gemina societas hereditatis est ; quem ad modum socius in societate habet partem, sic heres in hereditate habet partem.   Vt heres sibi
soli non coheredibus petit, sic socius sibi soli non sociis
5 petit ; et quem ad modum uterque pro sua parte petit,
sic pro sua parte dissolvit, heres ex ea parte qua hereditatem adiit, socius ex ea qua societatem coiit.   Quem 56
ad modum suam partem Roscius suo nomine condonare
potuit Flavio, ut eam tu non peteres, sic, cum exegit suam
10 partem et tibi integram petitionem reliquit, tecum partiri
non debet, nisi forte tu perverso more quod huius est ab
alio extorquere non potes, huic eripere potes.   Perstat in
sententia Saturius, quodcumque sibi petat socius, id societatis fieri.   Quod si ita est, qua, malum, stultitia fuit
15 Roscius, qui ex iuris peritorum consilio et auctoritate resti-
pularetur a Fannio diligenter ut eius quod exegisset a Flavio
dimidiam partem sibi dissolveret, si quidem sine cautione et
repromissione nihilo minus id Fannius societati, hoc est
Roscio, debebat? * * * * * * * * *

6 ea *Madvig* : sua *codd.*   8 condonari potuit suo nomine Ω
11 est] est si *Kayser*   12 alio] illo *b²*   14 quae malum *codd.* :
corr. Manutius   16 eius quod *scripsi* (*cf.* § 38) : quod eius (is Ω²*ok*)
codd.   17 dimidiam] eius dimidiam *Lambinus*   dissolvere
codd. : *corr. ed. R*   19 debeat Ω

M. TVLLI CICERONIS
PRO A. CAECINA ORATIO

SIGLA

P = Palimpsestus Taurinensis (*continebat* §§ 6-9 -mestico
. . . atrocitatem nostram : §§ 13-16 hereditaria . . . promittit
Aebuti- : §§ 38-41 non est ad incertum . . . tamen hoc interdicto : §§ 47-50 -hac possessionis . . . qui se prae- : §§ 62-65
-ses quod homines . . . optempera-)

T = cod. Tegernseensis, saecl. xi
E = cod. Erfurtensis, saecl. xii/xiii
e = cod. Palatinus 1525
M = cod. S. Mariae, nunc Laur. Conv. Soppr. 13 (Lag. 39)
ω = cod. Laur. XLVIII. 26 (Lag. 26)
o = cod. Oxon. Dorvill. 78 (Lag. 38)
s = cod. Senensis H. VI. 12
c = cod. Oxon. Canonici 226
k = cod. Paris. 7779, A. D. 1459 scriptus
μ = codd. *ωos*
Ϛ = codd. *ck*

Omnes codices praeter PTE saeculo XV° scripti sunt

M. TVLLI CICERONIS

PRO A. CAECINA ORATIO

Sɪ, quantum in agro locisque desertis audacia potest, **I**
tantum in foro atque in iudiciis impudentia valeret, non **I**
minus nunc in causa cederet A. Caecina Sex. Aebuti impudentiae, quam tum in vi facienda cessit audaciae. Verum
5 et illud considerati hominis esse putavit, qua de re iure
disceptari oporteret, armis non contendere, et hoc con-
stantis, quicum vi et armis certare noluisset, eum iure
iudicioque superare. Ac mihi quidem cum audax prae- **2**
cipue fuisse videtur Aebutius in convocandis hominibus
10 et armandis, tum impudens in iudicio, non solum quod in
iudicium venire ausus est—nam id quidem tametsi improbe
fit in aperta re, tamen malitia est iam usitatum—sed quod
non dubitavit id ipsum quod arguitur confiteri; nisi forte
hoc rationis habuit, quoniam, si facta vis esset moribus,
15 superior in possessione retinenda non fuisset, quia contra
ius moremque facta sit, A. Caecinam cum amicis metu
perterritum profugisse; nunc quoque in iudicio si causa
more institutoque omnium defendatur, nos inferiores in
agendo non futuros; sin a consuetudine recedatur, se, quo
20 impudentius egerit, hoc superiorem discessurum. Quasi
vero aut idem possit in iudicio improbitas quod in vi confi-

---

1 agris *Mart. Cap.* § 527   2 atque in¹ atque ω¹, *Quintil.* ix.
3. 80 : et in *Aquila Rom.* § 18 (iudiciisque *Mart. Cap.*)   3 nunc
om. Mμ�   4 faciunda *Ee, Mart. Cap., Aquila Rom. (non Quintil.)*
6 deceptari *TEe* : decertari *cett.* : *corr. Graevius*   8 cum *c* : quum
T : quom (quomodo *k*) *cett.* (*ita saepe*)   14 quoniam (qm̃ *T*) : quŏ
(quomodo *k*) *cett.*   19 sin a ς : sin *T* : sin e *cett.*   21 idem
possit in iudicio *TE* : in iudicio possit idem *cett.*

dentia, aut nos non eo libentius tum audaciae cesserimus
3 quo nunc impudentiae facilius obsisteremus. Itaque longe
alia ratione, recuperatores, ad agendam causam hac actione
venio atque initio veneram. Tum enim nostrae causae
spes erat posita in defensione mea, nunc in confessione 5
adversarii, tum in nostris, nunc vero in illorum testibus ;
de quibus ego antea laborabam ne, si improbi essent, falsi
aliquid dicerent, si probi existimarentur, quod dixissent
probarent ; nunc sum animo aequissimo. Si enim sunt
viri boni, me adiuvant, cum id iurati dicunt quod ego 10
iniuratus insimulo ; sin autem minus idonei, me non laedunt, cum eis sive creditur, *creditur* hoc ipsum quod nos
arguimus, sive fides non habetur, de adversarii testium fide
derogatur.

2
4   Verum tamen cum illorum actionem causae considero, 15
non video quid impudentius dici possit, cum autem vestram
in iudicando dubitationem, vereor ne id quod videntur impudenter fecisse astute et callide fecerint. Nam, si negassent
vim hominibus armatis esse factam, facile honestissimis
testibus in re perspicua tenerentur ; sin confessi essent et 20
id quod nullo tempore iure fieri potest tum ab se iure
factum esse defenderent, sperarunt, id quod adsecuti sunt,
se iniecturos vobis causam deliberandi et iudicandi iustam
moram ac religionem. Simul illud quod indignissimum
est futurum arbitrati sunt, ut in hac causa non de improbi- 25
tate Sex. Aebuti, sed de iure civili iudicium fieri videretur.
5 Qua in re, si mihi esset unius A. Caecinae causa agenda,
profiterer satis idoneum esse me defensorem, propterea
quod fidem meam diligentiamque praestarem ; quae cum
sunt in actore causae, nihil est in re praesertim aperta ac 30

1 nos *TEe* : *om. cett.*   4 atque] neque *eM¹ω*   tunc *ωk*   8
cin probi *Pantagathus*   12 creditur *suppl. Faber*   15 actionem
causae *TE* : causae actionem *cett.*   21 tum] tamen *Eeωk*   27
qua 1 *Bake*   30 sint *ωϛ*   auctore *codd.* : *corr. ed. V*

simplici quod excellens ingenium requiratur. Sed cum
de eo mihi iure dicendum sit, quod pertineat ad omnis,
quodque constitutum sit a maioribus, conservatum usque
ad hoc tempus, quo sublato non solum pars aliqua iuris
5 deminuta, sed etiam vis ea quae iuri maxime est adversaria
iudicio confirmata esse videatur, video summi ingeni causam
esse, non ut id demonstretur quod ante oculos est sed ne,
si quis vobis error in tanta re sit obiectus, omnes potius
me arbitrentur causae quam vos religioni vestrae defuisse.
10 Quamquam ego mihi sic persuadeo, recuperatores, non vos 6
tam propter iuris obscuram dubiamque rationem bis iam
de eadem causa dubitasse quam, quod videtur ad summam
illius existimationem hoc iudicium pertinere, moram ad
condemnandum quaesisse simul et illi spatium ad sese
15 conligendum dedisse. Quod quoniam iam in consuetudinem venit et id viri boni vestri similes in iudicando
faciunt, reprehendendum fortasse minus, querendum vero
magis etiam videtur, ideo quod omnia iudicia aut distra-
hendarum controversiarum aut puniendorum maleficiorum
20 causa reperta sunt, quorum alterum levius est, propterea
quod et minus laedit et persaepe disceptatore domestico
diiudicatur, alterum est vehementissimum, quod et ad gra-
viores res pertinet et non honorariam operam amici, sed
severitatem iudicis ac vim requirit. Quod est gravius, et 7
25 cuius rei causa maxime iudicia constituta sunt, id iam mala
consuetudine dissolutum est. Nam ut quaeque res est
turpissima, sic maxime et maturissime vindicanda est, at
eadem, quia existimationis periculum est, tardissime iudi-

---

2 mihi iure *TE*: iure mihi *cett.*   3 quodque *T*: quod *cett.*
7 ut id *T*: uti *cett.*   demonstretur *TE*: demonstraretur *cett.*   9
arbitrentur *c²k*: arbitrarentur (-trantur *c¹*) *cett.*   10 reciperatores *EM²*
(*ita §§* 8, 42 *EM*)   12 videretur *Pluygers*   14 quaesisse *T*: acquisisse
(aq- *E*) *cett.*   18 quod] quod cum *Lambinus*   20 sint *Lambinus*
27 vindicanda *PTE*: indicanda (iu- *ω⑤*) *cett.*   at *TEe*: ad *P*: ac
cett.   28 eadem quia (qui *T*) *PT*: eadem quae (ea de qua ⑤) *cett.*

3 catur. Qui igitur convenit, quae causa fuerit ad consti-
tuendum iudicium, eandem moram esse ad iudicandum?
Si quis quod spopondit, qua in re verbo se uno obligavit,
id non facit, maturo iudicio sine ulla religione iudicis
condemnatur; qui per tutelam aut societatem aut rem 5
mandatam aut fiduciae rationem fraudavit quempiam, in
8 eo quo delictum maius est, eo poena est tardior? 'Est
enim turpe iudicium.' Ex facto quidem turpi. Videte
igitur quam inique accidat, quia res indigna sit, ideo
turpem existimationem sequi; quia turpis existimatio sequa- 10
tur, ideo rem indignam non vindicari. Ac si qui mihi hoc
iudex recuperatorve dicat: 'potuisti enim leviore actione
confligere, potuisti ad tuum ius faciliore et commodiore
iudicio pervenire; qua re aut muta actionem aut noli mihi
instare ut iudicem tamen,' is aut timidior videatur quam 15
fortem, aut cupidior quam sapientem iudicem esse aequum
est, si aut mihi praescribat quem ad modum meum ius
persequar, aut ipse id quod ad se delatum sit non audeat
iudicare. Etenim si praetor is qui iudicia dat numquam
petitori praestituit qua actione illum uti velit, videte quam 20
iniquum sit constituta iam re iudicem quid agi potuerit aut
9 quid possit, non quid actum sit quaerere. Verum tamen
nimiae vestrae benignitati pareremus, si alia ratione ius
nostrum recuperare possemus. Nunc vero quis est qui aut
vim hominibus armatis factam relinqui putet oportere aut 25
eius rei leviorem actionem nobis aliquam demonstrare
possit? Ex quo genere peccati, ut illi clamitant, vel iniu-

---

2 moram] horam *TEe*   3 quod] quid *Francken*   uno *hic*
hab. T, post oblig. *P, ante* se *cett.*   4 id] si id *P, Francken*
iudicis *P͵5* : iudiciis *cett.*   8 ex . . . turpi *P* : et . . . turpe *cett.*
11 iudicari *Mω¹k*   ac *PET* : at *cett.*   qui *P* : quis *cett.*   12
leniore *Jordan*   13 ad] enim ad (id ω) *Tω͵5*   15 iudicem
tamen,' is *Müller* : iudicem, tamen is *priores*   17 perscribat *T*
18 non *om. T*   24 qui aut *P* : aut qui *cett.*   25 hominibus
armatis *PTEk* : armatis hominibus *cett.*   26 leviorem *eω͵5* : lenio-
rem *cett.*

riarum vel capitis iudicia constituta sunt, in eo potestis
atrocitatem nostram reprehendere, cum videatis nihil aliud
actum nisi possessionem per interdictum esse repetitam?
Verum, sive vos existimationis illius periculum sive iuris 4
5 dubitatio tardiores fecit adhuc ad iudicandum, alterius rei
causam vosmet ipsi iam vobis saepius prolato iudicio sustulistis, alterius ego vobis hodierno die causam profecto
auferam, ne diutius de controversia nostra ac de communi
iure dubitetis.   Et si forte videbor altius initium rei 10
10 demonstrandae petisse quam me ratio iuris eius de quo
iudicium est et natura causae coegerit, quaeso ut ignoscatis.
Non enim minus laborat A. Caecina ne summo iure egisse
quam ne certum ius non obtinuisse videatur.

M. Fulcinius fuit, recuperatores, e municipio Tarquini-
15 ensi; qui et domi suae cum primis honestus existimatus est
et Romae argentariam non ignobilem fecit.   Is habuit in
matrimonio Caesenniam, eodem e municipio summo loco
natam et probatissimam feminam, sicut et vivus ipse multis
rebus ostendit et in morte sua testamento declaravit.   Huic 11
20 Caesenniae fundum in agro Tarquiniensi vendidit temporibus illis difficillimis solutionis; cum uteretur uxoris dote
numerata, quo mulieri res esset cautior, curavit ut in eo fundo
dos conlocaretur.   Aliquanto post iam argentaria dissoluta
Fulcinius huic fundo uxoris continentia quaedam praedia at-
25 que adiuncta mercatur. Moritur Fulcinius—multa enim, quae
sunt in re, quia remota sunt a causa, praetermittam—testamento facit heredem quem habebat e Caesennia filium;
usum et fructum omnium bonorum suorum Caesenniae

6 vobis] vos *T*   8 auferam *TE*: afferam *cett.*   9 et si]
quod si ⏚   alterius *T*   10 eius *Faber*: et ius *codd.*   13
certe *T*   15 cum in primis ⏚   16 et] tum et ⏚   17 e *om.* ⏚
18 ipse multis *TE*: multis ipse *cett.*   19 sua *del. Ernesti*   21
difficillimae *Lambinus*   uxoris dote *TE*: dote uxoris *cett.*
22 res esset *Tk*: esset res *cett.*   23 dos *om. T*   aliquando *T*
28 et *TE*¹: *om. cett.*

71

12 legat ut frueretur una cum filio. Magnus honos viri iucundus mulieri fuisset, si diuturnum esse licuisset; frueretur enim bonis cum eo quem suis bonis heredem esse cupiebat et ex quo maximum fructum ipsa capiebat. Sed hunc fructum mature fortuna ademit. Nam brevi tempore 5 M. Fulcinius adulescens mortuus est; heredem P. Caesennium fecit; uxori grande pondus argenti matrique partem maiorem bonorum legavit. Itaque in partem mulieres vocatae sunt.

5
13   Cum esset haec auctio hereditaria constituta, Aebutius 10 iste, qui iam diu Caesenniae viduitate ac solitudine aleretur ac se in eius familiaritatem insinuasset, hac ratione ut cum aliquo suo compendio negotia mulieris, si qua acciderent, controversiasque susciperet, versabatur eo quoque tempore in his rationibus auctionis et partitionis atque etiam se ipse 15 inferebat et intro dabat et in eam opinionem Caesenniam adducebat ut mulier imperita nihil putaret agi callide posse, 14 ubi non adesset Aebutius. Quam personam iam ex cotidiana vita cognostis, recuperatores, mulierum adsentatoris, cognitoris viduarum, defensoris nimium litigiosi, contriti ad 20 Regiam, inepti ac stulti inter viros, inter mulieres periti iuris et callidi, hanc personam imponite Aebutio. Is enim Caesenniae fuit Aebutius—ne forte quaeratis, num propinquus?—nihil alienius—amicus a patre aut a viro traditus? —nihil minus—quis igitur? ille, ille quem supra deformavi, 25 voluntarius amicus mulieris non necessitudine aliqua, sed ficto officio simulataque sedulitate coniunctus magis opportuna opera non numquam quam aliquando fideli. Cum
15

---

1 ut frueretur *om.* ς   2 fuit E^1 8 maiorem bonorum *TE*: bonorum maiorem *cett.*   14 eo quoque *PTE,Weiske*: quoque eo *cett.*   16 intrudebat *o*ς   19 vita *hoc loco hab. PTE, post* cogn. *cett.*   cognostis *Weiske*: cognoscis *T*: cognoscitis *cett.*   20 cognitoris *P*ως: cognotoris *cett.*   contriti *PTE*: conciti *cett.*   21 regiam] rixam *Beroaldus*   24 a patre *PT*: aut a patre *cett.*   25 ille ille *P*: ille *cett.*   27 oportuna *TE*

esset, ut dicere institueram, constituta auctio Romae, suade-
bant amici cognatique Caesenniae, id quod ipsi quoque
mulieri veniebat in mentem, quoniam potestas esset emendi
fundum illum Fulcinianum, qui fundo eius antiquo con-
5 tinens esset, nullam esse rationem amittere eius modi occasionem, cum ei praesertim pecunia ex partitione deberetur;
nusquam posse eam melius conlocari. Itaque hoc mulier
facere constituit; mandat ut fundum sibi emat,—cui tandem?
—cui putatis? an non in mentem vobis venit omnibus illius
10 hoc munus esse ad omnia mulieris negotia parati, sine quo
nihil satis caute, nihil satis callide posset agi? Recte atten-
ditis. Aebutio negotium datur. Adest ad tabulam, licetur
Aebutius; deterrentur emptores multi partim gratia Caesenniae, partim etiam pretio. Fundus addicitur Aebutio;
15 pecuniam argentario promittit Aebutius; quo testimonio
nunc vir optimus utitur sibi emptum esse. Quasi vero aut
nos ei negemus addictum aut tum quisquam fuerit qui
dubitaret quin emeretur Caesenniae, cum id plerique scirent,
omnes fere audissent, *qui non audisset*, is coniectura ad-
20 sequi posset, cum pecunia Caesenniae ex illa hereditate
deberetur, eam porro in praediis conlocari maxime expediret, essent autem praedia quae mulieri maxime conve-
nirent, ea venirent, liceretur is quem Caesenniae dare
operam nemo miraretur, sibi emere nemo posset suspicari.
25 Hac emptione facta pecunia solvitur a Caesennia; cuius rei 17
putat iste rationem reddi non posse quod ipse tabulas averterit; se autem habere argentarii tabulas in quibus sibi
expensa pecunia lata sit acceptaque relata. Quasi id aliter
fieri oportuerit. Cum omnia ita facta essent, quem ad

6
16

3 veniebat in mentem *PTE*: in mentem veniebat *cett.*   6 ei
(mei *T*) *TEe*: *om. cett.*   7 posse eam *PTE*: posse ω𝔖: eam
posse *cett.*   hoc *P*: *om. cett.*   9 vobis *P*: *om. cett.*   omni-
bus] hominis *Angelius*   13 gratia *om. T*   18 dubitaret *TE*:
dubitarit *cett.*   19 qui non audisset *suppl. Baiter*   is *T*: his
(hi *c²*) *cett.*   20 posset *Baiter*: possent *codd.*   24 posse *TEe*

modum nos defendimus, Caesennia fundum possedit loca-
vitque; neque ita multo post A. Caecinae nupsit. Vt in
pauca conferam, testamento facto mulier moritur; facit
heredem ex deunce et semuncia Caecinam, ex duabus sex-
tulis M. Fulcinium, libertum superioris viri, Aebutio sextu- 5
lam aspergit. Hanc sextulam illa mercedem isti esse
voluit adsiduitatis et molestiae si quam ceperat. Iste
autem hac sextula se ansam retinere omnium controversiarum putat.

7   Iam principio ausus est dicere non posse heredem esse 10
18   Caesenniae Caecinam, quod is deteriore iure esset quam
ceteri cives propter incommodum Volaterranorum calamita-
temque civilem. Itaque homo timidus imperitusque, qui
neque animi neque consili satis haberet, non putavit esse
tanti hereditatem ut de civitate in dubium veniret; concessit, 15
credo, Aebutio, quantum vellet de Caesenniae bonis ut
haberet. Immo, ut viro forti ac sapienti dignum fuit, ita
19 calumniam stultitiamque eius obtrivit ac contudit. In possessione bonorum cum esset, et cum iste sextulam suam
nimium exaggeraret, nomine heredis arbitrum familiae her- 20
ciscundae postulavit. Atque illis paucis diebus, postea quam
videt nihil se ab A. Caecina posse litium terrore abradere,
homini Romae in foro denuntiat fundum illum de quo ante
dixi, cuius istum emptorem demonstravi fuisse mandatu
Caesenniae, suum esse seseque sibi emisse. Quid ais? 25
istius ille fundus est quem sine ulla controversia quadrien-
nium, hoc est ex quo tempore fundus veniit, quoad vixit,

---

2 ita *om. T*   4 semiuncia *Mμc*   6 esse *om. T*   7 ceperat
TE: susceperat *cett.*   8 ansam] ansas *T*: causam ⟨   15
tanti esse ⟨   16 *fort.* ut haberet de Caesenniae bonis. *Cf.*
Zielinski, p. 166   18 eius *TE*: *om. cett.*   ac] et *e* possessione *k, ed. V*: possessiones *cett.*   19 iste *Schütz*: ipse
codd.   21 illis] ille eis *Klotz*   23 homini] *fort.* homo ei   24
mandato *c¹k*   25 seseque *TE*: seque *cett.*   ais *TE*: agis *cett.*
26 istius] tuus *Hotoman*   27 hoc est *om. T* (*fort.* hoc est . . .
veniit *delendum*)   venit *Te*

possedit Caesennia ? ' Vsus enim, inquít, ' eius fundi et
fructus testamento viri fuerat Caesenniae.' Cum hoc novae 20
litis genus tam malitiose intenderet, placuit Caecinae de
amicorum sententia constituere, quo die in rem praesentem
5 veniretur et de fundo Caecina moribus deduceretur.   Con-
loquuntur ; dies ex utriusque commodo sumitur. Caecina
cum amicis ad diem venit in castellum Axiam, a quo loco
fundus is de quo agitur non longe abest. Ibi certior fit
a pluribus homines permultos liberos atque servos coegisse
10 et armasse Aebutium. Cum id partim mirarentur, partim
non crederent, ecce ipse Aebutius in castellum venit ; denuntiat Caecinae se armatos habere ; abiturum eum non
esse, si accessisset. Caecinae placuit et amicis, quoad videretur salvo capite fieri posse, experiri tamen. De castello 21
15 descendunt, in fundum proficiscuntur. Videtur temere
commissum, verum, ut opinor, hoc fuit causae : tam temere
istum re commissurum quam verbis. minitabatur nemo
putavit. Atque iste ad omnis introitus qua adiri poterat **8**
non modo in eum fundum de quo erat controversia, sed
20 etiam in illum proximum de quo nihil ambigebatur armatos
homines opponit. Itaque primo cum in antiquum fundum
ingredi vellet, quod ea proxime accedi poterat, frequentes
armati obstiterunt. Quo loco depulsus Caecina tamen qua 22
potuit ad eum fundum profectus *est* in quo ex conventu
25 vim fieri oportebat ; eius autem fundi extremam partem
oleae derecto ordine definiunt. Ad eas cum accederetur,
iste cum omnibus copiis praesto fuit servumque suum nomine Antiochum ad se vocavit et voce clara imperavit ut

3 malitiose *TEω* : maleficiose *cett.*   intenderet *TEM¹k* : intenderit
cett.   5 conlocuntur *T*   7 a *Lambinus* : ex *codd.*   8 is *om. T*
11 venit et nuntiat *T*   14 experiri *Ek* : expediri *cett.*   tamen] tum
c²k   17 re *om. Mω* : rem *�*   minitabatur *TEe, Faber* : nuncia-
batur *cett.*   19 erat controv. *TE* : controv. fuerat *cett.*   24
est *suppl. Hotoman*   in quo *TEe* : ex quo *cett.*   26 derecto
Müller : decreto *T* : directo *cett.*   28 et voce clara *TE* : et clara
(clam *ατc*) voce *cett.*

eum qui illum olearum ordinem intrasset occideret. Homo
mea sententia prudentissimus Caecina tamen in hac re plus
mihi animi quam consili videtur habuisse. Nam cum et
armatorum multitudinem videret et eam vocem Aebuti
quam commemoravi audisset, tamen accessit propius et iam 5
ingrediens intra finem eius loci quem oleae terminabant
impetum armati Antiochi ceterorumque tela atque incursum
refugit. Eodem tempore se in fugam conferunt amici
advocatique eius metu perterriti, quem ad modum illorum
23 testem dicere audistis. His rebus ita gestis P. Dolabella 10
praetor interdixit, ut est consuetudo, DE VI HOMINIBVS AR-
MATIS sine ulla exceptione, tantum ut unde deiecisset
restitueret. Restituisse se dixit. *Sponsio facta est. Hac de*
sponsione vobis iudicandum est.

9   Maxime fuit optandum Caecinae, recuperatores, ut con- 15
troversiae nihil haberet, secundo loco ut ne cum tam improbo homine, tertio ut cum tam stulto haberet. Etenim
non minus nos stultitia illius sublevat quam laedit improbitas. Improbus fuit, quod homines coegit, armavit, coactis
armatisque vim fecit. Laesit in eo Caecinam, sublevat 20
ibidem ; nam in eas ipsas res quas improbissime fecit testi-
24 monia sumpsit et eis in causa testimoniis utitur. Itaque
mihi certum est, recuperatores, ante quam ad meam defensionem meosque testis venio, illius uti confessione et testimoniis ; qui confitetur atque ita libenter confitetur ut non 25
solum fateri sed etiam profiteri videatur, recuperatores:
'convocavi homines, coegi, armavi, terrore mortis ac periculo capitis ne accederes obstiti ; ferro,' inquit, 'ferro'—et
hoc dicit in iudicio—'te reieci atque proterrui.' Quid?

5 audisset *TE* : audivisset *cett.*   7 incursum *TE* : incursus
cett.   8 conferunt *Ernesti* : confer una *T* : conferunt una *cett.*
amici *M mg.*, oϚ : meieci *cett.*   13 restitueret : deinde *Quintil.* iv.
2. 132   sponsio . . . de *suppl. Naugerius* (1) *e Quintil.*   18 istius *k*
20 sublevat *TEo*Ϛ : sublevavit *cett.*   25 qui *c²*, *Lehmann* : quid *cett.*
29 proterrui *T*, *Aquila Rom. de fig.* § 29, *Lambinus* : perterrui *cett.*

testes quid aiunt? P. Vetilius, propinquus Aebuti, se Aebutio cum armatis servis venisse advocatum. Quid praeterea? Fuisse compluris armatos. Quid aliud? Minatum
esse Aebutium Caecinae. Quid ego de hoc teste dicam
5 nisi hoc, recuperatores, ut ne idcirco minus ei credatis quod
homo minus idoneus habetur, sed ideo credatis quod ex
illa parte id dicit quod illi causae maxime sit alienum?
A. Terentius, alter testis, non modo Aebutium sed etiam se 25
pessimi facinoris arguit. In Aebutium hoc dicit, armatos
10 homines fuisse, de se autem hoc praedicat, Antiocho, Aebuti
servo, se imperasse ut in Caecinam advenientem cum ferro
invaderet. Quid loquar amplius de hoc homine? In
quem ego hoc dicere, cum rogarer a Caecina, numquam
volui, ne arguere illum rei capitalis viderer, de eo dubito
15 nunc quo modo aut loquar aut taceam, cum ipse hoc de se
iuratus praedicet. Deinde L. Caelius non solum Aebutium 26
cum armatis dixit fuisse compluribus verum etiam cum
advocatis perpaucis eo venisse Caecinam. De hoc ego 10
teste detraham? cui aeque ac meo testi ut credatis postulo.
20 P. Memmius secutus est qui suum non parvum beneficium
commemoravit in amicos Caecinae, quibus sese viam per
fratris sui fundum dedisse dixit qua effugere possent, cum
essent omnes metu perterriti. Huic ego testi gratias agam,
quod et in re misericordem se praebuerit et in testimonio
25 religiosum. A. Atilius et eius filius L. Atilius et armatos 27
ibi fuisse et se suos servos adduxisse dixerunt; etiam hoc
amplius: cum Aebutius Caecinae malum minaretur, ibi tum
Caecinam postulasse ut moribus deductio fieret. Hoc idem

5 ne (non *k*) idcirco minus *TEk* : idcirco non minus *cett.*   6 haberetur *T* : habeatur *M*   sed ideo . . . alienum *om. T*   7 sit *scripsi* : est
codd. (alienum est *Zielinski*)   8 se pessimi *Garatoni* : sepissimi (-e *S*)
codd.   9 facinoris *TEe* : *om. cett.*   11 servo se *Kayser* : servos *T* :
servo *cett.*   12 de hoc *TE* : hoc de *cett.*   13 ego hoc *TE* : ego *cett.*
22 sui *om. T*   23 essent *om. T*   omnes metu *TE* : metu omnes
cett.   24 praebuerit *TEe* : praebuit *cett.*   26 servos *T* : armatos *cett.*   27 minaretur *cod. Paris. 7774, ed. R* : hoc est mortem
minaretur *add. cett.*

P. Rutilius dixit, et eo libentius dixit ut aliquando in iud:cio
eius testimonio creditum putaretur. Duo praeterea testes
nihil de vi, sed de re ipsa atque emptione fundi dixerunt;
P. Caesennius, auctor fundi, non tam auctoritate gravi quam
corpore, et argentarius Sex. Clodius cui cognomen est 5
Phormio, nec minus niger nec minus confidens quam ille
Terentianus est Phormio, nihil de vi dixerunt, nihil prae-
28 terea quod ad vestrum iudicium pertineret. Decimo vero
loco testis exspectatus et ad extremum reservatus dixit,
senator populi Romani, splendor ordinis, decus atque orna- 10
mentum iudiciorum, exemplar antiquae religionis, Fidicu-
lanius Falcula; qui cum ita vehemens acerque venisset ut
non modo Caecinam periurio suo laederet sed etiam mihi
videretur irasci, ita eum placidum mollemque reddidi, ut
non auderet, sicut meministis, iterum dicere quot milia 15
fundus suus abesset ab urbe. Nam cum dixisset minus
1ↃↃↃ, populus cum risu adclamavit ipsa esse. Meminerant
29 enim omnes quantum in Albiano iudicio accepisset. In
eum quid dicam nisi id quod negare non possit, venisse in
consilium publicae quaestionis, cum eius consili iudex non 20
esset, et in eo consilio, cum causam non audisset et potestas
esset ampliandi, dixisse sibi liquere; cum de incognita re
iudicare voluisset, maluisse condemnare quam absolvere;
cum, si uno minus damnarent, condemnari reus non posset,
non ad cognoscendam causam sed ad explendam damna- 25
tionem praesto fuisse? Vtrum gravius aliquid in quempiam
dici potest quam ad hominem condemnandum quem num-

---

1 et eo . . . dixit *om. T*   aliquando *T*: aliquo *cett.*   3 re
TEk: *om. cett.*   4 gravis *k*   5 cognomen *T*: nomen *cett.*
6 quam est ille Ter. Phormio *Quintil.* vi. 3. 56   10 atque *T*: aeque
(equestris *k²*) *Eϛ* : eque *cett.*   11 Fidic. *o*: Fidec. *cett.*   16 *fort.*
abesset ab urbe fundus suus (*cf. Zielinski, p.* 166)   minus] habere
(abesse ϛ) *add. codd.*: *del. Ernesti*   17 LIIII *codd.*: *corr. Keller* (*cf.*
Rosc. Com. 11)   18 Albiano ϛ: Abbiano *cett.*   22 cum de
incognita (dein cogn. *E*) *TE* : dum incognita *cett.*   23 voluisset
Tek : noluisset *cett.*

quam vidisset neque audisset adductum esse pretio? an
certius quicquam obici potest quam quod is cui obicitur ne
nutu quidem infirmare conatur? Verum tamen is testis, 30
—ut facile intellegeretis eum non adfuisse animo, cum causa
5 ab illis agereter testesque dicerent, sed tantisper de aliquo
reo cogitasse—cum omnes ante eum dixissent testes armatos cum Aebutio fuisse compluris, solus dixit non fuisse.
Visus est mihi primo veterator intellegere praeclare quid
causae obstaret, et tantum modo errare, quod omnis
10 testis infirmaret qui ante eum dixissent : cum subito, ecce
·idem qui solet, duos solos servos armatos fuisse dixit. Quid **11**
huic tu homini facias? nonne concedas interdum ut excusatione summae stultitiae summae improbitatis odium depre-
cetur? Vtrum, recuperatores, his testibus non credidistis, 31
15 cum quid liqueret non habuistis? at controversia non erat
quin verum dicerent. An in coacta multitudine, in armis, in
telis, in praesenti metu mortis perspicuoque periculo caedis
dubium vobis fuit inesse vis aliqua videretur necne? Quibus igitur in rebus vis intellegi potest, si in his non intelle-
20 getur? An vero illa defensio vobis praeclara visa est :
' Non deieci, sed obstiti; non enim sum passus in fundum
ingredi, sed armatos homines opposui, ut intellegeres, si in
fundo pedem posuisses, statim tibi esse pereundum?'
Quid ais? is qui armis proterritus, fugatus, pulsus est, non
25 videtur esse deiectus? Posterius de verbo videbimus; 32
nunc rem ipsam ponamus quam illi non negant et eius rei
ius actionemque quaeramus.

Est haec res posita quae ab adversario non negatur,

1 esse pretio *TE* : pretio esse *cett.*   4 causa ab illis *TE* : ab illis
(aliis *k*) causa *cett.*   5 sed *Naugerius* (1) : se *codd.*   9 causae
(-sa ϛ) optaret *codd.* : *corr. Halm* : causa postularet *Kayser*   11
duos *Baiter* : suos *codd.*   12 tu *om. Gellius* vii. 16. 12   15
quod *Schütz*   17 -que *TE* : *om. cett.*   19 intelligitur *T*   21
enim *om.* ϛ   sum *T* : sum te *M¹* : te sum *cett.* (*M²*)   23 fundum
ϛ   24 perterritus *codd.* : *corr. Orelli*   26 ponamus] poteri-
mus *T*   et] ut *T*

Caecinam, cum ad constitutam diem tempusque venisset ut
vis ac deductio moribus fieret, pulsum prohibitumque esse
vi coactis hominibus et armatis. Cum hoc constet, ego,
homo imperitus iuris, ignarus negotiorum ac litium, hanc
puto me habere actionem, ut per interdictum meum ius 5
teneam atque iniuriam tuam persequar. Fac in hoc errare
me nec ullo modo posse per hoc interdictum id adsequi
33 quod velim ; te uti in hac re magistro volo. Quaero sitne
aliqua huius rei actio an nulla. Convocari homines propter possessionis controversiam non oportet, armari multitu- 10
dinem iuris retinendi causa non convenit; nec iuri quicquam tam inimicum quam vis nec aequitati quicquam
tam infestum est quam convocati homines et armati.
12 Quod cum ita sit resque eius modi sit ut in primis a magistratibus animadvertenda videatur, iterum quaero sitne eius 15
rei aliqua actio an nulla. Nullam esse dices ? Audire
cupio, qui in pace et otio, cum manum fecerit, copias para-
rit, multitudinem hominum coegerit, armarit, instruxerit,
homines inermos qui ad constitutum experiendi iuris gratia
venissent armis, viris, terrore periculoque mortis reppulerit, 20
34 fugarit, averterit, hoc dicat: 'Feci equidem quae dicis
omnia, et ea sunt et turbulenta et temeraria et periculosa.
Quid ergo est ? impune feci; nam quid agas mecum ex
iure civili ac praetorio non habes.' Itane vero ? recuperatores, hoc vos audietis et apud vos dici patiemini saepius? 25
Cum maiores nostri tanta diligentia prudentiaque fuerint ut
omnia omnium non modo tantarum rerum sed etiam tenuis-
simarum iura statuerint persecutique sint, hoc genus unum
vel maximum praetermitterent, ut, si qui me exire domo

1 constitutum *Lambinus*   3 vi actis *T*   13 convocari . . .
armari *c²k*   15 videatur *TE* : esse videatur *cett.*   16 audire
ante nullam *hab. T*   19 inermos qui *mg. Lambini* : inermosq; *T* :
inermes qui *ς* : inermesque *cett.*   experiundi *codd.* (*ita* § 39)   23
nam quod *Ernesti*   28 hoc *Lambinus* : ut hoc *codd.*

mea coegisset armis, haberem actionem, si qui introire prohi-
buisset, non haberem? Nondum de Caecinae causa disputo, nondum de iure possessionis nostrae loquor; tantum
de tua defensione, C. Piso, quaero. Quoniam ita dicis et 35
5 ita constituis, si Caecina, cum in fundo esset, inde deiectus
esset, tum per hoc interdictum eum restitui oportuisse;
nunc vero deiectum nullo modo esse inde ubi non fuerit;
hoc interdicto nihil nos adsecutos esse: quaero, si te hodie
domum tuam redeuntem coacti homines et armati non
10 modo limine tectoque aedium tuarum sed primo aditu vesti-
buloque prohibuerint, quid acturus sis. Monet amicus
meus te, L. Calpurnius, ut idem dicas quod ipse antea dixit,
iniuriarum. Quid ad causam possessionis, quid ad restituendum eum quem oportet restitui, quid denique ad ius
15 civile, aut ad praetoris notionem atque animadversionem?
Ages iniuriarum. Plus tibi ego largiar; non solum egeris
verum etiam condemnaris licet; num quid magis possidebis?
actio enim iniuriarum non ius possessionis adsequitur sed
dolorem imminutae libertatis iudicio poenaque mitigat.
20 Praetor interea, Piso, tanta de re tacebit? quem ad modum **13**
te restituat in aedis tuas non habebit? Qui dies totos aut 36
vim fieri vetat aut restitui factam iubet, qui de fossis, de
cloacis, de minimis aquarum itinerumque controversiis interdicit, is repente obmutescet, in atrocissima re quid faciat
25 non habebit? et C. Pisoni domo tectisque suis prohibito,
prohibito inquam, per homines coactos et armatos, praetor
quem ad modum more et exemplo opitulari possit non

---

1 mea *om. Quintil.* v. 11. 33   coegissent *eM*¹*o*¹*c*¹   2 non
haberem *om. T*   4 quaero *TEe* : queror *cett.*   quoniam (q͞m) *T* :
quando *k* : quō (quomodo *m*) *cett.*   7 nullum deiectum *T*   11
prohibuerunt *T* : prohibuerat *m*   13 quid id ad causam *Ernesti*
                                                      aetoris
15 aut ad] aut *T*   praetoris *Faber* : actoris (*ex pr.*) *codd.*   atque
eMꞱ : et ad µ   16 ages *Th* : aies *cett.*   23 interdicit is (*om.*
TE : et is *e*Ʇ) *M mg.*, *e*Ʇ : interdictis *cett.*   24 ommutescet *k*   quod
Ernesti   25 Pisone *codd.* : *corr. Lambinus*   prohibito, prohibito Ʇ, *Angelius* : prohibito *cett.*

habebit? Quid enim dicet, aut quid tu tam insigni accepta
iniuria postulabis? 'Vnde vi prohibitus?' Sic nemo umquam interdixit; novum est, non dico inusitatum, verum
omnino inauditum. 'Vnde deiectus?' Quid proficies,
cum illi hoc respondebunt tibi quod tu nunc mihi, armatis 5
se tibi obstitisse ne in aedis accederes; deici porro nullo
37 modo potuisse qui non accesserit? 'Deicior ego,' inquis,
'si quis meorum deicitur omnino.' Iam bene agis; a verbis
enim recedis et aequitate uteris. Nam verba quidem ipsa
si sequi volumus, quo modo tu deiceris, cum servus tuus 10
deicitur? Verum ita est uti dicis; te deiectum debeo
intellegere, etiam si tactus non fueris. Nonne? Age nunc,
si ne tuorum quidem quisquam loco motus erit atque
omnes in aedibus adservati ac retenti, tu solus prohibitus
et a tuis aedibus vi atque armis proterritus, utrum hanc 15
actionem habebis qua nos usi sumus, an aliam quampiam,
an omnino nullam? Nullam esse actionem dicere in re
tam insigni tamque atroci neque prudentiae neque auctoritatis tuae est; alia si quae forte est quae nos fugerit, dic
38 quae sit; cupio discere. Haec si est qua nos usi sumus 20
te iudice vincamus necesse est. Non enim vereor ne hoc
dicas, in eadem causa eodem interdicto te oportere restitui,
Caecinam non oportere. Etenim cui non perspicuum est
ad incertum revocari bona, fortunas, possessiones omnium,
si ulla ex parte sententia huius interdicti deminuta aut infir- 25
mata sit, si auctoritate virorum talium vis armatorum homi-

2 sic *Garatoni*: sis *codd.*   nemo umquam] ṇumquam *T*   3
invisitatum *Halm*   5 armatis *Faber* (*cf.* § 39): armatos *codd.*
6 se *om.* ᒐ   9 aequitatem *c²k*   uteris *TE* : vertis *cett.*   quidem *TE* : *om. cett.*   12 non fueris *om. T* : non eris *Klotz*   13
tuorum quidem *TE* : quidem tuorum *cett.*   14 adservati *ed. R* : ac
(*om.* ac ᒐ) servati (reserv- *T*) *codd.*   15 proterritus *TE* : perterritus *cett.*   19 aliqua *T*   23 non perspicuum *PTE* : perspicuum non *cett.*   est *P* : sit *cett.*   24 possessiones *P*ᒐ :
possessionis *cett.*   25 demin. *T* : dimin. *cett.*   26 si *P* : si
(se *T*) in *cett.*   vis *PeM¹e* : ius *cett.*

num iudicio approbata videatur, in quo iudicio non de
armis dubitatum sed de verbis quaesitum esse dicatur?
Isne apud vos obtinebit causam suam qui se ita defenderit:
'reieci ego te armatis hominibus, non deieci,' ut tantum
5 facinus non in aequitate defensionis, sed in una littera latuisse videatur? Huiusce rei vos statuetis nullam esse 39
actionem, nullum experiendi ius constitutum, qui obstiterit
armatis hominibus, qui multitudine coacta non introitu,
sed omnino aditu quempiam prohibuerit? Quid ergo? 14
10 hoc quam habet vim, ut distare aliquid aut ex aliqua parte
differre videatur, utrum, pedem cum intulero atque in possessione vestigium fecero, tum expellar ac deiciar, an eadem
vi et isdem armis mihi ante occurratur, ne non modo in-
trare verum aspicere aut aspirare possim? Quid hoc ab
15 illo differt, ut ille cogatur restituere qui ingressum expulerit,
ille qui ingredientem reppulerit non cogatur? Videte, per 40
deos immortalis! quod ius nobis, quam condicionem vobismet ipsis, quam denique civitati legem constituere velitis.
Huiusce generis una est actio per hoc interdictum quo nos
20 usi sumus constituta; ea si nihil valet aut si ad hanc rem
non pertinet, quid neglegentius aut quid stultius maioribus
nostris dici potest, qui aut tantae rei praetermiserint actionem aut eam constituerint quae nequaquam satis verbis
causam et rationem iuris amplecteretur? Hoc est pericu-
25 losum, dissolvi hoc interdictum, est captiosum omnibus
rem ullam constitui eius modi quae, cum armis gesta sit,
rescindi iure non possit; verum tamen illud est turpissi-
mum, tantae stultitiae prudentissimos homines condemnari,

---

1 approbata *P*, *Hotoman*: opprobatum (appr. *e꜕*) *cett.*   4
deieci *Keller*: eieci *codd.*, *Rufinian.* § 6   te ego *T*   5 defen-
sionis] iuris *Rufinian.*   7 nullum *TEe*: nulli *cett.* (*P?*)   experiundi
codd.   10 hoc *om. P*   ut distare *Peyron*: v. DIS· ARE *P*: ut ista
re *cett.*   ex aliqua *P*: aliqua ex *cett.*   11 possessicne *P*: possessionem
(-es *T*) *cett.*   12 ac *PTE*: atque *cett.*   an *PTE*: an in *cett.*
14 quid *P*: qui *cett.*   24 hoc est periculosum *P*: periculosum est
cett.   27 illud est turp. *PTE*: est turp. illud *cett.*

ut vos iudicetis huius rei ius atque actionem in mentem
maioribus nostris non venisse.

41 ' Queramur,' inquit, ' licet ; tamen hoc interdicto Aebutius
non tenetur.' Quid ita ? ' Quod vis Caecinae facta non
est.' Dici in hac causa potest, ubi arma fuerint, ubi coacta 5
hominum multitudo, ubi instructi et certis locis cum ferro
homines conlocati, ubi minae, pericula terroresque mortis,
ibi vim non fuisse ? ' Nemo,' inquit, ' occisus est neque
saucius *factus*.' Quid ais ? cum de possessionis controversia
et de privatorum hominum contentione iuris loquamur, tu 10
vim negabis factam, si caedes et occisio facta non erit ?
At exercitus maximos saepe pulsos et fugatos esse dico
terrore ipso impetuque hostium sine cuiusquam non modo

15
42 morte verum etiam volnere. Etenim, recuperatores, non ea
sola vis est quae ad corpus nostrum vitamque pervenit, sed 15
etiam multo maior ea quae periculo mortis iniecto formidine
animum perterritum loco saepe et certo de statu demovet.
Itaque saucii saepe homines cum corpore debilitantur, animo
tamen non cedunt neque eum relinquunt locum quem
statuerunt defendere ; at alii pelluntur integri ; ut non 20
dubium sit quin maior adhibita vis ei sit cuius animus sit
43 perterritus quam illi cuius corpus volneratum sit. Quod si
vi pulsos dicimus exercitus esse eos qui metu ac tenui saepe
suspicione periculi fugerunt, et si non solum impulsu scuto-
rum neque conflictu corporum neque ictu comminus neque 25
coniectione telorum, sed saepe clamore ipso militum aut
instructione aspectuque signorum magnas copias pulsas esse

1 ius *TE* : vim *k* : *om. cett.* (*de P sil. Peyron*) : interdictum *ed. R*
2 venisse] constituere *suppl. Müller*   9 factus *suppl. Zielinski,*
p. 198, *cf. Tull.* 56 (sauciatus *Ernesti*)   10 loquemur *Kayser*
11 facta non erit *hoc loco hab.* Mμ⌇, *ante* saepe *TEe*   12 at *scripsi* :
et (*om. T*) *codd.* : ego *ed. R*   maximos *T⌇* : maximus *cett.*   et effu-
gatos *Ee*   14 sola ea *T*   16 etiam et *Francken*   17 de *om. Quintil.*
vii. 3. 17   demovet *TEe, Quintil.* : dimovet *cett.*   19 relinquunt
⌇ : relinquent *cett.*   20 statuerunt *Ee* : statuerint *cett.*   23 esse
om. T   24 si *om. T*   26 coniectatione *T*

et vidimus et audivimus, quae vis in bello appellatur, ea in
otio non appellabitur? et, quod vehemens in re militari
putatur, id leve in iure civili iudicabitur? et, quod exercitus
armatos movet, id advocationem togatorum non videbitur
5 movisse? et volnus corporis magis istam vim quam terror
animi declarabit? et sauciatio quaeretur, cum fugam factam
esse constabit? Tuus enim testis hoc dixit, metu perterritis 44
nostris advocatis locum se qua effugerent demonstrasse.
Qui non modo ut fugerent sed etiam ipsius fugae tutam viam
10 quaesiverunt, his vis adhibita non videbitur? Quid igitur
fugiebant? Propter metum. Quid metuebant? Vim videlicet. Potestis igitur principia negare, cum extrema conce-
ditis? Fugisse perterritos confitemini; causam fugae dicitis
eandem quam omnes intellegimus, arma, multitudinem
15 hominum, incursionem atque impetum armatorum; haec
ubi conceduntur esse facta, ibi vis facta negabitur?

At vero hoc quidem iam vetus est et maiorum exemplo 16
multis in rebus usitatum, cum ad vim faciendam veniretur, 45
si quos armatos quamvis procul conspexissent, ut statim
20 testificati discederent, *cum* optime sponsionem facere possent,
NI ADVERSVS EDICTVM PRAETORIS VIS FACTA ESSET. Itane
vero? scire esse armatos satis est ut vim factam probes; in
manus eorum incidere non est satis? aspectus armatorum
ad vim probandam valebit; incursus et impetus non vale-
25 bit? qui abierit, facilius sibi vim factam probabit quam qui
effugerit? At ego hoc dico, si, ut primum in castello Cae- 46
cinae dixit Aebutius se homines coegisse et armasse neque

4 togatorum *om. Quintil.* v. 10. 92   6 declaravit *TEe*   7
perterritus *T*   8 se *TEe*: *om. cett.*   10 quaesiverunt *TE*:
quaesierunt *cett.*   12 potestis *Quintil.* vii. 3. 29: potestatis
codd.   negare *TE*[1], *Quintil.*: negare potestis *cett.*   concedatis *k*,
Quintil.   15 armatorum *TEe*: armorum *cett.*   16 negabatur *T*
17 vetus ē‖ est et *T*   18 faciendam *⵿*: faciundam *cett.*   20
cum *suppl. Kayser*   21 ni *E*: ne *cett.*   22 vero *om. Quintil.*
v. 10. 93   23 sat est *Quintil.*   26 hoc dico *TE*: dico hoc
cett.   primo *codd.*: *corr. Lambinus*

eum, si illo accessisset, abiturum, statim Caecina discessisset,
dubitare vos non debuisse quin Caecinae facta vis esset;
si vero simul ac procul conspexit armatos recessisset eo
minus dubitaretis. Omnis enim vis est quae periculo aut
decedere nos alicunde cogit aut prohibet accedere. Quod 5
si aliter statuetis, videte ne hoc vos statuatis, qui vivus discesserit, ei vim non esse factam, ne hoc omnibus in possessionum controversiis praescribatis, ut confligendum sibi et
armis decertandum putent, ne, quem ad modum in bello
poena ignavis ab imperatoribus constituitur, sic in iudiciis 10
deterior causa sit eorum qui fugerint quam qui ad extremum
47 usque contenderint. Cum de iure et legitimis hominum
controversiis loquimur et in his rebus vim nominamus, pertenuis vis intellegi debet. Vidi armatos quamvis paucos;
magna vis est. Decessi unius hominis telo proterritus; de- 15
iectus detrususque sum. Hoc si ita statuetis, non modo
non erit cur depugnare quisquam posthac possessionis causa
velit, sed ne illud quidem cur repugnare. Sin autem vim
sine caede, sine volneratione, sine sanguine nullam intellegetis, statuetis homines possessionis cupidiores quam vitae 20
esse oportere.

17
48   Age vero, de vi te ipsum habebo iudicem, Aebuti. Responde, si tibi videtur. In fundum Caecina utrum tandem
noluit, an non potuit accedere? Cum te obstitisse et
reppulisse dicis, certe hunc voluisse concedis. Potes igitur 25
dicere non ei vim fuisse impedimento cui, cum cuperet
eoque consilio venisset, per homines coactos licitum non sit

---

2 debuissetis (decuisset c^2) c^1k 4 quae periculo k : quericulo
T : quae ridiculo (red- e) *cett.*   5 alicunde T, *Naugerius* (1) : aliunde
cett.   aut] aut aliquo *cod. Lambini*   13 pertenuis T : pertenui
cett.   14 vis *om.* T 15 perterritus *codd.*: *corr. Baiter*   16
non modo *om.* E 18 depugnare T 19 caede, sine] caede T
intellegitis, statuitis P 22 habeo T 23 tandem noluit
$PTEe$: noluit tandem *cett.*   25 reppulisse $PTEe$: repudiasse
(repugnasse k) *cett.*   potes Ek : post T : potest *cett.*   26 cui]
qui P 27 licitum non sit $PTEe$: non sit licitum *cett.*

accedere? Si enim id quod maxime voluit nullo modo
potuit, vis profecto quaedam obstiterit necesse est; aut tu
dic quam ob rem, cum vellet accedere, non accesserit. Iam 49
vim factam negare non potes; deiectus quem ad modum
5 sit, qui non accesserit, id quaeritur. Demoveri enim et
depelli de loco necesse est eum qui deiciatur. Id autem
accidere ei qui potest qui omnino in eo loco unde se deiectum esse dicit numquam fuit? Quid? si fuisset et ex eo
loco metu permotus fugisset, cum armatos vidisset, diceresne
10 esse deiectum? Opinor. Ain tu? qui tam diligenter et
tam callide verbis controversias non aequitate diiudicas, et
iura non utilitate communi sed litteris exprimis, poterisne
dicere deiectum esse eum qui tactus non erit? Quid? detrusum dicesne? nam eo verbo antea praetores in hoc inter-
15 dicto uti solebant. Quid ais? potestne detrudi quisquam
qui non attingitur? nonne, si verbum sequi volumus, hoc
intellegamus necesse est, eum detrudi cui manus adferantur?
Necesse est, inquam, si ad verbum rem volumus adiungere,
neminem statui detrusum qui non adhibita vi manu demo-
20 tus et actus praeceps intellegatur. Deiectus vero qui potest 50
esse quisquam nisi in inferiorem locum de superiore motus?
Potest pulsus, fugatus, eiectus denique; illud vero nullo
modo potest, non modo qui tactus non sit sed ne in aequo
quidem et plano loco. Quid ergo? hoc interdictum puta-
25 mus eorum esse causa compositum qui se praecipitatos ex
locis superioribus dicerent—eos enim vere possumus dicere
esse deiectos—an, cum voluntas et consilium et sententia **18**

6 ḋèloco *P*   est *om. T*   8 quid *PTE* : quod *cett.*   10
ain *Rau* : an *codd.*   11 controversiam *P*   13 delectum *P*
14 dicesne *P* : dices *cett.*   in *PTE* : *om. cett.*   17 cui] iam *sup.*
lin. add. P   18 necesse est *k, edd. VR* : necessest *P* : nec est *cett.*
adiungere *P, Lambinus* : attingere (attinere *k*) *cett.*   19 statui
P, Lambinus : statu *cett.*   22 vero] verbo *P*   23 potest]
deiectus esse quisquam *add. codd.* : *del. Bake*   in *P* : *om. cett.*
27 an] an non *Angelius*

interdicti intellegatur, impudentiam summam aut stultitiam
singularem putabimus in verborum errore versari, rem et
causam et utilitatem communem non relinquere solum sed
etiam prodere?

51   An hoc dubium est quin neque verborum tanta copia sit 5
non modo in nostra lingua, quae dicitur esse inops, sed ne
in alia quidem ulla, res ut omnes suis certis ac propriis voca-
bulis nominentur, neque vero quicquam opus sit verbis, cum
ea res cuius causa verba quaesita sint intellegatur? Quae
lex, quod senatus consultum, quod magistratus edictum, 10
quod foedus aut pactio, quod, ut ad privatas res redeam,
testamentum, quae iudicia aut stipulationes aut pacti et con-
venti formula non infirmari ac convelli potest, si ad verba
rem deflectere velimus, consilium autem eorum qui scripse-
52 runt et rationem et auctoritatem relinquamus? Sermo her- 15
cule familiaris et cotidianus non cohaerebit, si verba inter
nos aucupabimur; denique imperium domesticum nullum
erit, si servolis hoc nostris concesserimus ut ad verba nobis
oboediant, non ad id quod ex verbis intellegi possit obtem-
perent. Exemplis nunc uti videlicet mihi necesse est harum 20
rerum omnium; non occurrit uni cuique vestrum aliud alii
in omni genere exemplum quod testimonio sit non ex verbis
aptum pendere ius; sed verba servire hominum consiliis et
53 auctoritatibus. Ornate et copiose L. Crassus, homo longe
eloquentissimus, paulo ante quam nos in forum venimus, 25
iudicio cvirali hanc sententiam defendit et facile, cum
contra eum prudentissimus homo, Q. Mucius, diceret, pro-
bavit omnibus, M'. Curium, qui heres institutus esset ita:
'MORTVO POSTVMO FILIO,' cum filius non modo non mortuus sed ne natus quidem esset, heredem esse oportere. 30

9 cuius *om. T*   12 iudicii aut stipulationis *Klotz*   13 ac]
et *e* : aut *ed. Mediol.*   14 eorum *om. T*   15 hercule *T* : hercule
et *cett.*   18 nostris *om. T*   23 aptum *TEeo* : totum *k* : actum *cett.*
26 c] centum *codd. (ita* § 67): *cf.* § 69   28 M. *codd.* : *corr. Manutius*
29 modo non] modo *Ernesti*   30 esse *om. T*

Quid? verbis hoc satis erat cautum? Minime. Quae res
igitur valuit? Voluntas, quae si tacitis nobis intellegi posset, verbis omnino non uteremur; quia non potest, verba
reperta sunt, non quae impedirent sed quae indicarent vo-
5 luntatem. Lex usum et auctoritatem fundi iubet esse biennium; at utimur eodem iure in aedibus, quae in lege non
appellantur. Si via sit immunita, iubet qua velit agere iumentum; potest hoc ex ipsis verbis intellegi, licere, si via sit
in Bruttiis immunita, agere si velit iumentum per M. Scauri
10 Tusculanum. Actio est in auctorem praesentem his verbis:
'QVANDOQVE TE IN IVRE CONSPICIO.' Hac actione Appius
ille Caecus uti non posset, si ita in iure homines verba con-
sectarentur ut rem cuius causa verba sunt non considerarent.
Testamento si recitatus heres esset pupillus Cornelius isque
15 iam annos xx haberet, vobis interpretibus amitteret hereditatem. Veniunt in mentem mihi permulta, vobis plura, 55
certo scio. Verum ne nimium multa complectamur atque
ab eo quod propositum est longius aberret oratio, hoc ipsum
interdictum quo de agitur consideremus; intellegetis enim
20 in eo ipso, si in verbis ius constituamus, omnem utilitatem
nos huius interdicti, dum versuti et callidi velimus esse,
amissuros. 'VNDE TV AVT FAMILIA AVT PROCVRATOR
TVVS.' Si me vilicus tuus solus deiecisset, non familia
deiecisset, ut opinor, sed aliquis de familia. Recte igitur
25 diceres te restituisse? Quippe; quid enim facilius est quam

---

1 hoc satis erat cautum *TE*: satis hoc cautum erat *eMμ*: hoc cautum erat (*om.* erat *k*) satis Ϛ   2 possit *T*   5 et *del.* Hotoman
8 ipsis *T*: *om. cett.*   9 Bruttiis] Brittiis (bry- *E*) *TE*, *Klotz*:
brutiis *M*: brictiis *M mg.*, *μ* (*cf.* Mommsen, *Unterital. Dial., p.* 252)
11 quando *Naugerius* (2), *cf. Mur.* 26   12 ita in iure *Madvig*: tam
vere *codd.*: *fort.* tam versute   13 ut *TE*: quam *cett.*   sunt]
sint *E¹*: *om. T*   17 certo *TEe*: certe *cett.*   18 erret *T*
19 quo de *E*: quod ea *T*: de quo *cett.*   intelligitis *codd.*: *corr.*
Naugerius (1)   20 ius] ipsius *T*: istius *k*: ipsis ius *Lehmann*
utilit. omnem *T*   21 velimus *TE*: volumus *cett.*   23 vilicus
T: villicus *cett.*   25 restituisse *T*, *Naugerius* (1): restitisse *cett.*

probare eis qui modo Latine sciant, in uno servolo familiae
nomen non valere? Si vero ne habeas quidem servum
praeter eum qui me deiecerit, clames videlicet : ' Si habeo
familiam, a familia mea fateor te esse deiectum.' Neque
enim dubium est quin, si ad rem iudicandam verbo ducimur, 5
non re, familiam intellegamus quae constet ex servis pluribus ; quin unus homo familia non sit ; verbum certe hoc
56 non modo postulat, sed etiam cogit, at vero ratio iuris inter-
dictique vis et praetorum voluntas et hominum prudentium
consilium et auctoritas respuit hanc defensionem et pro 10
20 nihilo putat. Quid ergo? isti homines Latine non loquuntur ? Immo vero tantum loquuntur quantum est satis ad
intellegendam voluntatem, cum sibi hoc proposuerint ut,
sive me tu deieceris sive tuorum quispiam sive servorum
sive amicorum, servos non numero distinguant sed appel- 15
57 lent uno familiae nomine ; de liberis autem quisquis est,
procuratoris nomine appelletur ; non quo omnes sint aut
appellentur procuratores qui negoti nostri aliquid gerant,
sed in hac re cognita sententia interdicti verba subtiliter ex-
quiri omnia noluerunt. Non enim alia causa est aequitatis 20
in uno servo et in pluribus, non alia ratio iuris in hoc genere
dumtaxat, utrum me tuus procurator deiecerit, is qui
legitime procurator dicitur, omnium rerum eius qui in Italia
non sit absitve rei publicae causa quasi quidam paene
dominus, hoc est alieni iuris vicarius, an tuus colonus aut 25
vicinus aut cliens aut libertus aut quivis qui illam vim deie-
58 ctionemque tuo rogatu aut tuo nomine fecerit. Qua re, si
ad eum restituendum qui vi deiectus est eandem vim habet

1 probaris qui *TEe* : probari iis qui *cett.* : *corr. Baiter* modo *T* :
om. cett. 5 enim *TE* : *om. cett.* 7 quin] cum *Müller* : *del.*
Madvig verbum *Angelius* : verbo num *codd.* hoc modo non *T*
8 postulabat *T* 10 respuat . . . putet *codd.* : *corr. Kayser* 13
ut] ut me restituas *cod. Lambini* 14 me tu] tumet *M mg.* 15
servos *Faber* : ut servos *codd.* 16 quispiam est *T* 17 aut
Naugerius (1) : ut *codd.* 19 sed] sed quia *Lambinus* subtiliter
TEe : *om. cett.* 25 an *k, Angelius* : aut *cett.* 26 deiectionemve ⸫

aequitatis ratio, ea intellecta certe nihil ad rem pertinet
quae verborum vis sit ac nominum. Tam restitues si tuus
me libertus deiecerit nulli tuo praepositus negotio, quam
si procurator deiecerit; non quo omnes sint procuratores
5 qui aliquid nostri negoti gerunt, sed quod *hoc* in hac re
quaeri nihil attinet. Tam restitues si unus servolus, quam
si familia fecerit universa; non quo idem sit servolus unus
quod familia, verum quia non quibus verbis quidque dicatur
quaeritur, sed quae res agatur. Etiam, ut longius a verbo
10 recedamus, ab aequitate ne tantulum quidem, si tuus servus
nullus fuerit et omnes alieni ac mercennarii, tamen ei ipsi
tuae familiae genere et nomine continebuntur. Perge porro **21**
hoc idem interdictum sequi. ' HOMINIBVS COACTIS.' 59
Neminem coegeris, ipsi convenerint sua sponte; certe cogit
15 is qui congregat homines et convocat; coacti sunt ei qui
ab aliquo sunt unum in locum congregati. Si non modo
convocati non sunt, sed ne convenerunt quidem, sed ei
modo fuerunt qui etiam antea non vis ut fieret, verum
colendi aut pascendi causa esse in agro consuerant, defendes
20 homines coactos non fuisse, et verbo quidem superabis me
ipso iudice, re autem ne consistes quidem ullo iudice. Vim
enim multitudinis restitui voluerunt, non solum convocatae
multitudinis; sed, quia plerumque ubi multitudine opus
est homines cogi solent, ideo de coactis compositum inter-
25 dictum est; quod etiam si verbo differre videbitur, re tamen
erit unum et omnibus in causis idem valebit, in quibus per-
spicitur una atque eadem causa aequitatis. ' ARMATISVE.'
Quid dicemus? armatos, si Latine loqui volumus, quos 60
appellare vere possumus? Opinor eos qui scutis telisque

5 gerant *Ernesti*   hoc *supplevi, cf.* §§ 67, 101 (id *suppl. Jordan*)
7 fecerit] deiecerit *Naugerius* (1)   unus *TE* : *om. cett.*   9 etiam
Naugerius (1) : etiam si *codd.*   10 ne *TE* : non *cett.*   11 et]
sed *Lambinus*   ei *Halm* : et *codd.*   ipsi] servi *add. codd.* : *del.*
Naugerius (1)   12 genere *TE* : et genere *cett.*   13 sequitur *c'k*
14 cogit (coegit *c*) *TEϛ* : coegerit (-is *M*) *cett.*   19 consueverant ϛ
27 -ve] -que *Hotoman*   28 loqui volumus] loquimur ϛ

parati ornatique sunt. Quid igitur? si glebis aut saxis aut
fustibus aliquem de fundo praecipitem egeris iussusque sis,
quem hominibus armatis deieceris, restituere, restituisse te
dices? Verba si valent, si causae non ratione sed vocibus
ponderantur, me auctore dicito. Vinces profecto non fuisse 5
armatos eos qui saxa iacerent quae de terra ipsi tollerent, non
esse arma caespites neque glebas; non fuisse armatos eos
qui praetereuntes ramum defringerent arboris; arma esse
suis nominibus alia ad tegendum, alia ad nocendum; quae
61 qui non habuerint, eos inermos fuisse vinces. Verum si 10
quod erit armorum iudicium, tum ista dicito; iuris iudicium
cum erit et aequitatis, cave in ista tam frigida, tam ieiuna
calumnia delitiscas. Non enim reperies quemquam iudicem
aut recuperatorem qui, tamquam si arma militis inspicienda
sint, ita probet armatum; sed perinde valebit quasi arma- 15
tissimi fuerint, si reperientur ita parati fuisse ut vim vitae
aut corpori potuerint adferre.

22
62   Atque ut magis intellegas quam verba nihil valeant, si tu
solus aut quivis unus cum scuto et gladio impetum in me
fecisset atque ego ita deiectus essem, auderesne dicere 20
interdictum esse de hominibus armatis, hic autem hominem
armatum unum fuisse? Non, opinor, tam impudens esses.
Atqui vide ne multo nunc sis impudentior. Nam tum
quidem omnis mortalis implorare posses, quod homines in
tuo negotio Latine obliviscerentur, quod inermi armati 25
iudicarentur, quod, cum interdictum esset de pluribus,
commissa res esset ab uno, unus homo plures esse homines
63 iudicaretur. Verum in his causis non verba veniunt in

3 te dices *Naugerius* (1): te dicis *TE*: dices (-is *ew*) te *cett.*   5
vincesque (quidem *coni. Baiter*) *T*   6 quae *TE*: qui *cett.*   10
inermos *TEe*: inermes *cett.*   11 quod *TE*: quidem *cett.*   13
delitiscas *Ee*: delitescas *cett.*   15 proinde *T*   armatissimi *TEϚ*,
ed. V: amantissimi *eMμ*: paratissimi *M mg.*, μ *mg.*   19 et *TE*:
cum *cett.*   21 hominibus armatis *T*: armatis hominibus *cett.*   22
tam *TE*: iam *cett*   25 Latine] loqui *add. Naugerius* (1)   inermes *oϚ*   28 iudicarentur *codd.*: *corr ed. V*

iudicium, sed ea res cuius causa verba haec in interdictum
coniecta sunt. Vim quae ad caput ac vitam pertineret
restitui sine ulla exceptione voluerunt. Ea fit plerumque
per homines coactos armatosque ; si alio consilio, eodem
5 periculo facta sit, eodem iure esse voluerunt. Non enim
maior est iniuria si tua familia quam si tuus vilicus, non si
tui servi quam si alieni ac mercennarii, non si tuus procurator quam si vicinus aut libertus tuus, non si coactis hominibus quam si voluntariis aut etiam adsiduis ac domesticis,
10 non si armatis quam si inermibus qui vim armatorum
haberent ad nocendum, non si pluribus quam si uno
armato. Quibus enim rebus plerumque vis fit eius modi,
eae res appellantur in interdicto. Si per alias res eadem
facta vis est, ea tametsi verbis interdicti non concluditur,
15 sententia tamen iuris atque auctoritate retinetur.

Venio nunc ad illud tuum : 'non deieci ; non enim sivi **23**
accedere.' Puto te ipsum, Piso, perspicere quanto ista sit $_{64}$
angustior iniquiorque defensio quam si illa uterere : 'non
fuerunt armati, cum fustibus et cum saxis fuerunt.' Si
20 me hercule mihi, non copioso homini ad dicendum, optio
detur, utrum malim defendere non esse deiectum eum cui
vi et armis ingredienti sit occursum, an armatos non fuisse
eos qui sine scutis sineque ferro fuerint, omnino ad probandum utramque rem videam infirmam nugatoriamque esse,
25 ad dicendum autem in altera videar mihi aliquid reperire
posse, non fuisse armatos eos qui neque ferri quicquam
neque scutum ullum habuerint ; hic vero haeream, si mihi

---

1 in *om. TE*[1] : ad *P*   2 ac *PTE* : et ad *cett.*   pertineret *P* :
pertinet *cett.*   4 si] quae si *ed. Ascens.* (4)   10 armat. haberent
P · haberent armat. *cett.*   11 uno *om. P*   13 eae *P* : heę
Te : hae *cett.*   in *PTE* : *om. cett.*   15 sententia tamen *P* : tamen
sententia *cett.*   continetur *Lambinus*   16 non enim sivi *PTE* :
si enim sui (sivi) *cett.*   19 cum (quọm *P*) . . . et cum (quọm *P*)
PTE : cum . . . et *cett.*   21 cui] qui *P*   23 sineque *P* : ac
sine *cett.*   probandam *T*

defendendum sit eum qui pulsus fugatusque sit non esse deiectum.

65   Atque illud in tota defensione tua mihi maxime mirum videbatur, te dicere iuris consultorum auctoritati obtemperari non oportere. Quod ego tametsi non nunc primum 5 neque in hac causa solum audio, tamen admodum mirabar abs te quam ob rem diceretur. Nam ceteri tum ad istam orationem decurrunt cum se in causa putant habere aequum et bonum quod defendant; si contra verbis et litteris et, ut dici solet, summo iure contenditur, solent eius modi 10 iniquitati aequi et boni nomen dignitatemque opponere. Tum illud quod dicitur, 'SIVE NIVE,' inrident, tum aucupia verborum et litterarum tendiculas in invidiam vocant, tum vociferantur ex aequo et bono, non ex callido versutoque iure rem iudicari oportere; scriptum sequi calumniatoris 15 esse bonique iudicis voluntatem scriptoris auctoritatemque

66 defendere. In ista vero causa cum tu sis is qui te verbo litteraque defendas, cum tuae sint hae partes: 'unde deiectus es? an inde quo prohibitus es accedere? reiectus es, non deiectus,' cum tua sit haec oratio: 'fateor me 20 homines coegisse, fateor armasse, fateor tibi mortem esse minitatum, fateor hoc interdicto praetoris vindicari, si voluntas et aequitas valeat; sed ego invenio in interdicto verbum unum ubi delitiscam: non deieci te ex eo loco quem in locum prohibui ne venires'—in ista defensione 25 accusas eos qui consuluntur, quod aequitatis censeant rationem, non verbi haberi oportere?

---

8 orationem *Tk*: hortationem *cett.*   10 iure *M²o*: iuri *cett.*   12 quod *To*: quo *cett.*   sive nive *Gulielmius*: sive nibene *T*: si veni be *cett.*   16 bonique] boni *Manutius*: aequi bonique *Richter*: *fort.* boni vero   18 eae (hee) *TEe*   19 quo *om. T*   prohibitus *cod. Paris.* 7774, *ed. V*: cohibitus *cett.*   eiectus *codd.*: *corr. Camerarius*   22 minitatum *Angelius*: immutatum *T*: minitatam *cett.* haec *E*   interdictum *codd.*: *corr. ed. Ascens.* (4)   vindicavi (violavi *k*) *codd.*: *corr. ed. V*   23 in *om. T*   24 delitiscam *T*: delitescam *cett.*   27 haberi *Ek*: habere *cett.*

Et hoc loco Scaevolam dixisti causam apud cviros **24**
non tenuisse; quem ego antea commemoravi, cum idem   67
faceret quod tu nunc—tametsi ille in aliqua causa faciebat,
tu in nulla facis—tamen probasse nemini quod defende-
5 bat, quia verbis oppugnare aequitatem videbatur. Cum id
miror, te hoc in hac re alieno tempore et contra quam ista
causa postulasset defendisse, tum· illud volgo in iudiciis et
non numquam ab ingeniosis hominibus defendi mihi mirum
videri solet, nec iuris consultis concedi nec ius civile in
10 causis semper valere oportere. Nam hoc qui disputant, si 68
id dicunt non recte aliquid statuere eos qui consulantur,
non hoc debent dicere iuris consultis, sed hominibus
stultis obtemperari non oportere; sin illos recte respondere
concedunt et aliter iudicari dicunt oportere, male iudicari
15 oportere dicunt; neque enim fieri potest ut aliud iudicari
de iure, aliud responderi oporteat, nec ut quisquam iuris
numeretur peritus qui id statuat esse ius quod non oporteat
iudicari. 'At est aliquando contra iudicatum.' Primum 6ς
utrum recte, an perperam? Si recte, id fuit ius quod
20 iudicatum est; sin aliter, non dubium est utrum iudices an
iuris consulti vituperandi sint. Deinde, si de iure vario
quippiam iudicatum est, *non* potius contra iuris consultos
statuunt, si aliter pronuntiatum est ac Mucio placuit, quam
ex eorum auctoritate, si, ut Manilius statuebat, sic est
25 iudicatum. Etenim ipse Crassus non ita causam apud
cviros egit ut contra iuris consultos diceret, sed ut
hoc doceret, illud quod Scaevola defendebat, non esse

2 quem ego] quam *T*   antea non commemoravi (eo memoravi *k*)
quod *codd.*: *corr. Hotoman*   4 defende *T*: defendes (-as *e*)
*EeM*¹: defendis *cett.*: *corr. Klotz*   6 te in hac re hoc *T*   10
hoc qui *T*: qui hoc *cett.*   12 non ς: nec *cett.*   consultis *ed. V*:
civilis (-i ς) *codd.*   14 male iudicari ς: male iudicare *cett.*   15
iudicari *k*: iudicare *cett.*   22 quippiam *T*: quidpiam *cett.*   non
suppl. Angelius   23 statutum est si *Klotz*   placuit Mucio *T*
24 si ut *T*: sicut *cett.*   Manlius *T*   est iudicatum est *T*   26
c. *Mμ*: centum ς: *om. TEe*   27 hoc diceret *T*

iuris, et in eam rem non solum rationes adferret, sed etiam
25 Q. Mucio, socero suo, multisque peritissimis hominibus
70 auctoribus uteretur. Nam qui ius civile contemnendum
putat, is vincula revellit non modo iudiciorum sed etiam
utilitatis vitaeque communis; qui autem interpretes iuris 5
vituperat, si imperitos iuris esse dicit, de hominibus, non de
iure civili detrahit; sin peritis non putat esse obtempe-
randum, non homines laedit, sed leges ac iura labefactat;
quod vobis venire in mentem profecto necesse est, nihil
esse in civitate tam diligenter quam ius civile retinendum. 10
Etenim hoc sublato nihil est qua re exploratum cuiquam
possit esse quid suum aut quid alienum sit, nihil est quod
aequabile inter omnis atque unum omnibus esse possit.
71 Itaque in ceteris controversiis atque iudiciis cum quaeritur
aliquid factum necne sit, verum an falsum proferatur, et 15
fictus testis subornari solet et interponi falsae tabulae, non
numquam honesto ac probabili nomine bono viro iudici
error obici, improbo facultas dari ut, cum sciens perperam
iudicarit, testem tamen aut tabulas secutus esse videatur;
in iure nihil est eius modi, recuperatores, non tabulae falsae, 20
non testis improbus, denique nimia ista quae dominatur in
civitate potentia in hoc solo genere quiescit; quid agat, quo
modo adgrediatur iudicem, qua denique digitum proferat,
72 non habet. Illud enim potest dici iudici ab aliquo non
tam verecundo homine quam gratioso: 'iudica hoc factum 25
esse aut numquam esse factum; crede huic testi, has com-
proba tabulas'; hoc non potest: 'statue cui filius agnatus
sit, eius testamentum non esse ruptum; iudica quod mulier

---

1 ius et *Kayser*   4 is *om. T*   revellit *T*: refellit *cett.*   7
sin peritis] is imperitis *TEe*   16 imponi *codd.* : *corr. Hotoman*
17 iudici *del. Kayser*   19 testem tamen *T, Manutius* : testamentum *cett.*   20 eius modi nihil est *T*   tabellae *E*   22 civitate]
urbe *T*   24 potest *Angelius* : pro te est *codd.*   26 esse
factum *Baiter* : factum esse creatum *T* : esse factum vel creatum
(cogitatum *k*) *cett.*   27 statue *Madvig* : se at ue *T* : esse *cett.*
agnatus ᛋ (*c¹*), *Angelius* : ac natus *cett.*

sine tutore auctore promiserit, deberi.' Non est aditus ad
huiusce modi res neque potentiae cuiusquam neque gratiae ;
denique, quo maius hoc sanctiusque videatur, ne pretio quidem corrumpi iudex in eius modi causa potest.   Iste vester 73
5 testis qui ausus est dicere FECISSE VIDERI eum de quo ne
cuius rei argueretur quidem scire potuit, is ipse numquam
auderet iudicare deberi viro dotem quam mulier nullo
auctore dixisset.

O rem praeclaram vobisque ob hoc retinendam, recupera- **26**
10 tores !   Quod enim est ius civile?   Quod neque inflecti
gratia neque perfringi potentia neque adulterari pecunia
possit ; quod si non modo oppressum sed etiam desertum
aut neglegentius adservatum erit, nihil est quod quisquam
sese habere certum aut a patre accepturum aut relicturum
15 liberis arbitretur.   Quid enim refert aedis aut fundum 74
relictum a patre aut aliqua ratione habere bene partum,
si incertum est, quae nunc tua iure mancipi sint, ea
possisne retinere, si parum est communitum ius civile ac
publica lege contra alicuius gratiam teneri non potest?
20 quid, inquam, prodest fundum habere, si, quae diligen-
tissime descripta a maioribus iura finium, possessionum,
aquarum itinerumque sunt, haec perturbari aliqua ratione
commutarique possunt?   Mihi credite, maior hereditas uni
cuique nostrum venit in isdem bonis a iure et a legibus
25 quam ab eis a quibus illa ipsa nobis relicta sunt.   Nam ut
perveniat ad me fundus testamento alicuius fieri potest ;
ut retineam quod meum factum sit sine iure civili fieri non

1 id deberi *Halm*   2 neque gratiae cuiusquam *T*   3 maius
Angelius : minus *codd.*   ne . . . quidem *TE* : de . . . quod *cett.*
6 potuit is *Klots* : potuistis *codd.*   9 retinendam *T* : retinendum
cett.   14 certum a patre acceptum *Madvig*   17 est *Orelli* : sit
codd.   nunc *scripsi* : mina *T* : cum omnia *cett.* : in manu *Madvig*
18 parum *Ascens.* (1) : parietum *TE* : pari tum *cett.*   ius si civili
codd. : corr. *Mommsen*   20 quae *TỸ* : quia *cett.*   decentissime
codd. : corr. *Garatoni*   24 venit *hoc loco hab. TE, ante* uni *cett.*
25 nobis *scripsi* : bona nobis *T* : bona *cett.* (cf. *Zielinski, p.* 124)
27 fieri *T* : om. *cett.*

potest. Fundus a patre relinqui potest, at usucapio fundi,
hoc est finis sollicitudinis ac periculi litium, non a patre
relinquitur, sed a legibus; aquae ductus, haustus, iter, actus
a patre, sed rata auctoritas harum rerum omnium ab iure
75 civili sumitur. Quapropter non minus diligenter ea quae 5
a maioribus accepistis, publica patrimonia iuris quam
privatae rei vestrae retinere debetis, non solum quod haec
iure civili saepta sunt verum etiam quod patrimonium
unius incommodo dimittetur, ius amitti non potest sine
magno incommodo civitatis. 10

27 In hac ipsa causa, recuperatores, si hoc nos non obti-
nemus, vi armatis hominibus deiectum esse eum quem vi
armatis hominibus pulsum fugatumque esse constat, Caecina
rem non amittet, quam ipsam animo forti, si tempus ita
ferret, amitteret, in possessionem in praesentia non resti- 15
76 tuetur, nihil amplius; populi Romani causa, civitatis ius,
bona, fortunae possessionesque omnium in dubium incer-
tumque revocantur. Vestra auctoritate hoc constituetur,
hoc praescribetur: quicum tu posthac de possessione
contendes, eum si ingressum modo in praedium deieceris, 20
restituas oportebit; sin autem ingredienti cum armata multitudine obvius fueris et ita venientem reppuleris, fugaris,
averteris, non restitues. Iuris si haec vox est, esse vim non
in caede solum sed etiam in animo, libidinis, nisi cruor
appareat, vim non esse factam; iuris, deiectum esse qui 25
prohibitus sit, libidinis, nisi ex eo loco ubi vestigium

1 at (aut) usucapione *codd.* : *corr. ed. V*   2 periculum *codd.* :
corr. Angelius   4 quae harum TE^1 ab *TE* : *om. cett.*   8
verum *TE* : sed *cett.*   9 dimittitur *ed. R*   12 vi *k* : ut (ut *c*) *cett.*
13 constat *T* : constet *cett.*   15 ferret ς : territ *T* : terrae (feret
M mg.) *cett.*   17 bona M^1 : bonae *cett.*   omnium *TE* : *om.*
cett.   18 revocabuntur *Naugerius* (1), *cf. Zielinski, p.* 199   constituetur . . . praescribetur *k* : constitueretur . . . praescribere *cett.*
20 deieceris ς : delegeris *cett.* (*hic hab. TE, ante* in *cett.*)   23
restituis *codd.* : *corr. Naugerius* (1)   iuris si *Baiter* : tu res si *codd.*
haec (ec) vox (vosx) est esse *T* : equos vester si *cett.*   25 in iuris
codd. : *corr. Madvig*   deiectum *T* : delictum (-le- *M*) *cett.*

impresserit deici neminem posse ; iuris, rem et sententiam 77
et aequitatem plurimum valere oportere, libidinis, verbo ac
littera ius omne intorqueri : vos statuite, recuperatores,
utrae voces vobis honestiores et utiliores esse videantur.

5   Hoc loco percommode accidit quod non adest is qui
paulo ante adfuit et adesse nobis frequenter in hac causa
solet, vir ornatissimus, C. Aquilius ; nam ipso praesente de
virtute eius et prudentia timidius dicerem, quod et ipse
pudore quodam adficeretur ex sua laude et me similis ratio
10 pudoris a praesentis laude tardaret ; cuius auctoritati dictum
est ab illa causa concedi nimium non oportere. *Non*
vereor de tali viro ne plus dicam quam vos aut sentiatis aut
apud vos commemorari velitis.   Quapropter hoc dicam, 78
numquam eius auctoritatem nimium valere cuius pruden-
15 tiam populus Romanus in cavendo, non in decipiendo per-
spexerit, qui iuris civilis rationem numquam ab aequitate
seiunxerit, qui tot annos ingenium, laborem, fidem suam
populo Romano promptam expositamque praebuerit ; qui
ita iustus est et bonus vir ut natura, non disciplina, con-
20 sultus esse videatur, ita peritus ac prudens ut ex iure
civili non scientia solum quaedam verum etiam bonitas nata
videatur, cuius tantum est ingenium, ita probata fides
ut quicquid inde haurias purum te liquidumque haurire
sentias.   Qua re permagnam initis a nobis gratiam, cum 79
25 eum auctorem defensionis nostrae esse dicitis.   Illud autem
miror, quem vos aliquid contra me sentire dicatis, cur eum
auctorem vos pro me appelletis, nostrum nominetis. Verum

---

    1 impresserit *TEe* : ira presserit *cett.*   rem et *T, Spengel* :
retinet *cett.*   3 intorqueri *T* : torqueri *cett.*   4 utrae . . . honestiores *T* : *om. cett.*   et viliores *codd.* : *corr. Baiter*   8 quod et
Tc² : quod *c¹k* : quo *cett.*   10-11 praesenti . . . oportet *codd.* :
corr. Angelius   11 non *suppl. Naugerius* (2)   18 pop. R. *post*
expositamque *hab. T*   19 est *hoc loco hab. TE, post* vir *cett.*
22 ita probata *scripsi* : ut ab uita (*corr. in* inita) *T* : ita prompta *cett.*
23 te liquidumque *TE* : liquidumque te *cett.*   26 quem *scripsi* : cum
T : cur *cett.*   me sentire] sentire ne *T*   cur *scripsi* : cum *codd.*
27 vestrum 〈〉

tamen quid ait vester iste auctor? 'QVIBVS QVIDQVE
28 VERBIS ACTVM PRONVNTIATVMQVE SIT.' Conveni ego ex
isto genere consultorum non neminem, ut opinor, istum
ipsum quo vos auctore rem istam agere et defensionem
causae constituere vos dicitis. Qui cum istam disputatio- 5
nem mecum ingressus esset, non posse probari quemquam
esse deiectum nisi ex eo loco in quo fuisset, rem et sententiam interdicti mecum facere fatebatur, verbo me excludi
80 dicebat, a verbo autem posse recedi non arbitrabatur. Cum
exemplis uterer multis ex omni memoria antiquitatis a 10
verbo et ab scripto plurimis saepe in rebus ius et aequi
bonique rationem esse seiunctam, semperque id valuisse
plurimum quod in se auctoritatis habuisset aequitatisque
plurimum, consolatus est me et ostendit in hac ipsa causa
nihil esse quod laborarem ; nam verba ipsa sponsionis facere 15
mecum, si vellem diligenter attendere. 'Quonam,' inquam, 'modo?' 'Quia certe,' inquit, 'deiectus est Caecina vi hominibus armatis aliquo ex loco ; si non ex eo loco
quem in locum venire voluit, at ex eo certe unde fugit.'
'Quid tum?' 'Praetor,' inquit, 'interdixit ut, unde de- 20
iectus esset, eo restitueretur, hoc est, quicumque is locus
esset unde deiectus esset. Aebutius autem qui fatetur
aliquo ex loco deiectum esse Caecinam, is quoniam se resti-
81 tuisse dixit, necesse est male fecerit sponsionem.' Quid
est, Piso? placet tibi nos pugnare verbis? placet causam 25
iuris et aequitatis et non nostrae possessionis, sed omnino

---

1 vester iste *TE* : iste vester *cett.*   quibus *Hotoman* : omnibus
codd.   quidque *TEeM*¹ : quidquid *cett.*   2 sit convenit. Ego
codd. : *corr. Manutius*   3 neminem *TEeM*¹ : nominem *cett.*   4
nos *E*   5 dicis *T*   6 probari *TE* : probare *cett.*   10
multis etiam illa materia (m̄ia *c*²) aequitatis *codd.* : *corr. Pantagathus*
a verbo *TE* : ab verbo *cett.*   11 ius *om. T*   12 bonique] et
boni *T*   15 facere *T* : facerent (-et *Ee*) *cett.*   17 certe *om. T*
18 armatis hominibus *T*   22 deiectus *Tω�* : eiectus *cett.*   23
quoniam (qm̄) *T* : cum � : quō *cett.* (*ita* § 82)   25 nos *TE* : *om.*
cett.

possessionum omnium constituere in verbo? Ego quid
mihi videretur, quid a maioribus factitatum, quid horum
auctoritate quibus iudicandum est dignum esset, ostendi;
id verum, id aequum, id utile omnibus esse spectari, quo
5 consilio et qua sententia, non quibus quidque verbis
esset actum. Tu me ad verbum vocas; non ante veniam
quam recusaro. Nego oportere, nego obtineri posse, nego
ullam rem esse quae aut comprehendi satis aut caveri aut
excipi possit, si aut praeterito aliquo verbo aut ambigue
10 posito re et sententia cognita non id quod intellegitur, sed
id quod dicitur valebit.

Quoniam satis recusavi, venio iam quo vocas. Quaero **29**
abs te simne deiectus, non de Fulciniano fundo; neque   82
enim praetor, 'si ex eo fundo essem deiectus,' ita me
15 restitui iussit, sed 'eo unde deiectus essem.' Sum ex
proximo vicini fundo deiectus, qua adibam ad istum fundum, sum de via, sum certe alicunde, sive de privato sive
de publico; eo restitui sum iussus. Restituisse te dixti;
nego me ex decreto praetoris restitutum esse. Quid ad haec
20 dicimus? Aut tuo, quem ad modum dicitur, gladio aut
nostro defensio tua conficiatur necesse est. Si ad interdicti 83
sententiam confugis et, de quo fundo actum sit tum cum
Aebutius restituere iubebatur, id quaerendum esse dicis
neque aequitatem rei verbi laqueo capi putas oportere, in
25 meis castris praesidiisque versaris; mea, mea est ista defensio, ego hoc vociferor, ego omnis homines deosque
testor, cum maiores vim armatam nulla iuris defensione texe-
rint, non vestigium eius qui deiectus sit, sed factum illius
qui deiecerit, in iudicium venire; deiectum esse qui fugatus

---

1 ego quid *Te*: ego quod *cett.*   6 veniam *TE*: venio *cett.*   8
comprendi *T*   10 re et sententia *TE.*: sententia et re *cett.*   14
praetor (pr.) *Teꞅ*: p. r. *cett.*   17 alicunde *T, Naugerius* (1):
aliunde *cett.*   18 dixti *Quintil.* ix. 3. 22: dixisti *codd.*   19 de-
creto] edicto *Quintil.*   22 confugisset de *codd.* : *corr. Naugerius* (1
cum *om. T*   23 iubebatur] videbatur *T*

sit, vim esse factam cui periculum mortis sit iniectum.

84 Sin hunc locum fugis et reformidas et me ex hoc, ut ita
dicam, campo aequitatis ad istas verborum angustias et ad
omnis litterarum angulos revocas, in eis ipsis intercludere
insidiis quas mihi conaris opponere. 'Non deieci, sed 5
reieci.' Peracutum hoc tibi videtur, hic est mucro defensionis tuae ; in eum ipsum causa tua incurrat necesse est.
Ego enim tibi refero : si non sum ex eo loco deiectus
quo prohibitus sum accedere, at ex eo sum deiectus quo
accessi, unde fugi. Si praetor non distinxit locum quo 10
me restitui iuberet, et restitui iussit, non sum ex decreto
restitutus.

85 Velim, recuperatores, hoc totum si vobis versutius quam
mea consuetudo defendendi fert videbitur, sic existimetis ;
primum alium, non me excogitasse, deinde huius rationis 15
non modo non inventorem, sed ne probatorem quidem esse
me, idque me non ad meam defensionem attulisse, sed illorum defensioni rettulisse ; me posse pro meo iure dicere
neque in hac re quam ego protuli quaeri oportere quibus
verbis praetor interdixerit, sed de quo loco sit actum cum 20
interdixit, neque in vi armatorum spectari oportere in quo
loco sit facta vis, verum sitne facta ; te vero nullo modo
posse defendere in qua re tu velis verba spectari oportere,
in qua re nolis non oportere.

30
86 Verum tamen ecquid mihi respondetur ad illud quod ego 25
iam antea dixi, non solum re et sententia sed verbis quoque
hoc interdictum ita esse compositum ut nihil commutandum
videretur ? Attendite, quaeso, diligenter, recuperatores ;
est enim vestri ingeni non meam, sed maiorum prudentiam

2 sin hunc *Baiter* : is in hunc *T* : in in *Ee* : is tu (istum ⟨) *cett.*
4 his *T*   5 sed eieci *codd.* : *corr. Keller*   16 non *k* : nunc *cett.* :
del. Klotz   19 neque *Beroaldus* : neve *codd.*   20 interdixerit
T, Lambinus : interdixit *cett.*   21 interdixit] interit *T* : intererit
EeM¹ω¹o   25 et quid (-i *T*) *codd.* : *corr. Manutius*   ego iam *T* :
om. cett.   27 hoc *om. T*   28 quaeso diligenter *TE* : diligenter
quaeso *cett.*

cognoscere; non enim id sum dicturus quod ego invenerim, sed quod illos non fugerit. Cum de vi interdicitur,
duo genera causarum esse intellegebant ad quae interdictum pertineret, unum, si qui ex eo loco ubi fuisset se deie-
5 ctum diceret, alterum, si qui ab eo loco quo veniret; et
horum utrumque neque praeterea quicquam potest accidere,
recuperatores.   Id adeo sic considerate. Si qui meam 87
familiam de meo fundo deiecerit, *ex eo me loco deiecerit*; si
qui mihi praesto fuerit cum armatis hominibus extra meum
10 fundum et me introire prohibuerit, non ex eo, sed ab eo
loco me deiecerit.   Ad haec duo genera rerum unum
verbum quod satis declararet utrasque res invenerunt, ut,
sive ex fundo sive a fundo deiectus essem, uno atque
eodem interdicto restituer 'VNDE TV.' Hoc verbum
15 'VNDE' utrumque declarat, et ex quo loco et a quo loco.
Vnde deiectus est Cinna? Ex urbe. Vnde Telesinus?
Ab urbe. Vnde deiecti Galli? A Capitolio. Vnde qui
cum Graccho fuerunt? Ex Capitolio. Videtis igitur hoc 88
uno verbo 'VNDE' significari res duas, et ex quo et a quo.
20 Cum autem eo restitui iubet, ita iubet ut, si Galli a maioribus nostris postularent ut eo restituerentur unde deiecti
essent, et aliqua vi hoc adsequi possent, non, opinor, eos
in cuniculum qua adgressi erant sed in Capitolium restitui
oporteret.   Hoc enim intellegitur: VNDE DEIECISTI,
25 sive ex quo loco sive a quo loco, EO RESTITVAS. Hoc
iam simplex est, in eum locum restituas: sive ex hoc loco
deiecisti, restitue in hunc locum, sive ab hoc loco, restitue
in eum locum, non ex quo, sed a quo deiectus est.   Vt

4–5 ubi fuisset se deiectum diceret, alterum si qui ab eo loco *TE* :
in quo esset vi deiceretur, alterum si ab eo loco *k* : *om. cett.*   7
sic *T* : si *E* : si placet *cett.*   8 deiecerit ҁ : delegerit *cett.*   ex eo
me (loco *add. Naugerius* 1) deiecerit *k*, *Angelius* : *om. cett.*   15 et
ex] ex *T*   16 Cinna *TE* : Cecina *cett.*   Telesinus *Baiter e Velleio*
ii. 27: deiecti sinus *T* : deiecisti *cett.*   19 unde *TEe* : *om. cett.*   duas
res *T*   a quo *T* : a quo loco vi (·vi· *EM*) *cett.*   20 uti si *T*   23 quo *k*
26–28 restituas . . . in eum locum *om. T*   28 est *TEҁ* : *om. cett.*

si qui ex alto cum ad patriam accessisset, tempestate subito
reiectus optaret ut, cum a patria deiectus esset, eo restitueretur, hoc, opinor, optaret ut a quo loco depulsus esset, in
eum se fortuna restitueret, non in salum, sed in ipsam
urbem quam petebat, sic quoniam verborum vim necessario 5
similitudine rerum aucupamur, qui postulat ut a quo loco
deiectus est, hoc est unde deiectus est, eo restituatur, hoc

31
89 postulat ut in eum ipsum locum restituatur. Cum verba
nos eo ducunt, tum res ipsa hoc sentire atque intellegere
cogit. Etenim, Piso,—redeo nunc ad illa principia defen- 10
sionis meae—si quis te ex aedibus tuis vi hominibus armatis
deiecerit, quid ages? Opinor, hoc interdicto quo nos usi
sumus persequere. Quid? si qui iam de foro redeuntem
armatis hominibus domum tuam te introire prohibuerit,
quid ages? Vtere eodem interdicto. Cum igitur praetor 15
interdixerit, unde deiectus es, ut eo restituaris, tu hoc idem
quod ego dico et quod perspicuum est interpretabere, cum
illud verbum ' vnde ' in utramque rem valeat, eoque tu
restitui sis iussus, tam te in aedis tuas restitui oportere, si e
vestibulo, quam si ex interiore aedium parte deiectus sis. 20

90   Vt vero iam, recuperatores, nulla dubitatio sit, sive rem
sive verba spectare voltis, quin secundum nos iudicetis,
exoritur hic iam obrutis rebus omnibus et perditis illa
defensio, eum deici posse qui tum possideat; qui non
possideat, nullo modo posse; itaque, si ego sim a tuis 25
aedibus deiectus, restitui non oportere, si ipse sis, oportere.
Numera quam multa in ista defensione falsa sint, Piso.
Ac primum illud attende, te iam ex illa ratione esse
depulsum, quod negabas quemquam deici posse nisi inde

2 a patria dei. esset *T* : esset (*om.* esset *E*¹) a patria dei. *cett.*   5
verborum vim *TE* : vim verborum *cett.*   7 eiectus *TE*   hoc . . .
restituatur *TE* : *om. cett.*   9 tum *Naugerius* (1) : iam *codd.*   11
tuis aedibus *T*   12 ages *TEϚ* : ageres *cett.*   15 praetor (pr.)
TeϚ : p. r. *cett.*   18 tu *om. T*   19 si *TEeϚ* : sive *cett.*   23
iam *om. T*   29 nisi indubium esse etiam posse *codd.* : *corr. Orelli*

ubi tum esset; iam posse concedis; eum qui non possideat
negas deici posse. Cur ergo aut in illud cotidianum inter- 91
dictum 'VNDE ILLE ME VI DEIECIT' additur 'CVM EGO
POSSIDEREM,' si deici nemo potest qui non possidet, aut
5 in hoc interdictum DE HOMINIBVS ARMATIS non additur,
si oportet quaeri possederit necne? Negas deici, nisi qui
possideat. Ostendo, si sine armatis coactisve hominibus
deiectus quispiam sit, eum qui fateatur se deiecisse vincere
sponsionem, si ostendat eum non possedisse. Negas deici,
10 nisi qui possideat. Ostendo ex hoc interdicto DE ARMATIS
HOMINIBVS, qui possit ostendere non possedisse eum qui
deiectus sit, condemnari tamen sponsionis necesse esse, 32
si fateatur esse deiectum. Dupliciter homines deiciuntur, 92
aut sine coactis armatisve hominibus aut per eius modi
15 rationem atque vim. Ad duas dissimilis res duo diiuncta
interdicta sunt. In illa vi cotidiana non satis est posse
docere se deiectum, nisi ostendere potest, cum possideret,
tum deiectum. Ne id quidem satis est, nisi docet ita se
possedisse *ut* nec vi nec clam nec precario possederit.
20 Itaque is qui se restituisse dixit magna voce saepe confiteri
solet se vi deiecisse, verum illud addit: 'non possidebat'
vel etiam, cum hoc ipsum concessit, vincit tamen sponsionem, si planum facit ab se illum aut vi aut clam aut
precario possedisse. Videtisne quot defensionibus eum 93
25 qui sine armis ac multitudine vim fecerit uti posse maiores
voluerint? Hunc vero qui ab iure, officio, bonis moribus
ad ferrum, ad arma, ad caedem confugerit, nudum in causa
destitutum videtis, ut, qui armatus de possessione conten-

7–10 ostendo . . . possideat *om. T*   8 quispiam *E, Beier* : quisquam *cett.*   9 sponsione *Lambinus*   9–10 negas . . . . ostendo
del. Ussing   15 atque *TE* : aut *cett.*   deiuncta *codd.* : *corr.*
mg. Lambini   17 se deiectum] sed fictum *TEM*[1]   potest *TE* :
possit *cett.*   18 deiectum *k, Angelius* : eiectum *cett.*   19 ut
k, ed. R : *om. cett.*   22 sponsionem *k, ed. V* : sponsione *cett.*   25
sine *Angelius* : se *T* : *om. cett.*   26 voluerunt *codd.* : *corr. Lambinus*
28 destitutumque *c*[2], *Angelius*   ut qui *TE* : qui autem *cett.*

disset, inermis plane de sponsione certaret. Ecquid igitur
interest, Piso, inter haec interdicta? ecquid interest utrum
in hoc sit additum 'CVM A. CAECINA POSSIDERET' necne?
Ecquid te ratio iuris, ecquid interdictorum dissimilitudo,
ecquid auctoritas maiorum commovet? Si esset additum, 5
de eo quaeri oporteret; additum non est, tamen oportebit?
94 Atque ego in hoc Caecinam non defendo; possedit enim
Caecina, recuperatores: et id, tametsi extra causam est,
percurram tamen brevi ut non minus hominem ipsum quam
ius commune defensum velitis. Caesenniam possedisse 10
propter usum fructum non negas. Qui colonus habuit
conductum de Caesennia fundum, cum idem ex eadem
conductione fuerit in fundo, dubium est quin, si Caesennia
tum possidebat, cum erat colonus in fundo, post eius
mortem heres eodem iure possederit? Deinde ipse Caecina 15
cum circuiret praedia, venit in istum fundum, rationes a
95 colono accepit. Sunt in eam rem testimonia. Postea cur
tu, Aebuti, de isto potius fundo quam de alio, si quem
habes, Caecinae denuntiabas, si Caecina non possidebat?
Ipse porro Caecina cur se moribus deduci volebat idque 20
tibi de amicorum et de Aquili sententia responderat.
33   At enim Sulla legem tulit. Vt nihil de illo tempore,
nihil de calamitate rei publicae querar, hoc tibi respondeo,
ascripsisse eundem Sullam in eadem lege: 'SI QVID IVS
NON ESSET ROGARIER, EIVS EA LEGE NIHILVM ROGATVM.' 25
Quid est quod ius non sit, quod populus iubere aut vetare

---

1 inermus *E*   et quid *codd.* (*quater*): *corr. Naugerius*   igitur
om. T   2 interdicta *om. T*   3 in hoc sit *TEe*: hoc *cett.*
possederit *codd.*: *corr. Manutius*   15 eodem iure *om. T*   18
tu *T*: *om. cett.*   21 et de Aquili *scripsi*: de his (his qui *Mµ*ℸ) de
Aquili (quibus *T*) *codd.* (*vid. in mg. archetypi fuisse* 'de (est) hic de
Aquili')   responderat] et aequum *add. T*: et ad eum (etaeum *E*)
add. cett. (*vid. mendum e corruptela voc.* Aquili *ortum*)   23 querar
Angelius: raro *TEe*: rare *cett.*   24 ac (at *e*) scripsisse *TEeM* ω¹
eadem lege *T*: eandem legem *cett.*   26 sit quod *TE*: sit
quo *cett.*

non possit? Vt ne longius abeam, declarat ista ascriptio
esse aliquid ; nam, nisi esset, hoc in omnibus legibus non
ascriberetur.   Sed quaero *de* te, putesne, si populus iusserit 96
me tuum aut te meum servum esse, id iussum ratum atque
5 firmum futurum.   Perspicis hoc nihil esse et fateris ; qua
in re primum illud concedis, non quicquid populus iusserit,
ratum esse oportere ; deinde nihil rationis adfers quam ob
rem, si libertas adimi nullo modo possit, civitas possit.
Nam et eodem modo de utraque re traditum nobis est,
10 et, si semel civitas adimi potest, retineri libertas non potest.
Qui enim potest iure Quiritium liber esse is qui in numero
Quiritium non est?   Atque ego hanc adulescentulus causam 97
cum agerem contra hominem disertissimum nostrae civitatis, *C.* Cottam, probavi.   Cum Arretinae mulieris libertatem
15 defenderem et Cotta xviris religionem iniecisset non
posse nostrum sacramentum iustum iudicari, quod Arretinis
adempta civitas esset, et ego vehementius contendissem
civitatem adimi non posse, xviri prima actione non iudicaverunt ; postea re quaesita et deliberata sacramentum
20 nostrum iustum iudicaverunt.   Atque hoc et contra dicente
Cotta et Sulla vivo iudicatum est.   Iam vero in ceteris
rebus ut omnes qui in eadem causa sunt et lege agant et
suum ius persequantur, et omni iure civili sine cuiusquam
aut magistratus aut iudicis aut periti hominis aut imperiti
25 dubitatione utantur, quid ego commemorem?   Dubium esse
nemini vestrum certo *scio.*

1 ipsa *Kayser*   adscriptio (ab ∙ *ec²*) *Tec²* : ab scripto (-a *c¹k*) *cett.*
3 de *suppl. Baiter* (a *suppl. ed. V*)   4 me tuum aut te *Klotz* : meo
tuo auitem *T* : me tuum aut item te *cett.*   atque] aut *TE*   5 fateris
Angelius : ea teris (eat- *T*) *codd.*   qua *T* : quae *cett.*   6 in re
Baiter : inter *codd.*   10 adimi civitas *T*   potest (*ante* retineri)
om. *T*   14 C. *suppl. Baiter*   15 religionis *codd.* : *corr. ed. V*
16 nostrum sacr. *TE* : sacr. nostrum *cett.*   17 civitas adempta *Te*
18 posse *T* : potuisse *cett.*   22 rebus *T* : *om. cett.*   23 suum
ius] sua lege *T*   omni *TEe* : omnes *cett.*   25 esse *TE* : *om. cett.*
26 certo scio *Jordan* : certo *TEe* : certe *cett.*

98   Quaeri hoc solere me non praeterit—ut ex me ea quae
tibi in mentem non veniunt audias—quem ad modum,
si civitas adimi non possit, in colonias Latinas saepe nostri
cives profecti sint. Aut sua voluntate aut legis multa profecti sunt; quam multam si sufferre voluissent, manere in 5
34 civitate potuissent. Quid? quem pater patratus dedidit
aut suus pater populusve vendidit, quo is iure amittit
civitatem? Vt religione civitas solvatur civis Romanus
deditur; qui cum est acceptus, est eorum quibus est
deditus; si non accipiunt, *ut* Mancinum Numantini, retinet 10
integram causam et ius civitatis. Si pater vendidit eum
quem in suam potestatem susceperat, ex potestate dimittit.

99 Iam populus cum eum vendit qui miles factus non est, non
adimit ei libertatem, sed iudicat non esse eum liberum qui,
ut liber sit, adire periculum noluit; cum autem incensum 15
vendit, hoc iudicat, cum ei qui in servitute iusta fuerunt
censu liberentur, eum qui, cum liber esset, censeri noluerit,
ipsum sibi libertatem abiudicavisse. Quod si maxime hisce
rebus adimi libertas aut civitas potest, non intellegunt qui
haec commemorant, si per has rationes maiores adimi posse 20
100 voluerunt, alio modo noluisse? Nam ut haec ex iure civili
proferunt, sic adferant velim quibus lege aut rogatione
civitas aut libertas erepta sit. Nam quod ad exsilium
attinet, perspicue intellegi potest quale sit. Exsilium enim
non supplicium est, sed perfugium portusque supplici. 25
Nam quia volunt poenam aliquam subterfugere aut calami-

4 sunt *T*   5 manere *Baiter*: tam ne re *T*: tamen (tum Ϛ)
manere *cett.*   6 potuissent *Ascens.* (2): voluisse (noluissent *c*,
valuissent *k*) *cett.*   dedidit Ϛ: dedit *cett.*   8 civitate *TEe*   9
detraditur (-ud- *k*) *codd.*: *corr. Baiter* (traditur *Angelius*)   est (*ante
eorum*) *M mg.*: fit *k*: et *cett.*   10 ut Mancinum *k*, *Angelius*: mancipi
cett.   14 eum] tum *TEe*   15 nolit *Klotz*   18 hisce rebus Ϛ, *Beroaldus*: visceribus *cett.*   22 proferunt *k*, *Orelli*: profuerunt *codd.*:
protulerunt *Naugerius* (1)   aderant *codd.*: *corr. Naugerius* (1)   aut
ratione *codd.*: *corr. A. Augustinus*   25 perfugium *TE*: profugium
cett.   26 quia *Jordan*: qui *cett.*   aliquam poenam *T*

tatem, eo solum vertunt, hoc est sedem ac locum mutant.
Itaque nulla in lege nostra reperietur, *ut* apud ceteras
civitates, maleficium ullum exsilio esse multatum; sed cum
homines vincula, neces ignominiasque vitant, quae sunt
5 legibus constitutae, confugiunt quasi ad aram in exsilium.
Qui si in civitate legis vim subire vellent, non prius
civitatem quam vitam amitterent; quia nolunt, non adi-
mitur eis civitas, sed ab eis relinquitur atque deponitur.
Nam, cum ex nostro iure duarum civitatum nemo esse
10 possit, tum amittitur haec civitas denique, cum is qui pro-
fugit receptus est in exsilium, hoc est in aliam civitatem.

    Non me praeterit, recuperatores, tametsi de hoc iure **35**
permulta praetereo, tamen me longius esse prolapsum 101
quam ratio vestri iudici postularit. Verum id feci, non
15 quo vos hanc in hac causa defensionem desiderare arbitrarer, sed ut omnes intellegerent nec ademptam cuiquam
civitatem esse neque adimi posse. Hoc cum eos scire
volui quibus Sulla voluit iniuriam facere, tum omnis ceteros
novos veteresque civis. Neque enim ratio adferri potest
20 cur, si cuiquam novo civi potuerit adimi civitas, non
omnibus patriciis, omnibus antiquissimis civibus possit.
Nam ad hanc quidem causam nihil hoc pertinuisse primum 102
ex eo intellegi potest quod vos *ea* de re iudicare non
debetis; deinde quod Sulla ipse ita tulit de civitate ut
25 non sustulerit horum nexa atque hereditates. Iubet enim
eodem iure esse quo fuerint Ariminenses; quos quis ignorat
duodecim coloniarum fuisse et a civibus Romanis hereditates capere potuisse? Quod si adimi civitas A. Caecinae

---

2 ut *suppl. Naugerius* (1)   3 multatum ω²o²*k* : mutatum (-tis
*EeM*¹) *cett.*   4 homines *Naugerius* (1) : omnes *cett.*   vincula
TEe : vincla *cett.*   5 ad arma *codd.* : *corr. Angelius*   8 iis
. . . iis *Tk* : his . . . his *cett.*   13 permulta *Te* : multa *cett.*   esse
prol. *T* : prol. esse *cett.*   14 vestri *T5* : nostri *cett.*   15 vos
hanc . . . causa *T* : vos . . . causa hanc *cett.*   17 esse civitatem *T*
nec *Naugerius* (1)   19 afferre *TeM*¹   23 ea de *k, Angelius* : de
cett.   27 fuisse] esse *T*   civibus Romanis *k* : c. r. *cett.*

lege potuisset, magis illam rationem tamen omnes boni
quaereremus, quem ad modum spectatissimum pudentis-
simumque hominem, summo consilio, summa virtute,
summa auctoritate domestica praeditum, levatum iniuria
civem retinere possemus, quam uti nunc, cum de iure 5
civitatis nihil potuerit deperdere, quisquam exsistat nisi tui,
Sexte, similis et stultitia et impudentia qui huic civitatem
103 ademptam esse dicat. Qui quoniam, recuperatores, suum
ius non deseruit neque quicquam illius audaciae petulantiaeque concessit, de reliquo iam communem causam 10
populique *Romani* ius in vestra fide ac religione deponit.
36 Is homo est, ita se probatum vobis vestrique similibus
semper voluit ut id non minus in hac causa laborarit ne
inique contendere aliquid quam ne dissolute relinquere
videretur, nec minus vereretur ne contemnere Aebutium 15
quam ne ab eo contemptus esse existimaretur.

    Quapropter, si quid extra iudicium est quod homini
104 tribuendum sit, habetis hominem singulari pudore, virtute
cognita et spectata fide, amplissimo totius Etruriae nomine,
in utraque fortuna cognitum multis signis et virtutis et 20
humanitatis. Si quid in contraria parte in homine offen-
dendum est, habetis eum, ut nihil dicam amplius, qui
se homines coegisse fateatur. Sin hominibus remotis de
causa quaeritis, cum iudicium de vi sit, is qui arguitur

2 quaereremus ⊊ : quaeremus *cett.*   prudentissimumque *codd.* :
corr. Lambinus   3 consilio] studio *T*   5 cum *om. Te*   7 imprudentia *T*   ademptam civitatem *T*   10 reliquo *Te, Faber* :
relinquo *cett.*   11 Romani *suppl. ed. V*   fidem ac religionem *k*
deponit is *TeM¹ω¹* : depono is *cett.*   12 est *T* : *om. cett.*   13 ne inique
Mommsen : neque (nec ⊊) *codd.*   14 contendere *Te* : contenderit
cett.   aliquid *TM¹e* : aliud *cett.*   ne *Tek* : ne . . . . *cett* : *fort.* ne
rem   dissoluti *codd.* : *corr. ed. R*   16 ne ab eo *Hotoman* : ne
de eo *e* : debeo *T* : de eo *cett.*   17 homini *o* : homini hoc *T* : vi
homini *eω¹* : virtuti homini (-is ⊊) *cett.* : *fort* huic (*cf.* § 88)   19
amplissimi totius se turi re nomine *T* : amplissimi se tutire nomine
tocius *e* : amplissimis Etruriae (eturire *M¹*) nomine totius *cett.* : *corr.*
Garatoni   22 est *Halm* : si *T* : sit *cett.*

vim se hominibus armatis fecisse fateatur, verbo se, non
aequitate, defendere conetur, id quoque ei verbum ipsum
ereptum esse videatis, auctoritatem sapientissimorum hominum facere nobiscum, in iudicium non venire utrum
5 A. Caecina possederit necne, tamen doceri possedisse;
multo etiam minus quaeri A. Caecinae fundus sit necne,
me tamen id ipsum docuisse, fundum esse Caecinae : cum
haec ita sint, statuite quid vos tempora rei publicae de
armatis hominibus, quid illius confessio de vi, quid nostra
10 decisio de aequitate, quid ratio interdicti de iure admoneat
ut iudicetis.

3 dereptum *M¹ec* : direptum *cett.* : *corr. ed. V*   videatis, videatis
Keller   fort. auctoritatem autem   4 facere *om. T*   5 A.
T : *om. cett.*   doceri *k, Naugerius* (1) : docere *cett.*   6 etiam
Naugerius (1) : iam *codd.*   quaeri *ς, Angelius* : quaerit *cett.*   10
admoneat *Teς* : admoneant *cett.*

M. TVLLI CICERONIS
DE LEGE AGRARIA ORATIONES

SIGLA

E = cod. Erfurtensis, saecl. xii/xiii
e = cod. Palatinus 1525
M = cod. S. Mariae, Laur. Conv. Soppr. 13 (Lag. 39)
ω = cod. Laur. XLVIII. 26 (Lag. 26)
o = cod. Oxon. Dorvill. 78 (Lag. 38)
s = cod. Senensis H. VI. 12
χ = cod. S. Marci 254 (Lag. 3)
c = cod. Oxon. Canonici 226
k = cod. Paris. 7779, A.D. 1459 scriptus

μ = codd. ωos
n = codd. 1, 7, 8, 13, 24 a Lagomarsinio collati
N = $\chi^2 n$
ς = codd. ck

Codices praeter E saeculo XV° scripti sunt

M. TVLLI CICERONIS

DE LEGE AGRARIA ORATIO PRIMA
CONTRA P. SERVILIVM RVLLVM
TR. PLEB. IN SENATV

FRAGMENTA

1. *Cicero Kalendis Ianuariis de lege agraria :* imberba
iuventute. (*Charis. K.* i. 95.)

2, 3. *Haec figura* (διεζευγμένον) *ita ornat et amplificat*
orationem—hoc modo : Capuam colonis deductis occupa-
5 bunt, Atellam praesidio communient, Nuceriam, Cumas
multitudine suorum obtinebunt, cetera oppida praesidiis
devincient. *Tale est et illud :* Venibit igitur sub praecone
tota Propontis atque Hellespontus, addicetur omnis ora
Lyciorum atque Cilicum, Mysia et Phrygia eidem condi-
10 cioni legique parebunt. (*Aquila Rom.* 43, *Mart. Cap.* 537.)

4. Praedam, manubias, sectionem, castra denique Cn.
Pompei sedente imperatore xviri vendent. (*Gell.* xiii. 25.
6, *Non.* 432. 29.)

———————

* * * quae res aperte petebatur, ea nunc occulte cuniculis
15 oppugnatur. Dicent enim xviri, id quod et dicitur a multis
et saepe dictum est, post eosdem consules regis Alexandri
testamento regnum illud populi Romani esse factum. Dabitis igitur Alexandream clam petentibus eis quibus aper-

---

7 veniet *codd.* : *corr. Orelli*   8 omnis *Baiter* : communis *codd.*
15 x] decem *Ee* (*saepe in hoc variatur*)   16 Alexandrini χ¹   17
testamentum illud *N*   18 Alexandriam *codd.* (*ita* ii. 41 *sqq.*)

tissime pugnantibus restitistis ? Haec, per deos immortalis !
utrum esse vobis consilia siccorum an vinolentorum somnia,
et utrum cogitata sapientium an optata furiosorum videntur ?
2 Videte nunc proximo capite ut impurus helluo turbet rem
publicam, ut a maioribus nostris possessiones relictas dis- 5
perdat ac dissipet, ut sit non minus in populi Romani patrimonio nepos quam in suo.   Perscribit in sua lege vectigalia
quae xviri vendant, hoc est, proscribit auctionem publicorum bonorum.   Agros emi volt qui dividantur ; quaerit
pecuniam.   Videlicet excogitabit aliquid atque adferet. 10
Nam superioribus capitibus dignitas populi Romani viola-
batur, nomen imperi in commune odium orbis terrae voca-
batur, urbes pacatae, agri sociorum, regum status xviris
donabantur ; nunc praesens pecunia, certa, numerata quae-
3 ritur.   Exspecto quid tribunus plebis vigilans et acutus 15
excogitet.   'Veneat,' inquit, 'silva Scantia.'   Vtrum
tandem hanc silvam in relictis possessionibus, an in cen-
sorum pascuis invenisti ?   Si quid est quod indagaris,
inveneris, ex tenebris erueris, quamquam iniquum est,
tamen consume sane, quod commodum est, quoniam 20
quidem tu attulisti ; silvam vero tu Scantiam vendas nobis
consulibus atque hoc senatu ? tu ullum vectigal attingas, tu
populo Romano subsidia belli, tu ornamenta pacis eripias ?
Tum vero hoc me inertiorem consulem iudicabo quam illos
fortissimos viros qui apud maiores nostros fuerunt, quod, 25
quae vectigalia illis consulibus populo Romano parta sunt,
2 ea me consule ne retineri quidem potuisse iudicabuntur.
4 Vendit Italiae possessiones ex ordine omnis.   Sane est in

2 vinol. $E\chi^1$: vinul. *cett.*   3 sapientium *E* : sapientum *cett.*
7 nepos] heres *Ee*   perscribit *E* : proscribit *cett.*   8 proscribit
e ed. V : perscribit *cett.*   10 videlicet *om. E*   14 condona-
bantur *Puteanus*   pecunia certa *scripsi* : certa pecunia *codd.* (*cf. Zielinski, † 200*)   numerata *sup. lin. hab. E, del. Wunder*   20 tamen
post sane *hab. E, om. n*   quod *Orelli* : quoniam *codd.*   27
potuiss?] posse *N*

eo diligens ; nullam enim praetermittit. Persequitur in tabulis censoriis totam Siciliam ; nullum aedificium, nullos agros relinquit. Audistis auctionem populi Romani proscriptam a tribuno plebis, constitutam in mensem Ianuarium, 5 et, credo, non dubitatis quin idcirco haec aerari causa non vendiderint ei qui armis et virtute pepererunt, ut esset quod nos largitionis causa venderemus.

Videte nunc quo adfectent iter apertius quam antea. 5 Nam superiore parte legis quem ad modum Pompeium 10 oppugnarent, a me indicati sunt ; nunc iam se ipsi indicabunt. Iubent venire agros Attalensium atque Olympenorum quos populo Romano *P.* Servili, fortissimi viri, victoria adiunxit, deinde agros in Macedonia regios qui partim T. Flaminini, partim L. Pauli qui Persen vicit virtute parti 15 sunt, deinde agrum optimum et fructuosissimum Corinthium qui L. Mummi imperio ac felicitate ad vectigalia populi Romani adiunctus est, post autem agros in Hispania apud Carthaginem novam duorum Scipionum eximia virtute possessos ; tum vero ipsam veterem Carthaginem vendunt 20 quam P. Africanus nudatam tectis ac moenibus sive ad notandam Carthaginiensium calamitatem, sive ad testificandam nostram victoriam, sive oblata aliqua religione ad aeternam hominum memoriam consecravit. His insignibus 6 atque infulis imperi venditis quibus ornatam nobis maiores 25 nostri rem publicam tradiderunt, iubent eos agros venire quos rex Mithridates in Paphlagonia, Ponto Cappadociaque possederit. Num obscure videntur prope hasta praeconis insectari Cn. Pompei exercitum qui venire iubeant eos

---

1 nulla *N*   in] enim in *e* : ut in *Puteanus*   7 vos . . . venderemini *N*   8 quo adfectent *Klotz* : quoad (quod ad *M*) fecerit *codd.* : quo adfectarint *Manutius*   apertius] aptius *N*   12 quos *mg. Lambini* : hos *codd.*   P. *suppl. Lauredanus*   14 Flaminii *codd.* : corr. *Manutius*   qui Persen vicit *del. Pluygers*   19 vero *E* : om. *cett.*   20 ac] atque *E*   22 ad oblatam aliquam religionem *codd.* : corr. *Halm*   25 iubet *codd.* : corr. *Naugerius* (1)

ipsos agros in quibus ille etiam nunc bellum gerat atque
versetur?

3
7 Hoc vero cuius modi est, quod eius auctionis quam constituunt locum sibi nullum definiunt? Nam xviris quibus
in locis ipsis videatur vendendi potestas lege permittitur. 5
Censoribus vectigalia locare nisi in conspectu populi Romani non licet; his vendere vel in ultimis terris licebit?
At hoc etiam nequissimi homines consumptis patrimoniis
faciunt ut in atriis auctionariis potius quam in triviis aut in
compitis auctionentur; hic permittit sua lege xviris ut in 10
quibus commodum sit tenebris, ut in qua velint solitudine,
8 bona populi Romani possint divendere. Iam illa omnibus
in provinciis, regnis, liberis populis quam acerba, quam
formidolosa, quam quaestuosa concursatio xviralis futura sit,
non videtis? Hereditatum obeundarum causa quibus vos 15
legationes dedistis, qui et privati et privatum ad negotium
exierunt non maximis opibus neque summa auctoritate
praediti, tamen auditis profecto quam graves eorum adventus
9 sociis nostris esse soleant. Quam ob rem quid putatis
impendere hac lege omnibus gentibus terroris et mali, cum 20
immittantur in orbem terrarum xviri summo cum imperio,
summa cum avaritia infinitaque omnium rerum cupiditate?
quorum cum adventus graves, cum fasces formidolosi, tum
vero iudicium ac potestas erit non ferenda; licebit enim
quod videbitur publicum iudicare, quod iudicarint vendere. 25
Etiam illud quod homines sancti non facient, ut pecuniam
accipiant ne vendant, tamen id eis ipsum per legem licebit.
Hinc vos quas spoliationes, quas pactiones, quam denique
in omnibus locis nundinationem iuris ac fortunarum fore
10 putatis? Etenim, quod superiore parte legis praefinitum 30

1 etiam ille *E*   3 cuius] eius *Mo*   5 ipsis *om. n*   11
ut in qua] aut in qua *Manutius*: vel in qua *Halm*   12 possint
divendere] vendant *E*   16 privatim ad *N*   19 vestris *E*   21
immittantur *Ee*: mittantur (mut- *M*) *cett.*   22 rerum omnium *E*
28 spoliationes] sponsiones *Pithoeus*

fuit, 'SVLLA ET POMPEIO CONSVLIBVS,' id rursus liberum
infinitumque fecerunt. Iubet enim eosdem xviros omnibus **4**
agris publicis pergrande vectigal imponere, ut idem possint
et liberare agros quos commodum sit et quos ipsis libeat
5 publicare. Quo in iudicio perspici non potest utrum severitas acerbior an benignitas quaestuosior sit futura.

Sunt tamen in tota lege exceptiones duae non tam ini-
quae quam suspiciosae. Excipit enim in vectigali impo-
nendo agrum Recentoricum Siciliensem, in vendendis agris
10 eos agros de quibus cautum sit foedere. Hi sunt in Africa,
qui ab Hiempsale possidentur. Hic quaero, si Hiempsali 11
satis est cautum foedere et Recentoricus ager privatus est,
quid attinuerit excipi; sin et foedus illud habet aliquam
dubitationem et ager Recentoricus dicitur non numquam
15 esse publicus, quem putet existimaturum duas causas in
orbe terrarum repertas quibus gratis parceret. Num quis-
nam tam abstrusus usquam nummus videtur quem non
architecti huiusce legis olfecerint? Provincias, civitates
liberas, socios, amicos, reges denique exhauriunt, admovent
20 manus vectigalibus populi Romani. Non est satis. Audite, 12
audite vos qui amplissimo populi senatusque iudicio exercitus habuistis et bella gessistis: quod ad quemque pervenerit ex praeda, ex manubiis, ex auro coronario, quod neque
consumptum in monumento neque in aerarium relatum sit,
25 id ad xviros referri iubet! Hoc capite multa sperant; in
omnis imperatores heredesque eorum quaestionem suo
iudicio comparant, sed maximam pecuniam se a Fausto
ablaturos arbitrantur. Quam causam suscipere iurati
iudices noluerunt, hanc isti xviri susceperunt: idcirco a

---

2 enim *Ee* : *om. cett.*   4 quos] quod *M*   6 futura *om. N*
8 enim *E* : *om. cett.*   10 sit] sit sine *E*   13 attinuerit *EeN* :
attinet *Mμ*ϛ   16 parceret] perciperet *E*   num *Manutius* : nunc
codd.   17 tam *k, ed. R* : tandem *cett.*   20 audite, audite *Ee* : audite *cett.*
22 pervenerit *E* : pervenit aut pervenerit (-enit *e*) *cett.*   23 manibus *EM¹e*   28 ablaturos *om. E*   29 susceperunt *Klotz* : sus-
cepere (-ip- *e*) *codd.* : *del. Müller*

iudicibus fortasse praetermissam esse arbitrantur quod sit
13 ipsis reservata. Deinde etiam in reliquum tempus dili-
gentissime sancit ut, quod quisque imperator habeat pecuniae, protinus ad xviros deferat. Hic tamen excipit
Pompeium simillime, ut mihi videtur, atque ut illa lege qua 5
peregrini Roma eiciuntur Glaucippus excipitur. Non enim
hac exceptione unus adficitur beneficio, sed unus privatur
iniuria. Sed cui manubias remittit, in huius vectigalia
invadit. Iubet enim pecunia, si qua post nos consules ex
novis vectigalibus recipiatur, hac uti xviros. Quasi vero 10
non intellegamus haec eos vectigalia quae Cn. Pompeius
adiunxerit vendere cogitare.

5
14   Videtis iam, patres conscripti, omnibus rebus et modis
constructam et coacervatam pecuniam xviralem. Minuetur
huius pecuniae invidia ; consumetur enim in agrorum empti- 15
onibus. Optime. Quis ergo emet agros istos ? Idem xviri ;
tu, Rulle,—missos enim facio ceteros—emes quod voles,
vendes quod voles ; utrumque horum facies quanti voles.
Cavet enim vir optimus ne emat ab invito. Quasi vero
non intellegamus ab invito emere iniuriosum esse, ab non 20
invito quaestuosum. Quantum tibi agri vendet, ut alios
omittam, socer tuus, et, si ego eius aequitatem animi probe
novi, vendet non invitus ? Facient idem ceteri libenter, ut
possessionis invidiam pecunia commutent, accipiant quod
cupiunt, dent quod retinere vix possunt. 25
15   Nunc perspicite omnium rerum infinitam atque intolerandam licentiam. Pecunia coacta est ad agros emendos ;
ei porro ab invitis non ementur. Si consenserint possessores non vendere, quid futurum est ? Referetur pecunia ?

3 pecuniae habeat *E*   5 atque ut] atque in *ed. R* : atque
Klotz (*cf. Verr.* i. 119)   8 sed] si *N*   in *EeN* : *om. Mμ⸝*
9 pecuniam *codd.* : *corr. Richter*   16 optume *e*   ergo] igitur *E*
17 facito *Een*   quod . . . quod] quos . . . quos *Naugerius* (1)   18
quantum *E*   21 tibi] igitur *E*   22 aequitatem eius *E*   26
perspicite *Eeo* : prospicite *cett.*

Non licet. Exigetur ? Vetat. Verum esto ; nihil est quod
non emi possit, si tantum des quantum velit venditor.
Spoliemus orbem terrarum, vendamus vectigalia, effundamus
aerarium, ut locupletatis aut invidiae aut pestilentiae pos-
5 sessoribus agri tamen emantur.

Quid tum ? quae erit in istos agros deductio, quae totius 16
rei ratio atque descriptio ? ' Deducentur,' inquit, ' coloniae.'
Quot ? quorum hominum ? in quae loca ? Quis enim non
videt in coloniis esse haec omnia consideranda ? Tibi nos,
10 Rulle, et istis tuis harum omnium rerum machinatoribus
totam Italiam inermem tradituros existimasti, quam praesidiis confirmaretis, coloniis occuparetis, omnibus vinclis
devinctam et constrictam teneretis ? Vbi enim cavetur ne
in Ianiculo coloniam constituatis, ne urbem hanc urbe alia
15 premere atque urgere possitis ? ' Non faciemus,' inquit.
Primum nescio, deinde timeo, postremo non committam
ut vestro beneficio potius quam nostro consilio salvi esse
possimus. Quod vero totam Italiam vestris coloniis com-   6
plere voluistis, id cuius modi esset neminemne nostrum   17
20 intellecturum existimavistis ? Scriptum est enim : ' QVAE
IN MVNICIPIA QVASQVE IN COLONIAS XVIRI VELINT, DEDVCANT
COLONOS QVOS VELINT ET EIS AGROS ADSIGNENT QVIBVS IN
LOCIS VELINT,' ut, cum totam Italiam militibus suis occuparint, nobis non modo dignitatis retinendae, verum ne
25 libertatis quidem recuperandae spes relinquatur. Atque
haec a me suspicionibus et coniectura coarguuntur.. Iam 18
omnis omnium tolletur error, iam aperte ostendent sibi
nomen huius rei publicae, sedem urbis atque imperi, denique
hoc templum Iovis Optimi Maximi atque hanc arcem om-
30 nium gentium displicere. Capuam deduci colonos volunt,

8 quot *Lauredanus* : quo *codd.*   12 vinculis *e*χ   13 devictam
eMμ   18 quid *codd.* : *corr. ed. V*   colonis *Manutius*   20
existimavistis *Ee* : existimastis *MμƧ* : existimatis *N*   24 vobis *n*
verum *E* : sed *cett.*   26 haec *om. E*   coarguuntur] non arguentur
E   28 sedes *Ee*   29 optumi *eM*   maxumi *M*   30 coloniis *E*

illam urbem huic urbi rursus opponere, illuc opes suas
deferre et imperi nomen transferre cogitant. Qui locus
propter ubertatem agrorum abundantiamque rerum omnium
superbiam et crudelitatem genuisse dicitur, ibi nostri coloni
delecti ad omne facinus a xviris conlocabuntur, et, credo, 5
qua in urbe homines in vetere dignitate fortunaque nati
copiam rerum moderate ferre non potuerunt, in ea isti vestri
19 satellites modeste insolentiam suam continebunt. Maiores
nostri Capua magistratus, senatum, consilium commune,
omnia denique insignia rei publicae sustulerunt, neque aliud 10
quicquam in urbe nisi inane nomen Capuae reliquerunt,
non crudelitate—quid enim illis fuit clementius qui etiam
externis hostibus victis sua saepissime reddiderunt?—sed
consilio, quod videbant, si quod rei publicae vestigium illis
moenibus contineretur, urbem ipsam imperio domicilium 15
praebere posse; vos haec, nisi evertere rem publicam cu-
peretis ac vobis novam dominationem comparare, credo,
7 quam perniciosa essent non videretis. Quid enim caven-
20 dum est in coloniis deducendis? Si luxuries, Hannibalem
ipsum Capua corrupit, si superbia, nata inibi esse haec ex 20
Campanorum fastidio videtur, si praesidium, non praeponitur huic urbi ista colonia, sed opponitur. At quem
ad modum armatur, di immortales! Nam bello Punico
quicquid potuit Capua, potuit ipsa per sese; nunc omnes
urbes quae circum Capuam sunt a colonis per eosdem xviros 25
occupabuntur; hanc enim ob causam permittit ipsa lex, in
omnia quae velint oppida colonos ut xviri deducant quos
velint. Atque his colonis agrum Campanum et Stellatem
21 campum dividi iubet. Non queror deminutionem vectigalium, non flagitium huius iacturae atque damni, praetermitto 30

6 veteri *codd.* : *corr. Baiter*   11 in urbe *Ee* : *om. cett.*   12
fuit *om.* E   etiam] *fort.* etiam in   13 hostibus externis *E*   20
inibi esse] esse ibi *Lag.* 9   25 coloniis *Ee*   28 et *Een* : ac
cett.   29 diminutionem *codd.* : *corr. Manutius*   30 praetermitto *eŚ* : praemitto *cett.*

illa quae nemo est quin gravissime et verissime con-
queri possit, nos caput patrimoni publici, pulcherrimam
populi Romani possessionem, subsidium annonae, horreum
belli, sub signo claustrisque rei publicae positum vectigal
5 servare non potuisse, eum denique nos agrum P. Rullo
concessisse, qui ager ipse per sese et Sullanae dominationi
et Gracchorum largitioni restitisset; non dico solum hoc in
re publica vectigal esse quod amissis aliis remaneat, inter-
missis non conquiescat, in pace niteat, in bello non obsole-
10 scat, militem sustentet, hostem non pertimescat; praetermitto omnem hanc orationem et contioni reservo; de
periculo salutis ac libertatis loquor. Quid enim existimatis 22
integrum vobis in re publica fore aut in vestra libertate ac
dignitate retinenda, cum Rullus atque ei quos multo magis
15 quam Rullum timetis cum omni egentium atque improborum manu, cum omnibus copiis, cum omni argento et auro
Capuam et urbis circa Capuam occuparint?

His ego rebus, patres conscripti, resistam vehementer
atque acriter neque patiar homines ea me consule expro-
20 mere quae contra rem publicam iam diu cogitarunt.
Errastis, Rulle, vehementer et tu et non nulli conlegae tui 23
qui sperastis vos contra consulem veritate, non ostentatione
popularem posse in evertenda re publica populares existimari. Lacesso vos, in contionem voco, populo Romano
25 disceptatore uti volo. Etenim, ut circumspiciamus omnia 8
quae populo grata atque iucunda sunt, nihil tam populare
quam pacem, quam concordiam, quam otium reperiemus.
Sollicitam mihi civitatem suspicione, suspensam metu, per-
turbatam vestris legibus et contionibus et deductionibus

1 quin] quia *E*   gravissima et verissima *codd.* : *corr. ed. V*   4
rei p.] p. R. *E*   7 solum hoc *Een* : hoc solum *cett.*   12 existimastis *E*   13 vobis *Eeχn* : nobis *cett.*   14 retinenda (-â *e*) *Ee* :
retinendum *cett.*   17 Capuam] eam *E*   18 ego] ergo *EeN*
20 iam *om. N*   cogitarint *codd.* : *corr. Lauredanus*   21 errasti *E*
25 perspiciamus *E*   26 sint *Ee*   29 deductionibus *Kayser* :
deditionibus (seditionibus ς, *Angelius*) *codd.*

tradidistis ; spem improbis ostendistis, timorem bonis inie-
cistis, fidem de foro, dignitatem de re publica sustulistis.
24 Hoc motu atque hac perturbatione animorum atque rerum
cum populo Romano vox et auctoritas consulis repente in
tantis tenebris inluxerit, cum ostenderit nihil esse metuen- 5
dum, nullum exercitum, nullam manum, nullas colonias,
nullam venditionem vectigalium, nullum imperium novum,
nullum regnum xvirale, nullam alteram Romam neque aliam
sedem imperi nobis consulibus futuram summamque tran-
quillitatem pacis atque oti, verendum, credo, nobis erit ne 10
vestra ista praeclara lex agraria magis popularis esse videatur.
25 Cum vero scelera consiliorum vestrorum fraudemque legis et
insidias quae ipsi populo Romano a popularibus tribunis
plebis fiant ostendero, pertimescam, credo, ne mihi non
liceat contra vos in contione consistere, praesertim cum 15
mihi deliberatum et constitutum sit ita gerere consulatum
quo uno modo geri graviter et libere potest, ut neque provinciam neque honorem neque ornamentum aliquod aut
commodum neque rem ullam quae a tribuno plebis impediri
26 possit appetiturus sim. Dicit frequentissimo senatu consul 20
Kalendis Ianuariis sese, si status hic rei publicae maneat
neque aliquod negotium exstiterit quod honeste subterfugere non possit, in provinciam non iturum. Sic me in
hoc magistratu geram, patres conscripti, ut possim tribunum
plebis rei publicae iratum coercere, mihi iratum contemnere. 25
9   Quam ob rem, per deos immortalis ! conligite vos, tribuni
plebis, deserite eos a quibus, nisi prospicitis, brevi tempore
deseremini, conspirate nobiscum, consentite cum bonis,
communem rem publicam communi studio atque amore

---

3 metu *Lag.* 9   14 ostendero *EeN* : *om. M*μ**ς**   18 aliquid
Ee   19 ullam rem *E*   20 appetiturus] adepturus *N*   21
Kal.] Id. *É*   22 aliquod *E²e*ς : aliquid *E¹Mμ* : aliud *N*   24
patres conscripti ς, *Lauredanus* : p. R. *cett.*   27 prospicitis *Ee*χ*n* :
perspicitis *M*μ**ς**

defendite. Multa sunt occulta rei publicae volnera, multa
nefariorum civium perniciosa consilia ; nullum externum
periculum est, non rex, non gens ulla, non natio pertimescenda est ; inclusum malum, intestinum ac domesticum
5 est. Huic pro se quisque nostrum mederi atque hoc omnes
sanare velle debemus.   Erratis, si senatum probare ea quae 27
dicuntur a me putatis, populum autem esse in alia voluntate.   Omnes qui se incolumis volent sequentur auctoritatem consulis soluti a cupiditatibus, liberi a delictis, cauti
10 in periculis, non timidi in contentionibus.   Quod si qui
vestrum spe ducitur se posse turbulenta ratione honori
velificari suo, primum me consule id sperare desistat, deinde
habeat me ipsum sibi documento, quem equestri ortum
loco consulem videt, quae vitae via facillime viros bonos
15 ad honorem dignitatemque perducat.   Quod si vos vestrum
mihi studium, patres conscripti, ad communem dignitatem
defendendam profitemini, perficiam profecto, id quod maxime
res publica desiderat, ut huius ordinis auctoritas, quae apud
maiores nostros fuit, eadem nunc longo intervallo rei pu-
20 blicae restituta esse videatur.

1 vulnera, multa *Mμϛ* : multa vulnera *ENe*   2 externum *M*²
χ²ϛ : extremum *cett.*   5 huic] hic *Ee*   7 a me dicuntur *E*
9 deliciis *Lag.* 9   10 qui *Ee* : quis *cett.*   11 spe *Eeω²χn* : specie
cett.   15 intervallo longo *E*

M. TVLLI CICERONIS

DE LEGE AGRARIA ORATIO
SECVNDA
CONTRA P. SERVILIVM RVLLVM
TR. PLEB. AD POPVLVM

1 Est hoc in more positum, Quirites, institutoque maiorum,
ut ei qui beneficio vestro imagines familiae suae consecuti
sunt eam primam habeant contionem, qua gratiam benefici
vestri cum suorum laude coniungant. Qua in oratione
non nulli aliquando digni maiorum loco reperiuntur, pleri- 5
que autem hoc perficiunt ut tantum maioribus eorum debitum esse videatur, unde etiam quod posteris solveretur
redundaret. Mihi, Quirites, apud vos de meis maioribus
dicendi facultas non datur, non quo non tales fuerint qualis
nos illorum sanguine creatos disciplinisque institutos videtis, 10
sed quod laude populari atque honoris vestri luce carue-
2 runt. De me autem ipso vereor ne adrogantis sit apud vos
dicere, ingrati tacere. Nam et quibus studiis hanc dignitatem consecutus sim memet ipsum commemorare perquam
grave est, et silere de tantis vestris beneficiis nullo modo 15
possum. Qua re adhibebitur a me certa ratio moderatioque
dicendi, ut quid a vobis acceperim commemorem, qua re
dignus vestro summo honore singularique iudicio sim, ipse

3 contionem *EeN*: orationem *Mμς*   4 oratione *EeN*: ratione
Mμς   7 solveretur *om. n*   8 mihi, Quirites *Pithoeus*: mihique *Eem*: mihi quidem *cett.*   9 quo] quod *Nm*   non (*ante* tales)
om. E: *post* fuerint *hab. e*   12 ipso autem *E*

modice dicam, si necesse erit, vos eosdem existimaturos putem qui iudicavistis.

Me perlongo intervallo prope memoriae temporumque 3 nostrorum primum hominem novum consulem fecistis et 5 eum locum quem nobilitas praesidiis firmatum atque omni ratione obvallatum tenebat me duce rescidistis virtutique in posterum patere voluistis. Neque me tantum modo consulem, quod est ipsum per sese amplissimum, sed ita fecistis quo modo pauci nobiles in hac civitate consules facti sunt, 10 novus ante me nemo. Nam profecto, si recordari volue- 2 ritis de novis hominibus, reperietis eos qui sine repulsa consules facti sunt diuturno labore atque aliqua occasione esse factos, cum multis annis post petissent quam praetores fuissent, aliquanto serius quam per aetatem ac per leges 15 liceret ; qui autem anno suo petierint, sine repulsa non esse factos ; me esse unum ex omnibus novis hominibus de quibus meminisse possimus, qui consulatum petierim cum primum licitum sit, consul factus sim cum primum petierim, ut vester honos ad mei temporis diem petitus, non ad 20 alienae petitionis occasionem interceptus, nec diuturnis precibus efflagitatus, sed dignitate impetratus esse videatur.

Est illud amplissimum quod paulo ante commemoravi, 4 Quirites, quod hoc honore ex novis hominibus primum me multis post annis adfecistis, quod prima petitione, quod 25 anno meo, sed tamen magnificentius atque ornatius esse illo nihil potest, quod meis comitiis non tabellam vindicem tacitae libertatis, sed vocem vivam prae vobis indicem vestrarum erga me voluntatum ac studiorum tulistis. Itaque me non extrema diribitio suffragiorum, sed primi illi

7 nec me E   8 ipsum *om.* E   sese *Een* : se *Mμ*ς   10 recordari *Ee* : recordare *cett.*   12 sint *Ernesti*   14 serius *Een* : inferius *Mμχ*ς   15 autem *om.* E   petierunt χ¹c : petissent E   17 possimus E : possumus *cett.*   24 multis post annis *Ee, Lagg.* I, 7 : multis posthabitis *cett.*   appetitione E   27 vivam ς : unam *cett.*   28 vestrarum ς, *ed.* V : vestrum *cett.*   29 diribitio *Richter* : tribus *codd.*

127

vestri concursus, neque singulae voces praeconum, sed
5 una vox universi populi Romani consulem declaravit.
Hoc ego tam insigne, tam singulare vestrum beneficium, Quirites, cum ad animi mei fructum atque laetitiam
duco esse permagnum, tum ad curam sollicitudinemque 5
multo magis. Versantur enim, Quirites, in animo meo
multae et graves cogitationes quae mihi nullam partem
neque diurnae neque nocturnae quietis impertiunt, primum
tuendi consulatus, quae cum omnibus est difficilis et magna
ratio, tum vero mihi praeter ceteros cuius errato nulla 10
venia, recte facto exigua laus et ab invitis expressa proponitur; non dubitanti fidele consilium, non laboranti certum
³⁄₆ subsidium nobilitatis ostenditur. Quod si solus in discrimen aliquod adducerer, ferrem, Quirites, animo aequiore;
sed mihi videntur certi homines, si qua in re me non modo 15
consilio verum etiam casu lapsum esse arbitrabuntur, vos
universos qui me antetuleritis nobilitati vituperaturi. Mihi
autem, Quirites, omnia potius perpetienda esse duco quam
non ita gerendum consulatum ut in omnibus meis factis
atque consiliis vestrum de me factum consiliumque lau- 20
detur. Accedit etiam ille mihi summus labor ac difficillima
ratio consulatus gerendi, quod non eadem mihi qua superioribus consulibus lege et condicione utendum esse decrevi,
qui aditum huius loci conspectumque vestrum partim
magno opere fugerunt, partim non vehementer secuti sunt. 25
Ego autem non solum hoc in loco dicam ubi est id dictu
facillimum, sed in ipso senatu in quo esse locus huic voci
non videbatur popularem me futurum esse consulem prima

2 una vox *Kayser* : una voce (-am -em *M¹*) *codd.*   universi
p. R. *Ee* : universus p. R. *cett.*   5 permaximum *sωc*   6 magis]
maius *Ee*   9 cum] cum quod *Ee*   10 mihi *om.* E   cuius *Ee* :
cum *cett.*   11 recte *Nok* : recto *cett.*   proponitur ⑤ : praeponitur
(proponatur χ¹) *cett.*   16 esse *om.* n   20 factum atque consilium *E*   21 mihi *Ee* : *om. cett.*   26 in loco *om.* n   dictu
id *E*

illa mea oratione Kalendis Ianuariis dixi. Neque enim 7
ullo modo facere possum ut, cum me intellegam non hominum potentium studio, non excellentibus gratiis paucorum,
sed universi populi Romani iudicio consulem ita factum ut
5 nobilissimis hominibus longe praeponerer, non et in hoc
magistratu et in omni vita *videar* esse popularis. Sed mihi
ad huius *verbi* vim et interpretationem vehementer opus
est vestra sapientia. Versatur enim magnus error propter
insidiosas non nullorum simulationes qui, cum populi
10 non solum commoda verum etiam salutem oppugnant et
impediunt, oratione adsequi volunt ut populares esse videantur. Ego qualem Kalendis Ianuariis acceperim rem pu- 8
blicam, Quirites, intellego, plenam sollicitudinis, plenam
timoris ; in qua nihil erat mali, nihil adversi quod non
15 boni metuerent, improbi exspectarent ; omnia turbulenta
consilia contra hunc rei publicae statum et contra vestrum
otium partim iniri, partim nobis consulibus designatis inita
esse dicebantur ; sublata erat de foro fides non ictu aliquo
novae calamitatis, sed suspicione ac perturbatione iudicio-
20 rum, infirmatione rerum iudicatarum ; novae domina-
tiones, extraordinaria non imperia, sed regna quaeri puta-
bantur. Quae cum ego non solum suspicarer, sed plane 4
cernerem—neque enim obscure gerebantur—dixi in senatu 9
in hoc magistratu me popularem consulem futurum. Quid
25 enim est tam populare quam pax ? qua non modo ei quibus
natura sensum dedit sed etiam tecta atque agri mihi laetari
videntur. Quid tam populare quam libertas ? quam non
solum ab hominibus verum etiam a bestiis expeti atque
omnibus rebus anteponi videtis. Quid tam populare quam

1 enim ullo] nullo *E* 2 modo possum cum *Torrentius* 6
videar *supplevi* esse *Torrentius* : essem *codd.* 7 verbi *k*,
Angelius : om. cett. (cf. § 70) 8 enim] enim in eo *Lambinus* :
enim in re p. *coni. Müller* 16 otium vestrum *E* 19 ac] metu
suppl. Gebhardt 23 obscure enim *E* 24 consulem *del. Karsten.*
Zielinski, p. 200 25 enim e t] enim *E* : est enim *e* eis *N* : *fori.*
homines (hōēs)

otium? quod ita iucundum est ut et vos et maiores vestri
et fortissimus quisque vir maximos labores suscipiendos
putet, ut aliquando in otio possit esse, praesertim in imperio ac dignitate. Quin idcirco etiam maioribus nostris
praecipuam laudem gratiamque debemus, quod eorum 5
labore est factum uti impune in otio esse possemus. Qua
re qui possum non esse popularis, cum videam haec omnia,
Quirites, pacem externam, libertatem propriam generis ac
nominis vestri, otium domesticum, denique omnia quae
vobis cara atque ampla sunt in fidem et quodam modo in 10
10 patrocinium mei consulatus esse conlata? Neque enim,
Quirites, illud vobis iucundum aut populare debet videri,
largitio aliqua promulgata, quae verbis ostentari potest, re
vera fieri nisi exhausto aerario nullo pacto potest; neque vero
illa popularia sunt existimanda, iudiciorum perturbationes, 15
rerum iudicatarum infirmationes, restitutio damnatorum, qui
civitatum adflictarum perditis iam rebus extremi exitiorum
solent esse exitus; nec, si qui agros populo Romano polli-
centur, si aliud quiddam obscure moliuntur, aliud spe ac
specie simulationis ostentant, populares existimandi sunt. 20

5   Nam vere dicam, Quirites, genus ipsum legis agrariae
vituperare non possum. Venit enim mihi in mentem duos
clarissimos, ingeniosissimos, amantissimos plebei Romanae
viros, Ti. et C. Gracchos, plebem in agris publicis consti-
tuisse, qui agri a privatis antea possidebantur. Non sum 25
autem ego is consul qui, ut plerique, nefas esse arbitrer
Gracchos laudare, quorum consiliis, sapientia, legibus mul-

---

1 quid E^1e et maiores vestri *om. Lag.* 9   3 in (*ante* imperio)
om. Een   4 quin *Madvig* : qui *codd.*   etiam *om. E*   6 uti *Ee* : ut
cett.   possimus ω   8 Quirites *om. E* : quae *eN*   10 nobis *Ee*
in fidem *om. E*   et ς : ut *cett.*   19 si *k, Angelius* : sed *c¹, Garatoni* :
sed si *cett.* (*c²*)   quiddam *k, Naugerius* (1) : quidem *EeNc* : quid
est *Mμχ¹*   23 amicissimos *Lag.* 9   plebi *codd.* : *corr. ed. R*
24 tyberium et gaium *Ee*   26 arbitrer *mχ²k* : arbitror *n* : arbitrarer *cett.* (χ¹)

tas esse video rei publicae partis constitutas. Itaque, ut 11
initio mihi designato consuli nuntiabatur legem agrariam
tribunos plebis designatos conscribere, cupiebam quid cogitarent cognoscere; etenim arbitrabar, quoniam eodem anno
5 gerendi nobis essent magistratus, esse aliquam oportere
inter nos rei publicae bene administrandae societatem.
Cum familiariter me in eorum sermonem insinuarem ac 12
darem, celabar, excludebar, et, cum ostenderem, si lex utilis
plebi Romanae mihi videretur, auctorem me atque adiu-
10 torem futurum, tamen aspernabantur hanc liberalitatem
meam; negabant me adduci posse ut ullam largitionem
probarem. Finem feci offerendi mei ne forte mea sedulitas
aut insidiosa aut impudens videretur. Interea non desiste-
bant clam inter se convenire, privatos quosdam adhibere,
15 ad suos coetus occultos noctem adiungere et solitudinem.
Quibus rebus quanto in metu fuerimus, ex vestra sollici-
tudine in qua illis temporibus fuistis, facile adsequi coniectura poteritis. Ineunt tandem magistratus tribuni plebis; 13
contio exspectatur P. Rulli, quod et princeps erat agrariae
20 legis et truculentius se gerebat quam ceteri. Iam designatus
alio voltu, alio vocis sono, alio incessu esse meditabatur,
vestitu obsoletiore, corpore inculto et horrido, capillatior
quam ante barbaque maiore, ut oculis et aspectu denuntiare omnibus vim tribuniciam et minitari rei publicae vide-
25 retur. Legem hominis contionemque exspectabam; lex
initio nulla proponitur, contionem in pridie Idus advocari
iubet. Summa cum exspectatione concurritur. Explicat
orationem sane longam et verbis valde bonis. Vnum erat
quod mihi vitiosum videbatur, quod tanta ex frequentia

1 rei p.] p. r. *N*   partis] parum (*add. s. l.* utiles) *E* : partim
utiles *e*   11 illam ωχη   16 rebus *k*, *Naugerius* (1) : in rebus
cett.   19 contio *k*, *Lambinus* : contio tandem *cett.* : contio valde
Müller   exspectatur *k*, *Gulielmius* : exspectata *cett.* : est exspectata
Klotz   22 obsoletiore *ς* : obsolentiore (-ior *N*) *cett.*   26 in
pridie Idus *Madvig* : in primis *codd.*

inveniri nemo potuit qui intellegere posset quid diceret.
Hoc ille utrum insidiarum causa fecerit, an hoc genere elo-
quentiae delectetur nescio. Tametsi, qui acutiores in
contione steterant, de lege agraria nescio quid voluisse eum
dicere suspicabantur. Aliquando tandem me designato lex 5
in publicum proponitur. Concurrunt iussu meo plures unc

6

14 tempore librarii, descriptam legem ad me adferunt. Omni
hoc ratione vobis confirmare possum, Quirites, hoc animo
me ad legendam legem cognoscendamque venisse ut, si
eam vobis accommodatam atque utilem esse intellegerem, 10
auctor eius atque adiutor essem. Non enim natura neque
discidio neque odio penitus insito bellum nescio quod
habet susceptum consulatus cum tribunatu, quia persaepe
seditiosis atque improbis tribunis plebis boni et fortes consules obstiterunt, et quia vis tribunicia non numquam libi- 15
dini restitit consulari. Non potestatum dissimilitudo, sed
15 animorum disiunctio dissensionem facit. Itaque hoc animo
legem sumpsi in manus ut eam cuperem esse aptam vestris
commodis et eius modi quam consul re, non oratione popularis et honeste et libenter posset defendere. Atque ego a 20
primo capite legis usque ad extremum reperio, Quirites,
nihil aliud cogitatum, nihil aliud susceptum, nihil aliud
actum nisi uti x reges aerari, vectigalium, provinciarum
omnium, totius rei publicae, regnorum, liberorum popu-
lorum, orbis denique terrarum domini constituerentur legis 25
agrariae simulatione atque nomine. Sic confirmo, Quirites,
hac lege agraria pulchra atque populari dari vobis nihil,
condonari certis hominibus omnia, ostentari populo Ro-

---

2 ille *om. E*   3 tamen si *codd.*: *corr. Lambinus*   qui proximi
adstiterant nescio quid illum de lege agraria voluisse dicere *Quintil.* viii.
4. 28   5 tandem *Een* : tamen *cett.*   7 a me legem *E*   8 ratione
vobis *EeN* : vobis ratione *cett.*   Quirites *om. N*   animo *Eeω²o* : anno
cett.   12 discidio] studio *Lag.* 9   odio *ω²oʕ* : otio *cett.*   13
quia] sed quia *Lambinus*   19 popularis et] populari (-is *c*) sed
Ee : popularis et iam *N*   20 atqui *Manutius*

mano agros, eripi etiam libertatem, privatorum pecunias
augeri, publicas exhauriri, denique, quod est indignissimum,
per tribunum plebis, quem maiores praesidem libertatis
custodemque esse voluerunt, reges in civitate constitui.
5 Quae cum, Quirites, exposuero, si falsa vobis videbuntur 16
esse, sequar auctoritatem vestram, mutabo meam sententiam; sin insidias fieri libertati vestrae simulatione
largitionis intellegetis, nolitote dubitare plurimo sudore
et sanguine maiorum vestrorum partam vobisque tradi-
10 tam libertatem nullo vestro labore consule adiutore
defendere.

   Primum caput est legis agrariae quo, ut illi putant, 7
temptamini leviter quo animo libertatis vestrae deminutionem ferre possitis.   Iubet enim tribunum plebis qui
15 eam legem tulerit creare xviros per tribus xvii, ut, quem
viiii tribus fecerint, is xvir sit.   Hic quaero quam ob 17
causam initium rerum ac legum suarum hinc duxerit ut
populus Romanus suffragio privaretur.   Totiens legibus
agrariis curatores constituti sunt iiiviri, vviri, xviri;
20 quaero a populari tribuno plebis ecquando nisi per
xxxv tribus creati sint.   Etenim cum omnis potestates,
imperia, curationes ab universo populo Romano proficisci
convenit, tum eas profecto maxime quae constituuntur ad
populi fructum aliquem et commodum, in quo et universi
25 deligant quem populo Romano maxime consulturum putent,
et unus quisque studio et suffragio suo viam sibi ad beneficium impetrandum munire possit.   Hoc tribuno plebis
potissimum venit in mentem, populum Romanum uni-

   3 tribunos plebis quos . . . praesides . . . custodesque E   4
voluerint M   5 quae cum, Quirites Pithoeus : quaecumque Ee :
quae cum cett.   7 si E   simulatione largitionis om. E   8
nolite χ¹   9 vestrorum k: nostrorum e¹c : om. E : vestrum cett.
10 vestro labore Een : labore vestro cett.   adiutore] auctore Puteanus
13 diminutionem E²e   17 duxerint E   18 suffragio] subsidio N
20 ecquando ed. R : haec (hoc k : om. N) quando codd.   21 sunt
Ee   26 ac suffragio E

versum privare suffragiis, paucas tribus non certa condicione iuris, sed sortis beneficio fortuito ad usurpandam
18 libertatem vocare. 'ITEM,' inquit, 'EODEMQVE MODO,'
capite altero, 'VT COMITIIS PONTIFICIS MAXIMI.' Ne hoc
quidem vidit, maiores nostros tam fuisse popularis ut, 5
quem per populum creari fas non erat propter religionem
sacrorum, in eo tamen propter amplitudinem sacerdoti
voluerint populo supplicari. Atque hoc idem de ceteris
sacerdotiis Cn. Domitius, tribunus plebis, vir clarissimus,
tulit, quod populus per religionem sacerdotia mandare non 10
poterat, ut minor pars populi vocaretur; ab ea parte qui
19 esset factus, is a conlegio coöptaretur. Videte quid intersit
inter Cn. Domitium, tribunum plebis, hominem nobilissimum, et P. Rullum qui temptavit, ut opinor, patientiam
vestram, cum se nobilem esse diceret. Domitius, quod 15
per caerimonias populi fieri non poterat, ratione adsecutus
est, ut id, quoad posset, quoad fas esset, quoad liceret,
populi ad partis daret; hic, quod populi semper proprium
fuit, quod nemo imminuit, nemo mutavit quin ei qui
populo agros essent adsignaturi ante acciperent a populo 20
beneficium quam darent, id totum eripere vobis atque
e manibus extorquere conatus est. Ille, quod dari populo
nullo modo poterat, tamen quodam modo dedit; hic, quod
adimi nullo pacto potest, tamen quadam ratione eripere
conatur. 25

8
20 　Quaeret quispiam in tanta iniuria tantaque impudentia
quid spectarit. Non defuit consilium; fides erga plebem
Romanam, Quirites, aequitas in vos libertatemque vestram

2 fortuito *Lag. 9, Manutius*: fortuitu *cett.*　　　3 eodem modo
Eo　　6 quem *Koch*: quod *codd.*　　12 coopt. ς : coapt.
cett.　　13 hominem] virum *E*　　15 nobilem] popularem
Zielinski (*p.* 200)　　17 ut *om. Ee*　　18 proprium semper *n*
19 quod *om. N*　　22 populo *om. E*　　23 tamen *om. E*　　24
potest tamen *Kahnt*: poterat potestate *codd.*: poterat potestve
Muretus　　27 quid *Mμς*: quod *EeN*　　spectant *codd.*: *corr.*
Naugerius (1)　　28 Quirites *Baiter*: que *e*: *om. cett.*

vehementer defuit. Iubet enim comitia xviris habere
creandis eum qui legem tulerit. Hoc dicam planius:
Iubet Rullus, homo non cupidus neque appetens, habere
comitia Rullum. Nondum reprehendo; video fecisse alios;
5 illud quod nemo fecit, de minore parte populi, quo pertineat
videte. Habebit comitia, volet eos renuntiare quibus regia
potestas hac lege quaeritur; universo populo neque ipse
committit neque illi horum consiliorum auctores committi
recte putant posse. Sortietur tribus idem Rullus. Homo 21
10 felix educet quas volet tribus. Quos viiii tribus xviros
fecerint ab eodem Rullo eductae, hos omnium rerum, ut
iam ostendam, dominos habebimus. Atque hi, ut grati ac
memores benefici esse videantur, aliquid se viiii tribuum
notis hominibus debere confitebuntur, reliquis vero vi et xx
15 tribubus nihil erit quod non putent posse suo iure se
denegare. Quos tandem igitur xviros fieri volt? Se
primum. Qui licet? leges enim sunt veteres neque eae
consulares, si quid interesse hoc arbitramini, sed tribuniciae
vobis maioribusque vestris vehementer gratae atque iu-
20 cundae; Licinia est lex et altera Aebutia, quae non modo
eum qui tulerit de aliqua curatione ac potestate sed etiam
conlegas eius, cognatos, adfinis excipit, ne eis ea potestas
curatiove mandetur. Etenim si populo consulis, remove 22
te a suspicione alicuius tui commodi, fac fidem te nihil
25 nisi populi utilitatem et fructum quaerere, sine ad alios
potestatem, ad te gratiam benefici tui pervenire. Nam hoc
quidem vix est liberi populi, vix vestrorum animorum ac

1 comitia decemv. hab. creandis *Een* : habere com. xv. creandis *cett.*   6 denuntiare *codd.* : *corr. Manutius*   9 putant ᔓ :
putantur *cett.*   sortietur *k, Naugerius* (1) : sortitur *cett.*   10 educet
Ee : educit *cett.*   11 ductae *N*   12 ac *EeN* : atque *cett.*   14
notis] novis *N*   15 se *hic hab. e, ante* putent *k* : *om. cett.* (*post*
posse *add. Baiter*)   16 fieri] creari *N*   19 nobis . . . nostris *N*
20 et] atque *N*   22 excipit ᔓ, *Naugerius* : excidit *cett.*   25
alios *Angelius* : illos *codd.*   26 tui *om. E*

9 magnificentiae. Quis legem tulit? Rullus. Quis maiorem
partem populi suffragiis prohibuit? Rullus. Quis comitiis
praefuit, quis tribus quas voluit vocavit nullo custode
sortitus, quis xviros quos voluit creavit? Idem Rullus.
Quem principem renuntiavit? Rullum. Vix me hercule 5
servis hoc eum suis, non *modo* vobis omnium gentium
dominis probaturum arbitror. Optimae leges igitur hac
lege sine ulla exceptione tollentur; idem lege sibi sua
curationem petet, idem maiore parte populi suffragiis
spoliata comitia habebit, quos volet atque in eis se ipsum 10
renuntiabit, et videlicet conlegas suos ascriptores legis
agrariae non repudiabit, a quibus ei locus primus in indice
et in praescriptione legis concessus est; ceteri fructus
omnium rerum qui in spe legis huius positi sunt communi
cautione atque aequa ex parte retinentur.   15

23   At videte hominis diligentiam, si aut Rullum *illud* cogitasse aut si Rullo potuisse in mentem venire arbitramini.
Viderunt ei qui haec machinabantur, si vobis ex omni
populo deligendi potestas esset data, quaecumque res esset
in qua fides, integritas, virtus, auctoritas quaereretur, vos 20
eam sine dubitatione ad Cn. Pompeium principem dela-
turos. Etenim quem unum ex cunctis delegissetis ut eum
omnibus omnium gentium bellis terra et mari praeponeretis,
certe in xviris faciendis sive fides haberetur sive honos, et
committi huic optime et ornari hunc iustissime posse 25
24 intellegebant. Itaque excipitur hac lege non adulescentia,
non legitimum aliquod impedimentum, non potestas, non
magistratus ullus aliis negotiis ac legibus impeditus, reus

2 prohibuit] privavit *N*   3 evocavit *E*   4 creavit *Aquila*
de fig. § 36, *Mart. Cap.* § 534: renuntiavit *codd.*   6 modo *suppl.*
Müller   7 arbitror *e*: arbitrar *E*: arbitrarer *cett.*   optumae
Mo   8 exceptione *Naugerius* (1): suspicione *codd.*   lege sibi
sua *E*: legis (-es *e*) sibi sua lege *cett.*   10 quos] quae *E*   12
repudiavit *Ee*   in indice *Ee*: invidiae *cett.*   15 ex *Torrentius*:
ei (sibi *N*) *codd.*   16 illud *supplevi*   23 et mari] marique *Eχ*
26 lege potestas non *E²e*   28 ac legibus *om. E*   reus] non
reus *k*, *Lauredanus*

denique quo minus xvir fieri possit, non excipitur ; Cn.
Pompeius excipitur, ne cum P. Rullo—taceo de ceteris
—xvir fieri possit. Praesentem enim profiteri iubet, quod
nulla alia in lege umquam fuit ne in eis quidem magistra-
5 tibus quorum certus ordo est, ne, si accepta lex esset,
illum sibi conlegam ascriberetis custodem ac vindicem
cupiditatum. Hic, quoniam video vos hominis dignitate 10
et contumelia legis esse commotos, renovabo illud quod
initio dixi, regnum comparari, libertatem vestram hac lege
10 funditus tolli. An vos aliter existimabatis ? cum ad omnia 25
vestra pauci homines cupiditatis oculos adiecissent, non
eos in primis id acturos ut ex omni custodia vestrae
libertatis, ex omni potestate, curatione, patrocinio vestrorum commodorum Cn. Pompeius depelleretur ? Viderunt
15 et vident, si per imprudentiam vestram, neglegentiam meam
legem incognitam acceperitis, fore uti postea cognitis insidiis, cum xviros creetis, tum vitiis omnibus et sceleribus
legis Cn. Pompei praesidium opponendum putetis. Et hoc
parvum argumentum vobis erit, a certis hominibus domina-
20 tionem potestatemque omnium rerum quaeri, cum videatis
eum quem custodem vestrae libertatis fore videant expertem
fieri dignitatis?

Cognoscite nunc quae potestas xviris et quanta detur. 26
Primum lege curiata xviros ornat. Iam hoc inauditum et
25 plane novum, uti curiata lege magistratus detur qui nullis
comitiis ante sit datus. Eam legem ab eo praetore populi
Romani qui sit primus factus ferri iubet. At quo modo?

1–3 non excipitur . . . possit (-et *e*) *Ee* : *om. cett.*   4 eis quidem]
his *E*   5 ne si *Angelius* : sine *Ee* : sive *cett.*   10 funditus
ante libert. hab. *E*   11 cupiditatis *om. E*[1] : cupiditate *Schütz* :
del. Baiter   12 eos in primis id] primis id *E* : eos id in primis *e*
nostrae *N*   16 acciperetis *N*   17 crearetis *codd.* : *corr.*
Beroaldus   19 parvum *k, ed. R* : parum *cett.*   20 -que omnium
om. E   21 nostrae *N*   25 novum *E* : novo (*add.* in *N*) *cett.*
uti *om. N* : ut ei *Lambinus*   qui *k, Angelius* : cui *cett.*   26
populi R. *om. n*   27 fieri *codd.* : *corr. Beroaldus*

Vt ei xviratum habeant quos plebs designaverit. Oblitus
est nullos a plebe designari. Et is orbem terrarum con-
stringit novis legibus qui, quod in secundo capite scriptum
est, non meminit in tertio? Atque hic perspicuum est quid
iuris a maioribus acceperitis, quid ab hoc tribuno plebis 5
11 vobis relinquatur. Maiores de singulis magistratibus bis
vos sententiam ferre voluerunt. Nam cum centuriata lex
censoribus ferebatur, cum curiata ceteris patriciis magistratibus, tum iterum de eisdem iudicabatur, ut esset repre-
hendendi potestas, si populum benefici sui paeniteret. 10
27 Nunc, Quirites, prima illa comitia tenetis, centuriata et
tributa, curiata tantum auspiciorum causa remanserunt.
Hic autem tribunus plebis quia videbat potestatem neminem
iniussu populi aut plebis posse habere, curiatis eam comitiis
quae vos non initis confirmavit, tributa quae vestra erant 15
sustulit. Ita cum maiores binis comitiis voluerint vos de
singulis magistratibus iudicare, hic homo popularis ne unam
28 quidem populo comitiorum potestatem reliquit. Sed videte
hominis religionem et diligentiam. Vidit et perspexit sine
curiata lege xviros potestatem habere non posse, quoniam 20
per viiii tribus essent constituti; iubet ferre de his legem
curiatam; praetori imperat. Quam id ipsum absurde, nihil
ad me attinet. Iubet enim, qui primus sit praetor factus,
eum legem curiatam ferre; sin is ferre non possit, qui
postremus sit, ut aut lusisse in tantis rebus aut profecto 25
nescio quid spectasse videatur. Verum hoc quod est aut

---

2 designaretis orbem *Ee*   3 quicquid in *codd.* : *corr. Lambinus*
6 singulis] omnibus *N*   7 nos *N*   11 nunc] nam *E* : nostra *N*
Quirites *Lag.* 9, *Baiter*: quia (*om. e*) *cett.*   illa prima *E*   14
eam *Lauredanus* : ea *codd.*   15 sinitis *codd.* : *corr. Lauredanus*
16 binis *Ee* : huius *cett.*   voluerunt *codd.* : *corr. Naugerius* (1)
20 potest. habere *EeN* : habere pot. *cett.*   21 ferri *Manutius*
legem de his *E*   22 centuriatam *codd.* : *corr. ed. Hervag.*   23
enim *om. N*   24 si *EeM*[1]   posset *codd.* : *corr. Manutius*   25
aut *om. Mo*

ita perversum ut ridiculum, aut ita malitiosum ut obscurum
sit, relinquamus ; ad religionem hominis revertamur. Videt
sine lege curiata nihil agi per xviros posse. Quid postea, si 29
ea lata non erit? Attendite ingenium. 'TVM EI XVIRI,'
5 inquit, 'EODEM IVRE SINT QVO QVI OPTIMA LEGE.' Si hoc
fieri potest ut in hac civitate quae longe iure libertatis
ceteris civitatibus antecellit quisquam nullis comitiis imperium aut potestatem adsequi possit, quid attinet tertio
capite legem curiatam ferre iubere, cum quarto permittas ut
10 sine lege curiata idem iuris habeant quod haberent, si
optima lege a populo essent creati? Reges constituuntur,
non xviri, Quirites, itaque ab his initiis fundamentisque
nascuntur, ut non modo cum *magistratum* gerere coeperint,
sed etiam cum constituentur, omne vestrum ius, potestas
15 libertasque tollatur. At videte quam diligenter retineat $^{12}_{30}$
ius tribuniciae potestatis. Consulibus legem curiatam
ferentibus a tribunis plebis saepe est intercessum—neque
tamen nos id querimur, esse hanc tribunorum plebis potestatem ; tantum modo, si quis ea potestate temere est usus,
20 *furiosum* existimamus—; hic tribunus plebis legi curiatae
quam praetor ferat adimit intercedendi potestatem. Atque
hoc cum in eo reprehendendum est quod per tribunum
plebis tribunicia potestas minuitur, tum in eo deridendum
quod consuli, si legem curiatam non habet, attingere rem
25 militarem non licet, hic, cui vetat intercedi, ei potestatem,
etiam si intercessum sit, tamen eandem constituit quam si
lata esset lex, ut non intellegam qua re aut hic vetet inter-

1 pervorsum *EMωo*   ut *E*: aut *cett.*   ut *Ee*: aut *cett.*   5
optuma *eMωo*   8 possit *k*, *Angelius*: posset *cett.*   9 cum
Lambinus: quoniam *codd.*   12 fundamentisque *om.* E   13
magistratum (*i. e.* mag.) *supplevi*   gerere] regnare *Pluygers*   14
vestrum *Eeχ²*: nostrum *cett.*   20 furiosum *supplevi* (fusum *pro*
furiosum *cod. t hab. Phil.* xiv. 14)   exaestuamus *Pantagathus*
lege curiata *codd.*: *corr. Manutius*   21 praetor] P. R. *EM¹*   24
est quod *E*   si *om. Ee*   25 hic *ed. Ascens.* (1): huic *codd.*
intercedi ei *scripsi*: intercedendi *codd.*: intercedi *Turnebus*

cedere aut quemquam intercessurum putet, cum intercessio
stultitiam intercessoris significatura sit, non rem impeditura.

31   Sint igitur xviri neque veris comitiis, hoc est, populi
suffragiis, neque illis ad speciem atque ad usurpationem
vetustatis per XXX lictores auspiciorum causa adumbratis 5
constituti. Videte nunc eos qui a vobis nihil potestatis
acceperint quanto maioribus ornamentis adficiat quam
omnes nos adfecti sumus quibus vos amplissimas potestates
dedistis. Iubet auspicia coloniarum deducendarum causa
xviros habere pullarios*que*, 'EODEM IVRE,' inquit, 'QVO 10
HABVERVNT IIIVIRI LEGE SEMPRONIA.' Audes etiam, Rulle,
mentionem facere legis Semproniae, nec te ea lex ipsa com-
monet IIIviros illos XXXV tribuum suffragio creatos esse?
Et cum tu a Ti. Gracchi aequitate ac pudore longissime
remotus sis, id quod dissimillima ratione factum sit eodem 15
13
32 iure putas esse oportere? Dat praeterea potestatem verbo
praetoriam, re vera regiam; definit in quinquennium, facit
sempiternam; tantis enim confirmat opibus et copiis ut
invitis eripi nullo modo possit. Deinde ornat apparitoribus,
scribis, librariis, praeconibus, architectis, praeterea mulis, 20
tabernaculis, centunculis, supellectili; sumptum haurit ex
aerario, suppeditat a sociis; finitores ex equestri loco
ducentos, vicenos singulorum stipatores corporis constituit,
eosdem ministros et satellites potestatis.

Formam adhuc habetis, Quirites, et speciem ipsam tyran- 25
norum; insignia videtis potestatis, nondum ipsam potestatem. Dixerit enim fortasse quispiam: 'quid me ista laedunt,

---

3 sunt *Ee*   4 atque ad] atque χ¹   9 auspicii *Naugerius* (1)
deductarum *N*   10 -que *supplevi*   12 ipsa lex *E*   commovet
codd. : *corr. ed. V*   13 III *Naugerius* (2) : tales *codd.*   creatos
esse *Ee* : esse creatos *cett.* : (creatos esse suffragio *Zielinski, p.* 200)
15 sit] est *Baiter*   21 centunculis *Klotz* : centuriis *codd.* : tento-
riis *Turnebus* : cantheriis *Pantagathus*   22 finitores *A. Augustinus* :
ianitores *codd.*   23 vicenos *Mommsen* : in annos *cett.*   singulorum *E* : singulos *cett.* : singulis *Müller*   26 ipsam *del. Koch*

scriba, lictor, praeco, pullarius ? ' Omnia sunt haec huius modi, Quirites, ut, ea qui habeat sine vestris suffragiis, aut rex non ferendus aut privatus furiosus esse videatur. Per- 33 spicite quanta potestas permittatur ; non privatorum in-
5 saniam, sed intolerantiam regum esse dicetis. Primum permittitur infinita potestas innumerabilis pecuniae con- ficiendae vestris vectigalibus non fruendis, sed alienandis ; deinde orbis terrarum gentiumque omnium datur cognitio sine consilio, poena sine provocatione, animadversio sine
10 auxilio. Iudicare per quinquennium vel de consulibus vel 34 de ipsis tribunis plebis poterunt ; de illis interea nemo iudicabit ; magistratus eis petere licebit, causam dicere non licebit ; emere agros a quibus volent et quos volent quam volent magno poterunt ; colonias deducere novas, renovare
15 veteres, totam Italiam suis coloniis ut complere liceat per- mittitur ; omnis provincias obeundi, liberos populos agris multandi, regnorum vendendorum summa potestas datur ; cum velint, Romae esse, cum commodum sit, quacumque velint summo cum imperio iudicioque rerum omnium
20 vagari ut liceat conceditur ; interea dissolvant iudicia pu- blica, e consiliis abducant quos velint, singuli de maximis rebus iudicent, quaestori permittant, finitorem mittant, ratum sit quod finitor uni illi a quo missus erit renuntiaverit. 14
Verbum mihi deest, Quirites, cum ego hanc potestatem 35
25 regiam appello, sed profecto maior est quaedam. Nullum enim regnum fuit umquam quod non se, *si* minus iure aliquo, at regionibus tamen certis contineret. Hoc vero

---

1 praeco *om.* E   3 ferendus *e* : ferundus *cett.*   5 regis ωc esse *om.* E   7 vestris *Madvig* : de vestris *codd.*   8 orbis *N* : de orbe *E* : de orbis *cett.*   12 his *E*   13 et *E* : vel *cett.* quos volent *EeN* : quos velint *cett.*   15 colonis *k*   17 venden- dorum *Camerarius* : vel (*om.* E) dandorum *codd.* : vel dandorum vel adimendorum *Ernesti*   18 sit *EeN* : *om.* *M*μ⌐   21 e *E* : de *cett.*   de *E* : e *cett.*   maximis *M*μ   23 illi *ek* : ulli *cett.*   26 se si *Baiter* : si χ²*k* : se *cett.*   27 at *Eek* : ac *cett.*   contineret *E*e : contineretur *cett.*

infinitum est, quo et regna omnia et vestrum imperium,
quod latissime patet, et ea quae partim libera a vobis, partim
etiam ignorata vobis sunt, permissu legis continentur.

　　Datur igitur eis primum ut liceat ea vendere omnia de
quibus vendendis senatus consulta facta sunt M. Tullio Cn. 5
36 Cornelio consulibus post*ve* ea.　Cur hoc tam est obscurum
atque caecum ?　Quid ? ista omnia de quibus senatus
censuit nominatim in lege perscribi nonne potuerunt?　Duae
sunt huius obscuritatis causae, Quirites, una pudoris, si quis
pudor esse potest in tam insigni impudentia, altera sceleris. 10
Nam neque ea quae senatus vendenda censuit nominatim
audet appellare ; sunt enim loca publica urbis, sunt sacella
quae post restitutam tribuniciam potestatem nemo attigit,
quae maiores in urbe *partim ornamenta urbis*, partim periculi perfugia esse voluerunt.　Haec lege tribunicia xviri 15
vendent.　Accedet eo mons Gaurus, accedent salicta ad
Minturnas, adiungetur etiam illa via vendibilis Herculanea
multarum deliciarum et magnae pecuniae, permulta alia
quae senatus propter angustias aerari vendenda censuit,
37 consules propter invidiam non vendiderunt.　Verum haec 20
fortasse propter pudorem in lege reticentur.　Sed illud
magis est credendum et pertimescendum quod audaciae
xvirali corrumpendarum tabularum publicarum fingendo-
rumque senatus consultorum, quae facta numquam sint,
cum ex eo numero qui per eos annos consules fuerunt multi 25
mortui sint, magna potestas permittitur.　Nisi forte nihil

---

　　1 vestrum imperium *Een* : imperium vestrum *cett.*　　　2 quoad
Richter　　　3 ignota *Lagg.* 1, 7, *Madvig*　　　4 ea *Ee* : eis *cett.*
5 sint *Ernesti*　　　6 -ve *suppl. Richter*　　　est tam *E*　　　10 imprudentia *EeM*[1]*s*　　　11 nominatim *ante* vendenda *hab. codd., huc
transpos. Schwartz*　　　13 attingit *Ee*　　　14 partim ornamenta
urbis *supplevi* (*hoc loco, sic fere post* perfugia *Lambinus*)　　　16 accedet
Angelius : accedit *codd.*　　　accedunt *Lag.* 9　　　17 etiam] et *ENe*
Herculanea *χk* : Herculentea *EeM*[1]*ω*[1] : Herculantea *cett.*　　　22 cre-
dendum] cavendum *k,* *Lambinus*　　　24 nunquam facta *E*　　　26 sunt
codd. : *corr. Madvig*　　　permittitur potestas *E*

est aequum nos de eorum audacia suspicari quorum cupiditati nimium angustus orbis terrarum esse videatur.
                                                                    15
    Habetis unum venditionis genus quod magnum videri 38
vobis intellego; sed attendite animos ad ea quae con-
5 sequuntur; hunc quasi gradum quendam atque aditum ad
cetera factum intellegetis. 'QVI AGRI, QVAE LOCA, AEDI-
FICIA.' Quid est praeterea? Multa in mancipiis, in pecore,
auro, argento, ebore, veste, supellectili, ceteris rebus. Quid
dicam? invidiosum putasse hoc fore, si omnia nominasset?
10 Non metuit invidiam. Quid ergo? Longum putavit et
timuit ne quid praeteriret; ascripsit ' ALIVDVE QVID,' qua
brevitate rem nullam esse exceptam videtis. Quicquid
igitur sit extra Italiam quod publicum populi Romani
factum sit L. Sulla Q. Pompeio consulibus aut postea, id
15 xviros iubet vendere. Hoc capite, Quirites, omnis gentis, 39
nationes, provincias, regna xvirum dicioni, iudicio potesta-
tique permissa et condonata esse dico. Primum hoc
quaero, ecqui tandem locus usquam sit quem non possint
xviri dicere publicum populi Romani esse factum. Nam
20 cum idem possit iudicare qui dixerit, quid est quod non
liceat ei dicere cui liceat eidem iudicare? Commodum erit
Pergamum, Smyrnam, Trallis, Ephesum, Miletum, Cyzicum,
totam denique Asiam quae post L. Sullam Q. Pompeium
consules recuperata sit populi Romani factam esse dicere;
25 utrum oratio ad eius rei disputationem deerit, an, cum idem 40
et disseret et iudicabit, impelli non poterit ut falsum iudicet?
an, si condemnare Asiam nolet, terrorem damnationis et
minas non quanti volet aestimabit? Quid? quod dispu-

1 nos *Een* : vos *cett.*   4 consecuntur *Ee*   6 iactum *codd.* :
corr. Lauredanus   intelligetis *eok* : intelligitis *cett.*   quae
aedificia *k, cod. Lauredani*   9 putasset *codd.* : *corr. Puteanus*
11 aliudve *Ee* : aliudne *cett.*   13 igitur *Ee* : ergo *cett.*   15
capite *k, Lag.* 9 : caput *cett.*   18 ecqui *Gebhardt* : enim qui *codd.*
decemviri non possint *E*   21 cui *ed. Hervag.* : cui non *codd.*
idem *codd.* : *corr. Angelius*   25 disceptationem *Naugerius* (1)   28
aestimabit *k, ed. R* : existimabit *cett.* (*om.* an cum ... aestimabit *M*)
quod] de quo *Madvig*

tari contra nullo pacto potest, quod iam statutum a nobis
est et iudicatum, quoniam hereditatem iam crevimus, regnum Bithyniae, quod certe publicum est populi Romani
factum, num quid causae est quin omnis agros, urbis,
stagna, portus, totam denique Bithyniam xviri vendituri 5
16 sint? Quid? Mytilenae, quae certe vestrae, Quirites, belli
lege ac victoriae iure factae sunt, urbs et natura ac situ et
descriptione aedificiorum et pulchritudine in primis nobilis,
agri iucundi et fertiles, nempe eodem capite inclusi conti-
41 nentur. Quid? Alexandrea cunctaque Aegyptus ut oc- 10
culte latet, ut recondita est, ut furtim tota xviris traditur!
Quis enim vestrum hoc ignorat, dici illud regnum testamento regis Alexae populi Romani esse factum? Hic ego
consul populi Romani non modo nihil iudico sed ne quid
sentiam quidem profero. Magna enim mihi res non modo 15
ad statuendum sed etiam ad dicendum videtur esse. Video
qui testamentum factum esse confirmet; auctoritatem senatus exstare hereditatis aditae sentio tum cum Alexa
mortuo nos tris legatos Tyrum misimus, qui ab illo pecu-
42 niam depositam recuperarent. Haec L. Philippum saepe in 20
senatu confirmasse memoria teneo; eum qui regnum illud
teneat hoc tempore neque genere neque animo regio esse
inter omnis fere video convenire. Dicitur contra nullum
esse testamentum, non oportere populum Romanum omnium regnorum appententem videri, demigraturos in illa 25
loca nostros homines propter agrorum bonitatem et omnium
43 rerum copiam. Hac tanta de re P. Rullus cum ceteris

---

1 quod iam *M in mg.*, *sk*: quoniam *cett.*   2 quoniam *Ernesti* :
quam (qm *E*) *codd.*   iam *om. e* : ita *E*   crevimus *M¹ok* : creavimus
cett.   5 stagna *Ee* : stativa *cett.*   6 certe *Lag. 9, Angelius* :
terrae *cett.*   8 discriptione *Bücheler*   11 est *ed. Mediol.* : sunt
(fuit *k*) *codd.*   13 Alexandri *ωχ, Lauredanus*   18 cum *Klotz* :
quando *codd.*   Alexandro χ   19 mortuo nos tris . . . depositam
scripsi : mortuo (-os *Ee*) . . . depositam nostris *codd*   25 petentem
(pot- *o⁵*) *codd.* : *corr. Angelius*   27 ceteris *om. E*

xviris conlegis suis iudicabit, et utrum iudicabit? Nam
utrumque ita magnum est ut nullo modo neque conceden-
dum neque ferendum sit. Volet esse popularis; populo
Romano adiudicabit. Ergo idem ex sua lege vendet Ale-
5 xandream, vendet Aegyptum, urbis copiosissimae pulcherri-
morumque agrorum iudex, arbiter, dominus, rex denique
opulentissimi regni reperietur. Non sumet sibi tantum,
non appetet; iudicabit Alexandream regis esse, a populo
Romano abiudicabit. Primum cur *de* populi Romani
10 hereditate xviri iudicent, cum vos volueritis de privatis
hereditatibus cviros iudicare? Deinde quis aget causam
populi Romani? ubi res ista agetur? qui sunt isti xviri,
quos prospiciamus regnum Alexandreae Ptolomaeo gratis
adiudicaturos? Quod si Alexandrea petebatur, cur non
15 eosdem cursus hoc tempore quos L. Cotta L. Torquato
consulibus cucurrerunt? cur non aperte ut antea, cur non
item ut tum, derecto et palam regionem illam petiverunt?
an qui etesiis, qui per cursum rectum regnum tenere, non
potuerunt, nunc caecis tenebris et caligine se Alexandream
20 perventuros arbitrati sunt? Atque illud circumspicite 45
vestris mentibus una, Quirites. Legatos nostros, homines
auctoritate tenui, qui rerum privatarum causa legationes
liberas obeunt, tamen exterae nationes ferre vix possunt.
Grave est enim nomen imperi atque id etiam in levi per-
25 sona pertimescitur, propterea quod vestro, non suo nomine,
cum hinc egressi sunt, abutuntur. Quid censetis, cum isti
xviri cum imperio, cum fascibus, cum illa delecta fini-

17
44

1 utrum *Puteanus* : verum *codd.*   4 abiudicabit *Ee*   7 reperietur χ²ς : reperitur *cett.*   9 cur *Pluygers* : tum *codd.*   de
populi R. hereditate *coni, Müller* : populi R. hereditatem *codd.*   13
perspiciamus *codd.* : *corr. Klotz*   16 cur *om. EeM*¹   17 tum
E : cum *cett.*   derecto *Müller* : decreto *codd.* : directo *Lauredanus*
petiverunt *scripsi* : petierunt *codd.*   18 quietis iis qui *codd.* : *corr.*
Gulielmius   19 cecis *Lag.* 9 : tetis *M*¹ : tetris *cett.*   21 unaque
(atque *e*) *codd.* : *corr. Turnebus* : animisque *Lauredanus*   nostros
Een : vestros *Mμς*

torum iuventute per totum orbem terrarum vagabuntur, quo
tandem animo, quo metu, quo periculo miseras nationes
46 futuras? Est in imperio terror; patientur. Est in adventu
sumptus; ferent. Imperabitur aliquid muneris; non recu-
sabunt. Illud vero quantum est, Quirites, cum is xvir qui 5
aliquam in urbem aut exspectatus ut hospes aut repente
ut dominus venerit illum ipsum locum quo venerit, illam
ipsam sedem hospitalem in quam erit deductus publicam
populi Romani esse dicet! At quanta calamitas populi,
si dixerit, quantus ipsi quaestus, si negarit! Atque idem 10
qui haec appetunt queri non numquam solent omnis terras
Cn. Pompeio atque omnia maria esse permissa. Simile
vero est multa committi et condonari omnia, labori et negotio praeponi an praedae et quaestui, mitti ad socios libe-
randos an ad opprimendos! Denique, si qui est honos 15
singularis, nihilne interest, utrum populus Romanus eum
cui velit deferat, an is impudenter populo Romano per
legis fraudem surripiatur?

18
47   Intellexistis quot res et quantas xviri legis permissu vendituri sint. Non est satis. Cum se sociorum, cum exte- 20
rarum nationum, cum regum sanguine implerint, incidant
nervos populi Romani, adhibeant manus vectigalibus vestris,
inrumpant in aerarium. Sequitur enim caput, quo capite
ne permittit quidem, si forte desit pecunia, quae tanta ex
superioribus recipi potest ut deesse non debeat, sed plane, 25
quasi ea res vobis saluti futura sit, ita cogit atque imperat ut
48 xviri vestra vectigalia vendant nominatim, Quirites. Eam tu
mihi ex ordine recita de legis scripto populi Romani auctionem; quam me hercule ego praeconi huic ipsi luctuosam et

1 totum *Ee* : *om. cett.*   8 qua *codd.* : *corr. Naugerius* (2)   9 at
om. EeN   13 an condonari *Angelius*   15 quis χ   16 nihil *E*
17 imprudente *Lauredanus*   20 sese *N*   23 irrumpant *emok* :
irrumpent *cett.*   26 vobis *Ee* : nobis *cett.*   cogitat *codd.* : *corr.*
Angelius   27 Quirites. Eam *scripsi* : quam *codd.* : *del. Ussing*
29 quam] quamquam *Halm*   ipsam *codd.* : *corr. Angelius*

acerbam praedicationem futuram puto.—Avctio—Vt in suis
rebus, ita in re publica luxuriosus *est* nepos, qui prius silvas
vendat quam vineas !   Italiam percensuisti ; perge in Siciliam. — Nihil est in hac provincia quod aut in oppidis aut
5 in agris maiores nostri proprium nobis reliquerint quin id
venire iubeat.   Quod partum [recenti victoria] maiores vobis 49
<in sociorum urbibus ac finibus et vinculum pacis et monu-
mentum belli reliquerunt, id vos ab illis acceptum [hoc au-
ctore] vendetis ? [Hic] mihi parumper mentis vestras, Quirites,
10 commovere videor, dum patefacio vobis quas isti penitus
abstrusas insidias se posuisse) arbitrantur contra Cn. Pompei dignitatem.> Et mihi, quaeso, ignoscite, si appello talem
virum saepius.   Vos mihi praetori biennio ante, Quirites,
hoc eodem in loco personam hanc imposuistis ut, quibus-
15 cumque rebus possem, illius absentis dignitatem vobiscum
una tuerer.   Feci adhuc quae potui, neque familiaritate
illius adductus nec spe honoris atque amplissimae dignitatis,
quam ego, etsi libente illo, tamen absente illo per vos consecutus sum.   Quam ob rem, cum intellegam totam hanc 50
20 fere legem ad illius opes evertendas tamquam machinam
comparari, et resistam consiliis hominum et perficiam profecto, quod ego video, ut id vos universi non solum videre
verum etiam tenere possitis.   Iubet venire quae Attalen- 19
sium, quae Phaselitum, quae Olympenorum fuerint, agrum-
25 que Aperensem et Oroandicum et Gedusanum.   Haec
P. Servili imperio et victoria, clarissimi viri, vestra facta

---

1 Avctio *suppl. Manutius*   2 est *suppl. Lambinus*   5 in
agris] agris *Ee*   vobis *Ee*   reliquerunt *eNmc*   6 partum *Ek* :
partim *cett.*   7 monimentum (-ti *Ee*) *EeM et µ praeter o*   11 insidias *om. E*   17 nec] neque *Lag.* 9   18 illo (*ante* per) *om. Lag.*
9, *del. Manutius*   19 totam hanc *Ee* : hanc totam *cett.*   22 video
Ee : video comparari *cett.*   23 Attalensium ⸹ : Attaliensium *cett.*
24 Phasiletum *codd.* : corr. *Naugerius* (1)   Olimpinorum *codd.* :
corr. *Naugerius* (1)   25 Agerensem *codd.* : corr. *Zumpt* (*cf. Plin.
N. H.* v. 100)   Orindicum *codd.* : corr. *Garatoni*   Gedusanum]
Eleusanum *Zumpt* (*cf. Strabo* xiv. 6)   26 clarissimi *k* : clarissimi *L. cett.*

sunt. Adiungit agros Bithyniae regios quibus nunc publicani fruuntur; deinde Attalicos agros in Cherroneso, in
Macedonia qui regis Philippi sive Persae fuerunt, qui item
a censoribus locati sunt et certissimum vectigal *adferunt.*

51 Ascribit eidem auctioni Corinthios agros opimos et fertilis, 5
et Cyrenensis qui Apionis fuerunt, et agros in Hispania
propter Carthaginem novam et in Africa ipsam veterem
Carthaginem vendit, quam videlicet P. Africanus non
propter religionem sedum illarum ac vetustatis de consili
sententia consecravit, nec ut ipse locus eorum qui cum hac 10
urbe de imperio decertarunt vestigia calamitatis ostenderet,
sed non fuit tam diligens quam est Rullus, aut fortasse
emptorem ei loco reperire non potuit. Verum inter hos
agros captos veteribus bellis virtute summorum imperatorum
adiungit regios agros Mithridatis, qui in Paphlagonia, qui 15
in Ponto, qui in Cappadocia fuerunt, ut eos xviri vendant.

52 Itane vero? non legibus datis, non auditis verbis imperatoris, nondum denique bello confecto, cum rex Mithridates
amisso exercitu regno expulsus tamen in ultimis terris
aliquid etiam nunc moliatur atque ab invicta Cn. Pompei 20
manu Maeote et illis paludibus et itinerum angustiis atque
altitudine montium defendatur, cum imperator in bello
versetur, in locis autem illis etiam nunc belli nomen reliquum sit, eos agros quorum adhuc penes Cn. Pompeium
omne iudicium et potestas more maiorum debet esse xviri 25

53 vendent? Et, credo, P. Rullus—is enim sic se gerit ut sibi
iam xvir designatus esse videatur—ad eam auctionem potis-
20 simum proficiscetur! Is videlicet, ante quam veniat in
Pontum, litteras ad Cn. Pompeium mittet, quarum ego iam
exemplum ab istis compositum esse arbitror: ' P. SERVILIVS 30

4 adferunt *supplevi*   5 eidem *Lambinus* : idem *codd.* item
Zumpt   9 sedium *E²mc*   consilio *EeN*   10 nec ut *Ee* :
sed ut *cett.*   11 certarunt *EeN*   14 agros] regios *add. codd.* :
del. Kayser   20 atque] absque *Ee*   25 decem viri *Lag.* 9,
ed. V : viri decem *cett.*

Rvllvs tribvnvs plebis xvir s. d. *Cn.* Pompeio Cn. f.'
Non credo ascripturum esse 'Magno,' non enim videtur id
quod imminuere lege conatur concessurus verbo.   'Te volo
cvrare vt mihi Sinopae praesto sis avxilivmqve
5 addvcas, dvm eos agros qvos *tv* tvo labore cepisti
ego mea lege vendam.'   An Pompeium non adhibebit?
in eius provincia vendet manubias imperatoris?   Ponite
ante oculos vobis Rullum in Ponto inter nostra atque
hostium castra hasta posita cum suis formosis finitoribus
10 auctionantem.   Neque in hoc solum inest contumelia, quae 54
vehementer et insignis est et nova, ut ulla res parta bello
nondum legibus datis etiam tum imperatore bellum admini-
strante non modo venierit verum locata sit.   Plus spectant
homines certe quam contumeliam; sperant, si concessum
15 sit inimicis Cn. Pompei cum imperio, cum iudicio omnium
rerum, cum infinita potestate, cum innumerabili pecunia
non solum illis in locis vagari verum etiam ad ipsius exercitum pervenire, aliquid illi insidiarum fieri, aliquid de eius
exercitu, copiis, gloria detrahi posse.   Putant, si quam spem
20 in Cn. Pompeio exercitus habeat aut agrorum aut aliorum
commodorum, hanc non habiturum, cum viderit earum
rerum omnium potestatem ad xviros esse translatam.   Pa- 55
tior non moleste tam stultos esse qui haec sperent, tam impudentis qui conentur; illud queror, tam me ab eis esse
25 contemptum ut haec portenta me consule potissimum
cogitarent.
   Atque in omnibus his agris aedificiisque vendendis permittitur xviris ut vendant 'qvibvscvmqve in locis.'   O per-

---

1 Cn. *suppl. Manutius*   2 videbitur *n*   5 tu *suppl. Lauredanus*   6 lege mea *E*   8 vestra *χn*   13 venierit *eꝰ* :
venerit *cett.*   verum] verum etiam *Naugerius* (1)   15 inimicis
χ², *ed. R* : inimici *cett.*   17 illis *Pluygers* : aliis *codd.*   20
habebat *M*   21 viderint (-unt *k*) *codd.* : *corr. Naugerius* (1)   23
haec *En* : hoc *cett.*   24 qui] qui haec *E*   28 locis] videatur
add. codd., ego delevi, cf. Zielinski, p. 166 (*colon litt. mai. scripsi*)

turbatam rationem, o libidinem effrenatam, o consilia
21 dissoluta atque perdita ! Vectigalia locare nusquam licet
nisi in hac urbe, hoc ex loco, hac vestrum frequentia.
Venire nostras res proprias et in perpetuum a nobis aba-
lienari in Paphlagoniae tenebris atque in Cappadociae 5
56 solitudine licebit ?   L. Sulla cum bona indemnatorum
civium funesta illa auctione sua venderet et se praedam
suam diceret vendere, tamen ex hoc loco vendidit nec,
quorum oculos offendebat, eorum ipsorum conspectum
fugere ausus est; xviri vestra vectigalia non modo non 10
vobis, Quirites, arbitris sed ne praecone quidem publico
teste vendent ?

Sequitur ' OMNIS AGROS EXTRA ITALIAM ' infinito ex tempore, non, ut antea, ab Sulla et Pompeio consulibus. Cognitio xvirum, privatus sit an publicus ; eique agro pergrande 15
57 vectigal imponitur.   Hoc quantum iudicium, quam intolerandum, quam regium sit, quem praeterit, posse quibuscumque locis velint nulla disceptatione, nullo consilio
privata publicare, publica liberare ?   Excipitur hoc capite
ager *in* Sicilia Recentoricus ; quem ego excipi et propter 20
hominum necessitudinem et propter *rei* aequitatem, Quirites, ipse vehementer gaudeo.   Sed quae *est* haec impudentia !   Qui agrum Recentoricum possident, vetustate
possessionis se, non iure, misericordia senatus, non agri
condicione defendunt.   Nam illum agrum publicum esse 25
fatentur ; se moveri possessionibus, antiquissimis sedibus,

---

1 refrenandam (-atam *e*) *codd.* : corr. *Baiter*   3 hoc *Naugerius* (1) :
hoc aut illo *codd.*   4 vestras *n*   ab (a *e*) vobis *Een*   alienari
χ^2 7 sua actione *E*   et se . . . vendere *om. N*   10 non
vobis, Quirites *Müller* : ne vobis quidem (ne vestris *e*) *codd.*   15
eique *Madvig* : sicque *codd.*   vectigal pergrande *E*   16 hic *E*
quantum intol. *Mμc*   19 publica r. p. *E* : publica populi Rom.
Mommsen   20 in *suppl. Naugerius* (1)   21 rei *suppl. Pluygers*
22 ipse *Gruter* : saepe *codd.*   quae est *Madvig* : quid *codd.*   26
antiquissimis *Lauredanus* : amicissimis (a maximis *E*) *codd.* : avitis
suis *Richter*

ac dis penatibus negant oportere. Ac, si est privatus ager
Recentoricus, quid eum excipis? sin autem publicus, quae
est ista aequitas ceteros, etiam si privati sint, permittere ut
publici iudicentur, hunc excipere nominatim qui publicum
5 se esse fateatur? Ergo eorum ager excipitur qui apud
Rullum aliqua ratione valuerunt, ceteri agri omnes qui
ubique sunt sine ullo dilectu, sine populi Romani notione,
sine iudicio senatus xviris addicentur? Atque etiam est **22**
alia superiore capite quo omnia veneunt quaestuosa exceptio, **58**
10 quae teget eos agros de quibus foedere cautum est. Audivit
hanc rem non a me, sed ab aliis agitari saepe in senatu, non
numquam ex hoc loco, possidere agros in ora maritima
regem Hiempsalem quos P. Africanus populo Romano
adiudicarit; ei tamen postea per C. Cottam consulem
15 cautum esse foedere. Hoc quia vos foedus non iusseritis,
veretur Hiempsal ut satis firmum sit et ratum. Cuicuimodi
est illud, tollitur vestrum iudicium, foedus totum accipitur,
comprobatur. Quod minuit auctionem xviralem laudo,
quod regi amico cavet non reprehendo, quod non gratis
20 fit indico. Volitat enim ante oculos istorum Iuba, regis 59
filius, adulescens non minus bene nummatus quam bene
capillatus.

Vix iam videtur locus esse qui tantos acervos pecuniae
capiat; auget, addit, accumulat. 'AVRVM, ARGENTVM EX
25 PRAEDA, EX MANVBIIS, EX CORONARIO AD QVOSCVMQVE
PERVENIT NEQVE RELATVM EST IN PVBLICVM NEQVE IN
MONVMENTO CONSVMPTVM,' id profiteri apud xviros et ad

4–5 hunc . . . fateatur *om. n*   4 publicum se *scripsi* : publicus
codd.   6 aliqua *Madvig* : alia *codd.*   9 veneunt *Eek* : veniunt
cett.   10 tegit *Manutius*   *fort.* est cautum   12 maritima
eMms   14 ei *Lambinus* : et *codd.*   16 cuicuimodi *Madvig* :
quid? cuiusmodi *codd.*   17 totus *Mμ*   excipitur (-pit *Mμk*) *codd.* :
corr. Pluygers   20 fit, indignor *Klotz*   Iubae *codd.* : *corr.*
Lauredanus   23 pecuniae *om.* E   25 quodcumque (quae- *k*)
codd. : *corr. Naugerius* (1)   27 fateri E

eos referri iubet. [Hoc capite etiam quaestionem ⟨de clarissimis viris qui populi Romani bella gesserunt, iudiciumque
⟨de pecuniis residuis ad xviros translatum videtis. Horum
erit nullum iudicium quantae cuiusque manubiae fuerint,
quid relatum, quid residuum sit ; ⟨in posterum⟩ vero lex haec 5
imperatoribus vestris constituitur ; ut, quicumque ⟨de pro-
vincia⟩ decesserit, apud eosdem xviros quantum habeat
60 praedae, manubiarum, auri coronarii, profiteatur. Hic
tamen vir optimus eum quem amat excipit, Cn. Pompeium.
Vnde iste amor tam improvisus ac tam repentinus? Qui 10
[honore]xviratus excluditur prope nominatim, cuius iudicium
legumque datio, captorum agrorum ipsius virtute cognitio
tollitur, cuius non ⟨in provinciam⟩ sed ⟨in ipsa castra xviri
⟨cum imperio, infinita pecunia, maxima potestate et iudicio⟩
rerum omnium mittuntur, cui ius imperatorium, quod 15
semper omnibus imperatoribus est conservatum, soli eripitur, is excipitur unus ne manubias referre iubeatur?
Vtrum tandem hoc capite honos haberi homini, an invidia
quaeri videtur?

23
61   Remittit hoc Rullo Cn. Pompeius ; beneficio isto legis, 20
benignitate xvirali nihil utitur. Nam si est aequum praedam
ac manubias suas imperatores non in monumenta deorum
immortalium neque in urbis ornamenta conferre, sed ad
xviros tamquam ad dominos reportare, nihil sibi appetit
praecipui Pompeius, nihil ; volt se in communi atque in 25
eodem quo ceteri iure versari. Sin est iniquum, Quirites,
si turpe, si intolerandum hos xviros portitores omnibus
omnium pecuniis constitui, qui non modo reges atque

---

1 referri *scripsi* : referre *codd.* ; *cf.* 1. 12, *Zielinski, p.* 201   quae-
stionem] *fort.* constitutam *supplendum*   3 residuis *scripsi* : repetundis *codd.* (*cf. Clu.* 94)   4 nullum] nunc *Lauredanus* (*at de
Xvirum furtis loquitur Cic.*)   6 nostris *Mμc*   de provincia *om. N*
7 habent *Ee*   8 hic *E* : hinc *cett.*   9 excipit *k, edd. VR* :
excidit *cett.*   12 cognitio *om. E*   15 cui *ed. R* : quod *codd.*
17 iubeatur *Graevius* : iubeat *E* : debeat *cett.*   25 praecipue
codd. : *corr. Orelli*   27 si turpe *om. Ee*   si] est *Ee*

exterarum nationum homines sed etiam imperatores vestros
excutiant, non mihi videntur honoris causa excipere Pompeium, sed metuere ne ille eandem contumeliam quam
ceteri ferre non possit. Pompeius autem *cum* hoc animo 62
5 sit ut, quicquid vobis placeat, sibi ferendum putet, quod vos
ferre non poteritis, id profecto perficiet ne diutius inviti
ferre cogamini. Verum tamen cavet ut, si qua pecunia
post nos consules ex novis vectigalibus recipiatur, ea xviri
utantur. Nova porro vectigalia videt ea fore quae Pom-
10 peius adiunxerit. Ita remissis manubiis vectigalibus eius
virtute partis se frui putat oportere.

Parta sit pecunia, Quirites, xviris tanta quanta sit in
terris, nihil praetermissum sit, omnes urbes, agri, regna
denique, postremo etiam vectigalia vestra venierint, acces-
15 serint in cumulum manubiae vestrorum imperatorum;
quantae et quam immanes divitiae xviris in tantis auctioni-
bus, tot iudiciis, tam infinita potestate rerum omnium
quaerantur videtis. Cognoscite nunc alios immensos atque **24**
intolerabilis quaestus, ut intellegatis ad certorum hominum 63
20 importunam avaritiam hoc populare legis agrariae nomen
esse quaesitum. Hac pecunia iubet agros emi quo deducamini. Non consuevi homines appellare asperius, Quirites,
nisi lacessitus. Vellem fieri posset ut a me sine contumelia
nominarentur ei qui se xviros sperant futuros ; iam videretis
25 quibus hominibus omnium rerum et vendendarum et emen-
darum potestatem permitteretis. Sed quod ego nondum 64
statuo mihi esse dicendum, vos tamen id potestis cum
animis vestris cogitare ; unum hoc certe videor mihi veris-

1 vestros *E* : nostros *cett.*   3 contumeliam] iniuriam *E*   4
cum *suppl. Manutius*   5 sit] est *Garatoni*   6 p�📖rficiat *codd.* :
corr. ed. V   12 sit in] est in *Lambinus*   13 sit, omnes
Lauredanus : sed omnes *codd.*   19 ceterorum *Ee*   21 quo
(-od *Ee*) decumani (-mana *e* : -matu *N*) *codd.* : *corr. Naugerius* (1)
23 velim *codd.* : *corr. Ernesti*   24 videritis *Ee*   26 permiseritis
E : permittitis *e*

sime posse dicere: tum cum haberet haec res publica
Luscinos, Calatinos, Acidinos, homines non solum honoribus populi rebusque gestis verum etiam patientia pauper-
tatis ornatos, et tum cum erant Catones, Phili, Laelii,
quorum sapientiam temperantiamque in publicis privatisque, 5
forensibus domesticisque rebus perspexeratis, tamen huiusce
modi res commissa nemini est ut idem iudicaret et venderet
et hoc faceret per quinquennium toto in orbe terrarum
idemque agros vectigalis populi Romani abalienaret et,
cum summam tantae pecuniae nullo teste sibi ipse ex sua 10
voluntate fecisset, tum denique emeret a quibus vellet quod
65 videretur. Committite vos nunc, Quirites, his hominibus
haec omnia quos odorari hunc xviratum suspicamini;
reperietis partem esse eorum quibus ad habendum, partem
25 quibus ad consumendum nihil satis esse videatur. Hic ego 15
iam illud quod expeditissimum est ne disputo quidem,
Quirites, non esse hanc nobis a maioribus relictam consuetudinem ut emantur agri a privatis quo plebes publice
deducatur; omnibus legibus agris publicis privatos esse
deductos. Huiusce modi me aliquid ab hoc horrido ac 20
truce tribuno plebis exspectasse *confiteor*; hanc vero emendi
et vendendi quaestuosissimam ac turpissimam mercaturam
alienam actione tribunicia, alienam dignitate populi Romani
66 semper putavi. Iubet agros emi. Primum quaero quos agros
et quibus in locis? Nolo suspensam et incertam plebem 25
Romanam obscura spe et caeca exspectatione pendere.
Albanus ager est, Setinus, Privernas, Fundanus, Vescinus,
Falernus, Literninus, Cumanus, Nucerinus. Audio. Ab alia

---

4 Philippi *codd.*: *corr. Sigonius*   7 emissa *E*: permissa *Lau-*
redanus   12 nunc vos *E*   13 adorari *Ee*   suspicabamini *N*
16 est *Wesenberg*: sit *codd.*   17 vobis *n*   a maioribus *om. N*
19 deducantur *Ee*   ex agris *Lambinus*   20 deductos] *fort.*
deiectos   21 plebis] plebis fateor *Lag.* 9   confiteor *suppl.*
Zielinski, p. 113   24 iubet *Ee* : libet *cett.*   27 Vestinus (festiuus
Ee) *codd.* : *corr. ed. V*   28 Liternus (-ius *E*) *codd.* : *corr. Gebhardt*
Nucerinus *scripsi* : ancasianas *codd.* (*cf. Plin. N. H.* iii. 62, *Liv.* ix. 38) :
Casilinas (*an post* Falernus *transponendum?*) *Camillus Peregrinus*

porta Capenas, Faliscus, Sabinus ager, Reatinus; *ab alia*
Venafranus, Allifanus, Trebulanus. Habes tantam pecuniam qua hosce omnis agros et ceteros horum similis non
modo emere verum etiam coacervare possis; cur eos non
5 definis neque nominas, ut saltem deliberare plebes Romana
possit quid intersit sua, quid expediat, quantum tibi in
emendis et in vendendis rebus committendum putet?
'Definio,' inquit, 'Italiam.' Satis certa regio. Etenim
quantulum interest utrum in Massici radices, an in Silam
10 silvam deducamini? Age, non definis locum; quid? 67
naturam agri? 'Vero,' inquit, 'QVI ARARI AVT COLI POSSIT.'
'Qui possit arari,' inquit, 'aut coli,' non qui aratus aut
cultus sit. Vtrum haec lex est, an tabula Veratianae
auctionis? in qua scriptum fuisse aiunt: 'IVGERA CC IN
15 QVIBVS OLIVETVM FIERI POTEST, IVGERA CCC VBI INSTITVI
VINEAE POSSVNT.' Hoc tu emes ista innumerabili pecunia
quod arari aut coli possit? Quod solum tam exile et
macrum est quod aratro perstringi non possit, aut quod
est tam asperum saxetum in quo agricolarum cultus non
20 elaboret? 'Idcirco,' inquit, 'agros nominare non possum
quia tangam nullum ab invito.' Hoc, Quirites, multo est
quaestuosius quam si ab invito sumeret; inibitur enim ratio
quaestus de vestra pecunia, et tum denique ager emetur
cum idem expediet emptori et venditori.

25 Sed videte vim legis agrariae. Ne ei quidem qui agros **26**
publicos possident decedent de possessione, nisi erunt 68
deducti optima condicione et pecunia maxima. Conversa
ratio. Antea cum erat a tribuno plebis mentio legis

1 ager *del. Lambinus*   ab alia *suppl. Kayser*   2 Venafranus *k* :
veneranus *cett.*   5 plebes *Ee* : plebs *cett.*   7 et in *EeN* : et
MµϛϚ   8 satis *Eϛ* : fatis *cett.*   9 Silam silvam *coni. Müller*
(*qui tamen* aliove *servat*): Italiam aliove *codd.* : Apuliam aliove
Sigonius   11 natura? Agri vero *Mω*   13 Neratianae *k* (*cf.*
Flacc. 46)   17 et *EeN* : aut *cett.*   21 Quirites *Klotz* : que *Ee* :
quoque *cett.*   22 inibitur *mg. Ascensii* : inhibetur *Ee, Lagg.* 8, 13 :
inietur *cett.* : invenietur *Lambinus*   24 expediet *Eek* : expediret *cett.*

agrariae facta, continuo qui agros publicos aut qui possessiones invidiosas tenebant extimescebant; haec lex eos
homines fortunis locupletat, invidia liberat. Quam multos
enim, Quirites, existimatis esse qui latitudinem possessionum
tueri, qui invidiam Sullanorum agrorum ferre non possint, 5
qui vendere cupiant, emptorem non reperiant, perdere iam
denique illos agros ratione aliqua velint? Qui paulo ante
diem noctemque tribunicium nomen horrebant, vestram vim
metuebant, mentionem legis agrariae pertimescebant, ei
nunc etiam ultro rogabuntur atque orabuntur ut agros 10
partim publicos, partim plenos invidiae, plenos periculi
quanti ipsi velint xviris tradant. Atque hoc carmen hic
69 tribunus plebis non vobis, sed sibi intus canit. Habet
socerum, virum optimum, qui tantum agri in illis rei
publicae tenebris occupavit quantum concupivit. Huic 15
subvenire volt succumbenti iam et oppresso, Sullanis oneri-
bus gravi, sua lege, ut liceat illi invidiam deponere,
pecuniam condere. Et vos non dubitatis quin vectigalia
vestra vendatis plurimo maiorum vestrorum sanguine et
sudore quaesita, ut Sullanos possessores divitiis augeatis, 20
70 periculo liberetis? Nam ad hanc emptionem xviralem
duo genera agrorum spectant, Quirites. Eorum unum
propter invidiam domini fugiunt, alterum propter vastitatem. Sullanus ager a certis hominibus latissime con-
tinuatus tantam habet invidiam ut veri ac fortis tribuni 25
plebis stridorem unum perferre non possit. Hic ager
omnis, quoquo pretio coemptus erit, tamen ingenti pecunia
nobis inducetur. Alterum genus agrorum propter sterili-
tatem incultum, propter pestilentiam vastum atque desertum

---

2 expertimescebant *mei* : *corr. Klotz* : pertimescebant *Lag.* 9   8
dies noctesque *Lambinus*: diu noctuque *Lag.* 9   9 ei] et *EeN*
15 hic *N*   16 et oppresso χ²*c*: expresso *EeM¹n* : ex (*om.* ex *k*)
oppresso μχ¹*k*   17 gravi sua] gratissima *Halm*   19 vestrum *Ee*
26 posset *codd.* : *corr. Naugerius* (1)   27 emptus *E*   28 vobis
ed. V

emetur ab eis qui eos vident sibi esse, si non vendiderint, relinquendos. Et nimirum id est quod ab hoc tribuno plebis dictum est in senatu, urbanam plebem nimium in re publica posse; exhauriendam esse; hoc enim *verbo* est
5 usus, quasi de aliqua sentina ac non de optimorum civium genere loqueretur. Vos vero, Quirites, si me audire voltis, **27** 71 retinete istam possessionem gratiae, libertatis, suffragiorum, dignitatis, urbis, fori, ludorum, festorum dierum, ceterorum omnium commodorum, nisi forte mavoltis relictis his rebus
10 atque hac luce rei publicae in Sipontina siccitate aut in Salpinorum *plenis* pestilentiae finibus Rullo duce conlocari. Aut dicat quos agros empturus sit; ostendat et quid et quibus daturus sit. Vt vero, cum omnis urbis, agros, vectigalia, regna vendiderit, tum harenam aliquam aut
15 paludes emat, id vos potestis, quaeso, concedere? Quamquam illud est egregium quod hac lege ante omnia veneunt, ante pecuniae coguntur et coacervantur quam gleba una ematur. Deinde emi iubet, ab invito vetat. Quaero, si qui velint vendere non fuerint, quid 72
20 pecuniae fiet? Referre in aerarium lex vetat, exigi prohibet. Igitur pecuniam omnem xviri tenebunt, vobis ager non emetur; vectigalibus abalienatis, sociis vexatis, regibus atque omnibus gentibus exinanitis illi pecunias habebunt, vos agros non habebitis. 'Facile,' inquit, 'addu-
25 centur pecuniae magnitudine ut velint vendere.' Ergo ea lex est qua nostra vendamus quanti possimus, aliena emamus quanti possessores velint.

---

1 ab his *eχn*   qui vident eos sibi eos *E*   vendiderunt *N*   2 id *Lagg.* 1, 7 : idem *cett.* : illud *Müller*   4 verbo *suppl. ed. Hervag.* (*cf.* § 7)   7 retinere *E*   8 dierum *om. N*   10 rei p.] p. R. *N*   Sepontina *Een*   11 Salapinorum *Angelius* (*sed cf. Vitruv.* i. 12)   plenis *supplevi* (pestilentia a finitoribus *Schwarz*) 12 aut *Turnebus*: at (at si *e*) *codd.*   20 pecunia *cod. Graevii* fiet *Angelius* : fiet et *codd.* : fiet ! Etenim *Lauredanus*   24 adducentur *k* : adducuntur *cett.*   26 possimus *Eeχn* : possumus *Mμς*

73 Atque in hos agros qui hac lege empti sint colonias
ab his xviris deduci iubet. Quid? omnisne locus eius
modi est ut nihil intersit rei publicae, colonia deducatur
in eum locum necne, an est locus qui coloniam postulet,
est *qui* plane recuset? Quo in genere sicut in ceteris 5
rei publicae partibus est operae pretium diligentiam
maiorum recordari, qui colonias sic idoneis in locis contra
suspicionem periculi conlocarunt ut esse non oppida
Italiae, sed propugnacula imperi viderentur. Hi deducent
colonias in eos agros quos emerint; etiamne si rei 10
74 publicae non expediat? 'ET IN QVAE LOCA PRAETEREA
VIDEBITVR.' Quid igitur est causae quin coloniam in
Ianiculum possint deducere et suum praesidium in capite
atque cervicibus nostris conlocare? Tu non definias quot
colonias, in quae loca, quo numero colonorum deduci 15
velis, tu occupes locum quem idoneum ad vim tuam
iudicaris, compleas numero, confirmes praesidio quo velis,
populi Romani vectigalibus atque omnibus copiis ipsum
populum Romanum coerceas, opprimas, redigas in istam
28 xviralem dicionem ac potestatem? Vt vero totam Italiam suis 20
75 praesidiis obsidere atque occupare cogitet, quaeso, Quirites,
cognoscite. Permittit xviris ut in omnia municipia, in omnis
colonias totius Italiae colonos deducant quos velint, eisque
colonis agros dari iubet. Num obscure maiores opes quam
libertas vestra pati potest, et maiora praesidia quaeruntur, 25
num obscure regnum constituitur, num obscure libertas vestra
tollitur? Nam cum idem omnem pecuniam, maximam
multitudinem *obtinebunt*, idem totam Italiam suis opibus

---

1 sunt *EN*   2 his *em*χ*n* : iis *cett.*   5 est plane rectius et
(*om.* et *k*) quo *codd.* : *corr. Lauredanus*   7 sic] si *Ee*   9
imperii viderentur *eok* : viderentur imperii *E* : imperii esse viderentur
cett.   14 vestris *ωn*   collocare *Ee* : possint collocare *cett.*
quot *Lauredanus* : quo *codd.*   19 reducas in *N*   21 cogitet
mn : cogitent (cognoscite *E*) *cett.*   22 permitti *Ee*   24
colonis *En* : coloniis *cett.*   25 et *EeN* : ac *cett.*   28 obtinebunt
suppl. Lauredanus   idem *e* : id est *cett.*

obsidebunt, idem vestram libertatem suis praesidiis et
coloniis interclusam tenebunt, quae spes tandem, quae
facultas recuperandae vestrae libertatis relinquetur?

At enim ager Campanus hac lege dividetur orbi terrae 76
5 pulcherrimus et Capuam colonia deducetur, urbem am-
plissimam atque ornatissimam. Quid ad haec possumus dicere? De commodo prius vestro dicam, Quirites;
deinde ad amplitudinem et dignitatem revertar, ut, si quis
agri aut oppidi bonitate delectatur, ne quid exspectet, si
10 quem rei indignitas commovet, ut huic simulatae largitioni
resistat. Ac primum de oppido dicam, si quis est forte
quem Capua magis quam Roma delectet. V milia colonorum Capuam scribi iubet; ad hunc numerum quinge-
nos sibi singuli sumunt. Quaeso, nolite vosmet ipsos conso- 77
15 lari; vere et diligenter considerate. Num vobis aut vestri
similibus integris, quietis, otiosis hominibus in hoc numero
locum fore putatis? Si est omnibus vobis maiori*ve* vestrum
parti, quamquam me vester honos vigilare dies atque no-
ctes et intentis oculis omnis rei publicae partis intueri iubet,
20 tamen paulisper, si ita commodum vestrum fert, conivebo.
Sed si v hominum milibus ad vim, facinus caedem-
que delectis locus atque urbs quae bellum facere atque
instruere possit quaeritur, tamenne patiemini vestro nomine
contra vos firmari opes, armari praesidia, urbis, agros, copias
25 comparari? Nam agrum quidem Campanum quem vobis 78
ostentant ipsi concupiverunt; deducent suos, quorum nomine ipsi teneant et fruantur; coement praeterea; ista dena

---

2 colonis *Ee*   4 orbi *Mµc*: orbe *EeN*: orbis *k* (*cf. Verr.* iv.
82)   6 Quid *Ernesti*: atqui (-e *Mµ*ς) quid *codd.* (*fort. ex* at. qui
quid)   7 vestro prius *EN*   8 rei revertar *Kayser*   9
delectetur (-entur *Ee*) *codd.*: *corr. Lambinus*   10 rei p. *Orelli*
indignitas *Mo*ς: dignitas *cett.*   12 delectet *Ek*: delectat *cett.*
13 quinquagenos *codd.*: *corr. Lauredanus*   14 sument *N*   15
vestri *k*: vestris *cett.*   16 omnibus *codd.*: *corr. Angelius*   17 -ve
suppl. Richter   18 quam *codd.*: *corr. Angelius*   20 feret *ed. V*
commovebo *Ee*: commonebo *cett.*: *corr. Angelius*   22 delectus *N*
23 patiamini *e*χ¹: patienti *E*   27 coemant *codd.*: *corr. Manutius*

iugera continuabunt.   Nam si dicent per legem id non
licere, ne per Corneliam quidem licet; at videmus, ut
longinqua mittamus, agrum Praenestinum a paucis possideri.
Neque istorum pecuniis quicquam aliud deesse video nisi
eius modi fundos quorum subsidio familiarum magnitudines 5
et Cumanorum ac Puteolanorum praediorum sumptus sustentare possint.   Quod si vestrum commodum spectat,
veniat et coram mecum de agri Campani divisione disputet.

29 Quaesivi ex eo Kalendis Ianuariis quibus hominibus et
79 quem ad modum illum agrum esset distributurus.   Re 10
spondit a Romilia tribu se initium esse facturum.   Primum
quae est ista superbia et contumelia ut populi pars ampute-
tur, ordo tribuum neglegatur, ante rusticis detur ager, qui
habent, quam urbanis, quibus ista agri spes et iucunditas
ostenditur?   Aut, si hoc ab se dictum negat et satis facere 15
omnibus vobis cogitat, proferat; in iugera dena discribat,
a Suburana usque ad Arniensem nomina vestra proponat.
Si non modo dena iugera dari vobis sed ne constipari quidem tantum numerum hominum posse in agrum Campanum
intellegetis, tamenne vexari rem publicam, contemni maie- 20
statem populi Romani, deludi vosmet ipsos diutius a tribuno
80 plebis patiemini?   Quod si posset ager iste ad vos pervenire,
nonne eum tamen in patrimonio vestro remanere malletis?
Vnumne fundum pulcherrimum populi Romani, caput vestrae pecuniae, pacis ornamentum, subsidium belli, funda- 25
mentum vectigalium, horreum legionum, solacium annonae
disperire patiemini?   An obliti estis Italico bello amissis
ceteris vectigalibus quantos agri Campani fructibus exercitus
alueritis? an ignoratis cetera illa magnifica populi Romani
vectigalia perlevi saepe momento fortunae inclinatione 30

2 at] ac *EeM*   6 praesidiorum *n*   7 spectat *Ee* : exspectat
cett.   12 contumelia] contumacia *Müller*   14 habent] emitur *E*
15–16 et . . . cogitat] ut . . . cogitet *Richter*   16 in] in singulos
Lambinus, cf. § 85   describat *codd.* : *corr. Kayser*   17 a Suburana
Lauredanus : ab usura nam *codd.*   Aniensem *Lag.* 9

temporis pendere? Quid nos Asiae portus, quid Syriae
ora, quid omnia transmarina vectigalia iuvabunt tenuissima
suspicione praedonum aut hostium iniecta? At vero hoc 81
agri Campani vectigal, Quirites, eius modi est ut cum domi
5 sit et omnibus praesidiis oppidorum tegatur, tum neque
bellis infestum nec fructibus varium nec caelo ac loco
calamitosum esse soleat. Maiores nostri non solum id
quod *de* Campanis ceperant non imminuerunt verum etiam
quod ei tenebant quibus adimi iure non poterat coemerunt.
10 Qua de causa nec duo Gracchi qui de plebis Romanae
commodis plurimum cogitaverunt, nec L. Sulla qui omnia
sine ulla religione quibus voluit est dilargitus, agrum Campanum attingere ausus est; Rullus exstitit qui ex ea possessione rem publicam demoveret ex qua nec Gracchorum
15 benignitas eam nec Sullae dominatio deiecisset. Quem 30
agrum nunc praetereuntes vestrum esse dicitis et quem per
iter qui faciunt, externi homines, vestrum esse audiunt, is,
cum erit divisus, *neque erit vester* neque vester esse dicetur.
At qui homines possidebunt? Primo quidem acres, ad vim 82
20 prompti, ad seditionem parati qui, simul ac xviri concre-
puerint, armati in civis et expediti ad caedem esse possint;
deinde ad paucos opibus et copiis adfluentis totum agrum
Campanum perferri videbitis. Vobis interea, qui illas a
maioribus pulcherrimas vectigalium sedis armis captas
25 accepistis, gleba nulla de paternis atque avitis possessionibus
relinquetur. At quantum intererit inter vestram et priva-

1 nos *Eeχn* : vos *cett.*   2 ora *scripsi* : rura *Ee* : cura (tura *k*)
                                                    ᵊuria
cett. (quid scriptura *Gebhardt*) : *fort. in archetypo erat* Syriae   4
Quirites, eiusmodi est ut cum *scripsi* : cum eiusmodi sit ut cum *codd.* :
cum eiusmodi est ut *Beroaldus*   6 neque fructibus *Lag* 9   7
soleat *Zumpt* : solet *codd.*   8 de *suppl. Lauredanus*   9
id quod *oↄ* (*c²*)   ei *Lauredanus* : et *codd.*   16 quem per iter
Eχ² : quem pariter *cett.*   18 neque erit vester (vester *addidi*)
suppl. ed. Hervag.   vester esse *cod. Pithoei* : vestrum *mei*   19
primum *E*   20 increpuerint *Mμↄ*   23 perferri *E* : praeferri
cett. : deferri *Ernesti*   26 tantum *codd.* : *corr. Halm*

torum diligentiam ! Quid ? Cum a maioribus nostris P. Lentulus, qui princeps senatus *fuit*, in ea loca missus esset ut
privatos agros qui in publicum Campanum incurrebant
pecunia publica coemeret, dicitur renuntiasse nulla se pecunia fundum cuiusdam emere potuisse, eumque qui nollet 5
vendere ideo negasse se adduci posse uti venderet quod,
cum pluris fundos haberet, ex illo solo fundo numquam
83 malum nuntium audisset.   Itane vero? privatum haec
causa commovit ; populum Romanum ne agrum Campanum
privatis gratis Rullo rogante tradat non commovebit ? At 10
idem populus Romanus de hoc vectigali potest dicere quod
ille de suo fundo dixisse dicitur.   Asia multos annos vobis
fructum Mithridatico bello non tulit, Hispaniarum vectigal
temporibus Sertorianis nullum fuit, Siciliae civitatibus bello
fugitivorum M'. Aquilius etiam mutuum frumentum dedit ; 15
at ex hoc vectigali numquam malus nuntius auditus est.
Cetera vectigalia belli difficultatibus adfliguntur ; hoc vecti-
84 gali etiam belli difficultates sustentantur.   Deinde in hac
adsignatione agrorum ne illud quidem dici potest quod in
ceteris, agros desertos a plebe atque a cultura hominum 20
31 liberorum esse non oportere.   Sic enim dico, si Campanus
ager dividatur, exturbari et expelli plebem ex agris, non
constitui et conlocari.   Totus enim ager Campanus colitur
et possidetur a plebe, et a plebe optima et modestissima ;
quod genus hominum optime moratum, optimorum et ara- 25
torum et militum, ab hoc plebicola tribuno plebis funditus

1 quid *Richter* : quod *codd.* : Quirites *Baiter* (*cf. Zielinski, p.* 201)
2 senatus εω²ok : senator *cett.*   fuit *suppl. Lauredanus* (*fort. in
archetypo erat*, ui. princeps sen., *cf. Caec.* 88, 104)   ut *Eek* : ut et
cett. : *fort.* ut etiam   4 coemeret *Mμ⨟* : coemerit *EeN*   8
privatorum (-urum *N*) *EeN*   9 causa commovet (commovet causa
E): *corr. Naugerius* (1)   in populum *N*   10 commovebit *M²msω²⨟* :
commoverit *cett.*   11 idem *Lag.* 9, *Mommsen* : fidem (quidem *k*) *cett.*
(*cf.* § 103)   15 M. Atilius *codd.* : *corr. Lauredanus*   17 difficultatibus
Ee : facultatibus *cett.* (*ita mox*)   20-22 agros ... dividatur *om. M*
21 liberos *E*   22 et *ENe* : *om. cett.*   26 plebicola *N* : plebecola
Mosωc : plebecula *cett.*

eicitur. Atque illi miseri nati in illis agris et educati, glebis
subigendis exercitati, quo se subito conferant non habebunt;
his robustis et valentibus et audacibus xvirum satelliti-
bus agri Campani possessio tota tradetur, et, ut vos nunc
5 de vestris maioribus praedicatis : 'hunc agrum nobis
maiores nostri reliquerunt,' sic vestri posteri de vobis prae-
dicabunt : 'hunc agrum patres nostri acceptum a patribus
suis perdiderunt.' Equidem existimo : si iam campus Mar- 85
tius dividatur et uni cuique vestrum ubi consistat bini pedes
10 adsignentur, tamen promiscue toto quam proprie parva frui
parte malitis. Qua re etiam si ad vos esset singulos aliquid ex hoc agro perventurum qui vobis ostenditur, aliis
comparatur, tamen honestius eum vos universi quam singuli
possideretis. Nunc vero cum ad vos nihil pertineat, sed
15 paretur aliis, eripiatur vobis, nonne acerrime, tamquam
armato hosti, sic huic legi pro vestris agris resistetis?

Adiungit Stellatem campum agro Campano et in eo
duodena discribit in singulos homines iugera. Quasi vero
paulum differat ager Campanus a Stellati; sed multitudo, 86
20 Quirites, quaeritur qua illa omnia oppida compleantur.
Nam dixi antea lege permitti ut quae velint municipia, quas
velint veteres colonias colonis suis occupent. Calenum
municipium complebunt, Teanum oppriment, Atellam,
Cumas, Neapolim, Pompeios, Nuceriam suis praesidiis
25 devincient, Puteolos vero qui nunc in sua potestate sunt,
suo iure libertateque utuntur, totos novo populo atque
adventiciis copiis occupabunt. Tunc illud vexillum Cam- 32

---

1 in illis] nullis *M¹N*   3 robustissimis *E*   et audacibus *om. N*
4 tradetur *k* : tradatur *cett.*   5 vestris *om. E*   8 equidem *Ee* :
et quidem *cett.*   11 malitis *E* : maletis *Mμ* : malletis χ²*c* : malueris *e*
13 eum] cum *Ee*   14 pertineat] perveniat *Lambinus*   18 describit *codd.* : *corr. Kayser*   19 paululum *E*   ac Stellatis (-us *N*).
Et *codd.* : *corr. Turnebus* : a Stellati. Scilicet *Lauredanus*   24
Neapolin *E*   25 devincient *k* : devincent *cett.*   26 atque *om.*
E   27 exilium (aux. *E*) *codd.* : *corr. Lauredanus*

163

panae coloniae vehementer huic imperio timendum Capuam
a xviris inferetur, tunc contra hanc Romam, communem
87 patriam omnium nostrum, illa altera Roma quaeretur. In
id oppidum homines nefarie rem publicam vestram transferre conantur, quo in oppido maiores nostri nullam omnino 5
rem publicam esse voluerunt, qui tris solum urbis in terris
omnibus, Carthaginem, Corinthum, Capuam, statuerunt
posse imperi gravitatem ac nomen sustinere. Deleta
Carthago est, quod cum hominum copiis, tum ipsa natura
ac loco, succincta portibus, armata muris, excurrere ex 10
Africa, imminere duabus fructuosissimis insulis populi
Romani videbatur. Corinthi vestigium vix relictum est.
Erat enim posita in angustiis atque in faucibus Graeciae sic
ut terra claustra locorum teneret et duo maria maxime
navigationi diversa paene coniungeret, cum pertenui dis- 15
crimine separentur. Haec quae procul erant a conspectu
imperi non solum adflixerunt sed etiam, ne quando recreata
exsurgere atque erigere se possent, funditus, ut dixi, sustu-
88 lerunt. De Capua multum est et diu consultatum ; exstant
litterae, Quirites, publicae, sunt senatus consulta complura. 20
Statuerunt homines sapientes, si agrum Campanis ademissent, magistratus, senatum, publicum ex illa urbe consilium
sustulissent, imaginem rei publicae nullam reliquissent, nihil
fore quod Capuam timeremus. Itaque hoc perscriptum in
monumentis veteribus reperietis, ut esset urbs quae res eas 25
quibus ager Campanus coleretur suppeditare posset, ut esset
locus comportandis condendisque fructibus, ut aratores
cultu agrorum defessi urbis domiciliis uterentur, idcirco illa
33
89 aedificia non esse deleta. Videte quantum intervallum sit

1 Capua (-ae *Lag.* 9) *codd.* : *corr. Manutius*   3 vestrum *Ee*   4
nefarii *Lag.* 9, *Naugerius* (1)   nostram *nc*   5 vestri χ*n*   9
est *om. n*   11 duabus *Gebhardt* : ita *codd.* : Italiae ac *Lauredanus*
16 separarentur *Lagg.* 1, 7 (*m.* 2)   18 erigere *k, ed. R* : eripere
cett.   19 consultum *codd.* : *corr. Lambinus*   27 comportandis
Ee : comparandis *cett.*

164

interiectum inter maiorum nostrorum consilia et inter
istorum hominum dementiam.   Illi Capuam receptaculum
aratorum, nundinas rusticorum, cellam atque horreum
Campani agri esse voluerunt, hi expulsis aratoribus, effusis
5 ac dissipatis fructibus vestris eandem Capuam sedem novae
rei publicae constituunt, molem contra veterem rem publicam comparant.   Quod si maiores nostri existimassent
quemquam in tam inlustri imperio et tam praeclara populi
Romani disciplina M. Bruti aut P. Rulli similem futurum
10 —hos enim nos duos adhuc vidimus qui hanc rem publicam
Capuam totam transferre vellent—profecto nomen illius urbis
non reliquissent.   Verum arbitrabantur Corinthi et Cartha- 90
gini, etiam si senatum et magistratus sustulissent agrumque
civibus ademissent, tamen non defore qui illa restituerent
15 atque qui ante omnia commutarent quam nos audire possemus; hic vero in oculis senatus populique Romani nihil
posse exsistere quod non ante exstingui atque opprimi posset
quam plane exortum *esset* ac natum.   Neque vero ea res
fefellit homines divina mente et consilio praeditos.   Nam
20 post Q. Fulvium Q. Fabium consules, quibus consulibus
Capua devicta atque capta est, nihil est in illa urbe contra
hanc rem publicam non dico factum, sed nihil omnino est
cogitatum.   Multa postea bella gesta cum regibus, Philippo,
Antiocho, Persa, Pseudophilippo, Aristonico, Mithridate et
25 ceteris; multa praeterea bella gravia, Carthaginiense III,
Corinthium, Numantinum; multae in hac re publica sedi-
tiones domesticae quas praetermitto; bella cum sociis,

---

4 hi Eχ¹k : his *cett.*   7 nostri *om. N*   existimassent *EeN*:
existimavissent *cett.*   9 M. *suppl. Lauredanus*   10 videmus
codd.: *corr. Lauredanus*   hanc *om. E*   13 magistratum *codd.*:
corr. Graevius   15 qui *del. Lambinus*   omnia ante *E*   com-
munitarent *Ee*   18 esset *supplevi*   . natum] natum esset ⌠ (*c²*),
Angelius   21 illa] ea *N*   22 nihil *del. Naugerius* (2)   est
cogit. *Ee*: excogit. *cett.*   25 Cartaginiensium (Kar. *Ee*) *codd.*:
corr. Lauredanus: Carthaginiense *Lambinus*   26 hoc (hac *e*) p.
R. *Ee*

Fregellanum, Marsicum; quibus omnibus domesticis exter-
nisque bellis Capua non modo non obfuit sed opportunissi-
mam se nobis praebuit et ad bellum instruendum et ad
exercitus ornandos et tectis ac sedibus suis recipiendos.
91 Homines non inerant in urbe qui malis contionibus, turbu- 5
lentis senatus consultis, iniquis imperiis rem publicam
miscerent et rerum novarum causam aliquam quaererent.
Neque enim contionandi potestas erat cuiquam nec consili
capiendi publici; non gloriae cupiditate efferebantur, propterea quod, ubi honos publice non est, ibi gloriae cupiditas 10
esse non potest; non contentione, non ambitione discordes.
Nihil enim supererat de quo certarent, nihil quod contra
peterent, nihil ubi dissiderent. Itaque illam Campanam
adrogantiam atque intolerandam ferociam ratione et consilio
maiores nostri ad inertissimum ac desidiosissimum otium 15
perduxerunt. Sic et crudelitatis infamiam effugerunt quod
urbem ex Italia pulcherrimam non sustulerunt, et multum
in posterum providerunt quod nervis urbis omnibus exsectis
34 urbem ipsam solutam ac debilitatam reliquerunt. Haec
9² consilia maiorum M. Bruto, ut antea dixi, reprehendenda et 20
P. Rullo visa sunt; neque te, P. Rulle, omina illa M. Bruti
atque auspicia a simili furore deterrent. Nam et ipse qui
deduxit, et qui magistratum Capuae illo creante ceperunt, et
qui aliquam partem illius deductionis, honoris, muneris
attigerunt, omnis acerbissimas impiorum poenas pertulerunt. 25
Et quoniam *M.* Bruti atque illius temporis feci mentionem,
commemorabo id quod egomet vidi, cum venissem Capuam
colonia iam deducta L. Considio et Sex. Saltio, quem ad

5 contionibus *k, Naugerius* (1): conditionibus *cett.*   7 aliquam
om. E   9 capiundi *codd.*   14 arrogantem *Ee*   15 ac] et *N*   18
omnibus urbe *E*: omnibus *Madvig*   exsectis ω¹, *Beroaldus*: eiectis
cett.: electis *Madvig*   20 et] ut *Richter* (et P. Rullo *om. Lag.* 7,
del. Baiter)   21 omina μ (ω *mg.*) Ϛ: omnia *cett.* (ω¹)   23 capua
locare ante *E*: capua et locreanti (-e *m*) *cett.*: corr. *Turnebus*   24
deditionis *codd.*: corr. *Naugerius* (1)   26 M. *suppl. Baiter*   28
coloniam deductam *codd.*: corr. *Richter* (iam *addidi*)   consio
(-cio *N*) *EeN*

modum ipsi loquebantur, 'praetoribus,' ut intellegatis quantam locus ipse adferat superbiam, quae paucis diebus quibus
illo colonia deducta est perspici atque intellegi potuit.
Nam primum, id quod dixi, cum ceteris in coloniis iiviri 93
5 appellentur, hi se praetores appellari volebant. Quibus
primus annus hanc cupiditatem attulisset, nonne arbitramini
paucis annis fuisse consulum nomen appetituros ? Deinde
anteibant lictores non cum bacillis, sed, ut hic praetoribus
urbanis anteeunt, cum fascibus bini. Erant hostiae maiores
10 in foro constitutae, quae ab his praetoribus de tribunali,
sicut a nobis' consulibus, de consili sententia probatae ad
praeconem et ad tibicinem immolabantur. Deinde patres
conscripti vocabantur. Iam vero voltum Considi videre
ferendum vix erat. Quem hominem 'vegrandi macie torri-
15 dum' Romae contemptum, abiectum videbamus, hunc
Capuae Campano fastidio ac regio spiritu cum videremus,
Blossios mihi videbar illos videre ac Vibellios. Iam vero 94
qui metus erat tunicatorum illorum ! et in Albana et Seplasia
quae concursatio percontantium quid praetor edixisset, ubi
20 cenaret, quo denuntiasset ! Nos autem, hinc Roma qui
veneramus, iam non hospites, sed peregrini atque advenae
nominabamur. Haec qui prospexerint, maiores nostros **35**
dico, Quirites, non eos in deorum immortalium numero 95
venerandos a nobis et colendos putatis ? Quid enim
25 viderunt ? Hoc quod nunc vos, quaeso, perspicite atque
cognoscite. Non ingenerantur hominibus mores tam a

---

3 est *Wesenberg* : sit *E* : sint *eN* : fuit *cett.*   4 iiviri *Zumpt* :
duumviri *codd.*   5 se praetores] septores *Mμχ¹c*   6 cum hanc
E²en   8 baculis *E*   9 urbanis *Ee* : om. *cett.*   fascibus *E* :
facibus *cett.*   bini *Zumpt* : duabus *codd.* : duobus *ed. R*   11
probatis *codd.* : corr. *Lauredanus*   12 dein *Mμ*   13 consilii
codd. : corr. *ed. R*   14 ferundum *codd.* (*E¹*)   vegrandi *k,*
Lauredanus : ut grandi *cett.*   16 fastidio *Richter* (*cf.* i. 20) : praesidio *codd.* : supercilio *Naugerius* (2)   19 percunctantium (-cunt-
Mωχ) *codd.*   praetor *k* : p. r. *cett.*   20 quod (-id *k*) enuntiasset
codd. : corr. *Klotz*   hinc Roma *Ee* : Roma hinc *cett.* : hinc *Bake*
21 tam *Ee*   22 prospexerint *e* : perspexerint *cett.*

stirpe generis ac seminis quam ex eis rebus quae ab ipsa
natura nobis ad vitae consuetudinem suppeditantur, quibus
alimur et vivimus. Carthaginienses fraudulenti et mendaces
non genere, sed natura loci, quod propter portus suos
multis et variis mercatorum et advenarum sermonibus ad 5
studium fallendi studio quaestus vocabantur. Ligures duri
atque agrestes; docuit ager ipse nihil ferendo nisi multa
cultura et magno labore quaesitum. Campani semper
superbi bonitate agrorum et fructuum magnitudine, urbis
salubritate, descriptione, pulchritudine. Ex hac copia 10
atque omnium rerum adfluentia primum illa nata est adro-
gantia qua a maioribus nostris alterum Capua consulem
postularunt, deinde ea luxuries quae ipsum Hannibalem
96 armis etiam tum invictum voluptate vicit. Huc isti xviri
cum ɔ colonorum ex lege Rulli deduxerint, c decuriones, 15
x augures, vi pontifices constituerint, quos illorum animos,
quos impetus, quam ferociam fore putatis? Romam in
montibus positam et convallibus, cenaculis sublatam atque
suspensam, non optimis viis, angustissimis semitis, prae sua
Capua planissimo in loco explicata ac praeclarissime sita 20
inridebunt atque contemnent; agros vero Vaticanum et
Pupiniam cum suis opimis atque uberibus campis conferen-
dos scilicet non putabunt. Oppidorum autem finitimorum
illam copiam cum hac per risum ac iocum contendent;

2 nobis *Lauredanus*: bonis *codd.*   ad vitae consuetudinem *k* : a
vita consuetudine *cett.*   5 et advenarum *om. N*   6 Ligures *Ee* :
Ligures montani *cett.*   10 discriptione *Kayser*   11 nata
Beroaldus : capta *Ee* : apta *cett.*   est *Wesenberg* : sunt (fuit *k*) *mei*
12 qua *Lag.* 9 : quae *cett.*   13 postularunt *Ee* : postulavit *cett.*
14 etiam *om. E* : etiam . . . cum *om. N*   tum *Müller* : tun *M* :
tunc *cett.*   huc *Naugerius* (1) : huic *codd.*   15 ɔ *Lauredanus* :
modo *codd.*   deduxerunt *Eeω*   16 constituerunt *e*   19
optumis *eMμχ*   viis *Angelius* : suis *codd.*   20 praeclarissime
sita *Baiter* : prae illis semitis *codd.*   22 optimis (-um- *e*) *codd.* :
corr. Lauredanus   uberrimis *Ee*   23 scilicet *N* : si licet
Ee : *om. cett.*   24 ac] ac per *N*   contemnent *codd.* : *corr.*
Manutius

Veios, Fidenas, Collatiam, ipsum hercle Lanuvium, Ariciam,
Tusculum cum Calibus, Teano, Neapoli, Puteolis, Cumis,
Pompeiis, Nuceria comparabunt. Quibus illi rebus elati et 97
inflati fortasse non continuo, sed certe, si paulum adsum-
5 pserint vetustatis ac roboris, non continebuntur ; progredien-
tur, cuncta secum ferent. Singularis homo privatus, nisi
magna sapientia praeditus, vix cancellis et regionibus offici
magnis in fortunis et copiis continetur, nedum isti ab Rullo
et Rulli similibus conquisiti atque electi coloni Capuae in
10 domicilio superbiae atque in sedibus luxuriosis conlocati non
statim conquisituri sint aliquid sceleris et flagiti, immo vero
etiam hoc magis quam illi veteres germanique Campani, quod
in vetere fortuna illos natos et educatos nimiae tamen rerum
omnium copiae depravabant, hi ex summa egestate in
15 eandem rerum abundantiam traducti non solum copia verum
etiam insolentia commovebuntur.

   Haec tu, P. Rulle, M. Bruti sceleris vestigia quam monu- **36**
menta maiorum sapientiae sequi maluisti, haec tu cum   98
istis tuis auctoribus excogitasti, ut vetera vectigalia nostra
20 *expilaretis*, exploraretis nova, *urbem novam huic* urbi ad
certamen dignitatis opponeretis ; ut sub vestrum ius, iuris
dictionem, potestatem urbis, nationes, provincias, liberos
populos, reges, terrarum denique orbem subiungeretis ; ut,
cum omnem pecuniam ex aerario exhausissetis, ex vectiga-

---

1 Veios *Zumpt* : vicos (fucos *e*) *codd.* : Labicos *ed. Mediol.*   4
sed certe si] si certe *Ee*   paululum *Eχ*   5 venustatis *EeN*
progrediuntur *Ee*   6 cuncta secum ferent *Orelli* : iuncti secum
ferentur (-untur *e*) *Ee* : longius efferentur (efferrent *M*) *cett.* : iuncti,
efferentur singulares *Madvig*   7 cancellis et *Richter* : facilis esset
Eeχ² : facili sese *cett.*   10 luxuriae *Naugerius* (1)   15 eandem-
que *eMμ*   16 commorabuntur *Ee*   19 auctoribus *M* : actoribus
cett.   nostra *scripsi* : ea *codd.*   20 expilaretis, exploraretis *scripsi*
(*cf. Pis.* 52) : expleretis *mei* : expilaretis *Lauredanus* : exploraretis
cod. Turnebi   novo urbi ad *codd.* ('*deficit unus versus*' *Mμ in mg.*) :
supplevi (*cf.* 1, 16, 18)   21 opponeretis *Lag.* 9, *Manutius* : opponere uis (-ri ius *M*) *codd.*   ius dicionem *Pluygers*   22
potestatem *E* : potestatis *cett.*   liberos *Ee* : liberas *Mμχ¹ς* :
om. N

libus redegissetis, ab omnibus regibus, gentibus, ab imperatoribus nostris coegissetis, tamen omnes vobis pecunias ad
nutum vestrum penderent ; ut idem partim invidiosos agros
a Sullanis possessoribus, partim desertos ac pestilentis a
vestris necessariis et a vobismet ipsis emptos quanti velletis 5
populo Romano induceretis ; ut omnia municipia colonias-
que Italiae novis colonis occuparetis ; ut quibuscumque in
locis vobis videretur ac quam multis videretur colonias
99 conlocaretis ; ut omnem rem publicam vestris militibus,
vestris urbibus, vestris praesidiis cingeretis atque oppressam 10
teneretis ; ut ipsum Cn. Pompeium, cuius praesidio saepissime res publica contra acerrimos hostis et contra impro-
bissimos civis *munita est, exercitu* victore atque horum
conspectu privare possetis ; ut nihil auro et argento violari,
nihil numero et servitiis declarari, nihil vi et manu perfringi 15
posset quod non vos oppressum atque ereptum teneretis ; ut
volitaretis interea per gentis, per regna omnia cum imperio
summo, cum iudicio infinito, cum omni pecunia ; ut veni-
retis in castra Cn. Pompei atque ipsa castra, si commodum
vobis esset, venderetis ; ut interea magistratus reliquos legi- 20
bus omnibus soluti sine metu iudiciorum, sine periculo
petere possetis ; ut nemo ad populum Romanum vos addu-
cere, nemo producere, nemo in senatum cogere, non consul
coercere, non tribunus plebis retinere posset.

100   Haec ego vos concupisse pro vestra stultitia atque intem- 25
perantia non miror, sperasse me consule adsequi posse
demiror. Nam cum omnium consulum gravis in re *publica*
custodienda cura ac diligentia debet esse, tum eorum

3 in invidiosos *M*μχ   4 possessionibus *Ee*   5 nobismet *Ee*
8 ac . . . videretur *om. c* : videretur *om. k*   11 cuius χ² : quoius
cett.   12 res p.] r. (rem *n*) p. *codd.* : populus Rom. *ed. Hervagii*
13 victorem (tutatum victoria *Lag.* 9) *codd.* : *supplevi* (*cf. Flacc.* 69)
15 servitiis *scripsi* : suffragiis *codd.*   declarari] depravari *Madvig*
vi et *Lagg.* 7, 8 : velata (vel laeta *Ee*) *cett.*   18 ut *om. E*   21
iudicio *Ee*   23 nemo in *Richter* : non in *codd.*   consules *E*   24
posset *k* : possit *cett.*   27 publica χ¹ς : *om. cett.*

maxime qui non in cunabulis, sed in campo sunt consules
facti. Nulli populo Romano pro me maiores mei spopon-
derunt; mihi creditum est; a me petere quod debeo, me
ipsum appellare debetis. Quem ad modum, cum petebam,
5 nulli me vobis auctores generis mei commendarunt, sic, si
quid deliquero, nullae sunt imagines quae me a vobis depre-
centur. Qua re, modo mihi vita suppetat, quam ego _cona_- 37
bor ab istorum scelere insidiisque defendere, polliceor hoc
vobis, Quirites, bona fide: rem publicam vigilanti homini,
10 non timido, diligenti, _non ignavo_, commisistis. Ego _sum_ is 101
consul qui contionem metuam, qui tribunum plebis per-
horrescam, qui saepe et sine causa tumultuer, qui timeam
ne mihi in carcere habitandum sit, si tribunus plebis duci
iusserit? Ego cum vestris armis armatus _sim_, imperio, auctori-
15 tate insignibusque amplissimis exornatus, non horreo in hunc
locum progredi, possum vobis, Quirites, auctoribus improbi-
tati hominis resistere, nec vereor ne res publica tantis
munita praesidiis ab istis vinci aut opprimi possit. Si
antea timuissem, tamen hac contione, hoc populo certe non
20 vererer. Quis enim umquam tam secunda contione legem
agrariam suasit quam ego dissuasi? si hoc dissuadere est
ac non disturbare atque pervertere. Ex quo intellegi, 102
Quirites, potest nihil esse tam populare quam id quod ego
vobis in hunc annum consul popularis adfero, pacem, tran-
25 quillitatem, otium. Quae nobis designatis timebatis, ea ne
accidere possent consilio meo ac ratione provisa sunt.
Non modo vos eritis in otio qui semper esse volueratis,

---

3 debent _EM¹N_   5 sic _om. Ee_   7 quam rem _Ee_   mihi _scripsi_ :
si _Ee_ : ut _cett._   conabor _scripsi_ : summis _codd._ (_e v._ 10 _adscitum_)   8
pollicear _Ee_   9 bonae fidei _codd._ : _corr. ed. Hervag._   10 non ignavo
suppl. ed. Hervag.   ego] ergo _e_ : ergo ero _E_   sum _supplevi_ (_cf. v._ 7)
11 non metuam _E_   tribunos _E_ (tr. _cett._)   14 iusserit _E_ : iussisset _cett._   sim _suppl. Zumpt_   imperio auctoritate _ante_ non
horreo _hab. codd., huc transtuli_   15 exornatus _Ee_ : ornatus _cett._
16 possum _Zumpt_ : posse _codd._   Quirites _Müller_ : -que _codd._   17
hominum _Zumpt_   18 possit ς : posset _cett._   22 perturbare _E_

171

verum etiam istos quibus odio est otium quietissimos atque
otiosissimos reddam.   Etenim illis honores, potestates, divitiae ex tumultu atque ex dissensionibus civium comparari
solent ; vos, quorum gratia in suffragiis consistit, libertas in
legibus, ius in iudiciis et aequitate magistratuum, res fami- 5
103 liaris in pace, omni ratione otium retinere debetis.   Nam si
ei qui propter desidiam in otio vivunt, tamen in sua turpi
inertia capiunt voluptatem ex ipso otio, quam vos fortunati
eritis, si *in* hoc statu quem habetis vestra non ignavia quaesitum, sed virtute partum, otium tenueritis, Quirites ! Ego 10
ex concordia quam mihi constitui cum conlega, invitissimis
eis hominibus qui nos in consulatu inimicos esse et fore
aiebant, providi omnibus, prospexi annonae, revocavi fidem,
tribunis plebis denuntiavi *ne* quid turbulenti me consule
conflarent.   Summum et firmissimum est illud communibus 15
fortunis praesidium, Quirites, ut, qualis vos hodierno die
maxima contione mihi pro salute vestra praebuistis, talis reliquis temporibus rei publicae praebeatis.   Promitto, recipio,
polliceor hoc vobis atque confirmo, me esse perfecturum ut
iam tandem illi qui honori inviderunt meo tamen vos 20
universos in consule deligendo plurimum vidisse fateantur.

1 odio est *Madvig* : ociosi *codd.*   quietissimos atque otiosissimos
Madvig : fecissemus atque otiosos *EeN* : fecissemus otiosissimos
Mμ⌐ : aeque otiosos *Ussing*   5   ius *Kayser* : hos *codd.*   aequitate
magnos timores *codd.* : *corr. Lauredanus*   6   retinere *Ee* :
tenere *cett.*   nam] tam (tamen *e*) *EeM¹ω*   si *e* : etsi *cett.*   7
in sua] sua *Ee*   8 ex *Madvig* : sed *Ee* : sub *cett.*   quo vos fortunam regitis *codd.* : *corr. Madvig*   9 si hunc statum quem habetis
esse non *codd.* : *corr. Müller*   ignoravi non (an *M²N*) quaesitum
sed vita partum *codd.* : *corr. Madvig*   10 Quirites.   Ego *scripsi* :
quod ego *codd.*   11 ex *Lambinus* : et *codd.*   12 eis] esse
Eeω¹ : iis esse *Mω²*   qui nos *Madvig* : quos vos *codd.*   inimico esse
et corporis (fore *Madvig*) actibus (iact- *Mω²*) providi omnibus
prospexi sane revocavi idem *codd.* : *correxi*   14 denuntiavi *EeN* :
om. cett.   ne *suppl. Turnebus*   turbulenti *EeN* : turbulentum *cett.*
15 constarent *EeN*   16 hodierna *codd.* : *corr. ed. V*   18 rei p.
Angelius : p. R. *codd.*   promitto *scripsi* : pro certo *codd.*   recipio
Müller : reperto (repeto) *EeN* : *om. cett.*

M. TVLLI CICERONIS
DE LEGE AGRARIA ORATIO TERTIA
CONTRA P. SERVILIVM RVLLVM
TR. PLEB. AD POPVLVM

COMMODIVS fecissent tribuni plebis, Quirites, si, quae **I**
apud vos de me deferunt, ea coram potius me praesente **I**
dixissent ; nam et aequitatem vestrae disceptationis et consuetudinem superiorum et ius suae potestatis retinuissent.
5 Sed quoniam adhuc praesens certamen contentionemque
fugerunt, nunc, si videtur eis, in meam contionem prodeant
et, quo provocati a me venire noluerunt, revocati saltem
revertantur.   Video quosdam, Quirites, strepitu significare **2**
nescio quid et non eosdem voltus quos proxima mea con-
10 tione praebuerunt in hanc contionem mihi rettulisse.   Qua
re a vobis qui nihil de me credidistis ut eam voluntatem quam
semper habuistis erga me retineatis peto ; a vobis autem
quos leviter immutatos esse sentio parvam exigui temporis
usuram bonae de me opinionis postulo, ut eam, si quae
15 dixero vobis probabo, perpetuo retineatis ; sin aliter, hoc
ipso in loco depositam atque abiectam relinquatis.   Com- **3**
pleti sunt animi auresque vestrae, Quirites, me gratificantem
Septimiis, Turraniis ceterisque Sullanarum adsignationum
possessoribus agrariae legi et commodis vestris obsistere.
20 Hoc si qui crediderunt, illud prius crediderint necesse est,

2 apud] ad *coni. Müller*   de *om. E*   3 nostrae *m, Lag.* 9
10 rettulisse] praebuisse *N*   13 invitatos *N*   15 probaro
Lag. 9, *Ernesti*   18 Septimiis, Turraniis *Madvig* : septem
tyrannis *codd.*   19 commodis vestris *EeN* : commodo vestro *Mμϛ*
20 haec *N*

hac lege agraria quae promulgata est adimi Sullanos agros
vobisque dividi, aut denique minui privatorum possessiones
ut in eas vos deducamini. Si ostendo non modo non
adimi cuiquam glebam de Sullanis agris, sed etiam genus id
agrorum certo capite legis impudentissime confirmari atque 5
sanciri, si doceo agris eis qui a Sulla sunt dati sic diligenter
Rullum sua lege consulere ut facile appareat eam legem
non a vestrorum commodorum patrono, sed a Valgi genero
esse conscriptam, num quid est causae, Quirites, quin illa
criminatione qua in me absentem usus est non solum 10
meam sed etiam vestram diligentiam prudentiamque de-
spexerit ?

2 **4**   Caput est legis XL de quo ego consulto, Quirites, neque
apud vos ante feci mentionem, ne aut refricare obductam
iam rei publicae cicatricem viderer aut aliquid alienissimo 15
tempore novae dissensionis commovere, neque vero nunc
ideo disputabo quod hunc statum rei publicae non magno
opere defendendum putem, praesertim qui oti et concor-
diae patronum me in hunc annum populo Romano pro-
fessus sim, sed ut doceam Rullum posthac in eis saltem 20
tacere rebus in quibus de se et de suis factis taceri velit.

5 Omnium legum iniquissimam dissimillimamque legis esse
arbitror eam quam L. Flaccus interrex de Sulla tulit, ut
omnia quaecumque ille fecisset essent rata. Nam cum
ceteris in civitatibus tyrannis institutis leges omnes exstin- 25
guantur atque tollantur, hic rei publicae tyrannum lege
constituit. Est invidiosa lex, sicuti dixi, verum tamen habet
excusationem ; non enim videtur hominis lex esse, sed

---

1 promulgata sit *codd.* : *corr. Klotz*   Sullanis *Richter*   6 his
Ee   a *Ee* : *om. cett.*   7 consulere sua lege *E*   8 Valgi
Beroaldus : vulgi *codd.*   9 Quirites quin *Mμχ* : Quirites *Ee* :
quin *n*   14 obductam *Ee* : abductam *cett.*   19 populo R.
Lauredanus : r. (rei ς) p. *codd.*   confessus *codd.* : *corr. Manutius*
20 eis] huius *Ee*   23 interea *Ee*   27 sicut *χn*   veram *Ee*

temporis. Quid si est haec multo impudentior? Nam 6
Valeria lege Corneliisque legibus eripitur civi, *civi* datur,
coniungitur impudens gratificatio cum acerba iniuria; sed
tamen imbibit illis legibus spem non nullam cui ademptum
5 est, aliquem scrupulum cui datum est.   Rulli cautio est
haec: 'QVI POST C. MARIVM CN. PAPIRIVM CONSVLES.'
Quam procul a suspicione fugit, quod eos consules qui
adversarii Sullae maxime fuerunt potissimum nominavit!
Si enim Sullam dictatorem nominasset, perspicuum fore et
10 invidiosum arbitratus est.   Sed quem vestrum tam tardo
ingenio fore putavit cui post eos consules Sullam dictatorem
fuisse in mentem venire non posset?   Quid ergo ait Maria- 7
nus tribunus plebis, qui nos Sullanos in invidiam rapit?
'QVI POST MARIVM ET CARBONEM CONSVLES AGRI, AEDI-
15 FICIA, LACVS, STAGNA, LOCA, POSSESSIONES'—caelum et mare
praetermisit, cetera complexus est—'PVBLICE DATA ADSI-
GNATA, VENDITA, CONCESSA SVNT'—a quo, Rulle? post Marium et Carbonem consules quis adsignavit, quis dedit, quis
concessit praeter Sullam?—'EA OMNIA EO IVRE SINT—' quo
20 iure? labefactat videlicet nescio quid. Nimium acer, nimium
vehemens tribunus plebis Sullana rescindit—'VT QVAE
OPTIMO IVRE PRIVATA SVNT.' Etiamne meliore quam pa-
terna et avita? Meliore. At hoc Valeria lex non dicit, 8
Corneliae leges non sanciunt, Sulla ipse non postulat.   Si
25 isti agri partem aliquam iuris, aliquam similitudinem propriae
possessionis, aliquam spem diuturnitatis attingunt, nemo est
tam impudens istorum quin agi secum praeclare arbitretur.

---

1 hoc *N*   imprudentior *Eeχn*   2 civi, civi *Graevius* : civi
E : cui *cett.* : si cui *Müller*   4 imbibit *Orelli* : inhibet *codd.* :
habet in *ed. Hervag.*   ademptus ... datus *codd.* : *corr. Puteanus*
5 haec est *M*   6 Papirium] Carbonem *Lag.* 9   Cn. consules papirium
Ee   7 quam] qui nam *N*   9 fore *om. Ee*   10 nostrum *Ee*
14 agri *k* : agros *cett.* (agri ... consules *om. M*)   21 Sullanus
(-is *e*) *Ee* : Sullanas res *coni. Baiter*   22 sunt *c*, *Turnebus* : sint
cett.   27 imprudens *codd.* : *corr. Naugerius* (1)

Tu vero, Rulle, quid quaeris? Quod habent ut habeant?
Quis vetat? Vt privatum sit? Ita latum est. Vt meliore
iure tui soceri fundus Hirpinus sit sive ager Hirpinus—totum
enim possidet—quam meus paternus avitusque fundus Arpi-
9 nas? Id enim caves. Optimo enim iure ea sunt profecto 5
praedia quae optima condicione sunt. Libera meliore iure
sunt quam serva; capite hoc omnia quae serviebant non
servient. Soluta meliore in causa sunt quam obligata;
eodem capite subsignata omnia, si modo Sullana sunt,
liberantur. Immunia commodiore condicione sunt quam 10
illa quae pensitant; ego Tusculanis pro aqua Crabra vectigal pendam, quia mancipio fundum accepi; si a Sulla
3 mihi datus esset, Rulli lege non penderem. Video vos,
10 Quirites, sicuti res ipsa cogit, commoveri vel legis vel orationis impudentia, legis quae ius melius Sullanis praediis 15
constituat quam paternis, orationis quae eius modi *in* causa
insimulare quemquam audeat rationes Sullae nimium vehementer defendere. At si illa solum sanciret quae a Sulla
essent data, tacerem, modo ipse se Sullanum esse confiteretur. Sed non modo illis cavet verum etiam aliud quod- 20
dam genus donationis inducit; et is qui a me Sullanas
possessiones defendi criminatur non eas solum sancit
verum ipse novas adsignationes instituit et repentinus Sulla
11 nobis exoritur. Nam attendite quantas concessiones agrorum hic noster obiurgator uno verbo facere conetur: 'QVAE 25
DATA, DONATA, CONCESSA, VENDITA.' Patior, audio. Quid
deinde? 'POSSESSA.' Hoc tribunus plebis promulgare

---

2 privatim *Ee*　　　　sit *Wesenberg* : sed *codd.* : At *Lauredanus*
meliore iure *Pluygers* : melior *codd.*　　　　3 Hirpinus *Lag.* 9 : irpinus
cett.　　　　8 quam non *Eeχn*　　　　9 subsignata] obligata χ[1]　　　　10
commodiore *Eeχn* : meliore *Mμ⊊*　　　　11 crebra *codd.* : *corr. Manutius*
vectigali *Mμ*　　　　12 quia *Naugerius* (1) : qui a *codd.*　　　　14 cogit *k*,
Lauredanus : coget *cett.*　　　　legisque *Ee* : quae *N*　　　　15 praesidiis
Eeχn　　　　16 in *suppl. Baiter*　　　　18 ac *em*　　　　25 noster] modo
χ[n]　　　　27 haec *n*

ausus est ut, quod quisque post Marium et Carbonem consules possideret, id eo iure teneret *quo* quod optimo privatum *est*? Etiamne si vi deiecit, etiamne si clam, si
precario venit in possessionem? Ergo hac lege ius civile,
5 causae possessionum, praetorum interdicta tollentur. Non 12
mediocris res neque parvum sub hoc verbo furtum, Quirites,
latet. Sunt enim multi agri lege Cornelia publicati nec
cuiquam adsignati neque venditi qui a paucis hominibus
impudentissime possidentur. His cavet, hos defendit, hos
10 privatos facit; hos, inquam, agros quos Sulla nemini dedit
Rullus non vobis adsignare volt, sed eis condonare qui
possident. Causam quaero cur ea quae maiores vobis in
Italia, Sicilia, Africa, duabus Hispaniis, Macedonia, Asia
reliquerunt venire patiamini, cum ea quae vestra sunt con-
15 donari possessoribus eadem lege videatis. Iam totam 13
legem intellegetis, cum ad paucorum dominationem scripta
sit, tum ad Sullanae adsignationis rationes esse accommo-
datissimam. Nam socer huius vir multum bonus est;
neque ego nunc de illius bonitate, sed de generi impu-
20 dentia disputo. Ille enim quod habet retinere volt neque 4
se Sullanum esse dissimulat; hic, ut ipse habeat quod non
habet, quae dubia sunt per vos sancire volt et, cum plus
appetat quam ipse Sulla, quibus rebus resisto, Sullanas res
defendere *me* criminatur. 'Habet agros non nullos,' inquit, 14
25 'socer meus desertos atque longinquos; vendet eos mea
lege quanti volet. Habet incertos ac nullo iure possessos;

---

1 consulibus *Ee*   2 possidet *codd.* : *corr. Ernesti*   quo qui *k* :
quod *cett.* : *corr. ed. Ascens.*   3 est *suppl. Baiter*   eiecit *codd.* :
corr. Lambinus   si clam si *Lag.* 9 : si (sic *Eek*) iam si (*om.* si *N*)
cett.   6 furtum *k, ed. R* : futurum *cett.*   7 neque *Lambinus*
9 defendet *Ee*   11 non verbis *Eeχn*   12 causam] ac iam
Madvig   13 Africa *Ee* : *om. cett.*   14 reliquerunt *χn* : quaesiverunt *Mμϛ* : *om. Ee*   16 intelligitis *E*   scriptam tum *cod.*
Torrentii   17 commodatissimam *Eeχn*   19 genere *codd.* : *corr.*
Manutius   23 quibus] qui his *Richter*   24 me criminatur
Lambinus : criminor *codd.*

confirmabuntur optimo iure.   Habet publicos ; reddam
privatos.   Denique eos fundos quos in agro Casinati optimos fructuosissimosque continuavit, cum usque eo vicinos
proscriberet quoad angulos conformando ex multis praediis
unam fundi regionem normamque perfecerit, quos nunc 5
cum aliquo metu tenet, sine ulla cura possidebit.'

15   Et quoniam qua de causa et quorum causa ille hoc
promulgarit ostendi, doceat ipse nunc ego quem posses-
sorem defendam, cum agrariae legi resisto.   Silvam
Scantiam vendis ; populus Romanus possidet ; defendo. 10
Campanum agrum dividis ; vos estis in possessione ; non
cedo.   Deinde Italiae, Siciliae ceterarumque provinciarum
possessiones venalis ac proscriptas hac lege video ; vestra
sunt praedia, vestrae possessiones ; resistam atque repu-
gnabo neque patiar a quoquam populum Romanum de suis 15
possessionibus me consule demoveri, praesertim, Quirites,

16 cum vobis nihil quaeratur.   Hoc enim vos *in* errore
versari diutius non oportet.   Num quis vestrum ad vim, ad
facinus, ad caedem accommodatus est ?   Nemo.   Atqui ei
generi hominum, mihi credite, Campanus ager et praeclara 20
illa Capua servatur ; exercitus contra vos, contra libertatem
vestram, contra Cn. Pompeium constituitur ; contra hanc
urbem Capua, contra vos manus hominum audacissimorum,
contra Cn. Pompeium x duces comparantur.   Veniant
et coram, quoniam me in vestram contionem vobis flagi- 25
tantibus evocaverunt, disserant.

2 optumos *e*   3 -que *Ee* : *om. cett.*   4 oculis (-os *N*)
confirmando (continuando *k*) *codd.* : *corr. Gulielmius*   5 fundi *k*,
Naugerius (2) : eundi *cett.*   normamque *scripsi* (*cf. Hor. Sat.* ii. 6. 8
angulus . . . qui nunc denormat agellum) : formamque *codd.*   per-
ficeret *Ernesti*   8 promulgavit *codd.* : *corr. Graevius*   nunc
Mommsen : num (*om. n in lac.*) *codd.*   10 populus R. *k*, *Lauredanus* : res p. *cett.*   12 denique *Ee*   provinciarum *om. n*
15 a quo *Ee*   16 demoverit χ*n* : demoverit *Ee* : dimoveri *Mμ*ϛ
Quirites *Klotz* : -que *Ee* : quom (cum) *cett.*   17 in *suppl. Naugerius* (1)   19 ad caedem *e* : ac cedem (accedere *E*) *cett.*   atqui
mo, *Manutius* : atque *cett.*   25 et coram *Richter* : coram *Ee* : coram
et *cett.* (*cf.* ii. 78)   26 convocaverunt *codd.* : *corr. Madvig*

M. TVLLI CICERONIS
PRO C. RABIRIO PERDVELLIONIS
REO AD QVIRITES ORATIO

SIGLA

P = palimpsestus Vaticanus §§ 32-38 continens
V = palimpsestus alter Vaticanus §§ 16-19 (expectatio
   . . . si mihi es) continens
Ω = cod. Laur. XLVIII. 26 (Lag. 26)
μ = cod. Matritensis 10097
b = cod. S. Marci 255 (Lag. 6)
m = cod. Ambros. C. 96 supr.
o = cod. Oxon. Dorvill. 78 (Lag. 38)
p = cod. Paris. Nouv. Acq. 1564
s = cod. Senensis H. VI. 12
t = cod. Senensis H. XI. 61
ψ = cod. Laur. (Gadd.) XC sup. 69

—————   —————

c = cod. Oxon. Canon. 226
k = cod. Paris. 7779, A.D. 1459 scriptus
ς = codd. *ck*

Codices praeter PV saeculo XV° scripti sunt

M. TVLLI CICERONIS
PRO C. RABIRIO PERDVELLIONIS
REO AD QVIRITES ORATIO

Etsi, Quirites, non est meae consuetudinis initio dicendi rationem reddere qua de causa quemque defendam, propterea quod cum omnibus civibus in eorum periculis semper satis iustam mihi causam necessitudinis esse duxi, 5 tamen in hac defensione capitis, famae fortunarumque omnium C. Rabiri proponenda ratio videtur esse offici mei, propterea quod, quae iustissima mihi causa ad hunc defendendum esse visa est, eadem vobis ad absolvendum debet videri. Nam me cum amicitiae vetustas, cum dignitas 10 hominis, cum ratio humanitatis, cum meae vitae perpetua consuetudo ad C. Rabirium defendendum est adhortata, tum vero, ut id studiosissime facerem, salus rei publicae, consulare officium, consulatus denique ipse mihi una a vobis cum salute rei publicae commendatus coegit. Non 15 enim C. Rabirium culpa delicti, non invidia vitae, Quirites, non denique veteres iustae gravesque inimicitiae civium in discrimen capitis vocaverunt, sed ut illud summum auxilium maiestatis atque imperi quod nobis a maioribus est traditum de re publica tolleretur, ut nihil posthac auctoritas 20 senatus, nihil consulare imperium, nihil consensio bonorum

4 iustam mihi] iustam *p* : mihi iustam *μ*ꝰ 11 adhortata] adhortatam Ω : adhortatum *μmψ* 12 tum] at Ω²*μm²pψ* 13 a vobis cum *Orelli* : vobiscum *p* : vobiscum cum *cett.* 14 commendandus *c²* 15 vitae, Quirites *Klotz* : vitaeque Ω*μb¹mno* : vitae *cett.* : vitaeque turpitudo *Naugerius* (1) 16 civium *b²st* : tantum *cett.* 18 nobis Ω*bms* : vobis *cett.*

contra pestem ac perniciem civitatis valeret, idcirco in his
rebus evertendis unius hominis senectus, infirmitas solitudo-
3 que temptata est.   Quam ob rem si est boni consulis,
cum cuncta auxilia rei publicae labefactari convellique
videat, ferre opem patriae, succurrere saluti fortunisque 5
communibus, implorare civium fidem, suam salutem
posteriorem salute communi ducere, est etiam bonorum et
fortium civium, quales vos omnibus rei publicae temporibus
exstitistis, intercludere omnis seditionum vias, munire
praesidia rei publicae, summum in consulibus imperium, 10
summum in senatu consilium putare; ea qui secutus sit,
laude potius et honore quam poena et supplicio dignum
4 iudicare.   Quam ob rem labor in hoc defendendo praecipue
meus est, studium vero conservandi hominis commune
mihi vobiscum esse debebit.   15
2   Sic enim existimare debetis, Quirites, post hominum
memoriam rem nullam maiorem, magis periculosam, magis
ab omnibus vobis providendam neque a tribuno pl. sus-
ceptam neque a consule defensam neque ad populum
Romanum esse delatam.   Agitur enim nihil aliud in hac 20
causa, Quirites, *nisi* ut nullum sit posthac in re publica
publicum consilium, nulla bonorum consensio contra improborum furorem et audaciam, nullum extremis rei publicae
5 temporibus perfugium et praesidium salutis.   Quae cum ita
sint, primum, quod in tanta dimicatione capitis, famae 25
fortunarumque omnium fieri necesse est, ab Iove Optimo
Maximo ceterisque dis deabusque immortalibus, quorum
ope et auxilio multo magis haec res publica quam ratione
hominum et consilio gubernatur, pacem ac veniam peto
precorque ab eis ut hodiernum diem et ad huius salutem 30

---

11 eaque qui *Kayser*   13 iudicare *k*, *Turnebus* : iudicari *cett.*
21 nisi *k*, *Halm* : quam *pψc* : *om. cett.*   24 salutis *boꟅ* : salutis *K*
(*vel* R), *cett.* ; *cf.* § 13, *Cat.* i. 26   25 quod] quidem Ω*bmψ*   30
iis *sꟅ* : his (hiis Ω) *cett.*

conservandam et ad rem publicam constituendam inluxisse
patiantur. Deinde vos, Quirites, quorum potestas proxime
ad deorum immortalium numen accedit, oro atque obsecro,
quoniam uno tempore vita C. Rabiri, hominis miserrimi
5 atque innocentissimi, salus rei publicae vestris manibus
suffragiisque permittitur, adhibeatis in hominis fortunis
misericordiam, in rei publicae salute sapientiam quam
soletis.

Nunc quoniam, T. Labiene, diligentiae meae temporis 6
10 angustiis obstitisti meque ex comparato et constituto spatio
defensionis in semihorae articulum coegisti, parebitur et,
quod iniquissimum est, accusatoris condicioni et, quod
miserrimum, inimici potestati. Quamquam in hac praescriptione semihorae patroni mihi partis reliquisti, consulis
15 ademisti, propterea quod ad defendendum prope modum
satis erit hoc mihi temporis, ad conquerendum vero parum.
Nisi forte de locis religiosis ac de lucis quos ab hoc 7
violatos esse dixisti pluribus verbis tibi respondendum
putas; quo in crimine nihil est umquam abs te dictum,
20 nisi a C. Macro obiectum esse crimen id C. Rabirio. In
quo ego demiror meminisse te quid obiecerit C. Rabirio
Macer inimicus, oblitum esse quid aequi et iurati iudices
iudicarint. An de peculatu facto aut de tabulario incenso $\frac{3}{8}$
longa oratio est expromenda? quo in crimine propinquus
25 C. Rabiri iudicio clarissimo, C. Curtius, pro virtute sua est
honestissime liberatus, ipse vero Rabirius non modo in
iudicium horum criminum, sed ne in tenuissimam quidem
suspicionem verbo est umquam vocatus. An de sororis

---

4 vita] et vita *k*   5 salus] et salus *k*   11 semihorae] se
maiorem Ω (*ita v.* 14 Ω*μb¹mo*)   articulum Ω (*cf. Quinct.* § 19) :
curriculum (circulum *μs, ed. V*) *cett.*   16 conquirendum *b²psϛ* vero
parum *bpψ* : verum parum (*om.* parum Ω¹) *cett.*   20 obiectum esse
ψ : obicietur esse Ω : obiectum esset *cett.*   21 obiecerit] oblegarit
(-lig- *p*) Ω¹*μps*   22 aeque *codd.* : *corr. Angelius*   23 aut] an *b*
24 exprimenda *codd.* : *corr. Manutius*   25 Curius *b¹*

filio diligentius respondendum est? quem ab hoc necatum
esse dixisti, cum ad iudici moram familiaris funeris
excusatio quaereretur. Quid enim est tam veri simile quam
cariorem huic sororis maritum quam sororis filium fuisse,
atque ita cariorem ut alter vita crudelissime privaretur, 5
cum alteri ad prolationem iudici biduum quaereretur? An
de servis alienis contra legem Fabiam retentis, aut de
civibus Romanis contra legem Porciam verberatis aut
necatis plura dicenda sunt, cum tanto studio C. Rabirius
totius Apuliae, singulari voluntate Campaniae ornetur, 10
cumque ad eius propulsandum periculum non modo
homines sed prope regiones ipsae convenerint, aliquanto
etiam latius excitatae quam ipsius vicinitatis nomen ac
termini postulabant? Nam quid ego ad id longam orationem comparem quod est in eadem multae inrogatione 15
praescriptum, hunc nec suae nec alienae pudicitiae
9 pepercisse? Quin etiam suspicor eo mihi semihoram ab
Labieno praestitutam esse ut ne plura de pudicitia dicerem.
Ergo ad haec crimina quae patroni diligentiam desiderant
intellegis mihi semihoram istam nimium longam fuisse.　　20

　　Illam alteram partem de nece Saturnini nimis exiguam
atque angustam esse voluisti; quae non oratoris ingenium
10 sed consulis auxilium implorat et flagitat. Nam de perduellionis iudicio, quod a me sublatum esse criminari soles,
meum crimen est, non Rabiri. Quod utinam, Quirites, 25
ego id aut primus aut solus ex hac re publica sustulissem!
utinam hoc, quod ille crimen esse volt, proprium testimonium meae laudis esset. Quid enim optari potest quod
ego mallem quam me in consulatu meo carnificem de foro,

　　3-4 tam *et* quam *del. Garatoni*　　6 cum *del. Lambinus*　　prolationem Ω². probationem *cett.*　　8 aut] et *c¹k*　　10 Cam-
paniae] vicinitatis (civitatis *μb*) *add. codd., del. Beck (cf. v.* 13) :
Campanae vicinitatis *Manutius*　　15 multae 𝔖 : multa *cett.*　　16
perscriptum *Manutius*　　26 id *del. Beck*　　27 utinam]
ut *pk*

crucem de campo sustulisse? Sed ista laus primum est
maiorum nostrorum, Quirites, qui expulsis regibus nullum
in libero populo vestigium crudelitatis regiae retinuerunt,
deinde multorum virorum fortium qui vestram libertatem
5 non acerbitate suppliciorum infestam sed lenitate legum
munitam esse voluerunt.

Quam ob rem uter nostrum tandem, Labiene, popularis **4**
est, tune qui civibus Romanis in contione ipsa carnificem, **11**
qui vincla adhiberi putas oportere, qui in campo Martio
10 comitiis centuriatis auspicato in loco crucem ad civium
supplicium defigi et constitui iubes, an ego qui funestari
contionem contagione carnificis veto, qui expiandum forum
populi Romani ab illis nefarii sceleris vestigiis esse dico,
qui castam contionem, sanctum campum, inviolatum
15 corpus omnium civium Romanorum, integrum ius libertatis
defendo servari oportere? Popularis vero tribunus pl. **12**
custos defensorque iuris et libertatis! Porcia lex virgas
ab omnium civium Romanorum corpore amovit, hic
misericors flagella rettulit; Porcia lex libertatem civium
20 lictori eripuit, Labienus, homo popularis, carnifici tradidit;
C. Gracchus legem tulit ne de capite civium Romanorum
iniussu vestro iudicaretur, hic popularis a iiviris iniussu
vestro non iudicari de cive Romano sed indicta causa
civem Romanum capitis condemnari coegit. Tu mihi etiam **13**
25 legis Porciae, tu C. Gracchi, tu horum libertatis, tu cuiusquam denique hominis popularis mentionem facis, qui non
modo suppliciis invisitatis sed etiam verborum crudelitate
inaudita violare libertatem huius populi, temptare mansuetu-
dinem, commutare disciplinam conatus es? Namque haec
30 tua, quae te, hominem clementem popularemque, delectant,

1 sustulissem μb¹mpstψ   10 civium] c. Ωμb¹moψ   13 nefarii k: nefariis cett.   18 Romanorum om. Ω¹   19 retulit mei
22 duumviris codd.: cf. Rull. ii. 93   27 inusitatis codd.: corr.
Kayser   verberum Ωb²st   29 namque] nam c¹

'I, LICTOR, CONLIGA MANVS,' non modo huius libertatis
mansuetudinisque non sunt sed ne Romuli quidem aut
Numae Pompili; Tarquini, superbissimi atque crudelissimi
regis, ista sunt cruciatus carmina quae tu, homo lenis ac
popularis, libentissime commemoras: 'CAPVT OBNVBITO, 5
ARBORI INFELICI SVSPENDITO,' quae verba, Quirites, iam
pridem in hac re publica non solum tenebris vetustatis
verum etiam luce libertatis oppressa sunt.

5
14   An vero, si actio ista popularis esset et si ullam partem
aequitatis haberet aut iuris, C. Gracchus eam reliquisset? 10
Scilicet tibi graviorem dolorem patrui tui mors attulit quam
C. Graccho fratris, et tibi acerbior eius patrui mors est
quem numquam vidisti quam illi eius fratris quicum concor-
dissime vixerat, et simili iure tu ulcisceris patrui mortem
atque ille persequeretur fratris, si ista ratione agere 15
voluisset, et par desiderium sui reliquit apud populum
Romanum Labienus iste, patruus vester, quisquis fuit,
ac Ti. Gracchus reliquerat. An pietas tua maior quam
C. Gracchi, an animus, an consilium, an opes, an auctoritas, an eloquentia? quae si in illo minima fuissent, tamen 20
15 prae tuis facultatibus maxima putarentur. Cum vero his
rebus omnibus C. Gracchus omnis vicerit, quantum intervallum tandem inter te atque illum interiectum putas?
Sed moreretur prius acerbissima morte miliens C. Gracchus
quam in eius contione carnifex consisteret; quem non 25
modo foro sed etiam caelo hoc ac spiritu censoriae leges
atque urbis domicilio carere voluerunt. Hic se popularem
dicere audet, me alienum a commodis vestris, cum iste

---

1 I] et Ωs : om. *μρκ*   non *Angelius* : quae non *codd.*   4 ista
b²sϚ : ita *cett.*   6 suspendito] suspendimino Ω¹: suspendito
mino *o* : suspendito . . . . . *m*   8 sunt *oϚ* : sunt *K (vel* R) *cett.,*
cf. § 2   14 similis viri *codd.* : *corr. Beck*   15 ille *p* : si *μ* :
ille si *cett.*   si *Schütz* : sui *codd.* : sui si *Lambinus*   16 voluisset
Ω¹*μρt* : noluisset *cett.*   17 patruus vester *del. Ernesti*   18 ac
Manutius : et *codd.*   19 C. *k, Kayser* : om. *cett.*   23 putas]
esse putas Ϛ   24 milies *b²pf²ψ²Ϛ* : illi es *cett.*   C. *suppl. Halm*

omnis et suppliciorum et verborum acerbitates non ex
memoria vestra ac patrum vestrorum sed ex annalium
monumentis atque ex regum commentariis conquisierit,
ego omnibus meis opibus, omnibus consiliis, omnibus dictis
5 atque factis repugnarim et restiterim crudelitati? nisi forte
hanc condicionem vobis esse voltis quam servi, si libertatis
spem propositam non haberent, ferre nullo modo possent.
Misera est ignominia iudiciorum publicorum, misera multa- 16
tio bonorum, miserum exsilium; sed tamen in omni calami-
10 tate retinetur aliquod vestigium libertatis. Mors denique
si proponitur, in libertate moriamur, carnifex vero et
obductio capitis et nomen ipsum crucis absit non modo
a corpore civium Romanorum sed etiam a cogitatione,
oculis, auribus. Harum enim omnium rerum non solum
15 eventus atque perpessio sed etiam condicio, exspectatio,
mentio ipsa denique indigna cive Romano atque homine
libero est. An vero servos nostros horum suppliciorum
omnium metu dominorum benignitas vindicta una liberat;
nos a verberibus, ab unco, a crucis denique terrore neque
20 res gestae neque acta aetas neque vestri honores vindica-
bunt? Quam ob rem fateor atque etiam, Labiene, profiteor 17
et prae me fero te ex illa crudeli, importuna, non tribunicia
actione sed regia, meo consilio, virtute, auctoritate esse
depulsum. Qua tu in actione quamquam omnia exempla
25 maiorum, omnis leges, omnem auctoritatem senatus, omnis
religiones atque auspiciorum publica iura neglexisti, tamen
a me haec in hoc tam exiguo meo tempore non audies;
liberum tempus nobis dabitur ad istam disceptationem.

Nunc de Saturnini crimine ac de clarissimi patrui **6**
18

1 verborum b^2cop : verberum *cett.*
cett.   6 vobis $s\varsigma$: nobis *cett.*
vindicta una V: una vindicta *cett.*
rabit *Lambinus*   20 nostri Ω^2b^1
cett.   22 crudelitate $bm\psi$
27 haec] hoc Ω *s. l. (om. m.* 1)

2 vestrorum $p\varsigma$: vestrum
12 obnuptio *Pantagathus*   18
liberat V: liberavit *cett.* : libe-
21 Labiene V: T. Labiene
26 publica] plura m^2 : *om. o*ς

tui morte dicemus. Arguis occisum esse a C. Rabirio
L. Saturninum. At id C. Rabirius multorum testimoniis,
Q. Hortensio copiosissime defendente, antea falsum esse
docuit; ego autem, si mihi esset integrum, susciperem
hoc crimen, agnoscerem, confiterer. Vtinam hanc mihi 5
facultatem causa concederet ut possem hoc praedicare,
C. Rabiri manu L. Saturninum, hostem populi Romani,
interfectum!—Nihil me clamor iste commovet sed consolatur, cum indicat esse quosdam civis imperitos sed non
multos. Numquam, mihi credite, populus Romanus hic 10
qui silet consulem me fecisset, si vestro clamore perturba-
tum iri arbitraretur. Quanto iam levior est acclamatio!
Quin continetis vocem indicem stultitiae vestrae, testem
19 paucitatis!—Libenter, inquam, confiterer, si vere possem
aut etiam si mihi esset integrum, C. Rabiri manu 15
L. Saturninum esse occisum, et id facinus pulcherrimum
esse arbitrarer; sed, quoniam id facere non possum, con-
fitebor id quod ad laudem minus valebit, ad crimen non
minus. Confiteor interficiendi Saturnini causa C. Rabirium
arma cepisse. Quid est, Labiene? quam a me graviorem 20
confessionem aut quod in hunc maius crimen exspectas?
nisi vero interesse aliquid putas inter eum qui hominem
occidit, et eum qui cum telo occidendi hominis causa fuit.
Si interfici Saturninum nefas fuit, arma sumpta esse contra
Saturninum sine scelere non possunt; si arma iure sumpta 25
concedis, inter*fectum iure concedas necesse est.*

7
20 Fit senatus consultum ut C. Marius L. Valerius consules
adhiberent tribunos pl. et praetores, quos eis videretur,

2 at *Turnebus* : et *codd.*   13 continetis *codd. et Rufinian.* § 33 :
compescitis *Quintil.* xi. 3. 169   vocem] istam *add. Quintil.* : vestram
add. Rufinian.   vestrae *om. Quintil.*   14 lubenter *V*   confiteor $\Omega^1 bm\psi$ 26 concedis inter- *mei: suppl. m. 2 in Lagg.* 7,
12, 13, 25 (*sequitur in* Ω 7½ *versuum lacuna, variant ceteri*) : *in mg.* Ω
m. 2 add. '*In exemplari vetustissimo deficit una pagina,' in* 4° *lacunae
versu add.* ' nobis dabit ' $\Omega^2\mu s$

operamque darent ut imperium populi Romani maie-
stasque conservaretur. Adhibent omnis tribunos pl. praeter
Saturninum, *praetores* praeter Glauciam ; qui rem publicam
salvam esse vellent, arma capere et se sequi iubent. Parent
5 omnes ; ex aede Sancus armamentariisque publicis arma
populo Romano C. Mario consule distribuente dantur.
Hic iam, ut omittam cetera, de te ipso, Labiene, quaero.
Cum Saturninus Capitolium teneret armatus, esset una
C. Glaucia, C. Saufeius, etiam ille ex compedibus atque
10 ergastulo Gracchus ; addam, quoniam ita vis, eodem
Q. Labienum, patruum tuum ; in foro autem C. Marius
et L. Valerius Flaccus consules, post cunctus senatus,
atque ille senatus quem etiam vos ipsi, qui hos patres
conscriptos qui nunc sunt in invidiam vocatis, quo facilius
15 de hoc senatu detrahere possitis, *laudare consuevistis*, cum
equester ordo — at quorum equitum, di immortales !
patrum nostrorum atque eius aetatis, qui tum magnam
partem rei publicae atque omnem dignitatem iudiciorum tenebant,—cum omnes omnium ordinum homines
20 qui in salute rei publicae salutem suam repositam esse
arbitrabantur arma cepissent : quid tandem C. Rabirio
faciendum fuit ? De te ipso, inquam, Labiene, quaero. 21
Cum ad arma consules ex senatus consulto vocavissent,
cum armatus M. Aemilius, princeps senatus, in comitio
25 constitisset, qui cum ingredi vix posset, non ad inse-
quendum sibi tarditatem pedum sed ad fugiendum impedimento fore putabat, cum denique Q. Scaevola confectus
senectute, perditus morbo, mancus et membris omnibus

2 adhibent Ω²*b*²ψ : adhiberent (-et Ω¹*b*¹) *cett.*   3 praetores *suppl.*
Ant. Augustinus   5 aede Sancus *Mommsen* : ede sui ancus Ω¹*p* :
edificiis sui ancus μ : aedificiis Ω²*b*¹*mt*¹ψ : aedificiis ancus *osc* : aedibus sacris *b*²*f*²   15 laudare consuevistis *suppl. Lag.* 9   16
equitum *ed. V* : equitum R. (ro. μ*bkt*²) *codd.* (*cf.* § 2) equitum, pro
Pluygers   17 nostrorum *p* : nostrum *cett.*   qui . . . tenebant
Lambinus : quae . . . tenebat *codd.*   23 vocavissent] revocavis-
sent *p* : evocassent *Kayser*

captus ac debilis, hastili nixus et animi vim et infirmi-
tatem corporis ostenderet, cum L. Metellus, Ser. Galba,
C. Serranus, P. Rutilius, C. Fimbria, Q. Catulus omnesque
qui tum erant consulares pro salute communi arma cepissent, cum omnes praetores, cuncta nobilitas ac iuventus 5
accurreret, Cn. et L. Domitii, L. Crassus, Q. Mucius,
C. Claudius, M. Drusus, cum omnes Octavii, Metelli, Iulii,
Cassii, Catones, Pompeii, cum L. Philippus, L. Scipio,
cum M. Lepidus, cum D. Brutus, cum hic ipse P. Servilius,
quo tu imperatore, Labiene, meruisti, cum hic Q. Catulus, 10
admodum tum adulescens, cum hic C. Curio, cum denique
omnes clarissimi viri cum consulibus essent : quid tandem
C. Rabirium facere convenit ? utrum inclusum atque
abditum latere in occulto atque ignaviam suam tenebrarum
ac parietum custodiis tegere, an in Capitolium pergere atque 15
ibi se cum tuo patruo et ceteris ad mortem propter vitae
turpitudinem confugientibus congregare, an cum Mario,
Scauro, Catulo, Metello, Scaevola, cum bonis denique omnibus coire non modo salutis verum etiam periculi societatem ?
8
22 Tu denique, Labiene, quid faceres tali in re ac tempore ? 20
Cum ignaviae ratio te in fugam atque in latebras impelleret,
improbitas et furor L. Saturnini in Capitolium arcesseret,
consules ad patriae salutem ac libertatem vocarent, quam
tandem auctoritatem, quam vocem, cuius sectam sequi,
cuius imperio parere potissimum velles ? ' Patruus,' inquit, 25
' meus cum Saturnino fuit.' Quid ? pater quicum ? quid ?
propinqui vestri, equites Romani ? quid ? omnis praefectura, regio, vicinitas vestra ? quid ? ager Picenus universus utrum tribunicium furorem, an consularem auctori-
23 tatem secutus est ? Equidem hoc adfirmo quod tu nunc 30
de tuo patruo praedicas, neminem umquam adhuc de se

6 Cn.] C. *bm*   Domitius *codd.* : *corr. Manutius*   7 Octavii
p̄5 : Octavi *cett.*   Iulii *s. l. hab. b, om. mψ in lac.*   8 Cassii]
Crassi *c*

190

esse confessum; nemo est, inquam, inventus tam profli-
gatus, tam perditus, tam ab omni non modo honestate sed
etiam simulatione honestatis relictus, qui se in Capitolio fuisse
cum Saturnino fateretur. At fuit vester patruus. Fuerit,
5 et fuerit *nulla* vi, nulla desperatione rerum suarum, nullis
domesticis volneribus coactus; induxerit eum L. Saturnini
familiaritas ut amicitiam patriae praeponeret; idcircone
oportuit C. Rabirium desciscere a re publica, non comparere
in illa armata multitudine bonorum, consulum voci atque
10 imperio non oboedire? Atqui videmus haec in rerum 24
natura tria fuisse, ut aut cum Saturnino esset, aut cum
bonis, aut lateret. Latere mortis erat instar turpissimae,
cum Saturnino esse furoris et sceleris; virtus et honestas
et pudor cum consulibus esse cogebat. Hoc tu igitur in
15 crimen vocas, quod cum eis fuerit C. Rabirius quos
amentissimus fuisset si oppugnasset, turpissimus si reliquisset? At C. Decianus, de quo tu saepe commemoras, 9
quia, cum hominem omnibus insignem notis turpitudinis,
P. Furium, accusaret summo studio bonorum omnium, queri
20 est ausus in contione de morte Saturnini, condemnatus est,
et Sex. Titius, quod habuit imaginem L. Saturnini domi
suae, condemnatus est. Statuerunt equites Romani illo
iudicio improbum civem esse et non retinendum in civitate,
qui hominis hostilem in modum seditiosi imagine aut
25 mortem eius honestaret, aut desideria imperitorum misericordia commoveret, aut suam significaret imitandae improbitatis voluntatem. Itaque mihi mirum videtur unde hanc 25
' tu, Labiene, imaginem quam habes inveneris; nam Sex.
Titio damnato qui istam habere auderet inventus est nemo.

4 at fuit *Naugerius* (1): affuit *codd.*   5 nulla *supplevi*   vi *scripsi:*
in Ω *bmstψ* : et μορ : om. Ϛ   6 eum *b²tψ²Ϛ* : cum *cett.*   9 voci
ptϛ : voce *cett.*   24 imagine *c¹k, Naugerius* (1) : imaginem *cett.*
25 desiderio *b²*   misericordiam *b²*   26 imitandae *Lag.* 7 (*m.* 2) :
imitandam *cett.*   28 habes Ω *mg.* : tu Ω¹μρ : tu habes *cett.*

Quod tu si audisses aut si per aetatem scire potuisses,
numquam profecto istam imaginem quae domi posita
pestem atque exsilium Sex. Titio attulisset in rostra
atque in contionem attulisses, nec tuas umquam ratis
ad eos scopulos appulisses ad quos Sex. Titi adflictam 5
navem et in quibus C. Deciani naufragium fortunarum
videres. Sed in his rebus omnibus imprudentia laberis.
Causam enim suscepisti antiquiorem memoria tua, quae
causa ante mortua est quam tu natus es ; et qua in causa
tute profecto fuisses, si per aetatem esse potuisses, eam 10
26 causam in iudicium vocas. An non intellegis, primum quos
homines et qualis viros mortuos summi sceleris arguas,
deinde quot ex his qui vivunt eodem crimine in summum
periculum capitis arcessas? Nam si C. Rabirius fraudem
capitalem admisit quod arma contra L. Saturninum tulit, 15
huic quidem adferet aliquam deprecationem periculi aetas
illa qua tum fuit; Q. vero Catulum, patrem huius, in quo
summa sapientia, eximia virtus, singularis humanitas fuit,
M. Scaurum, illa gravitate, illo consilio, illa prudentia, duos
Mucios, L. Crassum, M. Antonium, qui tum extra urbem 20
cum praesidio fuit, quorum in hac civitate longe maxima
consilia atque ingenia fuerunt, ceteros pari dignitate praeditos custodes gubernatoresque rei publicae quem ad
27 modum mortuos defendemus? Quid de illis honestissimis
viris atque optimis civibus, equitibus Romanis, dicemus qui 25
tum una cum senatu salutem rei publicae defenderunt?
quid de tribunis aerariis ceterorumque ordinum omnium
hominibus qui tum arma pro communi libertate ceperunt?
10 Sed quid ego de eis omnibus qui consulari imperio parue-
runt loquor? de ipsorum consulum fama quid futurum est? 30

3 exitium *coni. apud Manutium*   4 rates *Pithoeus*: rationes
codd.   9 es et *Müller*: esses *codd.*: es *Baiter*   13 quot ⊊ :
quod (quos *b*) *cett.*   16 afferet *bp*: afferret (affert ψ) *cett.*   21
maximi *Bake*   30 de *del. Lambinus*

L. Flaccum, hominem cum semper in re publica, tum in
magistratibus gerendis, in sacerdotio caerimoniisque quibus praeerat diligentissimum, nefarii sceleris ac parricidi
mortuum condemnabimus? adiungemus ad hanc labem
5 ignominiamque mortis etiam C. Mari nomen? C. Marium,
quem vere patrem patriae, parentem, inquam, vestrae libertatis atque huiusce rei publicae possumus dicere, sceleris
ac parricidi nefarii mortuum condemnabimus? Etenim si 28
C. Rabirio, quod iit ad arma, crucem T. Labienus in campo
10 Martio defigendam putavit, quod tandem excogitabitur in
eum supplicium qui vocavit? Ac si fides Saturnino data
est, quod abs te saepissime dicitur, non eam C. Rabirius
sed C. Marius dedit, idemque violavit, si in fide non stetit.
Quae fides, Labiene, qui potuit sine senatus consulto dari?
15 Adeone hospes *es* huiusce urbis, adeone ignarus disciplinae
consuetudinisque nostrae ut haec nescias, ut peregrinari in
aliena civitate, non in tua magistratum gerere videare?
'Quid iam ista C. Mario,' inquit, 'nocere possunt, quoniam 29
sensu et vita caret?' Itane vero? tantis in laboribus
20 C. Marius periculisque vixisset, si nihil longius quam
vitae termini postulabant spe atque animo de se et gloria
sua cogitasset? At, credo, cum innumerabilis hostium
copias in Italia fudisset atque obsidione rem publicam
liberasset, omnia sua secum una moritura arbitrabatur.
25 Non est ita, Quirites; neque quisquam nostrum in rei
publicae periculis cum laude ac virtute versatur quin spe
posteritatis fructuque ducatur. Itaque cum multis aliis de
causis virorum bonorum mentes divinae mihi atque aeternae
videntur esse, tum maxime quod optimi et sapientissimi
30 cuiusque animus ita praesentit in posterum ut nihil nisi

9 iit] ul' Ω^1 : ut *bo*^{1}*s*^{1} : iuit *pc*   15 es *cod. Torrentii*: *om. mei*
ignarus] ignarus es ς 16 nostrae] nostrae civitatis *o*ς 18
quoniam] qui iam *Ernesti*   25 quisquam ς : quisque *cett.*   29
quod] quia Ω^1 optumi Ω^2*mos*

193

30 sempiternum spectare videatur. Quapropter equidem et
C. Mari et ceterorum virorum sapientissimorum ac fortissimorum civium mentis, quae mihi videntur ex hominum
vita ad deorum religionem et sanctimoniam demigrasse,
testor me pro illorum fama, gloria, memoria non secus ac 5
pro patriis fanis atque delubris propugnandum putare, ac, si
pro illorum laude mihi arma capienda essent, non minus
strenue caperem, quam illi pro communi salute ceperunt.
Etenim, Quirites, exiguum nobis vitae curriculum natura
11 circumscripsit, immensum gloriae. Qua re, si eos qui iam 10
de vita decesserunt ornabimus, iustiorem nobis mortis
condicionem relinquemus. Sed si illos, Labiene, quos
iam videre non possumus neglegis, ne his quidem quos
31 vides consuli putas oportere? Neminem esse dico ex his
omnibus, qui illo die Romae fuerit, quem tu diem in 15
iudicium vocas, pubesque tum fuerit, quin arma ceperit,
quin consules secutus sit. Omnes ei quorum tu ex aetate
coniecturam facere potes quid tum fecerint abs te capitis
C. Rabiri nomine citantur. At occidit Saturninum Rabirius.
Vtinam fecisset! non supplicium deprecarer sed praemium 20
postularem. Etenim, si Scaevae, servo Q. Crotonis, qui
occidit L. Saturninum, libertas data est, quod equiti
Romano praemium dari par fuisset? et, si C. Marius, quod
fistulas quibus aqua suppeditabatur Iovis Optimi Maximi
templis ac sedibus praecidi imperarat, quod in clivo 25
Capitolino improborum civium ***

10 qua re] qua *Torrentius*   13 ne his *Beroaldus* : mihi *codd.*
14 his Ω¹*bp* : iis *cett.*   15 fuerit 1 *det.* : fuerint (-unt *b*¹*c*) *mei*   18
capitis] rei capitis *o*ϛ   20 deprecar Ω²*u*   21 Crotoni *o*ϛ
24 Iovis opt. max. *b*²*f*² : I. O. (*vel* D) M. Ω, *alii* : Idibus martiis ϛ

FRAGMENTA

(a Niebuhrio ex *P* edita, supplementa sunt Niebuhrii, nisi aliter
indicatum est)

12
32

*** aret. Itaque non senatus in ea causa cognoscenda
5 me agente diligentior aut inclementior fuit quam vos
universi, cum orbis terrae distributionem atque illum ipsum
agrum Campanum animis, manibus, vocibus re*pudiavistis.*

Idem ego quod is qui auctor huius iudicii *est* clamo, 33
praedico, denuntio. Nullus est reliquus rex, nulla gens,
10 nulla natio quam pertimescatis; nullum adventicium,
nullum extraneum malum est qu*od insi*nuare in han*c rem
publicam pos*sit. Si immorta*lem* hanc civitate*m esse* voltis,
si aeter*num hoc* imperium, si *gloriam* sempiternam *manere,*
nobis a nostris *cupi*ditatibus, a tu*rbulen*tis hominibus *atque*
15 *no*varum rerum *cupidis, ab intestinis malis,* a domesticis
co*nsiliis* est cavendum. Hisce autem m*alis mag*num 34
praesid*ium vo*bis maiores ve*stri re*liquerunt, vo*cem* illam
consulis: ' qui *rem publicam* salvam esse *vellent.*' Huic
voci fave*te, Quirites, neque v*estro iudicio *abstu*leritis mihi
20 . . . . . . neque eripueri*tis rei publicae* spem liberta*tis, sp*em
salutis, spem *digni*tatis. *Quid fac*erem, si T. Labie*nus c*aedem 35
civium *fecis*set ut L. Satur*ninus,* si carcerem r*efregis*set, si
Capitoli*um cum armatis occupa*visset? Facerem *idem qu*od
C. Marius fe*cit. a*d senatum re*ferr*em, vos ad rem publicam
25 *defe*ndendam co*hort*arer, armatus *ipse* vobiscum ar*mato*
obsisterem. *Nunc* quoniam armorum suspicio nulla est,
tela non video, non vis, non caedes, non Capitoli atque
arcis obsessio est, sed accusatio perniciosa, iudicium acerbum, res tota a tribuno pl. suscepta contra rem publicam,
30 non vos ad arma vocan*dos esse, verum* ad suffragia cohor-

5 diligenter *P*: corr. *Niebuhr*   13 hoc *suppl. Klotz*   18
vellent *Halm*: volt *Niebuhr*   19 neque] neve *coni. Halm*   mihi]
vim consulis *suppl. Halm*   23 idem *Halm*: id *Niebuhr*   30
vocandos esse verum *Halm*: vocandos mihi esse sed *Niebuhr*

tandos contra oppugnationem vestrae maiestatis putavi.
Itaque nunc vos omnis oro atque obtestor hortorque. Non
ita mos est, consulem es ✳✳✳

13
36   ✳✳✳ *t*imet; qui hasce ore adverso pro re publica cicatrices
ac notas virtutis accepit, is ne quod accipiat famae volnus 5
perhorrescit; quem numquam incursiones hostium loco
movere potuerunt, is nunc impetum civium, *c*ui *n*ecessario
37 cedendum est, perhorrescit. *N*eque a vobis iam bene
*v*ivendi sed hones*t*e moriendi facul*t*atem petit, neque tam
*u*t domo sua frua*t*ur quam ne patrio *s*epulcro privetur 10
laborat. Nihil al*iud* iam vos orat atque *ob*secrat nisi uti
n*e se* legitimo funer*e et* domestica mor*te* privetis, ut eum
qui pro patria nu*llum* umquam mor*tis p*ericulum fugit *in*
patria mori pati*amini.*

38   Dixi ad id tempus q*uod* mihi a tribuno pl. prae*sti*tutum 15
est; a vob*is peto* quaesoque ut ha*nc me*am defension*em*
pro amici pericu*lo fi*delem, pro rei publicae salu*te* consularem pu*t*etis.

   Cicero pro Rabirio: et cum universo populo Romano,
tum vero equestri ordini longe carissimus. (Serv. Verg. 20
Aen. i. 13.)

2 atque *del. Beier*   hortor, Quirites. Nolite nos et coss. omnis
privare firmissimo praesidio rei p. defendendae *Beier*   6 per-
horrescit] pertimescit *Niebuhr*: *del. Orelli*   9 tam *Niebuhr*: iam *P*

M. TVLLI CICERONIS
PRO L. FLACCO ORATIO

SIGLA

V = cod. tabularii Basilicae Vaticanae H. 25, saecl. ix
   (§§ 39–54 'litterarum . . . flabello sed' *continens*)
Schol. = Scholiasta Bobiensis
   M = fragmentum Mediolanense (§ 5 externum . . . aliquid
      . . . ia sus—)
   P = fragmentum Peutingerianum (§§ 75–83 'primum ut
      . . . esse cetera'), quale in ed. Cratandrina legitur
   𝕾 = cod. Paris. 14749
   b = cod. S. Marci 255 (Lag. 6)
   B = m. 2 in cod. S. Marci 255
   χ = cod. S. Marci 254 (Lag. 3)
   c = cod. Oxon. Canonici 226
   k = cod. Paris. 7779
   𝕾 = codd. *ck*

   _____

   i = cod. (vel codd.) ab E. Ströbel collatus
   s = cod. Salisburgensis ab Halmio collatus

M. TVLLI CICERONIS

PRO L. FLACCO ORATIO

Cvm in maximis periculis huius urbis atque imperi,
gravissimo atque acerbissimo rei publicae casu, socio atque
adiutore consiliorum periculorumque meorum L. Flacco,
caedem a vobis, coniugibus, liberis vestris, vastitatem
5 a templis, delubris, urbe, Italia depellebam, sperabam,
iudices, honoris potius L. Flacci me adiutorem futurum
quam miseriarum deprecatorem. Quod enim esset praemium dignitatis quod populus Romanus, cum huius maioribus semper detulisset, huic denegaret, cum L. Flaccus
10 veterem Valeriae gentis in liberanda patria laudem prope
quingentesimo anno rei publicae rettulisset? Sed si forte 2
aliquando aut benefici huius obtrectator aut virtutis hostis
aut laudis invidus exstitisset, existimabam L. Flacco multitudinis potius imperitae, nullo tamen cum periculo, quam
15 sapientissimorum et lectissimorum virorum iudicium esse
subeundum. Etenim quibus auctoribus et defensoribus
omnium tum salus esset non civium solum verum etiam
gentium defensa ac retenta, neminem umquam putavi per
eos ipsos periculum huius fortunis atque insidias creaturum.
20 Quod si esset aliquando futurum ut aliquis de L. *Flacci*
pernicie cogitaret, numquam tamen existimavi, iudices,
D. Laelium, optimi viri filium, optima ipsum spe praeditum
summae dignitatis, eam suscepturum accusationem quae
sceleratorum civium potius odio et furori quam ipsius

2 in gravissimo *Baiter*   4 liberisque *Grillius (Rhet. M. p.* 605)
6 honorum *Faernus*   15 et lectissimorum *om.* Σ*b*¹*k*   20 Flacci *i*,
ed. V : *om. cett.*

virtuti atque institutae adulescentiae conveniret. Etenim
cum a clarissimis viris iustissimas inimicitias saepe cum
bene meritis civibus depositas esse vidissem, non sum
arbitratus quemquam amicum rei publicae, postea quam
L. Flacci amor in patriam perspectus esset, novas huic 5
3 inimicitias nulla accepta iniuria denuntiaturum. Sed
quoniam, iudices, multa nos et in nostris rebus et in re
publica fefellerunt, ferimus ea quae sunt ferenda; tantum
a vobis petimus ut omnia rei publicae subsidia, totum
statum civitatis, omnem memoriam temporum praeteri- 10
torum, salutem praesentium, spem reliquorum in vestra
potestate, in vestris sententiis, in hoc uno iudicio positam
esse et defixam putetis. Si umquam res publica consilium,
gravitatem, sapientiam, providentiam iudicum imploravit,
2 hoc, hoc inquam, tempore implorat. Non estis de Lydorum 15
aut Mysorum aut Phrygum, qui huc compulsi concitatique
venerunt, sed de vestra re publica iudicaturi, de civitatis
statu, de communi salute, de spe bonorum omnium, si qua
reliqua est etiam nunc quae fortium civium mentis cogita-
tionesque sustentet; omnia alia perfugia bonorum, praesidia 20
innocentium, subsidia rei publicae, consilia, auxilia, iura
4 ceciderunt. Quem enim appellem, quem obtester, quem
implorem? Senatumne? At is ipse auxilium petit a vobis
et confirmationem auctoritatis suae vestrae potestati per-
missam esse sentit. An equites Romanos? Indicabitis 25
principes eius ordinis quinquaginta quid cum omnibus
senseritis. An populum Romanum? At is quidem omnem
suam de nobis potestatem tradidit vobis. Quam ob rem
nisi hoc loco, nisi apud vos, nisi per vos, iudices, non

---

1 instituto *cod. Faerni*   8 tantum] tamen $b^1\chi^2\varsigma$ 10 civitatis
om. Σb^1 14 prudentiam χ^2c : *om. Schol., s*   iudicium Σ^1b^1c 15
hoc, hoc *Schol.* : hoc *codd.*   16 compulsi] corrupti *Schol.*   22 enim
Schol. : enim alium *codd.*   24 commissam $B\chi$ 25 sentiat Σ indicabitis *scripsi* : iudicabitis *codd.* (*cf.* § 105)   26 quid] quod *cod.*
Torrentii   28 nobis *Faernus* : bonis *codd.*   tradit Σ

auctoritatem, quae amissa est, sed salutem nostram, quae
spe exigua extremaque pendet, tenuerimus, nihil est praeterea quo confugere possimus ; nisi forte quae res hoc
iudicio temptetur, quid agatur, cui causae fundamenta
5 iaciantur, iudices, non videtis.   Condemnatus est is qui 5
Catilinam signa patriae inferentem interemit ; quid est
causae cur non is qui Catilinam ex urbe expulit pertimescat?
Rapitur ad poenam qui indicia communis exiti cepit; cur
sibi confidat is qui ea proferenda et patefacienda curavit ?
10 Socii   consiliorum, ministri comitesque vexantur ;   quid
auctores, quid duces, quid principes sibi exspectent? Atque
utinam inimici nostri ac bonorum omnium mecum potius
aestiment, utrum tum omnes boni duces nostri an comites
fuerint ad communem conservandam salutem ∗∗∗

15   FRAGMENTA A SCHOLIASTA BOBIENSI SERVATA

    i. Strangulatos maluit dicere.

    ii. Quid sibi meus necessarius Caetra voluit?

    iii. Quid vero Decianus?

    iv. Vtinam esset proprie mea! Senatus igitur magna ex
20 parte ∗∗∗

    v. Di, inquam, immortales Lentulum ∗∗∗

FRAGMENTVM MEDIOLANENSE

  ∗∗∗ externum cum domestica vita naturaque constâret.
Itaque non patiar, D. Laeli, te tibi hoc sumere atque
25 hanc ceteris in posterum, nobis in praesens tempus legem
condicionemque ∗∗∗

5 condemnatus *Schol.*: damnatus *codd.*   7 expulit *Pantagathus*:
repulit (repp.*Bχc*) *codd. et Schol.* : pepulit *Baiter*   8 rapitur Σ²*Bχc* :
reperitur Σ¹ : repetitur *b¹k*   excepit *cod. Faerni*   13 aestiment
utrum *Madvig*: tum est utrum Σχ : contendant tum est utrum tamen
b¹ : utrum tum est tum *B* : contenderent utrum ς   an] aut Σ *mg.*
26 condicionemque] constituere *suppl. Mai*

Cum adulescentiam notaris, cum reliquum tempus aetatis
turpitudinis maculis consperseris, cum privatarum rerum
ruinas, cum domesticas labes, cum urbanam infamiam,
cum Hispaniae, Galliae, Ciliciae, Cretae, quibus in provinciis non obscure versatus est, vitia et flagitia protuleris, 5
tum denique quid Tmolitae et Dorylenses de L. Flacco
existiment audiemus. Quem vero tot tam gravesque
provinciae salvum esse cupiant, quem plurimi cives tota
ex Italia devincti necessitudine ac vetustate defendant,
quem haec communis nostrum omnium patria propter 10
recentem summi benefici memoriam complexa teneat, hunc
etiam si tota Asia deposcit ad supplicium, defendam,
resistam. Quid? si neque tota neque optima neque
incorrupta neque sua sponte nec iure nec more nec vere
nec religiose nec integre, si impulsa, si sollicitata, si con- 15
citata, si coacta, si impie, si temere, si cupide, si inconstanter
nomen suum misit in hoc iudicium per egentissimos testis,
ipsa autem nihil queri vere de iniuriis potest, tamenne,
iudices, haec ad breve tempus audita longinqui temporis
cognitarum rerum fidem derogabunt? Tenebo igitur hunc 20
ordinem defensor quem fugit inimicus, et accusatorem
urgebo atque insequar et ultro crimen ab adversario flagi-
tabo. Quid est, Laeli? num quid ea d . . d . . ea . . f . . . no
qui quidem non in umbra neque in illius aetatis disciplinis
artibusque versatus est? Etenim puer cum patre consule 25
ad bellum est profectus. Nimirum etiam hoc ipso nomine
aliquid . . ia sus ✱✱✱

1 relicum *M*   6 molitae *M*: *corr. Mai*   Dorylenses *Mommsen*
(*cf.* § 39): Loreni *M* : Lorymeni *Heinrich*   7 gravesque] *fort.* graves
9 vetustatem *M* : *corr. Orelli*   13 neque optimos neque incorrupt
M : *corr. Peyron*   15 impulsa *Peyron* : iniuria *M*   16 impia *M* :
corr. Orelli   23 quid adulescentiam L. Flacci notasti? qui *Beier*
24 equidem *M* : *corr. Beier*

FRAGMENTA SCHOLIASTAE BOBIENSIS

vi. Sed si neque Asiae luxuries infirmissimum tempus aetatis ***

vii. Ex hoc aetatis gradu se ad exercitum C. Flacci patrui 5 contulit.

viii. Tribunus militaris cum P. Servilio, gravissimo et sanctissimo cive, profectus.

ix. Quorum amplissimis iudiciis ornatus quaestor factus est.

x. M. Pisone, qui cognomen frugalitatis, nisi accepisset, 10 ipse peperisset.

xi. Idem novum bellum suscepit atque confecit.

xii. Non Asiae testibus, sed accusatoribus contubernalibus traditus.

Hunc igitur virum, Laeli, quibus tandem rebus oppugnas? $\begin{smallmatrix}8\\6\end{smallmatrix}$
15 Fuit P. Servilio imperatore in Cilicia tribunus militum ; ea res siletur.   Fuit M. Pisoni quaestor in Hispania ; vox de quaestura missa nulla est.   Bellum Cretense ex magna parte gessit atque una cum summo imperatore sustinuit ; muta est huius temporis accusatio.   Praeturae iuris dictio, 20 res varia et multiplex ad suspiciones et simultates, non attingitur.   At vero in summo et periculosissimo rei publicae tempore etiam ab inimicis eadem praetura lau- datur.   At a testibus laeditur.   Ante quam dico a quibus, qua spe, qua vi, qua re concitatis, qua levitate, qua egestate, 25 qua perfidia, qua audacia praeditis, dicam de genere uni- verso et de condicione omnium nostrum.   Per deos im- mortalis ! iudices, vos, quo modo is qui anno ante Romae ius dixerat anno post in Asia ius dixerit, a testibus quaeretis ignotis, ipsi coniectura nihil iudicabitis ? *Cum* in tam varia 30 iuris dictione tam multa decreta, tot hominum gratiosorum

17 missa *om. c*   21 at] ea $B\chi^2$ 22 inimicissimis $B\chi^2$
eadem praetura *om. B*χ   24 qua vi *om. b, Faernus*   29
cum *supplevi*

laesae sint voluntates, quae est umquam iacta non suspicio —
quae tamen solet esse falsa—sed iracundiae vox aut doloris?
7 Et is est reus avaritiae qui in uberrima re turpe compendium,
in maledicentissima civitate, in suspiciosissimo negotio maledictum omne, non modo crimen effugit? Praetereo illa quae 5
praetereunda non sunt, nullum huius in privatis rebus
factum avarum, nullam in re pecuniaria contentionem,
nullam in re familiari sordem posse proferri. Quibus igitur
8 testibus ego hosce possum refutare nisi vobis? Tmolites
ille vicanus, homo non modo nobis sed ne inter suos 10
quidem notus, vos docebit qualis sit L. Flaccus? quem vos
modestissimum adulescentem, provinciae maximae sanctissi-
mum virum, vestri exercitus fortissimum militem, diligentissimum ducem, temperatissimum legatum quaestoremque
cognoverunt, quem vos praesentes constantissimum sena- 15
torem, iustissimum praetorem atque amantissimum rei
4 publicae civem iudicastis. De quibus vos aliis testes esse
9 debetis, de eis ipsi alios testis audietis? At quos testis?
Primum dicam, id quod est commune, Graecos; non quo
nationi huic ego unus maxime fidem derogem. Nam si 20
quis umquam de nostris hominibus a genere isto studio
ac voluntate non abhorrens fuit, me et esse arbitror et
magis etiam tum cum plus erat oti fuisse. Sed sunt in illo
numero multi boni, docti, pudentes, qui ad hoc iudicium
deducti non sunt, multi impudentes, inliterati, leves, quos 25
variis de causis video concitatos. Verum tamen hoc dico
de toto genere Graecorum : tribuo illis litteras, do multarum

---

1 laesae sint *scripsi* : laesas Σ : laesae *cett.* (tam multis decretis, tot
hom. grat. laesa voluntate *Koch*)   4 civitate maledictum omne,
in suspiciosissimo negotio omnem suspicionem *Lambinus*   9 hosce]
hostes Σ*b*[1] : hos testes *Jeep*   T. I. molites Σ : T. molites *c* : timolites
cett. : *corr. Manutius*   10 vicanus] Nicenus *Turnebus*   14
temperantissimum *k*, *Lambinus*   15 cognorunt *Faernus* ('*propter
numerum*'). *Cf. Zielinski, p.*143   16 atque *om. i, cod.* Torrentii : *del.*
Faernus   17 iudicavistis χ*c*   18 iis *k*, *ed. R* : his *cett.*   24
prudentes *codd.* : *corr. Naugerius* (2)   25 improprudentes *B*χϛ

artium disciplinam, non adimo sermonis leporem, ingenio-
rum acumen, dicendi copiam, denique etiam, si qua sibi
alia sumunt, non repugno ; testimoniorum religionem et
fidem numquam ista natio coluit, totiusque huiusce rei
5 quae sit vis, quae auctoritas, quod pondus, ignorant. Vnde 10
illud est : 'da mihi testimonium mutuum'? num Gallorum,
num Hispanorum putatur ? Totum istud Graecorum est,
ut etiam qui Graece nesciunt hoc quibus verbis a Graecis
dici soleat sciant. Itaque videte quo voltu, qua confidentia
10 dicant ; tum intellegetis qua religione dicant. Numquam
nobis ad rogatum respondent, semper accusatori plus quam
ad rogatum, numquam laborant quem ad modum probent
quod dicunt, sed quem ad modum se explicent dicendo.
Iratus Flacco dixit M. Lurco quod, ut ipse aiebat, libertus
15 erat eius turpi iudicio condemnatus. Nihil dixit quod laederet eum, cum cuperet ; impediebat enim religio ; tamen id
quod dixit quanto cum pudore, quo tremore et pallore
dixit ! Quam promptus homo P. Septimius, quam iratus 11
de iudicio et de vilico ! Tamen haesitabat, tamen eius
20 iracundiae religio non numquam repugnabat. Inimicus
M. Caelius quod, cum in re manifesta putasset nefas esse
publicanum iudicare contra publicanum, sublatus erat e
numero recuperatorum, tamen tenuit se neque attulit in
iudicium quicquam ad laedendum nisi voluntatem. Hi si 5
25 Graeci fuissent, ac nisi nostri mores ac disciplina plus
valeret quam dolor ac simultas, omnes se spoliatos, vexatos,
fortunis eversos esse dixissent. Graecus testis cum ea
voluntate processit ut laedat, non iuris iurandi, sed laedendi
verba meditatur ; vinci, refelli, coargui putat esse turpissi-
30 mum ; ad id se parat, nihil curat aliud. Itaque non

2 docendi Σ   denique] dein Σb¹   si quae *s*   7 illud Σc   11
respondetur Σ : respondet b¹   14 agebat Σ (*corr. in mg.*)   16
eum cum Bχ : cum Σb¹c : quem *cod. H. Stephani* (laedere eum
cuperet *k*)   25 mores] maiores Bχc

optimus quisque nec gravissimus, sed impudentissimus
12 loquacissimusque deligitur. Vos autem in privatis mini-
marum rerum iudiciis testem diligenter expenditis; etiam
si formam hominis, si nomen, si tribum nostis, mores tamen
exquirendos putatis. Qui autem dicit testimonium ex 5
nostris hominibus, ut se ipse sustentat, ut omnia verba
moderatur, ut timet ne quid cupide, ne quid iracunde, ne
quid plus minusve quam sit necesse dicat! Num illos item
putatis, quibus ius iurandum iocus est, testimonium ludus,
existimatio vestra tenebrae, laus, merces, gratia, gratulatio 10
proposita est omnis in impudenti mendacio? Sed non
dilatabo orationem meam; etenim potest esse infinita, si
mihi libeat totius gentis in testimoniis dicendis explicare
levitatem. Sed propius accedam; de his vestris testibus
dicam.   15

13   Vehementem accusatorem nacti sumus, iudices, et inimicum in omni genere odiosum ac molestum; quem spero
his nervis fore magno usui et amicis et rei publicae; sed
certe inflammatus incredibili cupiditate hanc causam accusa-
tionemque suscepit. Qui comitatus in inquirendo! Comi- 20
tatum dico; immo vero quantus exercitus! quae iactura,
qui sumptus, quanta largitio! Quae quamquam utilia sunt
causae, timide tamen dico, quod vereor ne Laelius ex his
rebus quas sibi suscepit gloriae causa putet aliquid oratione
6 mea sermonis in sese aut invidiae esse quaesitum. Itaque 25
hanc partem totam relinquam; tantum a vobis petam,
iudices, ut, si quid ipsi audistis communi fama atque
sermone de vi, de manu, de armis, de copiis, memineritis;

2 locacissimus Σ   5 autem] tum Σ*b*¹ : etiam *Oetling*   6
ve‍stris *B*   8 idem *b*¹   10 vestra tenebrae] verba et ineptiae
Kayser, *cf. Pis.* 65 : verba tenebrae *Pantagathus*   11 in *om. b*¹
14 levitatem *B*χ*c* : vanitatem *b*¹*k* : veritatem (*mg.* vanitatem) levitatem Σ   vestris *B* : nostris *cett.*   16 vehementissimum *B*χ
18 nervis *Garatom* (*cf. Cael.* 80) : verbis *codd.* : rebus *Angelius*:
viribus *Jeep*   21 vero *om.* Σ

quarum rerum invidia lege hac recenti ac nova certus est
inquisitioni comitum numerus constitutus.   Sed ut hanc vim 14
omittam, quanta illa sunt quae, quoniam accusatorio iure
et more sunt facta, reprehendere non possumus, queri tamen
5 cogimur! primum quod sermo est tota Asia dissipatus
Cn. Pompeium, quod L. Flacco esset vehementer inimicus,
contendisse a Laelio, paterno amico ac pernecessario, ut
hunc hoc iudicio arcesseret, omnemque ei suam auctoritatem, gratiam, copias, opes ad hoc negotium conficiendum
10 detulisse. Id hoc veri similius Graecis hominibus videbatur quod paulo ante in eadem provincia familiarem
Laelium Flacco viderant.   Pompei autem auctoritas cum
apud omnis tanta est quanta esse debet, tum excellit in
ista provincia quam nuper et praedonum et regum bello
15 liberavit.   Adiunxit illa ut eos qui domo exire nolebant
testimoni denuntiatione terreret, qui domi stare non poterant, largo et liberali viatico commoveret.   Sic adulescens 15
ingeni plenus locupletis metu, tenuis praemio, stultos errore
permovit; sic sunt expressa ista praeclara quae recitantur
20 psephismata non sententiis neque auctoritatibus declarata,
non iure iurando constricta, sed porrigenda manu profun-
dendoque clamore multitudinis concitatae.

O morem praeclarum disciplinamque quam a maioribus 7
accepimus, si quidem teneremus! sed nescio quo pacto iam
25 de manibus elabitur.   Nullam enim illi nostri sapientissimi
et sanctissimi viri vim contionis esse voluerunt; quae
scisceret plebes aut quae populus iuberet, submota contione, distributis partibus, tributim et centuriatim discriptis

5 cogitur **Σ**   quod] distributis partibus *add. codd.* (*e v.* 28): *del.*
Naugerius (2)   6 esset *Schol.* : est *codd.*   vehementer *om.*
Schol.   7 Laelio] D. Laelio *c* (*contra Schol.*)   15 volebant
Σχ²   17 commovebat *Schol.*   19 quae recitantur *om.* χ*c*
20 psephismata *b* : sophismata *cett.*   non *Schol.* : nec (neque *b*)
codd.   24 retineremus *B*   25 enim *del. Manutius*   27
plebs *b¹*χ*ϛ*   28 descriptis *codd.* : *corr. Kayser*

ordinibus, classibus, aetatibus, auditis auctoribus, re multos
dies promulgata et cognita iuberi vetarique voluerunt.
16 Graecorum autem totae res publicae sedentis contionis
temeritate administrantur. Itaque ut hanc Graeciam quae
iam diu suis consiliis perculsa et adflicta est omittam, illa 5
vetus quae quondam opibus, imperio, gloria floruit hoc uno
malo concidit, libertate immoderata ac licentia contionum.
Cum in theatro imperiti homines rerum omnium rudes
ignarique consederant, tum bella inutilia suscipiebant, tum
seditiosos homines rei publicae praeficiebant, tum optime 10
17 meritos civis e civitate eiciebant. Quod si haec Athenis
tum cūm illae non solum in Graecia sed prope cunctis
gentibus enitebant accidere sunt solita, quam moderationem
putatis in Phrygia aut in Mysia contionum fuisse ? Nostras
contiones illarum nationum homines plerumque perturbant ; 15
quid, cum soli sint ipsi, tandem fieri putatis ? Caesus est
virgis Cymaeus ille Athenagoras qui in fame frumentum
exportare erat ausus. Data Laelio contio est. Processit
ille et Graecus apud Graecos non de culpa sua dixit, sed
de poena questus est. Porrexerunt manus ; psephisma 20
natum est. Hoc testimonium est ? Nuper epulati, paulo
ante omni largitione saturati Pergameni, quod Mithridates
qui multitudinem illam non auctoritate sua, sed sagina
tenebat se velle dixit, id sutores et zonarii conclamarunt.
Hoc testimonium est civitatis ? Ego testis a Sicilia publice 25
deduxi ; verum erant ea testimonia non concitatae contionis,
18 sed iurati senatus. Qua re iam non est mihi contentio
cum teste, vobis, iudices, videndum est, sintne haec testimonia putanda.

---

   1 re] re in *B*   13 sunt] sint *B*   16 sint] sunt *ed. R*   17
Antenagoras Σ   18 contio Laelio χ   20 psephisma (psof. Σ)
Σ*b* : sophisma χ5 (*ita* § 19)   23 sua *Schol.* : *om. cett.*   24
zonarii *b*χ*c, et Schol.* : coriarii Σ*k*   26 deduxi *Halm* : duxi *codd.*
28 iudices, videndum *Klotz* : dividendum Σ : videndum *cett.*

Adulescens bonus, honesto loco natus, disertus cum **8**
maximo ornatissimoque comitatu venit in oppidum Graecorum, postulat contionem, locupletis homines et gravis
ne sibi adversentur testimoni denuntiatione deterret, egentis
5 et levis spe largitionis et viatico publico, privata etiam
benignitate prolectat. Opifices et tabernarios atque illam
omnem faecem civitatum quid est negoti concitare, in eum
praesertim qui nuper summo cum imperio fuerit, summo
autem in amore esse propter ipsum imperi nomen non
10 potuerit? Mirandum vero est homines eos quibus odio 19
sunt nostrae secures, nomen acerbitati, scriptura, decumae,
portorium morti, libenter adripere facultatem laedendi
quaecumque detur! Mementote igitur, cum audietis psephismata, non audire vos testimonia, audire temeritatem
15 volgi, audire vocem levissimi cuiusque, audire strepitum
imperitorum, audire contionem concitatam levissimae na-
tionis. Itaque perscrutamini penitus naturam rationemque
criminum ; iam nihil praeter spem, nihil praeter terrorem
ac minas reperietis.

20 *** In aerario nihil habent civitates, nihil in vectigalibus. **9**
Duae rationes conficiendae pecuniae, aut versura aut
tributo; nec tabulae creditoris proferuntur nec tributi
confectio ulla recitatur. Quam vero facile falsas rationes
inferre et in tabulas quodcumque commodum est referre
25 soleant, ex Cn. Pompei litteris ad Hypsaeum et Hypsaei
ad Pompeium missis, quaeso, cognoscite. LITTERAE POMPEI
ET HYPSAEI. Satisne vobis coarguere his auctoribus disso-
lutam Graecorum consuetudinem licentiamque impudentem

---

4 adversarentur χ   5 largitionis] legationis *b*χ²*k*   viatici
publici *coni. Müller*   6 prolectat (per- *B*) *b*¹ : proiecta Σ : commovet ς   8 summo cum *c*: cum summo *k*, *ed. V* : cum in summo
cett.   10 vero Σ*b*¹*k* : non *cett.*   11 acerbitati *b* : acerbitatis *cett.*
14 vos (*om.* Σ¹) audire Σ   16 contionem *ed. R* : contentionem
χ : contentionem et contionem *cett.*   18 spem] speciem χ   23-25
quam vero falsas rationes in tabulas inferre soleant *Schol. med. om*

videmur? Nisi forte qui Cn. Pompeium, qui praesentem,
qui nullo impellente fallebant, eos urgente Laelio in
absentem et in L. Flaccum aut timidos fuisse aut religiosos
21 putamus. Sed fuerint incorruptae litterae domi ; nunc vero
quam habere auctoritatem aut quam fidem possunt? Triduo 5
lex ad praetorem deferri, iudicum signis obsignari iubet ;
tricesimo die vix deferuntur. Ne corrumpi tabulae facile
possint, idcirco lex obsignatas in publico poni voluit ; at
obsignantur corruptae. Quid refert igitur tanto post ad
iudices deferantur, an omnino non deferantur?   10
10   Quid? si testium studium cum accusatore sociatum
est, tamenne isti testes habebuntur? Vbi est igitur illa
exspectatio quae versari in iudiciis solet? Nam antea,
cum dixerat accusator acriter et vehementer, cumque
defensor suppliciter demisseque responderat, tertius ille 15
erat exspectatus locus testium, qui aut sine ullo studio
dicebant aut cum dissimulatione aliqua cupiditatis. Hoc
22 vero quid est? Vna sedent, ex accusatorum subselliis
surgunt, non dissimulant, non verentur. De subselliis
queror? una ex domo prodeunt ; si verbo titubaverint, quo 20
revertantur non habebunt. An quisquam esse testis potest
quem accusator sine cura interroget nec metuat ne sibi
aliquid quod ipse nolit respondeat? Vbi est igitur illa laus
oratoris quae vel in accusatore antea vel in patrono spectari
solebat : 'bene testem interrogavit ; callide accessit, repre- 25
hendit ; quo voluit adduxit ; convicit et elinguem reddidit?'
23 Quid tu istum roges, Laeli, qui, prius quam hoc 'TE ROGO'
dixeris, plura etiam effundet quam tu ei domi ante praescri-
pseris? Quid ego autem defensor rogem? Nam aut oratio

2 eos (eo χ) urgente] consurgente Σ   4 putatis χc²   5
quem habere auctorem b¹   possent *coni. Müller*   6 iudicum . . .
obsignari *om. Schol.*   9 tanto *om.* Σ: quanto Σ *mg.*   10 an
. . . deferantur *om.* Σ   11 cum causatore Σ   14 dixerit *B*χ²
20 titubarint *B*χ   25 accessit] accessit, scite *Mommsen*   29
autem] tum *B*

testium refelli solet aut vita laedi. Qua disputatione orationem refellam eius qui dicit : ' dedimus,' nihil amplius ? In
hominem dicendum est igitur, cum oratio argumentationem
non habet. Quid dicam in ignotum ? Querendum est ergo
5 et deplorandum, id quod iam dudum facio, de omni accusationis iniquitate, primum de communi genere testium ;
dicit enim natio minime in testimoniis dicendis religiosa.
Propius accedo; nego esse ista testimonia quae tu
psephismata appellas, sed fremitum egentium et motum
10 quendam temerarium Graeculae contionis. Intrabo etiam
magis. Qui gessit non adest, qui numerasse dicitur non
est deductus ; privatae litterae nullae proferuntur, publicae
retentae sunt in accusatorum potestate; summa est in
testibus ; hi vivunt cum inimicis, adsunt cum adversariis,
15 habitant cum accusatoribus. Vtrum hic tandem discepta- 24
tionem et cognitionem veritatis, an innocentiae labem aliquam aut ruinam fore putatis? Multa enim sunt eius
modi, iudices, ut, etiam si in homine ipso de quo agitur
neglegenda sint, tamen in condicione atque in exemplo
20 pertimescenda videantur. Si quem infimo loco natum, 11
nullo splendore vitae, nulla commendatione famae defenderem, tamen civem a civibus communis humanitatis iure
ac misericordia deprecarer, ne ignotis testibus, ne incitatis,
ne accusatoris consessoribus, convivis, contubernalibus, ne
25 hominibus levitate Graecis, crudelitate barbaris civem ac
supplicem vestrum dederetis, ne periculosam imitationem
exempli reliquis in posterum proderetis. Sed cum L. Flacci 25
res agatur, qua ex familia qui primus consul factus est

4 habeat *Campe*   6 primo Σ*k*   testium *om.* B*χc*   7
dicit *b¹k, Angelius* : dicet *cett.*   9 psephismata *i, Pluygers* : ipse
psephismata *cett.*   sed *B, Faernus* : et *cett.*   17 aut] ac *ed.*
Ascens.   19 sunt Σ*b¹*   20 videntur Σ*b*   22 civem] civis *s,*
ed. R (cf. Rull. ii. 100)   23 ne incitatis inimicis *Campe*   25
credulitate Σ   26 nostrum Σ   28 qua *scripsi* : cuius *codd.*
(ex ea familia cuius *Madvig*)   est factus *s, Klotz*

primus in hac civitate consul fuit, cuius virtute regibus
exterminatis libertas in re publica constituta est, quae
usque ad hoc tempus honoribus, imperiis, rerum gestarum
gloria continuata permansit, cumque ab hac perenni
contestataque virtute maiorum non modo non degenera- 5
verit L. Flaccus sed, quam maxime florere in generis
sui gloria viderat, laudem patriae in libertatem vindicandae
praetor adamarit, in hoc ego reo ne quod perniciosum
exemplum prodatur pertimescam, in quo, etiam si quid
26 errasset, omnes boni conivendum esse arbitrarentur? Quod 10
quidem ego non modo non postulo, sed contra, iudices,
vos oro et obtestor ut totam causam quam maxime intentis
oculis, ut aiunt, acerrime contemplemini. Nihil religione
testatum, nihil veritate fundatum, nihil dolore expressum,
contraque omnia corrupta libidine, iracundia, studio, pretio, 15
periurio reperientur.

12
27 Etenim iam universa istorum cognita cupiditate accedam
ad singulas querelas criminationesque Graecorum. Classis
nomine pecuniam civitatibus imperatam queruntur. Quod
nos factum, iudices, confitemur. Sed si hoc crimen est, 20
aut in eo est quod non licuerit imperare, aut in eo quod
non opus fuerit navibus, aut in eo quod nulla hoc praetore
classis navigarit. Licuisse ut intellegas, cognosce quid me
consule senatus decreverit, cum quidem nihil a superioribus continuorum annorum decretis discesserit. SENATVS 25
CONSVLTVM. Proximum est ergo ut opus fuerit classe
necne quaeramus. Vtrum igitur hoc Graeci statuent aut
ullae exterae nationes, an nostri praetores, nostri duces,
nostri imperatores? Equidem existimo in eius modi

3 imperii (-io χ) *codd.* : *corr. Faernus*   5 degeneravit *b* :
degenerarit *i, Manutius*   6 quam *B, Müller* : id quod Σχ : quod *c* :
in qua *b¹k*   7 gloria χ*c* : gloriam *cett.*   8 praetor] rei p. *B*
13 acerrime *del. Ruhnken*   16 reperientur Σ*b¹* : reperietis *cett.*
22 praetore] tempore *B*   25 discesserit χ, *Lambinus* : decesserit
(-at ς) *codd.*   28 vestri (*ter*) *b*χ   duces] iudices Σ

regione atque provincia quae mari cincta, portibus distincta,
insulis circumdata esset, non solum praesidi sed etiam
ornandi imperi causa navigandum fuisse.   Haec enim ratio 28
ac magnitudo animorum in maioribus nostris fuit ut, cum
5 in privatis rebus suisque sumptibus minimo contenti tenuis-
simo cultu viverent, in imperio atque in publica dignitate
omnia ad gloriam splendoremque revocarent.   Quaeritur
enim in re domestica continentiae laus, in publica dignitatis.   Quod si etiam praesidi causa classem habuit, quis
10 erit tam iniquus qui reprehendat?   'Nulli erant praedones.'
Quid? nullos fore quis praestare poterat?   'Minuis,' inquit,
'gloriam Pompei.'   Immo tu auges molestiam.   Ille enim 29
classis praedonum, urbis, portus, receptacula sustulit, pacem
maritimam summa virtute atque incredibili celeritate con-
15 fecit; illud vero neque suscepit neque suscipere debuit
ut, si qua uspiam navicula praedonum apparuisset, ac-
cusandus videretur.   Itaque ipse in Asia, cum omnia iam
bella terra marique confecisset, classem tamen isdem istis
civitatibus imperavit.   Quod si tum statuit opus esse cum
20 ipsius praesentis nomine tuta omnia et pacata esse poterant,
quid, cum ille decessisset, Flacco existimatis statuendum et
faciendum fuisse?   Quid?   nos hic nonne ipso Pompeio **13**
auctore Silano et Murena consulibus decrevimus ut classis 30
in Italia navigaret?   nonne eo ipso tempore cum L. Flaccus
25 in Asia remiges imperabat, nos hic in mare superum et
inferum sestertium ter et quadragiens erogabamus?   Quid?
postero anno nonne M. Curtio et P. Sextilio quaestoribus
pecunia in classem est erogata?   Quid?   hoc omni tempore
equites in ora maritima non fuerunt?   Illa enim est gloria

1 portubus *c²k*   6 cultu] sumptu *B*χ   atque in] atque Σ*k*
(atque in re p. ad dignitatem omnia splendoremque revocarent
Madvig)   23 syllano (sill-) *codd.* : *corr. Manutius*   24 Italiam
B   26 rogabamus *codd.* : *corr. Manutius*   27 postero *Lag.* 13,
Naugerius (2) : postremo (priore *b¹*) *cett.*   Sestullio Σ   29 est
enim χ*c*

divina Pompei, primum praedones eos qui tum cum illı
bellum maritimum gerendum datum est toto mari dispersi
vagabantur redactos esse omnis in *populi Romani* potestatem,
deinde Syriam esse nostram, Ciliciam teneri, Cyprum per
Ptolomaeum regem nihil audere, praeterea Cretam Metelli 5
virtute esse nostram, nihil esse unde proficiscantur, nihil
quo revertantur, omnis sinus, promunturia, litora, insulas,
31 urbis maritimas claustris imperi nostri contineri. Quod
si Flacco praetore nemo in mari praedo fuisset, tamen
huius diligentia reprehendenda non esset. Idcirco enim 10
quod hic classem habuisset, existimarem non fuisse. Quid?
si L. Eppi, L. Agri, C. Cesti, equitum Romanorum, huius
etiam clarissimi viri, Cn. Domiti, qui in Asia tum legatus
fuit, testimonio doceo eo ipso tempore quo tu negas
classem habendam fuisse, compluris a praedonibus esse 15
captos, tamen Flacci consilium in remigibus imperandis
reprehendetur? Quid si etiam occisus est a piratis
Adramytenus homo nobilis, cuius est fere nobis omnibus
nomen auditum, Atyanas pugil Olympionices? hoc est
apud Graecos, quoniam de eorum gravitate dicimus, prope 20
maius et gloriosius quam Romae triumphasse. 'At neminem cepisti.' Quam multi orae maritimae clarissimi viri
praefuerunt qui, cum praedonem nullum cepissent, mare
tamen tutum praestiterunt! Casus est enim in capiendo,
locus, ventus, occasio; defendendi facilis est cautio, non 25
solum latibulis occultorum locorum sed etiam tempestatum
14 moderatione et conversione. Reliquum est ut quaeratur
32 utrum ista classis cursu et remis, an sumptu tantum et

2 dispersi *c* : disperse χ*k* : dispersa Σ*b*   3 populi Romani
suppl. Campe   7 promunturia *B* : promuntoria Σ : promontoria
cett.   12 L. Oppii *b*   Cesti] Sextii *b*   14 tu] tu ipse *b*
18 adriani et (*om. et b¹c²*) tenus Σ*b*¹⌐ : adriatenus Σ *mg.* : adriame-
tenus *B*χ : *corr. Vrsinus*   19 Atyanas pugil *Garatoni* (*cf. Phot.
Bibl. p.* 83 *b*, 40 *Bekker* : Atinas (Ac- χ⌐) pugil *B*χ⌐ : ut in aspugilo
Σ : at pugil *b*¹   25 ventus *scripsi* : eventus *codd.*   27 conversione et moderatione *b*¹, *Faernus*   28 ista] nostra *B*   cursu et
cm. Σ*b*¹

litteris navigarit. Num id igitur negari potest, cuius rei
cuncta testis est Asia, bipertito classem distributam fuisse,
ut una pars supra Ephesum, altera infra Ephesum navigaret? Hac classe M. Crassus, vir amplissimus, ab Aeno
5 in Asiam, his navibus Flaccus ex Asia in Macedoniam
navigavit. In quo igitur praetoris est diligentia requirenda?
in numero navium et in discriptione aequabili sumptus?
Dimidium eius quo Pompeius erat usus imperavit; num
potuit parcius? Discripsit autem pecuniam ad Pompei
10 rationem, quae fuit accommodata L. Sullae discriptioni.
Qui cum *in* omnis Asiae civitates pro portione pecuniam
discripsisset, illam rationem in imperando sumptu et Pompeius et Flaccus secutus est. Neque est adhuc tamen ea
summa completa. 'Non refert.' Vero; quid lucretur? 33
15 Cum enim onus imperatae pecuniae suscipit, id quod tu
crimen esse vis confitetur. Qui igitur probari potest in ea
pecunia non referenda crimen sibi ipsum facere in qua
crimen esset nullum, si referret? At enim negas fratrem
meum, qui L. Flacco successerit, pecuniam ullam in remiges
20 imperasse. Equidem omni fratris mei laude delector, sed
aliis magis gravioribus atque maioribus. Aliud quiddam
statuit, aliud vidit; existimavit, quocumque tempore auditum quid esset de praedonibus, quam vellet subito classem
se comparaturum. Denique hoc primus frater meus in
25 Asia fecit ut hoc sumptu remigum civitates levaret; crimen
autem tum videri solet cum aliquis sumptus instituit eos
qui antea non erant instituti, non cum successor aliquid

1 id *om.* χ*c*   2 bipartito χ   4 ab Aeno *b*, *Turnebus* : abeno
Σ : ab eno χϚ   6 est praetoris *b*   7 et in] et *B*   descriptione *codd.* : *corr. Kayser* (*ita mox*)   aequabili Σ*b*¹ : aequali *cett.*
11 in *suppl. Lambinus*   pecuniam *Lambinus* : in provincias (-ia χ*c*)
codd. (*mendum* διττογραφίᾳ *ortum vid., cf.* § 87)   14 refert. Vero
Baiter : refert vero (vere Σ*b*¹ : ergo *B*) *codd.*   quid] quid ut *Müller*
15 onus Σ*b* : genus χϚ   16 in *om.* Σ*b*¹   ea *B*χϚ : hac (hec
Σ¹) Σ*b*   20 omni *Müller* : Q. *codd.* (laudibus *Oetling*)

215

immutat de institutis priorum. Flaccus quid alii postea
facturi essent scire non poterat, quid fecissent videbat.

15

34   Sed, quoniam de communi totius Asiae crimine est
dictum, adgrediar iam ad singulas civitates; ex quibus sit
sane nobis prima civitas Acmonensis. Citat praeco voce 5
maxima legatos Acmonensis. Procedit unus Asclepiades.
Prodeant *ceteri.* Etiamne praeconem mentiri coegisti?
Est enim, credo, is vir iste ut civitatis nomen sua auctoritate sustineat, damnatus turpissimis iudiciis domi, notatus
litteris publicis; cuius de probris, adulteriis ac stupris 10
exstant Acmonensium litterae, quas ego non solum propter
longitudinem sed etiam propter turpissimam obscenitatem
verborum praetereundas puto. Dixit publice data drachma-
rum $\overline{\text{CCVI}}$. Dixit tantum, nihil ostendit, nihil protulit; sed
adiunxit, id quod certe, quoniam erat domesticum, docere 15
debuit, se privatim drachmarum $\overline{\text{CCVI}}$ dedisse. Quantum
sibi ablatum homo impudentissimus dicit, tantum numquam
35 est ausus ut haberet optare. Ab A. Sextilio dicit se
dedisse et a suis fratribus. Potuit dare Sextilius; nam
fratres quidem consortes sunt mendicitatis. Audiamus 20
igitur Sextilium; fratres denique ipsi prodeant; quam
volent impudenter mentiantur et, quod numquam habuerint, dedisse se dicant; tamen aliquid fortasse coram
producti dicent in quo reprehendantur. 'Non deduxi,'
inquit, 'Sextilium.' Cedo tabulas. 'Non deportavi.' 25
Fratres saltem exhibe. 'Non denuntiavi.' Quod ergo
unus Asclepiades fortuna egens, vita turpis, existimatione
damnatus impudentia atque audacia fretus sine tabulis,
sine auctore iecerit, id nos quasi crimen aut testi-

3 totius communis Σb^1 5 Acmon.] Aemon. *b* (*ubique*)   7
ceteri *suppl. Faernus* (prodeant *ante* procedit *transfert Graevius*)
13 data *Sylvius* : datum *codd.*   drachmas *B*   18 ab *Angelius* :
aut Σ : at *cett.*   Sextullio Σ 19 et a] a $\chi \varsigma$ 22 habuerunt
Faernus   29 iecerit *Victorius* : legerit (-git b^1) *codd.*

monium pertimescamus? Idem laudationem quam nos 36
ab Acmonensibus Flacco datam proferebamus falsam esse
dicebat. Cuius quidem laudationis iactura exoptanda nobis
fuit. Nam ut signum publicum inspexit praeclarus iste
5 auctor suae civitatis, solere suos civis ceterosque Graecos
ex tempore quod opus sit obsignare dixit. Tu vero tibi
habeto istam laudationem; nec enim Acmonensium testimonio Flacci vita et dignitas nititur. Das enim mihi quod
haec causa maxime postulat, nullam gravitatem, nullam
10 constantiam, nullum firmum in Graecis hominibus consilium, nullam denique esse testimoni fidem. Nisi vero
hactenus ista formula testimoni atque orationis tuae describi
ac distingui potest ut Flacco absenti aliquid civitates tri-
buisse dicantur, Laelio praesenti per se agenti vi legis, iure
15 accusationis, opibus praeterea suis terrenti ac minanti nihil
temporis causa scripsisse aut obsignasse videantur. Equi- **16**
dem in minimis rebus saepe res magnas vidi, iudices, 37
deprehendi ac teneri, ut in hoc Asclepiade. Haec quae est
a nobis prolata laudatio obsignata erat creta illa Asiatica
20 quae fere est omnibus nota nobis, qua utuntur omnes non
modo in publicis sed etiam in privatis litteris quas cotidie
videmus mitti a publicanis, saepe uni cuique nostrum.
Neque enim testis ipse signo inspecto falsum nos proferre
dixit, sed levitatem totius Asiae protulit, de qua nos et
25 libenter et facile concedimus. Nostra igitur laudatio, quam
ille temporis causa nobis datam dicit, datam quidem confitetur, consignata creta est; in illo autem testimonio quod
accusatori dicitur datum ceram esse vidimus. Hic ego, 38

---

1 pertimescamus *ed. V*: pertimescimus (-i- *in ras. hab.* Σ) *mei*:
pertimescemus *s*   3 exoptanda *bχ*: expetenda *c*: expectata Σ:
exoptata *k*   8 vita Flacci *c*   et] ac *B*   9 nullam constantiam *om.* Σ*b¹k*   13 ac] atque *χ²c*   14 iuris *Schol.*   19
creta Σ*b¹χ¹ et Schol.*: cera *cett.*   23 enim] vero *coni. Müller*: *del.*
Mommsen   26 confitemur Σ: confitentur *b¹*   27 obsignata
Lambinus

iudices, si vos Acmonensium decretis, si ceterorum Phrygum
litteris permoveri putarem, vociferarer et quam maxime
possem contenderem, testarer publicanos, excitarem negotiatores, vestram etiam scientiam implorarem; cera depre-
hensa confiderem totius testimoni fictam audaciam manifesto 5
comprehensam atque oppressam teneri. Nunc vero non
insultabo vehementius nec volitabo in hoc insolentius neque
in istum nugatorem tamquam in aliquem testem invehar
neque in toto Acmonensium testimonio, sive hic confictum
est, ut apparet, sive missum domo est, ut dicitur, commo- 10
rabor. Etenim quibus ego laudationem istam remittam,
quoniam sunt, ut Asclepiades dicit, leves, horum testimonium non pertimescam.

17
39   Venio nunc ad Dorylensium testimonium; qui producti
tabulas se publicas ad Speluncas perdidisse dixerunt. 15
O pastores nescio quos cupidos litterarum, si quidem nihil
istis praeter litteras abstulerunt! Sed aliud esse causae
suspicamur, ne forte isti parum versuti esse videantur.
Poena est, ut opinor, Dorylai gravior quam apud alios
falsarum et corruptarum litterarum. Si veras protulissent, 20
criminis nihil erat, si falsas, erat poena. Bellissimum
40 putarunt dicere amissas. Quiescant igitur et me hoc in
lucro ponere atque aliud agere patiantur. Non sinunt.
Supplet enim iste nescio qui et privatim dicit se dedisse.
Hoc vero ferri nullo modo potest. Qui de tabulis publicis 25
recitat eis quae in accusatoris potestate fuerunt non debet
habere auctoritatem; sed tamen iudicium fieri videtur, cum
tabulae illae ipsae, cuicuimodi sunt, proferuntur. Cum

---

   2 quam Σb^1 : quantum *cett.*   3 contendere *Gulielmius*   4
scientiam] conscientiam *Naugerius* (2)   9 hic] hoc *B*   10
commorabor b^1 : commovebor *cett.* (*cf. Clu.* 53)   11 istam laudationem $b\chi$ 15 Speluncas *du Mesnil* : speluncas *priores*   17
aliquid *Madvig*   22 putaverunt *Schol.*   23 aliud *Vbk* : aliud
me *cett.*   24 iste *Vc* : ille *cett.*   qui *V* : quis *cett.*   25 qui Vb^1 :
ʝuia *cett.*   26 recitat iis *k* : recitatis *V* : recitat his Σb : recitatur
his *cett.*   27 cum] cui cum *V*   28 cuiuscemodi $\Sigma\chi\varsigma$: huiusmodi
V^2 *in ras.* · cuiusmodi *b* : *corr. Schütz*

vero is quem nemo vestrum vidit umquam, nemo qui
mortalis esset audivit, tantum dicit: 'dedi,' dubitabitis,
iudices, quin ab hoc ignotissimo Phryge nobilissimum
civem vindicetis? Atque huic eidem nuper tres equites
5 Romani honesti et graves, cum in causa liberali eum qui
adserebatur cognatum suum esse diceret, non crediderunt.
Qui hoc evenit ut, qui locuples testis doloris et sanguinis
sui non fuerit, idem sit gravis auctor iniuriae publicae?
Atque hic Dorylensis nuper cum efferretur magna fre- 41
10 quentia conventuque vestro, mortis illius invidiam in
L. Flaccum Laelius conferebat. Facis iniuste, Laeli, si
putas nostro periculo vivere tuos contubernalis, praesertim
cum tua neglegentia factum arbitremur. Homini enim
Phrygi qui arborem numquam vidisset fiscinam ficorum
15 obiecisti. Cuius mors te aliqua re levavit; edacem enim
hospitem amisisti; Flacco vero quid profuit? qui valuit
tam diu dum huc prodiret, mortuus est aculeo iam emisso
ac dicto testimonio. At istud columen accusationis tuae,
Mithridates, postea quam biduum retentus testis a nobis
20 effudit quae voluit omnia, reprensus, convictus fractusque
discessit; ambulat cum lorica; metuit homo doctus et
sapiens, ne L. Flaccus nunc se scelere adliget, cum iam
testem illum effugere non possit, et, qui ante dictum testimonium sibi temperarit, cum tamen aliquid adsequi posset,
25 is nunc id agat út ad falsum avaritiae testimonium verum
malefici crimen adiungat. Sed quoniam de hoc teste

2 dubitabitis (-vitis V) V𝔖: dubitatis cett. 4 idem V 9
nuper cum Vχc: nuper Σ: cum nuper bk haec ferertur V:
ecferretur Faernus 10 conventuque Kayser: consensuque mei:
consessuqu⸗ Paris. 7778 (m. 2), Naugerius (2): concursuque Pluygers
11 L. om. V¹ L. Laelius V² 12 nostro periculo Vc: periculo
nostro cett. 13 cum (quum) V: quod cett. 14 arborem V,
Schol.: arborem fici cett. 15 aliqua relevavit V: ex aliqua parte
relevavit cett.: corr. Klotz 17 emisso V, Schol.: demisso cett.
18 at Bχ𝔖: ut VΣ: et b¹ accusationis V: actionis cett. 20
repraensus V: reprehensus cett. 23 et Müller: ut codd. 25
verum V: verum etiam cett. 26 quoniam Vb²: om. cett.

totoque Mithridatico crimine disseruit subtiliter et copiose
Q. Hortensius, nos, ut instituimus, ad reliqua pergamus.

18
4²　Caput est omnium Graecorum concitandorum, qui cum
accusatoribus sedet, Heraclides ille Temnites, homo ineptus
et loquax, sed, ut sibi videtur, ita doctus ut etiam magistrum 5
illorum se esse dicat.　At, qui ita sit ambitiosus ut omnis
vos nosque cotidie persalutet, Temni usque ad illam aetatem in senatum venire non potuit et, qui se artem dicendi
traditurum etiam ceteris profiteatur, ipse omnibus turpissi-
43 mis iudiciis victus est.　Pari felicitate legatus una venit 10
Nicomedes, qui nec in senatum ulla condicione pervenire
potuit et furti et pro socio damnatus est.　Nam princeps
legationis, Lysania, adeptus est ordinem senatorium, sed
cum rem publicam nimium amplecteretur, peculatus damnatus et bona et senatorium nomen amisit.　Hi tres etiam 15
aerari nostri tabulas falsas esse voluerunt; nam servos
novem se professi sunt habere, cum omnino sine comite
venissent.　Decreto scribendo primum video adfuisse Lysaniam, cuius fratris bona, quod populo non solvebat, praetore Flacco publice venierunt.　Praeterea Philippus est, 20
Lysaniae gener, et Hermobius, cuius frater Pollis item pecu-
19 niae publicae est condemnatus.　Dicunt se Flacco et eis
44 qui simul essent drachmarum ccioɔ ioɔ dedisse.　Cum
civitate mihi res est acerrima et conficientissima litterarum,
in qua nummus commoveri nullus potest sine quinque prae- 25
toribus, tribus quaestoribus, quattuor mensariis, qui apud
illos a populo creantur.　Ex hoc tanto numero deductus

---

　　1 crimine *VB, Schol.* : testimonio *b¹* : *om. cett.*　　suptiliter *V* : et
subtiliter *cett.*　　　　6 aliorum se χ²ς̄　　se esse *V*χ : esse se *cett.*
at *Baiter* : et *codd.*　　8 potuit is et *V*　　9 profitetur Σ*b¹k*　　10
victus *V* : convictus *cett.*　　　legatus una *V* : una legatus *cett.*　　11
nec *V* : neque *cett.*　　13 Lysania *V* : Lysanias *Schol., cett.*　　15
est bona et *V et Schol.*　　19 quod *V* : quod is *cett.*　　21 Pollis
V : Poles *cett.*　　23 drach. *b* : drag. (-gh. *V*) *cett.*　　ccioɔ ioɔ *V* : xv
milia *cett.*　　24 et conficientissima (-marum *c*) *VB*χ*c* : *om.* Σ*b¹* (et
conficiendarum litterarum diligentissima *k*)　　26 tribus *om. V*
27 hoc *om. Schol.*

est nemo. At cum illam pecuniam nominatim Flacco datam
referant, maiorem aliam cum huic eidem darent in aedem
sacram reficiendam se perscripsisse dicunt, quod minime
convenit. Nam aut omnia occulte referenda fuerunt, aut
5 aperte omnia. Cum perscribunt Flacco nominatim, nihil
timent, nihil verentur; cum operi publico referunt, idem
homines subito eundem quem contempserant pertimescunt.
Si praetor dedit, ut est scriptum, a quaestore numeravit,
quaestor a mensa publica, mensa aut ex vectigali aut ex
10 tributo. Numquam erit istuc simile criminis, nisi hanc
mihi totam rationem omni et personarum genere et litterarum explicaris.

Vel quod est in eodem decreto scriptum, homines claris- 45
simos civitatis amplissimis usos honoribus hoc praetore
15 circumventos, cur hi neque in iudicio adsunt neque in
decreto nominantur? Non enim credo significari isto loco
illum qui se erigit Heraclidam. Vtrum enim est in clarissimis civibus is quem iudicatum hic duxit Hermippus, qui
hanc ipsam legationem quam habet non accepit a suis
20 civibus, sed usque Tmolo petivit, cui nullus honos in sua
civitate habitus est umquam, res autem ea quae tenuissimis
committebatur huic una in vita commissa sola est? Custos
T. Aufidio praetore in frumento publico est positus; pro
quo cum a P. Varinio praetore pecuniam accepisset, celavit
25 suos civis ultroque eis sumptum intulit. Quod postea
quam Temni litteris a P. Varinio missis cognitum atque
patefactum est, cumque eadem de re Cn. Lentulus, qui

1 at *scripsi* : et *codd.*   2 aliam *V* : etiam aliquam (aliam χ¹) *cett.*
cum] *fort.* quam   eidem *Naugerius* (2) : fide *V* : idem (ii- *BG̣*) *cett.*
4 occulte (-ae *V*) *VΣ* : occulta *cett.*   5 praescribunt *V*   Flacco
nominatim *V* : nominatim Flacco *cett.*   10 istuc *V* : istud *cett.*
hanc *Niebuhr* : hunc *V* : *om. cett.*   17 Heraclidem Σ   est in
clar. *V* : in clar. est *cett.*   18 hic *om. Schol.*   20 Timolo Σ²*b*χG̣
22 huic] haec *Pluygers*   sola *om. c, Lambinus*   23 in *del. Lam-*
binus   24 Varinio *V* : Varino ΣG̣ : Varreno *b*   26 P. *om. V*

censor fuit, Temnitarum patronus, litteras misisset, Hera-
46 clidam istum Temni postea nemo vidit. Atque ut eius
impudentiam perspicere possitis, causam ipsam quae levissimi hominis animum in Flaccum incitavit, quaeso, cogno-
20 scite. Fundum Cymaeum Romae mercatus est de pupillo 5
Meculonio. Cum verbis se locupletem faceret, haberet
nihil praeter illam impudentiam quam videtis, pecuniam
sumpsit mutuam a Sex. Stloga, iudice hoc nostro, primario
viro, qui et rem agnoscit neque hominem ignorat; qui
tamen credidit P. Fulvi Nerati, lectissimi hominis, fide. 10
Ei cum solveret, sumpsit a C. M. Fufiis, equitibus Romanis, primariis viris. Hic hercule 'cornici oculum,'
ut dicitur. Nam hunc Hermippum, hominem eruditum,
civem suum, cui debebat esse notissimus, percussit. Eius
enim fide sumpsit a Fufiis. Securus Hermippus Temnum 15
proficiscitur, cum iste se pecuniam quam huius fide
sumpserat a discipulis suis diceret Fufiis persoluturum.
47 Habebat enim rhetor iste discipulos quosdam locupletis,
quos dimidio redderet stultiores quam acceperat; neminem
tamen adeo infatuare potuit ut ei nummum ullum crederet. 20
Itaque cum Roma clam esset profectus multosque minutis
mutuationibus fraudavisset, in Asiam venit Hermippoque
percontanti de nomine Fufiano respondit se omnem pecuniam Fufiis persolvisse. Interim, neque ita longo intervallo, libertus a Fufiis cum litteris ad Hermippum venit; 25

1 Heraclidem *ΣBχc*   2 postea nemo *V*, *Schol.* : nemo postea
cett.   5 pupillo] populo *c* : P. *Vrsinus*   8 mutuam *B* : mutuum
b¹χc : tum *VΣk*   Stloga *Garatoni* : siloga *V* : stola *cett.*   10 P.]
L. *Schol.*   Nerati *Vk*, *Schol.* : Veratii (-tus *Σ*) *cett.*   fide. Ei *V* :
fidei. Is *cett.*   11 a C. M. *Vc*: ACMA *Σ* : a C. M. a *χk* : a C. et
M. *b*   Fufiis (-fis *V*) *VΣ* : Fusiis *cett.*   12 hercle *Schol.*   15
a *om.* *V*   16 se *V*: sese *cett.*   17 Fusiis *Bχ⸹* : Fufio (Fi- *Σ*) *VΣ*
18 discipulos *Schol. et Arusian.* K. vii. *p.* 465: adulescentes *codd.*
19 acceperat *V*, *Arusian.* : ubi nihil possint (-ent *B⸹*) discere nisi
ignorantiam litterarum *add. cett.*   20 tamen *V*, *Arusian.* : quidem
cett.   nummum concrederet *Arusian.*   23 percunctanti (-ei *V*) *VΣ*
pecuniam . . . in re sit (§ 53) *Vχk*, *b in mg.* : *om. cett.*

pecunia petitur ab Hermippo. Hermippus ab Heraclida
petit; ipse tamen Fufiis satis facit absentibus et fidem
suam liberat; hunc aestuantem et tergiversantem iudicio
ille persequitur. A recuperatoribus causa cognoscitur.
5 Nolite existimare, iudices, non unam et eandem omnibus 48
in locis esse fraudatorum et infitiatorum impudentiam.
Fecit eadem omnia quae nostri debitores solent; negavit
sese omnino versuram ullam fecisse Romae; Fufiorum se
adfirmavit numquam omnino nomen audisse; Hermippum
10 vero ipsum, pudentissimum atque optimum virum, veterem
amicum atque hospitem meum, splendidissimum atque
ornatissimum civitatis suae, probris omnibus maledictisque
vexat. Sed cum se homo volubilis quadam praecipiti celeritate dicendi in illa oratione iactaret, repente testimoniis
15 Fufiorum nominibusque recitatis homo audacissimus pertimuit, loquacissimus obmutuit. Itaque recuperatores contra
istum rem minime dubiam prima actione iudicaverunt.
Cum iudicatum non faceret, addictus Hermippo et ab hoc
ductus est. Habetis et honestatem hominis et auctoritatem ²¹
20 testimoni et causam omnem simultatis. Atque is ab Her- ⁴⁹
mippo missus, cum ei pauca mancipia vendidisset, Romam
se contulit, deinde in Asiam rediit, cum iam frater meus
Flacco successisset. Ad quem adiit causamque ita detulit,
recuperatores vi Flacci coactos et metu falsum invitos iudi-
25 cavisse. Frater meus pro sua aequitate prudentiaque decrevit ut, si iudicatum negaret, in duplum iret; si metu
coactos diceret, haberet eosdem recuperatores. Recusavit
et, quasi nihil esset actum, nihil iudicatum, ab Hermippo
ibidem mancipia quae ipse ei vendiderat petere coepit.
30 M. Gratidius legatus, ad quem est aditum, actionem se
daturum negavit; re iudicata stari ostendit placere. Iterum 50

8 se *Naugerius* (a): sed (sed et *k*) *codd.*   14 oratione *k*:
ratione *cett.*   16 ommutuit *codd. et Schol.*   22 rediit *bk*:
redit *cett.*

iste, cuí nullus esset usquam consistendi locus, Romam se
rettulit ; persequitur Hermippus, qui numquam istius impudentiae cessit. Petit Heraclides a C. Plotio senatore, viro
primario, qui legatus in Asia fuerat, mancipia quaedam
quae se, cum iudicatus esset, per vim vendidisse dicebat. 5
Q. Naso, vir ornatissimus, qui praetor fuerat, iudex sumitur.
Qui cum sententiam secundum Plotium se dicturum ostenderet, ab eo iudice abiit et, quod iudicium lege non erat,
causam totam reliquit. Satisne vobis, iudices, videor ad
singulos testis accedere neque, ut primo constitueram, 10
tantum modo cum universo genere confligere ?

51   Venio ad Lysaniam eiusdem civitatis, peculiarem tuum,
Deciane, testem ; quem tu cum ephebum Temni cognosses,
quia tum te nudus delectarat, semper nudum esse voluisti.
Abduxisti Temno Apollonidem ; pecuniam adulescentulo 15
grandi faenore, fiducia tamen accepta, occupavisti. Hanc
fiduciam commissam tibi dicis ; tenes hodie ac possides.
Eum tu testem spe recuperandi fundi paterni venire ad testimonium dicendum coegisti ; qui quoniam testimonium
nondum dixit, quidnam sit dicturus exspecto. Novi genus 20
hominum, novi consuetudinem, novi libidinem. Itaque,
etsi teneo quid sit dicere paratus, nihil tamen contra disputabo prius quam dixerit. Totum enim convertet atque
alia finget. Quam ob rem et ille servet quod paravit, et
ego me ad id quod adtulerit integrum conservabo.   25

22
52   Venio nunc ad eam civitatem in quam ego multa et
magna studia et officia contuli, et quam meus frater in

3 Heraclidaes *V* : Heraclida *coni. Müller*   7 ostenderet, ab *V*[1],
Faernus : ostenderet et ab *cett.* (*V*[2])   8 abiit et *Faernus* : habitet
V : abiret *cett.*   12 venio ad] veniat *V*   tuum *k* : tum *V* : cum
*b*χ   13 cognosses *ed. R* : cognosçes *V* : cognosceres *cett.*   14
quia tum *Faernus* : qua tum *V* : qui tunc *Schol.* : quantum *k* : quoniam
*b*χ   delectaverat *Schol.*   15 adduxisti *codd.* : *corr. ed. Ascens.* (2)
17 dicis *om. b*χ   18 tu testem *om. Schol.*   20 nondum *suppl.*
Faernus   23 convertit *V*   24 et eo me *V*   26 et magna
*b*χ : magna *Vk*   27 studia et *om. b*χ

primis colit atque diligit.   Quae si civitas per viros bonos
gravisque homines querelas ad vos detulisset, paulo com-
moverer magis.   Nunc vero quid putem?   Trallianos
Maeandrio causam publicam commisisse, homini egenti, sor-
5 dido, sine honore, sine existumatione, sine censu?   Vbi
erant illi Pythodori, Aetidemi, Lepisones, ceteri homines
apud nos noti, inter suos nobiles, ubi illa magnifica et
gloriosa ostentatio civitatis?   Nonne esset puditum, si hanc
causam agerent severe, non modo legatum sed Trallianum
10 omnino dici Maeandrium?   Huic illi legato, huic publico
testi patronum suum iam inde a patre atque maioribus,
L. Flaccum, mactandum civitatis testimonio tradidissent?
Non est ita, iudices, non est profecto.   Vidi ego in quodam 53
iudicio nuper Philodorum testem Trallianum, vidi Parrha-
15 sium, vidi Archidemum, cum quidem idem hic mihi Maeandrius quasi ministrator aderat subiciens quid in suos civis
civitatemque, si vellem, dicerem.   Nihil enim illo homine
levius, nihil egentius, nihil inquinatius.   Qua re, si hunc
habent auctorem Tralliani doloris sui, si hunc custodem
20 litterarum, si hunc testem iniuriae, si hunc actorem querelarum, remittant spiritus, comprimant animos suos, sedent
adrogantiam, fateantur in Maeandri persona esse expressam
speciem civitatis.   Sin istum semper illi ipsi domi proteren-
dum et conculcandum putaverunt, desinant putare auctori-
25 tatem esse in eo testimonio cuius auctor inventus est nemo.
Sed exponam quid in re *sit* ut quam ob rem ista civitas **23**
neque severe Flaccum oppugnarit neque benigne defen-

2 querellas *V*   4 publicam *Schol.* : P. *V²* : *om. cett.*   6 Pythodori Aetidemi Lepisones (-soni *k*) *k*, *Faernus* : pythodoria et idem
iepisoni (-e *V¹*) *cett.* (Archidemi *pro* Aetidemi *Klotz*, Epigoni *pro*
Lepisones *Baiter*)   8 putidum χ*k*   11 a patre *i*, *ed. V* : aperte
mei   14 parrhasidium *V*   15 mihi *Vi* : *om. cett.*   20
actorem *Camerarius* : auctorem *codd. et Schol.*   quaerellarum *V*
21 sedent *b* : sedeant *V*χ : seducant *k*   23 sin *Naugerius* (1) : in
Vk : *om. b*χ   26 sit *b*χ : *om. Vk in lac.*   27 vere *V*   defenderet *V*

54 derit scire possitis. Erat ei Castriciano nomine irata, de
quo toto respondit Hortensius ; invita solverat Castricio
pecuniam iam diu debitam. Hinc totum odium, hinc
omnis offensio. Quo cum venisset Laelius ad iratos et illud
Castricianum volnus dicendo refricuisset, siluerunt prin- 5
cipes neque in illa contione adfuerunt neque istius decreti
ac testimoni auctores esse voluerunt. Vsque adeo orba
fuit ab optimatibus illa contio ut princeps principum esset
Maeandrius ; cuius lingua quasi flabello seditionis illa tum
55 est egentium contio ventilata. Itaque civitatis pudentis, ut 10
ego semper existimavi, et gravis, ut ipsi existimari volunt,
iustum dolorem querelasque cognoscite. Quae pecunia
fuerit apud se Flacci patris nomine a civitatibus, hanc a se
esse ablatam queruntur. Alio loco quaeram quid licuerit
Flacco ; nunc tantum a Trallianis requiro, quam pecuniam 15
ab se ablatam querantur, suamne dicant, sibi a civitatibus
conlatam in usum suum. Cupio audire. ' Non,' inquit,
' dicimus.' Quid igitur ? ' Delatam ad nos, creditam nobis L. Flacci patris nomine ad eius dies festos atque ludos.'
56 Quid tum ? ' Hanc te,' inquit, 'capere non licuit.' Iam id 20
videro, sed primum illud tenebo. Queritur gravis, locuples,
ornata civitas, quod non retinet alienum ; spoliatam se dicit,
quod id non habet quod eius non fuit. Quid hoc impudentius dici aut fingi potest ? Delectum est oppidum, quo in
oppido universa pecunia a tota Asia ad honores L. Flacci 25
poneretur. Haec pecunia tota ab honoribus translata est
in quaestum et faenerationem ; recuperata est multis post
24
57 annis. Quae civitati facta est iniuria ? At moleste fert

1 ei *om. V (fort.* nomine *ei* irata)   5 dicendum *V*   exsilue-
runt *cod. H. Stephani*   6 contionis *V*   istius *V* : ipsius (illius *c*)
cett.   7 ac *V* : atque Σ*bk* : aut χ*c*   adeo *Vi* : eo *cett.*   8
ab *om. b*[1]   optumatilius *V*   12 istum Σ   13 nomine col-
lata a *Naugerius* (2)   14 querantur *c*   16 ab se Σ϶ : a se χ :
esse *b*   queruntur *b*[1]*k*   19 patris *om.* χ*c*   25 universa
scripsi : una Σ*b*[1]χ϶ : uno *B, Angelius*   tota *del. Naugerius* (2)   26
est in] in χ϶

civitas. Credo; avolsum est enim praeter spem quod erat
spe devoratum lucrum. At queritur. Impudenter facit;
non enim omnia quae dolemus, eadem queri iure possumus.
At accusat verbis gravissimis. Non civitas, sed imperiti
5 homines a Maeandrio concitati. Quo loco etiam atque
etiam facite ut recordemini quae sit temeritas multitudinis,
quae levitas propria Graecorum, quid in contione sedi-
tiosa valeat oratio. Hic, in hac gravissima et moderatissima
civitate, cum est forum plenum iudiciorum, plenum magi-
10 stratuum, plenum optimorum virorum et civium, cum specu-
latur atque obsidet rostra vindex temeritatis et moderatrix
offici curia, tamen quantos fluctus excitari contionum videtis! Quid vos fieri censetis Trallibus? an id quod
Pergami? Nisi forte hae civitates existimari volunt faci-
15 lius una se epistula Mithridatis moveri impellique potuisse
ut amicitiam populi Romani, fidem suam, iura omnia offici
humanitatisque violarent, quam ut filium testimonio laede-
rent cuius patrem armis pellendum a suis moenibus cen-
suissent. Qua re nolite mihi ista nomina civitatum nobilium 58
20 opponere; quos enim hostis haec familia contempsit, numquam eosdem testis pertimescet. Vobis autem est confitendum, si consiliis principum vestrae civitates reguntur,
non multitudinis temeritate, sed optimatium consilio bellum
ab istis civitatibus cum populo Romano esse susceptum;
25 sin ille tum motus est temeritate imperitorum excitatus, **25**
patimini me delicta volgi a publica causa separare. At **59**
enim istam pecuniam huic capere non licuit. Vtrum voltis
patri Flacco licuisse necne? Si licuit *uti*, sicuti certe licuit,
ad eius honores conlata, ex quibus nihil ipse capiebat,

---

1 avulsum Σ*b*¹ : amissum *cett.*   3 iure queri *B*χ   12 contionum
Σ*b*¹*k* : contione χ*c* : in contione *B*   13 an id quod] an non id
quod *Sylvius* : quid *Ernesti*   14 Pergami! Nisi *k* : pergameni si
Σχ*c* : pergamenum (-ni nisi *B*) *b*   16 fidem ς : sedem *cett.*   21
autem] tum Σ   23 optimatium Σ : optimatum *cett.*   28 Flacci *B*
uti *supplevi*   29 collatam *b*¹*k, ed. V*   quibus] qua *Oetling*   nihil
ipse Σ : ipse nihil *cett.*

patris pecuniam recte abstulit filius; si non licuit, tamen
illo mortuo non modo filius sed quivis heres rectissime
potuit auferre. Ac tum quidem Tralliani cum ipsi gravi
faenore istam pecuniam multos annos occupavissent, a
Flacco tamen omnia quae voluerunt impetraverunt, neque 5
tam fuerunt impudentes ut id quod Laelius dixit dicere
auderent, hanc ab se pecuniam abstulisse Mithridatem.
Quis enim erat qui non sciret in ornandis studiosiorem
60 Mithridatem quam in spoliandis Trallianis fuisse? Quae
quidem a me si, ut dicenda sunt, dicerentur, gravius age- 10
rem, iudices, quam adhuc egi, quantam Asiaticis testibus
fidem habere vos conveniret; revocarem animos vestros ad
Mithridatici belli memoriam, ad illam universorum civium
Romanorum per tot urbis uno puncto temporis miseram
crudelemque caedem, praetores nostros deditos, legatos in 15
vincla coniectos, nominis prope Romani memoriam cum
vestigio *omni* imperi non modo ex sedibus Graecorum
verum etiam ex litteris esse deletam. Mithridatem dominum, illum patrem, illum conservatorem Asiae, illum Euhium,
61 Nysium, Bacchum, Liberum nominabant. Vnum atque 20
idem erat tempus cum L. Flacco consuli portas tota Asia
claudebat, Cappadocem autem illum non modo recipiebat
suis urbibus verum etiam ultro vocabat. Liceat haec nobis,
si oblivisci non possumus, at tacere, liceat mihi potius de
levitate Graecorum queri quam de crudelitate; auctori- 25
tatem isti habeant apud eos quos esse omnino noluerunt?
Nam, quoscumque potuerunt, togatos interemerunt, nomen
26 civium Romanorum quantum in ipsis fuit sustulerunt. In
hac igitur urbe se iactant quam oderunt, apud eos quos

1 si] sed *B*   3 gravi) *fort.* grandi (*cf.* § 51)   8 qui non] quin
coni. Müller   16 vincla Σχ : vincula *cett.*   17 omni *supplevit*
Oetling (*hoc loco, post* cum *Garatoni*)   sedibus *cod. H. Stephani* :
edibus (ae- χ) *mei*   18 dominum *Lambinus* : deum (dm̄ Σ) Σχ :
demum *b* : deinde ς   19 Euhium *Lachmann* : euium Σχ : eu-
chium *cett.*   20 nysum Σ*c*   Liberum *del. Lambinus*   23 suis]
in suis Σ   29 iactent *k, Lambinus*

inviti vident, in ea re publica ad quam opprimendam non
animus eis, sed vires defuerunt? Aspiciant hunc florem
legatorum laudatorumque Flacci ex vera atque integra
Graecia; tum se ipsi expendant, tum cum his comparent,
5 tum, si audebunt, dignitati horum anteponant suam.

Adsunt Athenienses, unde humanitas, doctrina, religio, 62
fruges, iura, leges ortae atque in omnis terras distributae
putantur; de quorum urbis possessione propter pulchritu-
dinem etiam inter deos certamen fuisse proditum est; quae
10 vetustate ea est ut ipsa ex sese suos civis genuisse ducatur,
et eorum eadem terra parens, altrix, patria dicatur, auctoritate autem tanta est ut iam fractum prope ac debilitatum
Graeciae nomen huius urbis laude nitatur. Adsunt Lace- 63
daemonii, cuius civitatis spectata ac nobilitata virtus non
15 solum natura corroborata verum etiam disciplina putatur;
qui soli toto orbe terrarum septingentos iam annos amplius
unis moribus et numquam mutatis legibus vivunt. Adsunt
ex Achaia cuncta multi legati, Boeotia, Thessalia, quibus
locis nuper legatus Flaccus imperatore Metello praefuit.
20 Neque vero te, Massilia, praetereo quae L. Flaccum *tribunum*
militum quaestoremque cognosti; cuius ego civitatis disciplinam atque gravitatem non solum Graeciae, sed haud scio
an cunctis gentibus anteponendam iure dicam; quae tam
procul a Graecorum omnium regionibus, disciplinis linguaque
25 divisa cum in ultimis terris cincta Gallorum gentibus barba-
riae fluctibus adluatur, sic optimatium consilio gubernatur ut
omnes eius instituta laudare facilius possint quam aemulari.
Hisce utitur laudatoribus Flaccus, his innocentiae testibus, 64
ut *Graecorum cupiditati* Graecorum auxilio resistamus.

2 defuerunt *Naugerius* (2): defecerunt (deficiunt *c*) et defuerunt
Σ*bc*χ: defecerunt *k, Gruterus*   4 his] his se *b*   5 eorum *b*¹
componant Σ*b*¹   10 ducatur *scripsi*: dicatur (*om. Lag.* 7) *codd.*
(*cf.* § 65)   19 L. Flaccus *Faernus*   20 tribunum militum
Gulielmius (*cf.* § 101): militem *codd.*   23 iure *om.* Σ   26
adluatur *B, ed. R*: abluatur *cett.*   optimatium Σ: optimatum *cett.*
29 Graecorum cupiditati *suppl. Naugerius* (2): Graecis *suppl. Angelius*

27   Quamquam quis ignorat, qui modo umquam mediocriter
res istas scire curavit, quin tria Graecorum genera sint
vere ? quorum uni sunt Athenienses, quae gens Ionum
habebatur, Aeolis alteri, Doris tertii nominabantur. Atque
haec cuncta Graecia, quae fama, quae gloria, quae doctrina, 5
quae plurimis artibus, quae etiam imperio et bellica laude
floruit, parvum quendam locum, ut scitis, Europae tenet
semperque tenuit, Asiae maritimam oram bello superatam
cinxit urbibus, non ut victam coloniis illam constringeret, sed
65 ut obsessam teneret. Quam ob rem quaeso a vobis, Asia- 10
tici testes, ut, cum vere recordari voletis quantum auctoritatis in iudicium adferatis, vosmet ipsi describatis Asiam
nec quid alienigenae de vobis loqui soleant, sed quid vosmet
ipsi de genere vestro statuatis, memineritis. Namque, ut
opinor, Asia vestra constat ex Phrygia, Mysia, Caria, Lydia. 15
Vtrum igitur nostrum est an vestrum hoc proverbium,
'Phrygem plagis fieri solere meliorem'? Quid? de tota
Caria nonne hoc vestra voce volgatum est, 'si quid cum
periculo experiri velis, in Care id potissimum esse faciendum'? Quid porro in Graeco sermone tam tritum atque 20
celebratum est quam, si quis despicatui ducitur, ut 'Mysorum ultimus' esse dicatur? Nam quid ego dicam de
Lydia? Quis umquam Graecus comoediam scripsit in qua
servus primarum partium non Lydus esset? Quam ob
rem quae vobis fit iniuria, si statuimus vestro nobis iudicio 25
66 standum esse de vobis? Equidem mihi iam satis superque
dixisse videor de Asiatico genere testium ; sed tamen
vestrum est, iudices, omnia quae dici possunt in hominum

---

4 habebatur Σb^1 : habetur *cett.*   Aeoles b^1 Dores b^1 8
maritimam $\Sigma b^1 k$: maximam *cett.*   9 urbibus Σb^1 : viribus *cett.*
victam *scripsi* (*cf.* § 69) : munitam *codd.*   constringeret *scripsi* (*cf.*
Rull. i. 16) : generaret Σ : augeret $b^1 k$: gentem $B\chi c$: gubernaret *i*,
Stangl   12 afferatis $B\chi$: affertis $\Sigma b^1 k$: deferatis *c*   19
Care *s*, *Erasmus* : Caria Σbk : ea re χc 26 superque χk : supra-
que *cett.*

levitatem, inconstantiam, cupiditatem, etiam si a me minus
dicuntur, vestris animis et cogitatione comprendere.

Sequitur auri illa invidia Iudaici. Hoc nimirum est illud **28**
quod non longe a gradibus Aureliis haec causa dicitur.
5 Ob hoc crimen hic locus abs te, Laeli, atque illa turba
quaesita est; scis quanta sit manus, quanta concordia,
quantum valeat in contionibus. Sic submissa voce agam
tantum ut iudices audiant; neque enim desunt qui istos in
me atque in optimum quemque incitent; quos ego, quo id
10 facilius faciant, non adiuvabo. Cum aurum Iudaeorum 67
nomine quotannis ex Italia et ex omnibus nostris provinciis
Hierosolymam exportari soleret, Flaccus sanxit edicto ne ex
Asia exportari liceret. Quis est, iudices, qui hoc non vere
laudare possit? Exportari aurum non oportere cum saepe
15 antea senatus tum me consule gravissime iudicavit. Huic
autem barbarae superstitioni resistere severitatis, multitudinem Iudaeorum flagrantem non numquam in contionibus
pro re publica contemnere gravitatis summae fuit. At
Cn. Pompeius captis Hierosolymis victor ex illo fano nihil
20 attigit. In primis hoc, ut multa alia, sapienter; in tam 68
suspiciosa ac maledica civitate locum sermoni obtrecta-
torum non reliquit. Non enim credo religionem et Iudaeorum et hostium impedimento praestantissimo imperatori,
sed pudorem fuisse. Vbi igitur crimen est, quoniam quidem
25 furtum nusquam reprehendis, edictum probas, iudicatum
fateris, quaesitum et prolatum palam non negas, actum
esse per viros primarios res ipsa declarat? Apameae manifesto comprehensum ante pedes praetoris in foro expensum
est auri pondo c paulo minus per Sex. Caesium, equitem

2 comprehendere *codd.* (*cf. Zielinski, p.* 177)   3 illud est *c*,
Baiter   7 valeat Ϛ : valet Σ*bχ*   sic *b¹k*, *Faernus* : si Σ: *om. cett.* :
fort. st !   10 Iud. nomine aurum *c*   11 nostris Σ*b¹k* : *om. cett.* :
vestris *Faernus*   12 Hierosolyma *Ernesti*   18 prae *Baiter*
20 in tam] quod in tam *cod. H. Stephani*   24 quoniam] quando Ϛ
25 indicatum *Pantagathus*   27 manifesto Σ*b¹* : manifeste *cett.*   29
est] esse Σ   cesiuium Σ

Romanum, castissimum hominem atque integerrimum,
Laodiceae xx pondo paulo amplius per hunc L. Peducaeum,
iudicem nostrum, Adramytii *c* per Cn. Domitium legatum,
69 Pergami non multum. Auri ratio constat, aurum in aerario
est; furtum non reprehenditur, invidia quaeritur; a iudici- 5
bus oratio avertitur, vox in coronam turbamque effunditur.
Sua cuique civitati religio, Laeli, est, nostra nobis. Stantibus Hierosolymis pacatisque Iudaeis tamen istorum religio
sacrorum a splendore huius imperi, gravitate nominis nostri,
maiorum institutis abhorrebat; nunc vero hoc magis, quod 10
illa gens quid de nostro imperio sentiret ostendit armis;
quam cara dis immortalibus esset docuit, quod est victa,
quod elocata, quod serva facta.

29
70   Quam ob rem quoniam, quod crimen esse voluisti, id
totum vides in laudem esse conversum, veniamus iam ad 15
civium Romanorum querelas; ex quibus sit sane prima
Deciani. Quid tibi tandem, Deciane, iniuriae factum est?
Negotiaris in libera civitate. Primum patere me esse curio-
sum. Quo usque negotiabere, cum praesertim sis isto loco
natus? Annos iam xxx in foro versaris, sed tamen in 20
Pergameno. Longo intervallo, si quando tibi peregrinari
commodum est, Romam venis, adfers faciem novam,
nomen vetus, purpuram Tyriam, in qua tibi invideo, quod
71 unis vestimentis tam diu lautus es. Verum esto, negotiari
libet; cur non Pergami, Smyrnae, Trallibus, ubi et multi 25
cives Romani sunt et ius a nostro magistratu dicitur?
Otium te delectat, lites, turbae, praetor odio est, Graecorum

---

2 hunc *Orelli* : hunc C. *codd.* (? C *e v. prox. adscitum*)˙: hunc ipsum
Naugerius (2)   3 adrimeti Σ*b*χ : adrumeti ς : *corr. Sylvius*
c *supplevi* (*cf. v.* 2)   6 convertitur Σ*b*¹   12 victa] unita Σ*k*
(*cf.* § 64, *Rull.* ii. 99)   13 elocata Σ*b*¹ : est locata *cett.*   serva
facta *Sylvius* : servata *codd.* : serva *Angelius*   19 isto *Nau-*
gerius (2) : illo *codd.*   20 tamen in] tamen *Lagg.* 7, 13, *ed. Ascens.* (2)
23 Tyriam eandem in *Mommsen*   27 praetor *Naugerius* (2) :
populus Romanus *codd*

libertate gaudes. Cur ergo unus tu Apollonidensis amantissimos populi Romani, fidelissimos socios, miseriores
habes quam aut Mithridates aut etiam pater tuus habuit
umquam? Cur his per te frui libertate sua, cur denique
5 esse liberos non licet? Homines sunt tota ex Asia fruga-
lissimi, sanctissimi, a Graecorum luxuria et levitate remo-
tissimi, patres familias suo contenti, aratores, rusticani;
agros habent et natura perbonos et diligentia culturaque
meliores. In hisce agris tu praedia habere voluisti. Omni-
10 no mallem, et magis erat tuum, si iam te crassi agri
delectabant, hic alicubi in Crustumino aut in Capenati
paravisses. Verum esto; Catonis est dictum 'pedibus 72
compensari pecuniam.' Longe omnino a Tiberi ad Caicum,
quo in loco etiam Agamemnon cum exercitu errasset, nisi
15 ducem Telephum invenisset. Sed concedo id quoque;
placuit oppidum, regio delectavit. Emisses. Amyntas est 30
genere, honore, existimatione, pecunia princeps illius civitatis. Huius socrum, mulierem imbecilli consili, satis locupletem, pellexit Decianus ad sese et, cum illa quid ageretur
20 nesciret, in possessione praediorum eius familiam suam
conlocavit; uxorem abduxit ab Amynta praegnantem,
quae peperit apud Decianum filiam, hodieque apud Decianum est et uxor Amyntae et filia. Num quid harum 73
rerum a me fingitur, Deciane? Sciunt haec omnes nobiles,
25 sciunt boni viri, sciunt denique noti homines, sciunt me-
diocres negotiatores. Exsurge, Amynta, repete a Deciano
non pecuniam, non praedia, socrum denique sibi habeat;
restituat uxorem, reddat misero patri filiam. Membra
quidem, quae debilitavit lapidibus, fustibus, ferro, manus

---

1 libertate] levitate ⵤ   Apollonienses *codd.* : *corr. Naugerius* (2)
2 fidelissimosque *Lambinus*   4 iis *Baiter*   5 esse liberos
non χⵤ : liberos non esse Σ : esse non liberos *b*   ex *om.* χ*k*, *del.*
Baiter   10 et magis] magis *B*χ   erat tutum sed te crassi ⵤ
iam *om. b*¹   13 longe] longe est *Baiter*   24 haec Σχ : hoc *b*ⵤ
25 noti *scripsi*: nostri *codd.* (*cf.* §§ 8, 52)   29 quidem *supplevi*
(nam membra *Naugerius*)

quas contudit, digitos quos confregit, nervos quos concidit,
restituere non potest; filiam, filiam inquam, aerumnoso
74 patri, Deciane, redde. Haec Flacco non probasse te mi-
raris? Cui, quaeso, tandem probasti? Emptiones falsas,
praediorum proscriptiones cum aperta circumscriptione 5
fecisti. Tutor his mulieribus Graecorum legibus ascri-
bendus fuit; Polemocratem scripsisti, mercennarium et
administrum consiliorum tuorum. Adductus est in iudicium
Polemocrates de dolo malo et de fraude a Dione huius
ipsius tutelae nomine. Qui concursus ex oppidis finitimis 10
undique, qui dolor animorum, quae querela! Condemnatus est Polemocrates sententiis omnibus; inritae vendi-
tiones, inritae proscriptiones. Num restituis? Defers ad
Pergamenos ut illi reciperent in suas litteras publicas
praeclaras proscriptiones et emptiones tuas. Repudiant, 15
reiciunt. At qui homines? Pergameni, laudatores tui.
Ita enim mihi gloriari visus es laudatione Pergamenorum
quasi honorem maiorum tuorum consecutus esses, et hoc
te superiorem esse putabas quam Laelium, quod te civitas
Pergamena laudaret. Num honestior est civitas Pergamena 20
31
75 quam Smyrnaea? At ne ipsi quidem dicunt. Vellem tantum habere me oti, ut possem recitare psephisma Smyr-
naeorum quod fecerunt in Castricium mortuum, primum ut
in oppidum introferretur, quod aliis non conceditur, deinde
ut ferrent ephebi, postremo ut imponeretur aurea corona 25
mortuo. Haec P. Scipioni, clarissimo viro, cum esset Per-

---

2 filiam *semel hab.* b^1 4 quaeso k, *Angelius* : quasi *cett.*   5–6
cum aperta . . . his mulieribus *scripsi* : cum mulieribus (-erculis $B\chi$)
aperta . . . his rebus (verbis $\chi\varsigma$) *codd.*   13 praescriptiones (-is Σ)
$\Sigma^1 b$ num] non ς 16 at qui b^1 : atque *cett.*   18 consecutus i,
Klotz : secutus *mei* : assecutus *Naugerius* (2)   21 Smyrnaea.
At ne *Camerarius* : Smyrne. An (an ut k) $b^2\chi\varsigma$: Smyrne Σb^1
ipsi . . . recitare $B\chi\varsigma$: *om.* Σb^1 23 primum ut . . . esse cetera
(§ 83) *protulit Peutingerus e cod. Hieronymi Rorarii Foroiuliensis
in ed. Crat. (de codd. (?) H. Stephani et Lambini consultus sileo)*

gami mortuus, facta non sunt.   At Castricium quibus
verbis, di immortales ! 'decus patriae, ornamentum populi
Romani, florem iuventutis ' appellant.   Qua re, Deciane,
si cupidus es gloriae, alia ornamenta censeo quaeras; Per-
5 gameni te deriserunt.   Quid ? tu ludi te non intellegebas, 76
cum tibi haec verba recitabant : 'clarissimum virum, prae-
stantissima sapientia, singulari ingenio '?   Mihi crede, lude-
bant.   Cum vero coronam auream litteris imponebant, re
vera non plus aurum tibi quam monedulae committebant,
10 ne tum quidem hominum venustatem et facetias perspicere
potuisti?   *Ipsi* igitur illi Pergameni proscriptiones quas
tu adferebas repudiaverunt.   P. Orbius, homo et prudens
et innocens, contra te omnia decrevit.   Apud P. Globulum, 32
meum necessarium, fuisti gratiosior.   Vtinam neque ipsum
15 neque me paeniteret !   Flaccum iniuria decrevisse in tua re 77
dicis; adiungis causas inimicitiarum, quod patri L. Flacco
aedili curuli pater tuus tribunus plebis diem dixerit.   At
istud ne ipsi quidem patri Flacco valde molestum esse
debuit, praesertim cum ille cui dies dicta est praetor postea
20 factus sit et consul, ille qui diem dixit non potuerit privatus
in civitate consistere.   Sed si iustas inimicitias putabas,
cur, cum tribunus militum Flaccus esset, in illius legione
miles fuisti, cum per leges militaris effugere liceret iniquitatem tribuni ?   Cur autem praetor te, inimicum paternum,
25 in consilium vocavit ?   Quae quidem quam sancte solita
sint observari scitis omnes.   Nunc accusamur ab eis qui in 78
consilio nobis fuerunt. 'Decrevit Flaccus.' Num aliud
atque oportuit ? 'In liberos.' Num aliter censuit senatus ? 'In absentem.' Decrevit, cum ibidem esses, cum

9 monedulae *Isidorus, Origg.* xii. 7. 35 : monaedium *P*   11 ipsi
supplevi (isti igitur Perg. *Mommsen*)   13 apud *Lambinus* : in *P*
Globium *P* (*corr. in mg.*)   15 Flaccum in curia decrevissent veri-
dicas adiungis *P* : *corr. Madvig*   16 Flacco *Orelli* : Flacci *P* (*ita
mox*)   18 ne *Lambinus* : nec *P*   21 si istas *P* : *corr. Naugerius* (2)   22 illius] eius *Naugerius*   23 cum] cum tibi *Naugerius*
24 praetor *A. Augustinus* : per *P*   27 faverunt *P* : *corr. Faernus*

prodire nolles ; non est hoc in absentem, sed in latentem
reum. SENATVS CONSVLTVM ET DECRETVM FLACCI. Quid ?
si non decrevisset, sed edixisset, quis posset vere reprehendere ? Num etiam fratris mei litteras plenissimas humanitatis et aequitatis reprehensurus *es* ? quas ea de muliere ad 5
79 me datas apud . . . requisivit. Recita. LITTERAE Q.
CICERONIS. Quid ? haec Apollonidenses occasionem nacti
ad Flaccum *non* detulerunt, apud Orbium acta non sunt, ad
Globulum delata non sunt ? Ad senatum nostrum me
consule nonne legati Apollonidenses omnia postulata de 10
iniuriis unius Deciani detulerunt ? At haec praedia in
censum dedicavisti. Mitto quod aliena, mitto quod possessa per vim, mitto quod convicta ab Apollonidensibus,
mitto quod a Pergamenis repudiata, mitto etiam quod a
nostris magistratibus in integrum restituta, mitto quod nullo 15
80 iure neque re neque possessione tua ; illud quaero sintne
ista praedia censui censendo, habeant ius civile, sint necne
sint mancipi, subsignari apud aerarium aut apud censorem
possint. In qua tribu denique ista praedia censuisti ? Commisisti, si tempus aliquod gravius accidisset, ut ex isdem prae- 20
diis et Apollonide et Romae imperatum esset tributum.
Verum esto, gloriosus fuisti, voluisti magnum agri modum
censeri, et eius agri qui dividi plebi Romanae non potest.
Census es praeterea numeratae pecuniae $\overline{\text{CXXX}}$. Eam
opinor tibi numeratam non esse abs te. Sed haec omitto. 25
Census es mancipia Amyntae neque huic ullam in eo fecisti

---

1 nolet *Schol.*   sed in latentem *Schol.*: *om. P*   3 dixisset
P: *corr. Manutius*   5 es *suppl. Lambinus*   easdem mulieri a
me *P*: *correxi*   6 apud . . . . . *P*: Pataranos *suppl. Naugerius*
(*malim* publicanos, *cf.* § 37)   R. litterarumque Ciceronis *P*: *corr.
Mommsen*   7 occasione facta *P*: *corr. Orelli*   8 non *suppl. Lambinus*   11 at *Lambinus* : ad *P*   in] etiam in *Naugerius*   incensa *P*: *corr. Lipsius* (*cf. Gell.* vi. 11. 9)   15 nullo in iure neque
re *P*: *corr. Mommsen*   16 sunt ne *P*: *corr. Camerarius*   18
municipii *P*: *corr. Naugerius*   aut *Schol.* : *om. P*   21 Ap-
polonida *P*: *corr. Camerarius*   et Romae *ed. Hervag.* : Roma est
P   23 censere *P*: *corr. Naugerius*   26 es *Naugerius*: et *P*

iniuriam. Possidet enim ea mancipia Amyntas. Ac primo
quidem pertimuit, cum te audisset servos suos esse censum ;
rettulit ad iuris consultos. Constabat inter omnis, si aliena
censendo Decianus sua facere posset, eum maxima habi-
5 turum esse. .... Habetis causam inimicitiarum, qua causa **33**
inflammatus Decianus ad Laelium detulerit hanc opimam 81
accusationem. Nam ita questus est Laelius, cum de perfidia Deciani diceret : ' qui mihi auctor fuit, qui causam ad
me detulit, quem ego sum secutus, is a Flacco corruptus
10 est, is me deseruit ac prodidit.' Sicine tu auctor tandem
eum cui tu in consilio fuisses, apud quem omnis gradus
dignitatis tuae retinuisses, pudentissimum hominem, nobi-
lissima familia natum, optime de re publica meritum in
discrimen omnium fortunarum vocavisti ? Si licet, defen-
15 dam Decianum, qui tibi in suspicionem nullo suo delicto
venit. Non est, mihi crede, corruptus. Quid enim fuit 82
quod ab eo redimeretur ? ut duceret iudicium ? Cui sex
horas omnino lex dedit, quantum tandem ex his horis
detraheret, si tibi morem gerere voluisset ? Nimirum illud
20 est quod ipse suspicatur. Invidisti ingenio subscriptoris
tui ; quod ornabat facile locum quem prehenderat, et acute
testis interrogabat aut . . . fortasse fecisset ut tu ex populi
sermone excideres, idcirco Decianum usque ad coronam
applicavisti. Sed, ut hoc haud veri simile est Decianum
25 a Flacco esse corruptum, ita scitote esse cetera, velut quod 83
ait Lucceius, L. Flaccum sibi dare cupisse, ut a fide se

5 esse . . . . *P*: dominia *suppl. ed. Hervag.*   11 favisses *P*:
corr. Faernus   14 si licet *scripsi* : scilicet *P* : sed *Faber*   **20**
ingenio subscriptoris *Schol.*, *Naugerius* : ingeniosus scriptoris *P*   **21**
facile *Schol.* : facere *P*: facete *Sylvius*   prenderat *Schol.*   **22**
aut . . . . . *P* : circumveniebat *suppl. ed. Hervag.*   fecistis et tu et
populi sermone exciperes *P* : *corr. Manutius*   **24** applicavisti
scripsi : applicuisti *P*   haud veri simile est *scripsi* : veri simile est
haud veri simile *P* : veri simile est *Madvig*   **25** scitote, iudices,
esse *ed. Hervag.*   cetera *Naugerius* (2) : certa *P*   velut *Baiter* :
vel *codd.*

abduceret, sestertium viciens. Et eum tu accusas avaritiae quem dicis sestertium viciens voluisse perdere? Nam
quid emebat, cum te emebat? ut ad se transires? Quam
partem causae tibi daremus? An ut enuntiares consilia
Laeli? qui testes ab eo prodirent? Quid? nos non vide- 5
bamus? Habitare una? Quis hoc nescit? Tabulas in
Laeli potestate fuisse? Num dubium est? An ne vehementer, ne copiose accusares? Nunc facis suspicionem;
ita enim dixisti ut nescio quid a te impetratum esse
videatur. 10

34
84 At enim Androni Sextilio gravis iniuria facta est et non
ferenda, quod, cum esset eius uxor Valeria intestato mortua,
sic egit eam rem Flaccus quasi ad ipsum hereditas
pertineret. In quo quid reprehendas scire cupio. Quod
falsum intenderit? Qui doces? 'Ingenua,' inquit, 'fuit.' 15
O peritum iuris hominem! Quid? ab ingenuis mulieribus
hereditates lege non veniunt? 'In manum,' inquit, 'con-
venerat.' Nunc audio; sed quaero, usu an coemptione?
Vsu non potuit; nihil enim potest de tutela legitima
nisi omnium tutorum auctoritate deminui. Coemptione? 20
Omnibus ergo auctoribus; in quibus certe Flaccum fuisse
85 non dices. Relinquitur illud quod vociferari non destitit,
non debuisse, cum praetor esset, suum negotium agere
aut mentionem facere hereditatis. Maximas audio tibi,
L. Luculle, qui de L. Flacco sententiam laturus es, pro tua 25
eximia liberalitate maximisque beneficiis in tuos venisse
hereditates, cum Asiam provinciam consulari imperio
obtineres. Si quis eas suas esse dixisset, concessisses?
Tu, T. Vetti, si quae tibi in Africa venerit hereditas, usu

2 dicis *edd. VR* : dices Σ*b*χ : dicens *Schol.*   7 num] non χ*c* :
nam *k*   9 a *om.* Σ¹ : abs *Naugerius* (2)   11 Sestulio Σ :
Sestullio χ, *Schol.*   12 intestata χ⌂   17 manum *k* : manu
cett.   18 an *Bk* : vel *b*¹ : *om. cett.*   19 enim *om. Schol.*   20
nisi *Schol.* : sine *codd.*   23 debuisset Σ   29 Vetti *Lambinus* Vecti *codd.*   quae Σ : qua *cett.*

amittes, an tuum nulla avaritia salva dignitate retinebis?
At istius hereditatis iam Globulo praetore Flacci nomine
petita possessio est. Non igitur impressio, non vis, non
occasio, non tempus, non imperium, non secures ad
5 iniuriam faciendam Flacci animum impulerunt.   Atque 86
eodem etiam M. Lurco, vir optimus, meus familiaris, convertit aculeum testimoni sui ; negavit a privato pecuniam
in provincia praetorem petere oportere.   Cur tandem,
M. Lurco, non oportet ?   Extorquere, accipere contra leges
10 non oportet, petere non oportere numquam ostendes, nisi
docueris non licere.   An legationes sumere liberas exigendi
causa, sicut et tu ipse nuper et multi viri boni saepe
fecerunt, rectum est, quod ego non reprehendo, socios
video queri ; praetorem, si hereditatem in provincia non
15 reliquerit, non solum reprehendendum verum etiam condemnandum putas?   'Doti,' inquit, 'Valeria pecuniam 35
omnem suam dixerat.'   Nihil istorum explicari potest,
nisi ostenderis illam in tutela Flacci non fuisse.   Si fuit,
quaecumque sine hoc auctore est dicta dos, nulla est.   Sed 87
20 tamen Lurconem, quamquam pro sua dignitate moderatus
est in testimonio dicendo orationi suae, tamen iratum Flacco
esse vidistis.   Neque enim occultavit causam iracundiae
suae neque reticendam putavit ; questus est libertum suum
Flacco praetore esse damnatum.   O condiciones miseras
25 administrandarum provinciarum, in quibus diligentia plena
simultatum est, neglegentia vituperationum, ubi severitas
periculosa est, liberalitas ingrata, sermo insidiosus, adsen-
tatio perniciosa, frons omnium familiaris, multorum animus

3 non vis, non occasio *Manutius* : non occasio (occisio χ*i*) non vis
codd.   5 atque *Halm* : itaque *codd.*   9 extorquere *del. Kayser* :
Eripere, extorquere *Naugerius* (2)   accipere] arripere ⌐   13
rectum Σ*b*¹χ¹*k* : ratum *cett.*   15 non solum non *B*χ⌐   17
nihil] doti *add. codd.* (*e v. superiore*), *del. Naugerius* (1)   18 tutelam
Σ   fuit *Naugerius* (2) : sit *codd.*   21 orationi *Bremius* : religioni
codd.   22 neque enim *b* : nec enim *cett.*   25 provinciarum
χ*c* : civitatum (*add.* et *b*) provinciarum Σ*b* (*cf.* § 32) : pecuniarum *k*

iratus, iracundiae occultae, blanditiae apertae, venientis
praetores exspectant, praesentibus inserviunt, abeuntis
deserunt! Sed omittamus querelas, ne nostrum consilium
88 in praetermittendis provinciis laudare videamur. Litteras
misit de vilico P. Septimi, hominis ornati, qui vilicus 5
caedem fecerat; Septimium ardentem iracundia videre
potuistis. In Lurconis libertum iudicium ex edicto dedit;
hostis est Lurco. Quid igitur? hominum gratiosorum
splendidorumque libertis fuit Asia tradenda? an simultates
nescio quas cum libertis vestris Flaccus exercet? an vobis 10
in vestris vestrorumque causis severitas odio est, eandem
36 laudatis, cum de nobis iudicatis? At iste Andro spoliatus
bonis, ut dicitis, ad dicendum testimonium non venit.
89 Quid si veniat? Decisionis arbiter C. Caecilius fuit,
quo splendore vir, qua fide, qua religione! obsignator 15
C. Sextilius, Lurconis sororis filius, homo et pudens et
constans et gravis. Si vis erat, si fraus, si metus, si circum-
scriptio, quis pactionem fieri, quis adesse istos coegit?
Quid? si ista omnis pecunia huic adulescentulo L. Flacco
reddita est, si petita, si redacta per hunc Antiochum, 20
paternum huius adulescentis libertum seni illi Flacco pro-
batissimum, videmurne non solum avaritiae crimen effugere
sed etiam liberalitatis laudem adsequi singularem? Communem enim hereditatem, quae aequaliter ad utrumque
lege venisset, concessit adulescenti propinquo suo, nihil 25
ipse attigit de Valerianis bonis. Quod statuerat facere
adductus huius pudore et non amplissimis patrimoni copiis,
id non solum fecit sed etiam prolixe cumulateque fecit. Ex
quo intellegi debet eum contra leges pecunias non cepisse
qui tam fuerit in hereditate concedenda liberalis. 30

---

10 exercuit *Naugerius* (2)   vobis *om.* Bχ 12 vobis $\Sigma\chi^2$
iudicatur *Kayser*   16 Sextullius Σ prudens *codd.* : *corr. Manu-*
tius   20 si redacta si per *codd.* : *corr. Pantagathus*   22 non
Bk : *om. cett.*   29 pecuniam B

At Falcidianum crimen est ingens; talenta quinquaginta 90
se Flacco dicit dedisse. Audiamus hominem. Non adest.
Quo modo igitur dicit? Epistulam mater eius profert et
alteram soror; scriptum ad se dicunt esse ab illo tantam
5 pecuniam Flacco datam. Ergo is cui, si aram tenens
iuraret, crederet nemo, per epistulam quod volet iniuratus
probabit? At qui vir! quam non amicus suis civibus! qui
patrimonium satis lautum, quod hic nobiscum conficere
potuit, Graecorum conviviis maluit dissipare. Quid attinuit 91
10 relinquere hanc urbem, libertate tam praeclara carere, adire
periculum navigandi? quasi bona comesse Romae non
liceret. Nunc denique materculae suae festivus filius,
aniculae minime suspiciosae, purgat se per epistulam, ut
eam pecuniam quacum traiecerat non consumpsisse, sed
15 Flacco dedisse videatur. At fructus isti Trallianorum 37
Globulo praetore venierant; Falcidius emerat HS non-
gentis milibus. Si dat tantam pecuniam Flacco, nempe
idcirco dat ut rata sit emptio. Emit igitur aliquid quod
certe multo pluris esset; dat de lucro, nihil detrahit de vivo.
20 Cur Albanum venire iubet, cur matri praeterea blanditur, 92
cur epistulis et sororis et matris imbecillitatem aucupatur,
postremo cur non audimus ipsum? Retinetur, credo, in
provincia. Mater negat. 'Venisset,' inquit, 'si esset
denuntiatum.' Tu certe coegisses, si ullum firmamentum
25 in illo teste posuisses; sed hominem a negotio abducere
noluisti. Magnum erat ei certamen propositum, magna
cum Graecis contentio; qui tamen, ut opinor, iacent victi.
Nam iste unus totam Asiam magnitudine poculorum
bibendoque superavit. Sed tamen quis tibi, Laeli, de

1 crimen est *b*¹ : est crimen est Σ : crimen *cett.*   3 dicitur χ*c*
5 cui *k, Graevius* : qui *cett.*   8 lautum] latum *Bc*   14 quacum
traiecerat *B* : quam contra iecerat (legerat χ) Σχ : quam traiecerat
*b*¹ς   16 venierunt Σ*b*¹   HS] sextertiis *B* : talentis ς : *om. cett.*
(*in lac.* Σχ)   19 vivo] minus igitur lucri facit *add. codd.* : *del.*
Kayser   24 tu] aut Σ : at *b*¹   25 ab (ad *c*) χς

epistulis istis indicavit? Mulieres negant se scire qui sit.
Ipse igitur ille tibi se ad matrem et sororem scripsisse
93 narravit? An etiam scripsit oratu tuo? At vero M. Aebutium, constantissimum et pudentissimum hominem, Falcidi
adfinem, nihil interrogas, nihil eius generum pari fide 5
praeditum, C. Manilium? qui profecto de tanta pecunia,
si esset data, nihil audisse non possent. His tu igitur
epistulis, Deciane, recitatis, his mulierculis productis, illo
absente auctore laudato tantum te crimen probaturum
putasti, praesertim cum ipse non deducendo Falcidium iudi- 10
cium feceris plus falsam epistulam habituram ponderis quam
ipsius praesentis fictam vocem et simulatum dolorem?

94   Sed quid ego de epistulis Falcidi aut de Androne Sextilio
aut de Deciani censu tam diu disputo, de salute omnium
nostrum, de fortunis civitatis, de summa re publica taceo? 15
quam vos universam in hoc iudicio vestris, *vestris* inquam,
umeris, iudices, sustinetis. Videtis quo in motu temporum,
quanta in conversione rerum ac perturbatione versemur.

38 Cum alia multa certi homines, tum hoc vel maxime
moliuntur ut vestrae quoque mentes, vestra iudicia, vestrae 20
sententiae optimo cuique infestissimae atque inimicissimae
reperiantur. Gravia iudicia pro rei publicae dignitate multa
de coniuratorum scelere fecistis. Non putant satis conversam rem publicam, nisi in eandem impiorum poenam
95 optime meritos civis detruserint. Oppressus est C. Antonius. 25
Esto; habuit quandam ille infamiam suam; neque tamen
ille ipse, pro meo iure dico, vobis iudicibus damnatus esset,

     1 qui sit *scripsi*: quis is Σ*b*¹ : quis *cett.*   2 ipse igitur ille
Σ*b*: is est igitur? Ille χ�   3 at] an Σ   4 prudentis-
simum *codd.*: *corr. Manutius*   7 possent ⟨: posset *cett.*   10
in iudicium (-cio *B*) *b*   14 censu Σ*b*¹ : sensu *cett.*   disputo
Faernus: disputo. postulo, χ*k*: disputo (et *add.* Σ²) postulo *cett.* : disputo et expostulo *codd. Lambini*   15 re *edd. VR* : rei *codd.*   16
vestris, vestris *ki, Angelius*: vestris *cett.*   17 quo in motu *Schol.* :
in quo motu (metu ⟨) *codd.*   23 conversam Σ*b*¹ : conversam esse
cett.

cuius damnatione sepulcrum L. Catilinae floribus ornatum
hominum audacissimorum ac domesticorum hostium conventu epulisque celebratum est.   Iusta Catilinae facta sunt ;
nunc a Flacco Lentuli poenae per vos expetuntur.   Quam
5 potestis P. Lentulo, qui vos in complexu liberorum coniu-
gumque vestrarum trucidatos incendio patriae sepelire
conatus est, mactare victimam gratiorem quam si L. Flacci
sanguine illius nefarium in vos omnis odium saturaveritis?
Litemus igitur Lentulo, parentemus Cethego, revocemus 96
10 eiectos; nimiae pietatis et summi amoris in patriam vicissim
nos poenas, si ita placet, sufferamus.   Nos iam ab indicibus
nominamur, in nos crimina finguntur, nobis pericula comparantur.   Quae si per alios agerent, si denique per populi
nomen civium imperitorum multitudinem concitassent,
15 aequiore animo ferre possemus ; illud vero ferri non potest,
quod per senatores et per equites Romanos, qui haec omnia
pro salute omnium communi consilio, una mente atque
virtute gesserunt, harum rerum auctores, duces, principes
spoliari omnibus fortunis atque civitate expelli posse arbi-
20 trantur.   Etenim populi Romani perspiciunt eandem
mentem et voluntatem ; omnibus rebus quibus potest
populus Romanus significat quid sentiat ; nulla varietas
est inter homines opinionis, nulla voluntatis, nulla sermonis.
Qua re, si quis illuc me vocat, venio ; populum Romanum 97
25 disceptatorem non modo non recuso sed etiam deposco.
Vis absit, ferrum ac lapides removeantur, operae facessant,
servitia sileant ; nemo erit tam iniustus qui me audierit,
sit modo liber et civis, quin potius de praemiis meis quam
de poena cogitandum putet.   O di immortales ! quid hoc 39
30 miserius? Nos qui P. Lentulo ferrum et flammam de

8 vos *edd. VR* : nos Σ*b*[1] : *om. cett.*   11 ita dis placet *Angelius*
14 civium] cum Σ   17 atque Σχ : ac *b*ϛ   19 e civitate *cod.*
Faerni   20 eandem *Gulielmius* : eam (*om. b*[1]) *codd.* : iam *Nau-*
gerius (2)   23 hominum opiniones *b*[1]   28 sit] si *b*[1]

manibus extorsimus, imperitae multitudinis iudicio confidimus, lectissimorum civium et amplissimorum sententias
98 pertimescimus! M'. Aquilium patres nostri multis avaritiae
criminibus testimoniisque convictum, quia cum fugitivis
fortiter bellum gesserat, iudicio liberaverunt. Consul ego 5
nuper defendi C. Pisonem; qui, quia consul fortis con-
stansque fuerat, incolumis est rei publicae conservatus.
Defendi item consul L. Murenam, consulem designatum.
Nemo illorum iudicum clarissimis viris accusantibus audi-
endum sibi de ambitu putavit, cum bellum iam gerente 10
Catilina omnes me auctore duos consules Kalendis Ianuariis
scirent esse oportere. Innocens et bonus vir et omnibus
rebus ornatus bis hoc anno me defendente absolutus est,
A. Thermus. Quanta rei publicae causa laetitia populi
Romani, quanta gratulatio consecuta est! Semper graves 15
et sapientes iudices in rebus iudicandis quid utilitas civitatis,
quid communis salus, quid rei publicae tempora poscerent,
99 cogitaverunt. Cum tabella vobis dabitur, iudices, non de
Flacco dabitur solum, dabitur de ducibus auctoribusque
conservandae civitatis, dabitur de omnibus bonis civibus, 20
dabitur de vobismet ipsis, dabitur de liberis vestris, de vita,
de patria, de salute communi. Non iudicatis in hac causa
de exteris nationibus, non de sociis; de vobis atque de
40
100 vestra re publica iudicatis. Quod si provinciarum vos ratio
magis movet quam vestra, ego vero non modo non recuso 25
sed etiam postulo ut provinciarum auctoritate moveamini.
Etenim opponemus Asiae provinciae primum magnam
partem eiusdem provinciae quae pro huius periculis legatos
laudatoresque misit, deinde provinciam Galliam, provinciam Ciliciam, *provinciam* Hispaniam, provinciam Cretam; 30

3 M. *codd.*: *corr. Manutius*   14 A. Thermus *ed. R*: athermus
Σ*b*[1]: thermus *cett.*   15 gratulatio conservata Σ (gratulatione con-
servatus Σ *mg.*)   20 civibus bonis omnibus *b*: bonis omnibus
Faernus   23 atque de Σ: ac de *b*: ac χ5̄: et de *Lambinus*
29 deinde Σ*b*[1]: demum *cett.*   30 provinciam Hispaniam *k*,
Angelius: Hispaniam *cett.*

Graecis autem Lydis et Phrygibus et Mysis obsistent
Massilienses, Rhodii, Lacedaemonii, Athenienses, cuncta
Achaia, Thessalia, Boeotia; Septimio et Caelio testibus
P. Servilius et Q. Metellus huius pudoris integritatisque
5 testes repugnabunt; Asiaticae iuris dictioni urbana iuris
dictio respondebit; annui temporis criminationem omnis
aetas L. Flacci et perpetua vita defendet.   Et, si prodesse 101
L. Flacco, iudices, debet, quod se tribunum militum, quod
quaestorem, quod legatum imperatoribus clarissimis, exer-
10 citibus ornatissimis, provinciis gravissimis dignum suis
maioribus praestitit, prosit quod hic vobis videntibus in
periculis communibus omnium nostrum sua pericula cum
meis coniunxit, prosint honestissimorum municipiorum
coloniarumque laudationes, prosit etiam senatus populique
15 Romani praeclara et vera laudatio.   O nox illa quae paene 102
aeternas huic urbi tenebras attulisti, cum Galli ad bellum,
Catilina ad urbem, coniurati ad ferrum et flammam vocabantur, cum ego te, Flacce, caelum noctemque contestans
flens flentem obtestabar, cum tuae fidei optimae et specta-
20 tissimae salutem urbis et civium commendabam! Tu tum,
Flacce, praetor communis exiti nuntios cepisti, tu inclusam
in litteris rei publicae pestem deprehendisti, tu periculorum
indicia, tu salutis auxilia ad me et ad senatum attulisti.
Quae tibi tum gratiae sunt a me actae, quae ab senatu,
25 quae a bonis omnibus! Quis tibi, quis C. Pomptino,
fortissimo viro, quemquam bonum putaret umquam non
salutem verum honorem ullum denegaturum? O Nonae
illae Decembres quae me consule fuistis! quem ego diem
vere natalem huius urbis aut certe salutarem appellare

    3 C. Caelio Σ (*fort.* P. Septimio et M. Caelio, *cf.* § 11)   4 Q.
Naugerius (2): A. Σ*b* : M. χ5   12 nostrum Σ : vestrum *cett.*   17
et] et ad Σ   19 et spectatissimae] expectatissimae Σχ[1]   20 tu
tum Σ*b* : tu tamen *b*[1]*c* : tum tu *B* : tu tu χ *ed. R*   24 ab Σχ : a *b*5
25 C. Pomptino *Lambinus* : C. Pontimo (-nio χ) Σχ : Promptino 5 :
Cn. Pompeio *b*

41
103 possum. O nox illa quam iste est dies consecutus, fausta
huic urbi, miserum me, metuo ne funesta nobis! Qui tum
animus L. Flacci—nihil dicam enim de me—qui amor in
patriam, quae virtus, quae gravitas exstitit! Sed quid ea
commemoro quae tum cum agebantur uno consensu 5
omnium, una voce populi Romani, uno orbis terrae testimonio in caelum laudibus efferebantur, nunc vereor ne
non modo non prosint verum etiam aliquid obsint? Etenim
multo acriorem improborum interdum memoriam esse
sentio quam bonorum. Ego te, si quid gravius acciderit, 10
ego te, inquam, Flacce, prodidero. O mea dextera illa,
mea fides, mea promissa, cum te, si rem publicam conser-
varemus, omnium bonorum praesidio quoad viveres non
modo munitum sed etiam ornatum fore pollicebar. Putavi,
speravi, etiam si honos noster vobis vilior fuisset, salutem 15
104 certe caram futuram. Ac L. Flaccum quidem, iudices, si,
quod di immortales omen avertant, gravis iniuria adflixerit,
numquam tamen prospexisse vestrae saluti, consuluisse
vobis, liberis, coniugibus, fortunis vestris paenitebit; semper
ita sentiet, talem se animum et generis dignitati et pietati 20
suae et patriae debuisse; vos ne paeniteat tali civi non
pepercisse, per deos immortalis, iudices, providete. Quotus
enim quisque est qui hanc in re publica sectam sequatur,
qui vobis, qui vestri similibus placere cupiat, qui optimi
atque amplissimi cuiusque hominis atque ordinis auctori- 25
tatem magni putet, *cum* illam viam sibi videant expeditiorem
42 ad honores et ad omnia quae concupiverunt? Sed cetera
sint eorum; sibi habeant potentiam, sibi honores, sibi
ceterorum commodorum summas facultates; liceat eis qui

---

3 enim dicam *b* : dicam *Faernus*   4 quae virtus] qui iuratus Σ
5 cum χϛ : *om.* Σ*b*   11 prodidero Σχ : perdidero *b*ϛ   O *supplevi*   dextera Σ : dextra *cett.*   16 ac Σ*b*¹ : at *cett.*   17 quod
Naugerius (1) : id quod *codd.*   23 in re p. Σ : in rem p. *b*¹ : rei p.
cett.   26 cum *b*¹*k, Faernus*: *om. cett.* (si *ante* sibi *suppl. Baiter*)
videant Σ*b*¹*k* : vident *cett.*   29 iis *k* : his *cett.*

haec salva esse voluerunt ipsis esse salvis.   Nolite, iudices, 105
existimare eos quibus integrum est, qui nondum ad honores
accesserunt, non exspectare huius exitum iudici.   Si L. Flacco
tantus amor in bonos omnis, tantum in rem publicam
5 studium calamitati fuerit, quem posthac tam amentem fore
putatis qui non illam viam vitae quam ante praecipitem et
lubricam esse ducebat huic planae et stabili praeponendam
esse arbitretur ? Quod si talium civium vos, iudices, taedet,
ostendite ; mutabunt sententiam qui potuerint ; constituent
10 quid agant quibus integrum est ; nos qui iam progressi
sumus hunc exitum nostrae temeritatis feremus.   Sin hoc
animo quam plurimos esse voltis, declarabitis hoc iudicio
quid sentiatis.   Huic, huic misero puero vestro ac liberorum 106
vestrorum supplici, iudices, hoc iudicio vivendi praecepta
15 dabitis.   Cui si patrem conservatis, qualis ipse debeat esse
civis praescribetis ; si eripitis, ostendetis bonae rationi et
constanti et gravi nullum a vobis fructum esse propositum.
Qui vos, quoniam est id aetatis ut sensum iam percipere
possit ex maerore patrio, auxilium nondum patri ferre
20 possit, orat ne suum luctum patris lacrimis, patris maerorem
suo fletu augeatis ; qui etiam me intuetur, me voltu appellat.
meam quodam modo flens fidem implorat ac repetit eam
quam ego patri suo quondam pro salute patriae spoponderim
dignitatem.   Miseremini familiae, iudices, miseremini fortis-
25 simi patris, miseremini fili ; nomen clarissimum et fortissimum vel generis vel vetustatis vel hominis causa rei publicae
reservate.

4 in rem p. *cod. H. Stephani* : in re p. *mei*   7 ducebat Σ*b* :
dicebat χϛ   9 poterunt *b, Ernesti*   13 huic, huic] huic *i*
15 dabitis] 'ei *supple*' Σ *mg*.   16 si] sin *Manutius*   ostendetis
*b*¹ : ostenditis *cett*.   22 implorat ac *Angelius* : imploratam Σ*bχ* :
implorans ϛ   24 fortissimi *om. s*   25 et fortissimum *om.
Paris*. 16228

FRAGMENTA

1. *Cicero pro Flacco:* quam benivolum hunc populo Romano, quam fidelem putatis ? (Arus. Mess. *K.* vii. 458.)

[2. *Doctissimi quique Graecorum, de quibus pro Flacco agens luculenter Cicero ait:* ingenita levitas et erudita 5 vanitas. (Hieronym. *ep.* 10. 3, t. i, p. 25, ed. ii, Vallars., comm. ad Galat. i. 3, t. vii. 1, p. 416.)]

M. TVLLI CICERONIS
IN L. CALPVRNIVM PISONEM
ORATIO

SIGLA

In Pisonem

P = Palimpsestus Taurinensis (*continebat* §§ 17-23 ' -to enim
illud . . . consulatus aut te': §§ 33-36 ' -rentur male
praecarentur . . . esse visam': §§ 47-50 ' -am in quam
tantum . . . omitto: ille si non': §§ 61-63 '-terea mi
Caesar . . . iam vides quo-': §§ 64-66 'num etiam . . .
nolite': §§ 75-79 'quorum quidem . . . ego C.': §§ 79-
82 '-vit. Non sum . . . montes rese-')

V = cod. tabularii Basilicae Vaticanae H. 25, saecl. ix
(§§ 32-74 'tamen misericordia . . . oratione hoc' *continens*)

E = cod. Erfurtensis, saecl. xii/xiii

e = cod. Palatinus 1525

M = cod. S. Mariae, nunc Laur. Conv. Soppr. 13 (Lag. 39)

ω = cod. Laur. XLVIII. 26 (Lag. 26)

o = cod. Oxon. Dorvill. 78 (Lag. 38)

s = cod. Senensis H. VI. 12

ϕ = cod. Laur. XLVIII. 24 (Lag. 24)

χ = cod. S. Marci 254 (Lag. 3)

Cus. = cod. Cusanus C. 14, saecl. xii

c = cod. Oxon. Canonici 226

k = cod. Paris. 7779, A. D. 1459 scriptus

μ = codd. $\omega o s$

n = codd. Lagg. 1, 7, 8, 13

N = codd. $\chi^2 n$

ς = codd. ck

i = cod. (vel codd.) ab E. Ströbel collatus

In Asconio

S = cod. Pistoriensis, Forteguerri 37, a Sozomeno scriptus

P = cod. Matritensis X. 81 a Poggio scriptus

M = cod. Laur. LIV. 5 ex apographo Bartolomaei de Monte-
politiano descriptus

KS = Kiessling-Schoell

Paginas et versus secundum editionem meam dedi

M. TVLLI CICERONIS

IN L. CALPVRNIVM PISONEM
ORATIO

FRAGMENTA

1. Pro di inmortales! qui hic inluxit dies mihi quidem, patres conscripti, peroptatus, ut hoc portentum huius loci, monstrum urbis, prodigium civitatis viderem! (Cus. 1, Quint. ix. 4. 76, Charis. *K*. ii. 235, Diom. *K*. ii. 468, Claud. 5 Sacerd. *K*. vi. 447.)

2. Equidem nihil malui; vos fortasse consumptum istum cruciatu aut demersum fluctibus audire malletis. (Cus. 2.)

3. Perturbatio istum mentis et quaedam scelerum offusa caligo et ardentes Furiarum faces excitaverunt. (Cus. 3, 10 Quint. ix. 3. 47.)

4. Quem enim iste in scopulum non incidit, quod in telum non inruit? (Cus. 4.)

5. Quid est negare ausus aut potius qvid non confessus? (Cus. 5.)

15 6. Quid enim illo inertius, quid sordidius, quid nequius, quid enervatius, quid stultius, quid abstrusius? (Cus. 6.)

7. Turbulenti, seditiosi, factiosi, perniciosi. (Cus. 7.)

8. Quod minimum specimen in te ingeni? Ingeni autem? immo ingenui hominis ac liberi: qui colore ipso 20 patriam aspernaris, oratione genus, moribus nomen. (Ascon. 2. 13.)

9. Hoc non ad contemnendam Placentiam pertinet unde se is ortum gloriari solet; neque enim hoc mea natura fert

19 colore *M*: colorore *S*: color. colore *P*: color. Ore *Poggius*

nec municipi, praesertim de me optime meriti, dignitas patitur. (Ascon. 2. 22.)

10. Hic cum a domo *profectus* Placentiae forte consedisset, paucis *post annis* in eam civitatem—nam tum erat .... —ascendit. Prius enim Gallus, dein Gallicanus, 5 extremo Placentinus haberi *coeptus* est. (Ascon. 4. 3.)

11. Insuber quidam fuit, idem mercator et praeco : is cum Romam cum filia venisset, adulescentem nobilem, Caesonini hominis furacissimi filium, ausus est appellare *eique* filiam conlocavit. Calventium aiunt eum appellatum. 10 (Ascon. 5. 3.)—homini levi et subito filiam conlocavit. (Arus. Mess. *K.* vii. 462.)

12. Maiorem sibi Insuber ille avus adoptavit. (Arus. 496.)

13. Lautiorem .... pater tuus socerum quam 15 C. Piso .... in illo luctu meo. Ei enim filiam meam conlocavi quem ego, *si mihi* potestas tum omnium fuisset, unum potissimum delegissem. (Ascon. 4. 16.)— unum potissimum delegissem. (Cus. 8.)

14. Te tua illa nescio quibus a terris apportata mater 20 pecudem ex alvo, non hominem effuderit. (Cus. 9.)— quae te beluam ex utero, non hominem fudit. (Serv. Verg. *Aen.* viii. 139.)

15. Cum tibi tota cognatio serraco advehatur. (Quintil. viii. 3. 21.) 25

16. Simulata ista, ficta, fucata sunt omnia. (Cus. 10.)

17. Putavi austerum hominem, putavi tristem, putavi gravem, sed video adulterum, video ganeonem, video parie-

3 a domo profectus *KS* : ad om .... *codd.* foret consedit et *codd.* : *corr. Manutius* 4 erat .... *codd.* : civitas *suppl. Manutius* : incola *suppl. Mommsen* 5 Gallica ...... extremus Placentinus haberi .... est *codd.* : *suppl. Manutius* 7 intuber *codd.* : *corr. ed. V* 8 filio *codd.* : *corr. Manutius* 9 caesoniani *codd.* : *corr. Mommsen* 10 eique *suppl. Rinkes* calventinum *codd.* : *corr. ed. Ald.* 16 meo. Ei *scripsi* : non enim (ei *P*) *codd.* 17 si mihi *supplevi*

tum praesidio, video amicorum sordibus, video tenebris
occultantem libidines suas. (Cus. 11.) — putavi gravem,
video adulterum, video ganeonem. (Grillius, Rhet. M. 599.)

[18. Neque adsidere Gabinium aut adloqui in curia quis-
5 quam audebat. (Arus. 452.)]

[19. Quid quod miser, cum loqui non posset, tacere non
poterat? (Quint. viii. 5. 18.)]

Iamne vides, belua, iamne sentis quae sit hominum
querela frontis tuae? Nemo queritur Syrum nescio quem
10 de grege noviciorum factum esse consulem. Non enim nos
color iste servilis, non pilosae genae, non dentes putridi
deceperunt; oculi, supercilia, frons, voltus denique totus,
qui sermo quidam tacitus mentis est, hic in fraudem homines
impulit, hic eos quibus erat ignotus decepit, fefellit, induxit.
15 Pauci ista tua lutulenta vitia noramus, pauci tarditatem
ingeni, stuporem debilitatemque linguae. Numquam erat
audita vox in foro, numquam periculum factum consili,
nullum non modo inlustre sed ne notum quidem factum
aut militiae aut domi. Obrepsisti ad honores errore ho-
20 minum, commendatione fumosarum imaginum, quarum
simile habes nihil praeter colorem. Is mihi etiam gloria- 2
batur se omnis magistratus sine repulsa adsecutum? Mihi
ista licet de me vera cum gloria praedicare; omnis enim
honores populus Romanus mihi ipsi homini detulit. Nam
25 tu cum quaestor es factus, etiam qui te numquam viderant,
tamen illum honorem nomini mandabant tuo. Aedilis es
factus; Piso est a populo Romano factus, non iste Piso.

8 iamne *N, Asconius* : iam *cett.*   vides] sentis *N*   querela
hominum *E (contra Arusian. K.* vii. 504)   11 putridi *EφϚ*: putidi
(-edi *M) cett.*   14 eras *Lallemand (contra Gellium* xiii. 25. 23)
15 noramus] novimus *N*   20 famosarum *Mμ*   21 gloriabitur ϛ:
gloriatur *i, ed. V*   24 homini] non nomini *cod. Vrsini* · homini
novo *Manutius*   25 tu ϛ, *Naugerius* (1) : tum *cett.*

Praetura item maioribus delata est tuis. Noti erant illi
mortui, te vivum nondum noverat quisquam. Me cum
quaestorem in primis, aedilem priorem, praetorem primum
cunctis suffragiis populus Romanus faciebat, homini ille
honorem non generi, moribus non maioribus meis, virtuti 5
3 perspectae non auditae nobilitati deferebat. Nam quid ego
de consulatu loquar, parto vis anne gesto? Miserum me!
cum hac me nunc peste atque labe confero! Sed nihil
comparandi causa loquar ac tamen ea quae sunt longissime
disiuncta comprendam. Tu consul es renuntiatus—nihil 10
dicam gravius, quam quod omnes fatentur—impeditis rei
publicae temporibus, dissidentibus consulibus, cum hoc non
recusares eis a quibus dicebare consul, quin te luce dignum
non putarent, nisi nequior quam Gabinius exstitisses. Me
cuncta Italia, me omnes ordines, me universa civitas non 15
2 prius tabella quam voce priorem consulem declaravit. Sed
omitto ut sit factus uterque nostrum; sit sane Fors domina
campi. Magnificentius est dicere quem ad modum gesse-
rimus consulatum quam quem ad modum ceperimus.

4   Ego Kalendis Ianuariis senatum et bonos omnis legis 20
agrariae maximarumque largitionum metu liberavi. Ego
agrum Campanum, si dividi non oportuit, conservavi, si
oportuit, melioribus auctoribus reservavi. Ego in C. Rabirio
perduellionis reo XL annis ante me consulem interpositam
senatus auctoritatem sustinui contra invidiam atque defendi. 25
Ego adulescentis bonos et fortis, sed usos ea condicione
fortunae ut, si essent magistratus adepti, rei publicae statum
convolsuri viderentur, meis inimicitiis, nulla senatus mala
5 gratia comitiorum ratione privavi. Ego Antonium conlegam
cupidum provinciae, multa in re publica molientem pa- 30

6 perspectae Ⴝ : perfectae *cett.*   9 ac tamen *Ee* : attamen *cett.*
10 comprendam *E* : compendam *eMμ* : comprehendam *NႻ*   12
consulibus] Caesare et Bibulo *add. codd.* : *del. Manutius*   20 ego]
ergo *Ee*¹   28 esse convulsuri *E*   30 multaque Ⴝ

tientia atque obsequio meo mitigavi. Ego provinciam
Galliam senatus auctoritate exercitu et pecunia instructam
et ornatam, quam cum Antonio commutavi, quod ita existimabam tempora rei publicae ferre, in contione deposui
5 reclamante populo Romano. Ego L. Catilinam caedem
senatus, interitum urbis non obscure sed palam molientem
egredi ex urbe iussi ut, a quo legibus non poteramus, moenibus tuti esse possemus. Ego tela extremo mense consulatus mei intenta iugulis civitatis de coniuratorum nefariis
10 manibus extorsi. Ego faces iam accensas ad huius urbis
incendium comprehendi, protuli, exstinxi. Me Q. Catulus, **3**
                                                                6
princeps huius ordinis et auctor publici consili, frequentissimo senatu parentem patriae nominavit. Mihi hic vir
clarissimus qui propter te sedet, L. Gellius, his audientibus
15 civicam coronam deberi a re publica dixit. Mihi togato senatus non ut multis bene gesta, sed ut nemini conservata re
publica, singulari genere supplicationis deorum immortalium
templa patefecit. Ego cum in contione abiens magistratu
dicere a tribuno pl. prohiberer quae constitueram, cumque
20 is mihi tantum modo ut iurarem permitteret, sine ulla dubitatione iuravi rem publicam atque hanc urbem mea unius
opera esse salvam. Mihi populus Romanus universus illa **7**
in contione non unius diei gratulationem sed aeternitatem
immortalitatemque donavit, cum meum ius iurandum tale
25 atque tantum iuratus ipse una voce et consensu approbavit.
Quo quidem tempore is meus domum fuit e foro reditus ut
nemo, nisi qui mecum esset, civium esse in numero videretur. Atque ita est a me consulatus peractus ut nihil

1 meo *om. Lag.* 12   3 commutavi *Lag.* 9, *Hotoman* : com-
municavi *cett.*   8 extremo] s. Decembri *M in mg.*   mense]
mense Decembri *Ee*   14 propter] iuxta *Ee* (*contra Arusian.*
K. vii. 502)   15 civicam] de quercu eam *Ee*   16 gesta . . . conservata *Lag.* 9, *Garatoni* : gestae . . . conservatae *cett.*   19
dicere a tr. pl. *codd. et Asconii cod. S* : a tr. pl. dicere *Asconii cod. M*
quae] ea quae *Asconi codd. PM*   cumque] cum *Asconius*   20 ut
iurarem] iurare *Asconius*   24 tale] tacite *Ee*

sine consilio senatus, nihil non approbante populo Romano
egerim, ut semper in rostris curiam, in senatu populum
defenderim, ut multitudinem cum principibus, equestrem
ordinem cum senatu coniunxerim. Exposui breviter consulatum meum.   5

4
8   Aude nunc, o furia, de tuo dicere ! cuius fuit initium ludi
compitalicii tum primum facti post L. Iulium et C. Marcium
consules contra auctoritatem huius ordinis ; quos Q. Metellus—facio iniuriam fortissimo viro mortuo, qui illum cuius
paucos paris haec civitas tulit cum hac importuna belua 10
conferam—sed ille designatus consul, cum quidam tribunus
pl. suo auxilio magistros ludos contra senatus consultum
facere iussisset, privatus fieri vetuit atque id quod nondum
potestate poterat obtinuit auctoritate. Tu, cum in Kalendas
Ianuarias compitaliorum dies incidisset, Sex. Clodium, qui 15
numquam antea praetextatus fuisset, ludos facere et praetextatum volitare passus es, hominem impurum ac non
9 modo facie sed etiam oculo tuo dignissimum. Ergo his
fundamentis positis consulatus tui triduo post inspectante
et tacente te a fatali portento prodigioque rei publicae lex 20
Aelia et Fufia eversa est, propugnacula murique tranquilli-
tatis atque oti ; conlegia non ea solum quae senatus sustu-
lerat restituta, sed innumerabilia quaedam nova ex omni
faece urbis ac servitio concitata. Ab eodem homine in
stupris inauditis nefariisque versato vetus illa magistra 25
pudoris et modestiae censura sublata est, cum tu interim,
bustum rei publicae, qui te consulem tum Romae dicis

7 L. Luscellum et G. Marium *codd.* : *corr. Orelli* (*cf. Ascon.* 7. 9)
Metellus] fieri voluit *add. codd. Asconii*   11 designatos consules *Ee*   15 incidisset *Asconius* : incidissent *codd.*   17 ac *Ee* :
atque *cett.*   18 facie] *fort.* calice : *cf.* § 67 *et Housman ad Iuv.* vi. O. 5
oculo] *fort.* osculo (*cf. Sest.* 111) : culo *L. Roche*   19 post triduo *Ee*
20 te et tacente *Asconius*   te] te clodio *Ee* : clodio φ¹χ¹ : tribuno
(tr.) *N*   21 eversa αϰφ²ς : versa *cett.*   23 nova *om. Asconius*
26 censura *Asconius,* M *mg.,* s : severitas *cett.* : severitas censoria
Naugerius (1)

fuisse, verbo numquam significaris sententiam tuam tantis
in naufragiis civitatis.

Nondum quae feceris, sed quae fieri passus sis, dico. **5**
Neque vero multum interest, praesertim in consule, utrum
5 ipse perniciosis legibus, improbis contionibus rem publicam
vexet, an alios vexare patiatur. An potest ulla esse excusatio
non dicam male sentienti, sed sedenti, cunctanti, dormienti
in maximo rei publicae motu consuli? c prope annos
legem Aeliam et Fufiam tenueramus, cccc iudicium
10 notionemque censoriam. Quas leges ausus est non nemo
improbus, potuit quidem nemo convellere, quam potestatem
minuere, quo minus de moribus nostris quinto quoque anno
iudicaretur, nemo tam effuse petulans conatus est, haec
sunt, o carnifex! in prooemio sepulta consulatus tui.   Per- **11**
15 sequere continentis his funeribus dies.   Pro Aurelio tribunali ne conivente quidem te, quod ipsum esset scelus, sed
etiam hilarioribus oculis quam solitus eras intuente, dilectus
servorum habebatur ab eo qui nihil sibi umquam nec facere
nec pati turpe esse duxit. Arma in templo Castoris, o
20 proditor templorum omnium! vidente te constituebantur
ab eo latrone cui templum illud fuit te consule arx civium
perditorum, receptaculum veterum Catilinae militum, castellum forensis latrocini, bustum legum omnium ac religionum.

Erat non solum domus mea sed totum Palatium senatu,
25 equitibus Romanis, civitate omni, Italia cuncta refertum,
cum tu non modo ad eum—mitto enim domestica, quae
negari possunt; haec commemoro quae sunt palam—non
modo, inquam, ad eum cui primam comitiis tuis dederas

3 sis *om. Mμ*   4 vero *om. Mμ*   10 notionem *Manutius*:
rationem *codd.*   est *E, M mg., φ5*: esse *cett.*   14 prooemio
Madvig: gremio *codd.*   15 continentes *Asconius*: connexos *codd.*
18 habebantur *Lag.* 9: *cod. S Asconii*   eo] eo clodio *Eeχ*[1]   19
esse *om. Asconius*   dixit *Ee, Asconii codd. SM*   26 eum]
Ciceronem *add. codd., del. Wunder*   27 palam] palam facta *Halm*
28 dederas] desideras *E*

tabulam praerogativae, quem in senatu sententiam rogabas
tertium, numquam aspirasti, sed omnibus consiliis quae ad
me opprimendum parabantur non interfuisti solum verum
etiam crudelissime praefuisti.

6
12   Mihi vero ipsi coram genero meo, propinquo tuo quae 5
dicere ausus es ?   Egere sordidissime Gabinium, sine provincia stare non posse, spem habere a tribuno pl., si sua
consilia cum illo coniunxisset, a senatu quidem desperasse ;
huius te cupiditati obsequi, sicuti ego fecissem in conlega
meo ; nihil esse quod praesidium consulum implorarem ; 10
sibi quemque consulere oportere.   Atque haec dicere vix
audeo ; vereor ne qui sit qui istius insignem nequitiam
frontis involutam integumentis nondum cernat ; dicam
tamen.   Ipse certe agnoscet et cum aliquo dolore flagitio-
13 rum suorum recordabitur.   Meministine, caenum, cum ad 15
te quinta fere hora cum C. Pisone venissem, nescio quo
e gurgustio te prodire involuto capite soleatum, et, cum isto
ore foetido taeterrimam nobis popinam inhalasses, excusatione te uti valetudinis, quod diceres vinulentis te quibusdam
medicaminibus solere curari ?   Quam nos causam cum 20
accepissemus—quid enim facere poteramus ?—paulisper steti-
mus in illo ganearum tuarum nidore atque fumo ; unde tu
nos cum improbissime respondendo, tum turpissime ru-
14 ctando eiecisti.   Idem illo fere biduo productus in contionem
ab eo cui sicam quandam praebebas consulatum tuum, cum 25
esses interrogatus quid sentires de consulatu meo, gravis
auctor, Calatinus credo aliquis aut Africanus aut Maximus

---

6 sordidissime *Madvig*: foris esse *codd.*   7 pl.] pl. clodio χ¹ :
pl. clodio antonio *Ee*   sua *Ee*χ¹ : tua *cett.*   8 coniunxeris
(-it χ¹) sed a *codd.*: *corr. Halm*   16 quinta fere hora] hora
.V., *Arusian. K.* vii. 491   17 te e gurgustio *Arusianus*   18
inhalasses] inhiasses *Mμ*   19 vinulentis *Mμ*ς, *Müller*: vino-
lentis *cett.*   23 respondendo *EeN*: responderes *cett.*   eructando
codd.: *corr. Lambinus*   25 sicam quandam *scripsi* (*cf. Sest.* 24,
Ascon. 93. 14) : sic aequatum *codd.*: inlaqueatum *Müller*   26 sen.
tires ς : sentires eis *cett.*

et non Caesoninus Semiplacentinus Calventius, respondes
altero ad frontem sublato, altero ad mentum depresso
supercilio crudelitatem tibi non placere. Hic te ille homo 7
dignissimus tuis laudibus conlaudavit. Crudelitatis tu,
5 furcifer, senatum consul in contione condemnas? non
enim me qui senatui parui ; nam relatio illa salutaris et
diligens fuerat consulis, animadversio quidem et iudicium
senatus. Quae cum reprehendis, ostendis qualis tu, si ita
forte accidisset, fueris illo tempore consul futurus. Stipendio
10 me hercule et frumento Catilinam esse putasses iuvandum.
Quid enim interfuit inter Catilinam et eum cui tu senatus
auctoritatem, salutem civitatis, totam rem publicam provinciae praemio vendidisti? Quae enim L. Catilinam 15
conantem consul prohibui, ea P. Clodium facientem con-
15 sules adiuverunt. Voluit ille senatum interficere, vos
sustulistis ; leges incendere, vos abrogastis ; interimere
patriam, vos adflixistis. Quid est vobis consulibus gestum
sine armis ? Incendere illa coniuratorum manus voluit
urbem, vos eius domum quem propter urbs incensa non
20 est. Ac ne illi quidem, si habuissent vestri similem consulem, de urbis incendio cogitassent ; non enim se tectis
privare voluerunt, sed his stantibus nullum domicilium
sceleri suo fore putaverunt. Caedem illi civium, vos servitutem expetistis. Hic vos etiam crudeliores ; huic enim
25 populo ita fuerat ante vos consules libertas insita ut ei
mori potius quam servire praestaret. Illud vero geminum 16
consiliis Catilinae et Lentuli, quod me domo mea expulistis,
Cn. Pompeium domum suam compulistis. Neque enim
me stante et manente in urbis vigilia neque resistente Cn.

1 Caesoninus χ¹ : Censoninus *N* : cesonius *cett.*   3 ille *Eeχn* :
om. cett.   7 fuerat] fuerat bona *Eχn*   15 volunt illi *N*   16
incendere] rescindere *Koch*   interimere *c²k, Naugerius* (2) : interire
(vi terrere *e*) *codd.*   17 adflixistis *Luterbacher* : adiuvistis *codd.*
(vos adiuvistis *del. Ernesti*)   24 hic] his *Manutius*   25 ut
emori *codd.* : *corr. Halm*

Pompeio, omnium gentium victore, umquam se illi rem
publicam delere posse duxerunt. A me quidem etiam
poenas expetistis quibus coniuratorum manis mortuorum
expiaretis ; omne odium inclusum nefariis sensibus impiorum
in me profudistis. Quorum ego furori nisi cessissem, in 5
Catilinae busto vobis ducibus mactatus essem. Quod autem
maius indicium exspectatis nihil inter vos et Catilinam
interfuisse quam quod eandem illam manum ex intermortuis
Catilinae reliquiis concitastis, quod omnis undique perditos
conlegistis, quod in me carcerem effudistis, quod coniuratos 10
armastis, quod eorum ferro ac furori meum corpus atque

8

17

omnium bonorum vitam obicere voluistis? Sed iam redeo
ad praeclaram illam contionem tuam. Tu es ille, cui crude-
litas displicet ? qui, cum senatus luctum ac dolorem suum
vestis mutatione declarandum censuisset, cum videres 15
maerere rem publicam amplissimi ordinis luctu, o noster
misericors ! quid facis ? Quod nulla in barbaria quisquam
tyrannus. Omitto enim illud, consulem edicere ut senatus
consulto ne obtemperetur, quo foedius nec fieri nec cogitari
quicquam potest ; ad misericordiam redeo eius cui nimis 20

18 videtur senatus in conservanda patria fuisse crudelis. Edicere est ausus cum illo suo pari, quem tamen omnibus
vitiis superare cupiebat, ut senatus contra quam ipse
censuisset ad vestitum rediret. Quis hoc fecit ulla in
Scythia tyrannus ut eos quos luctu adficeret lugere non 25
sineret ? Maerorem relinquis, maeroris aufers insignia :
eripis lacrimas non consolando sed minando. Quod si
vestem non publico consilio patres conscripti, sed privato
officio aut misericordia mutavissent, tamen id his non licere

---

3 manes *MsN*: mentes *cett.* (*M mg.*)   9 concitatis *E*   11
ac furori *Ee* : om. *cett.*   14 qui *ed. V* : cui *codd.*   16 maerorem
rei p., amplissimi ordinis luctum *Madvig*   18 illum *T*   senatus
consulto *PEeχ* : senatus senatus consulto *cett.*   19 obtemperetur *P* :
obtemperet *cett.*   24 fecit *PՑ* : facit *cett.*   26 relinquis *PφՑ* :
non relinquis *cett.*   29 his *PEe* : iis *cett.*

per interdicta potestatis tuae crudelitatis erat non ferendae ;
cum vero id senatus frequens censuisset et omnes ordines
reliqui iam ante fecissent, tu ex tenebricosa popina consul
extractus cum illa saltatrice tonsa senatum populi Romani
5 occasum atque interitum rei publicae lugere vetuisti. At **9**
quaerebat etiam paulo ante de me quid suo mihi opus
fuisset auxilio ; cur non meis inimicis meis copiis restitissem. Quasi vero non modo ego, qui multis saepe auxilio
fuerim, sed quisquam tam inops fuerit umquam qui isto
10 non modo propugnatore tutiorem se sed advocato aut
adstipulatore paratiorem fore putaret.   Ego istius pecudis 19
ac putidae carnis consilio scilicet aut praesidio niti volebam,
ab hoc eiecto cadavere quicquam mihi aut opis aut ornamenti expetebam.   Consulem ego tum quaerebam, consulem
15 inquam, non illum quidem quem in hoc maiali invenire non
possem, qui tantam rei publicae causam gravitate et consilio
suo tueretur, sed qui tamquam truncus atque stipes, si
stetisset modo, posset sustinere tamen ti:ulum consulatus.
Cum enim esset omnis causa illa mea consularis et senatoria,
20 auxilio mihi opus fuerat et consulis et senatus ; quorum
alterum etiam ad perniciem meam erat a vobis consulibus
conversum, alterum rei publicae penitus ereptum. Ac tamen,
si consilium exquiris meum, neque ego cessissem et me
ipsa suo complexu patria tenuisset, si mihi cum illo bustu-
25 ario gladiatore et tecum et cum conlega tuo decertandum
fuisset.   Alia enim causa praestantissimi viri, Q. Metelli, 20
fuit, quem ego civem meo iudicio cum deorum immortalium
laude coniungo ; qui C. illi Mario, fortissimo viro et consuli

---

1 potestatis *hic hab. PE, post* tuae *cett.* : *del. Madvig*   tuae] tua
Madvig   2 et omnes *P* : om. *cett.*   9 fuerim *P* : fuissem *cett.*
12 putridae *E5*   canis *Lag.* 9, *Faber*   volebam niti *P*   14
expectabam *ωN5*   quaerebam *P* : requirebam *cett.*   15 maiali
P, Isidorus Origg. ii. 30. 4 : animali *cett.*   20 consulis *Pc²k* : consulum *E* : coss. (cos.) *cett.*   24 cum clodio illo *Eeχ¹5*   25
cum] cum gabinio *P*

et sextum consuli et eius invictis legionibus, ne armis con-
fligeret, cedendum esse duxit. Quod mihi igitur certamen
esset huius modi? cum C. Mario scilicet aut cum aliquo
pari, an cum altero barbato Epicuro, cum altero Catilinae
lanternario consule? Neque hercule ego supercilium tuum 5
neque conlegae tui cymbala fugi neque tam fui timidus ut,
qui in maximis turbinibus ac fluctibus rei publicae navem
gubernassem salvamque in portu conlocassem, frontis tuae
nubeculam aut conlegae tui contaminatum spiritum per-
21 timescerem. Alios ego vidi ventos, alias prospexi animo 10
procellas, aliis impendentibus tempestatibus non cessi sed
bis unum me pro omnium salute obtuli. Itaque discessu
tum meo omnes illi nefarii gladii de manibus crudelissimis
exciderunt, cum quidem tu, o vaecors et amens ! cum omnes
boni abditi inclusique maererent, templa gemerent, tecta 15
ipsa urbis lugerent, complexus es funestum illud animal ex
nefariis stupris, ex civili cruore, ex omni scelerum impor-
tunitate conceptum atque eodem in templo, eodem loci
vestigio et temporis arbitria non mei solum sed patriae
funeris abstulisti.   20

10
22   Quid ego illorum dierum epulas, quid laetitiam et gratulationem tuam, quid cum tuis sordidissimis gregibus intem-
perantissimas perpotationes praedicem? Quis te illis diebus
sobrium, quis agentem aliquid quod esset libero dignum,
quis denique in publico vidit? cum conlegae tui domus 25
cantu et cymbalis personaret, cumque ipse nudus in convivio

---

2 dixit *Ee*   4 barbato *cod. Pithoei* : barbaro *mei*   Epicuro *n* :
Epicureo *cett.*   5 consule *P* : quos (-od *Ee*) *cett.*   ego hercule
P   6 cymbala *PM²ω²sφ* : crotalia *cett.*   7 qui in *PEe* : qui
cett.   turbinibus] tempestatibus *Mart. Cap.* § 512   9 aut *P* :
tum *cett.* : et *Mart. Cap.*   12 bis *Mommsen* : his *codd.*   15
templa gemerent *om.* E   16 ipsa urbis *PNφ* : urbis ipsa *cett.*
fun. illud *P* : illud fun. *cett.*   17 omni *P* : omnium *cett.*   im-
portunitate *P* : et flagitiorum impunitate (*om.* impunitate *Ee*) *add.*
cett.   18 loci *Pi* : et loci *cett.*   21 dierum *PEeφχ¹* · dicam *cett.*
22 intemperatissimas *Mμϛ*

saltaret ; in quo cum illum saltatorium versaret orbem, ne
tum quidem fortunae rotam pertimescebat. Hic autem
non tam concinnus helluo nec tam musicus iacebat in
suorum Graecorum foetore et caeno ; quod quidem istius
5 in illis rei publicae luctibus quasi aliquod Lapitharum aut
Centaurorum convivium ferebatur ; in quo nemo potest
dicere utrum iste plus biberit an vomuerit an effuderit.
Tune etiam mentionem facies consulatus aut te fuisse 23
Romae consulem dicere audebis ?   Quid ? tu in lictoribus
10 et in toga praetexta esse consulatum putas ? quae ornamenta
etiam in Sex. Clodio te consule esse voluisti, his tu, Clodiane
canis, insignibus consulatum declarari putas ?   Animo consulem esse oportet, consilio, fide, gravitate, vigilantia, cura,
toto denique munere consulatus omni officio tuendo, maxi-
15 meque, id quod vis nominis ipsa praescribit, rei publicae
consulendo. An ego consulem esse putem qui senatum
esse in re publica non putavit, et sine eo consilio consulem
numerem, sine quo Romae ne reges quidem esse potuerunt ?
Etenim illa iam omitto. Cum servorum dilectus haberetur
20 in foro, arma in templum Castoris luce et palam comporta-
rentur, id autem templum sublato aditu revolsis gradibus
a coniuratorum reliquiis atque a Catilinae praevaricatore
quondam, tum ultore, armis teneretur, cum equites Romani
relegarentur, viri boni lapidibus e foro pellerentur, senatui
25 non solum iuvare rem publicam sed ne lugere quidem
liceret, cum civis is quem hic ordo adsentiente Italia cunctis-

1 illum *P* : suum illum *Eeχ* : illum suum *cett.*   ne tum quidem
hoc loco hab. P, post in quo *cett.*   4 suorum *P, Vrsinus* : suo *cett.*
et caeno *Cus.* : atque vino *cett.* (*P*)   5 aut] atque *Baiter*   6
convivium] convivium esset *Cus.*   8 tune *P* : tun *M²os* : tum
(tu 5) *cett.*   consulatus *P* : consulatus tui *cett.*   9 dicere *om. Mμ*
10 et in toga *Garatoni* : in toga et *codd.*   11 his *Lambinus* :
huius *codd.*   Clodiane *Lag.* 12, *Lambinus* : Clodiani *cett.*   14-16
tuendo . . . consulendo. An (K. an *E, cf. Rab. perd.* 4) *Ee* : *om.*
cett.   19 etenim] sed enim *Lehmann*   20 templum *Ee* :
templo *cett.*   luce et] luce 1 *det.*, *Garatoni*   21 adito *Mμχ*   24
relegarentur *M²5* : religarentur *cett.*

que gentibus conservatorem patriae iudicarat nullo iudicio,
nulla lege, nullo more servitio atque armis pelleretur, non
dicam auxilio vestro, quod vere licet dicere, sed certe silentio : tum Romae fuisse consules quisquam existimabit ?
24 Qui latrones igitur, si quidem vos consules, qui praedones, 5
qui hostes, qui proditores, qui tyranni nominabuntur ?
11 Magnum nomen est, magna species, magna dignitas, magna
maiestas consulis ; non capiunt angustiae pectoris tui, non
recipit levitas ista, non egestas animi ; non infirmitas ingeni
sustinet, non insolentia rerum secundarum tantam personam, 10
tam gravem, tam severam.   Seplasia me hercule, ut dici
audiebam, te ut primum aspexit, Campanum consulem
repudiavit.   Audierat Decios Magios et de Taurea illo
Vibellio aliquid acceperat ; in quibus si moderatio illa
quae in nostris solet esse consulibus non fuit, at fuit pompa, 15
fuit species, fuit incessus saltem Seplasia dignus et Capua.
25 Gabinium denique si vidissent duumvirum vestri illi unguen-
tarii, citius agnovissent.   Erant illi compti capilli et ma-
dentes cincinnorum fimbriae et fluentes purpurissataeque
buccae, dignae Capua, sed illa vetere ; nam haec quidem 20
quae nunc est splendidissimorum hominum, fortissimorum
virorum, optimorum civium mihique amicissimorum multitudine redundat.   Quorum Capuae te praetextatum nemo
aspexit qui non gemeret desiderio mei, cuius consilio cum
universam rem publicam, tum illam ipsam urbem memine- 25
rant esse servatam.   Me inaurata statua donarant, me
patronum unum asciverant, a me se habere vitam, fortunas, liberos arbitrabantur, me et praesentem contra latrocinium tuum suis decretis legatisque defenderant et absentem

10 secundarum] sclarium *E* : salutarium *Koch*   11 ut dici
audiebam *om. Asconius*   13 taureia *E*   14 Vibellio *e* :
iubellio (in bello *E*χ) *cett.*   15 at fuit *om. E*   17 duumvirum *codd.* (*cf. Rull.* ii. 93)   19 purpurissataeque *Halm* : pul-
sataeque *mei* : cerussataeque *i, Angelius*   21 hominum *om. E*
26 donarunt *Ee, Arusianus K.* vii. 463   27 se *om. Arusianus*

principe Cn. Pompeio referente et de corpore rei publicae
tuorum scelerum tela revellente revocarant.   An tum eras 26
consul cum in Palatio mea domus ardebat non casu aliquo
sed ignibus iniectis instigante te? Ecquod in hac urbe
5 maius umquam incendium fuit cui non consul subvenerit?
At tu illo ipso tempore apud socrum tuam prope a meis
aedibus, cuius domum ad meam domum exhauriendam
patefeceras, sedebas non exstinctor sed auctor incendi et
ardentis faces furiis Clodianis paene ipse consul ministrabas.
10 An vero reliquo tempore consulem te quisquam duxit, 12
quisquam tibi paruit, quisquam in curiam venienti adsur-
rexit, quisquam consulenti respondendum putavit? Nume-
randus est ille annus denique in re publica, cum obmu-
tuisset senatus, iudicia conticuissent, maererent boni, vis
15 latrocini vestri tota urbe volitaret neque civis unus ex
civitate sed ipsa civitas tuo et Gabini sceleri furorique
cessisset?

Ac ne tum quidem emersisti, lutulente Caesonine, ex 27
miserrimis naturae tuae sordibus, cum experrecta tandem
20 virtus clarissimi viri celeriter et verum amicum et optime
meritum civem et suum pristinum morem requisivit; neque
est ille vir passus in ea re publica quam ipse decorarat
atque auxerat diutius vestrorum scelerum pestem morari,
cum tamen ille, qualiscumque est, qui est ab uno te
25 improbitate victus, Gabinius, conlegit ipse se vix, sed
conlegit tamen, et contra suum Clodium primum simulate,
deinde non libenter, ad extremum tamen pro Cn. Pompeio

2 revocarunt *codd.* : *corr. Lambinus*   4 et quod *codd.* : *corr.
Manutius*   5 subveniret *Asconius*   6 prope . . . aedibus
om. Asconius   7 meam domum] meam *Asconius*   10 dixit
codd. : *corr. ed. V*   11 tibi paruit *i, ed. V* : disparuit (disperauit
N) *codd.*   13 ommutuisset *Mμ*   18 ac ne *Ee, Asconius* : at
ne *Mμn*: anne *χ⟨*   Caesonine *Manutius* : Ceso (Caesoni *c, Angelius*)
codd. (Caesone *Asconii cod. S*, Ceso *codd. PM*)   e *Asconius*   19
experrecta *c²k, Asconius* : experta *cett.*   20 clarissimi viri *om.*
Asconius   25 Gabinius *del. Muretus*

vere vehementerque pugnavit. Quo quidem in spectaculo
mira populi Romani aequitas erat. Vter eorum perisset,
tamquam lanista in eius modi pari lucrum fieri putabat,
28 immortalem vero quaestum, si uterque cecidisset. Sed ille
tamen agebat aliquid; tuebatur auctoritatem summi viri. 5
Erat ipse sceleratus, erat gladiator, cum scelerato tamen
et cum pari gladiatore pugnabat. Tu scilicet homo
religiosus et sanctus foedus quod meo sanguine in pactione
provinciarum iceras frangere noluisti. Caverat enim sibi
ille sororius adulter ut, si tibi provinciam, si exercitum, si 10
pecuniam ereptam ex rei publicae visceribus dedisset,
omnium suorum scelerum socium te adiutoremque prae-
beres. Itaque in illo tumultu fracti fasces, ictus ipse,
cotidie tela, lapides, fugae, deprehensus denique cum ferro
ad senatum is quem ad Cn. Pompeium interimendum 15
13 conlocatum fuisse constabat. Ecquis audivit non modo
29 actionem aliquam aut relationem sed vocem omnino aut
querelam tuam? Consulem tu te fuisse putas, cuius in
imperio, qui rem publicam senatus auctoritate servarat, qui
omnis omnium gentium partis tribus triumphis devinxerat, 20
is se in publico, is denique in Italia tuto statuit esse non
posse? An tum eratis consules cum, quacumque de re
verbum facere coeperatis aut referre ad senatum, cunctus
ordo reclamabat ostendebatque nihil esse vos acturos, nisi
prius de me rettulissetis? cum vos, quamquam foedere 25
obstricti tenebamini, tamen cupere vos diceretis, sed lege
30 impediri. Quae lex privatis hominibus esse lex non videbatur, inusta per servos, incisa per vim, imposita per
latrocinium, sublato senatu, pulsis e foro bonis omnibus,

1 vero *Mμ*   2 populi R. *Eeχ*[1] : rei p. *cett.*   9 ieceras *codd.* :
corr. Manutius   12 omnium] omnium ut *Eeχ*   16 et quis
codd. : *corr. Manutius*   18 tu te *χn* : tum te *cett.* : tune te
Wunder   21–23 is denique in Italia *post* servarat *hab. codd.*, *post*
publico *transtuli* (is domi se aut denique in Italia *post* servarat *Madvig*)
28 inusta] iusta 1 *det.* : iussa *Ernesti*

capta re publica, contra omnis leges nullo scripta more,
hanc qui se metuere dicerent, consules non dicam animi
hominum, sed fasti ulli ferre possunt? Nam si illam legem
non putabatis, quae erat contra omnis leges indemnati civis
5 atque integri capitis bonorumque tribunicia proscriptio, ac
tamen obstricti pactione tenebamini, quis vos non modo
consules sed liberos fuisse putet, quorum mens fuerit
oppressa praemio, lingua astricta mercede? Sin illam vos
soli legem putabatis, quisquam vos consules tunc fuisse
10 aut nunc esse consularis putet, qui eius civitatis in
qua in principum numero voltis esse non leges, non
instituta, non mores, non iura noritis? An, cum pro- 31
ficiscebamini paludati in provincias vel emptas vel ereptas,
consules vos quisquam putavit? Itaque, credo, si minus
15 frequentia sua vestrum egressum ornando atque celebrando,
at ominibus saltem bonis ut consules, non tristissimis ut
hostes aut proditores prosequebantur.

Tune etiam, immanissimum ac foedissimum monstrum, 14
ausus es meum discessum illum testem sceleris et crudeli-
20 tatis tuae *in* maledicti et contumeliae loco ponere? Quo
quidem tempore cepi, patres conscripti, fructum immortalem vestri in me et amoris et iudici; qui non admurmura-
tione sed voce et clamore abiecti hominis ac semivivi
furorem petulantiamque fregistis. Tu luctum senatus, tu 32
25 desiderium equestris ordinis, tu squalorem Italiae, tu
curiae taciturnitatem annuam, tu silentium perpetuum
iudiciorum ac fori, tu cetera illa in maledicti loco
pones quae meus discessus rei publicae volnera inflixit?
Qui si calamitosissimus fuisset, tamen misericordia dignior

2 consules] hos consules *E*   4 putabatis] putabam his *E*   5
ac *Wunder* : hac *codd.*   8 asstricta *E*   16 at] atque *E*
ominibus *c*², *Beroaldus* : hominibus χ¹*k* : omnibus *cett.*   17 aut]
ac *Halm*   prosequebantur *E*φ, *edd. VR* : persequebantur *cett.*   18
etiam] etiam, o *Cus.*   20 in *suppl. Halm*   23 ac *E* : et *cett.*
semiviri *Lag.* 9, *Dräger*   28 inflixerit *Bake*   29 qui si *M mg.*,
ς : quasi *cett.*

quam contumelia et cum gloria potius esse coniunctus
quam cum probro putaretur, atque ille dolor meus dumtaxat, vestrum quidem scelus ac dedecus haberetur. Cum
vero—forsitan hoc quod dicturus sum mirabile auditu esse
videatur, sed certe id dicam quod sentio—cum tantis 5
a vobis, patres conscripti, beneficiis adfectus sim tantisque
honoribus, non modo illam calamitatem esse non duco
sed, si quid mihi potest a re publica esse seiunctum, quod
vix potest, privatim ad meum nomen augendum, optandam
33 duco mihi fuisse illam expetendamque fortunam. Atque 10
ut tuum laetissimum diem cum tristissimo meo conferam,
utrum tandem bono viro et sapienti optabilius putas sic
exire e patria ut omnes sui cives salutem, incolumitatem,
reditum precentur, quod mihi accidit, an, quod tibi proficiscenti evenit, ut omnes exsecrarentur, male precarentur, 15
unam tibi illam viam et perpetuam esse vellent? Mihi
me dius fidius in tanto omnium mortalium odio, iusto praesertim et debito, quaevis fuga quam ulla provincia esset
optatior.

15   Sed perge porro. Nam si illud meum turbulentissimum 20
tempus tuo tranquillissimo praestat, quid conferam reliqua
34 quae in te dedecoris plena fuerunt, in me dignitatis? Me
Kalendis Ianuariis, qui dies post obitum occasumque
nostrum rei publicae primus inluxit, frequentissimus senatus,
concursu Italiae, referente clarissimo ac fortissimo viro, 25
P. Lentulo, consentiente atque una voce revocavit. Me
idem senatus exteris nationibus, me legatis magistratibusque

---

3 ac] aut *E*   cum *VEe* : tum *cett.*   6 tantisque *V, Lag.* 9 :
tantis *cett.*   7 dico *VE*¹*c*¹   10 mihi fuisse illam *VEeχn* : illam
mihi fuisse illam *M* : fuisse mihi illam *μϛ*   13 e *V* : a *cett.*   sui]
ei sui *mg. Lambini*   14 tibi] in provinciam *add. V*²   18
quaevis *PV, M mg.* : eius *cett.*   fuga *PV* : fuga potius *cett.*   21
tempus *P* : tempus profectionis *cett.*   24 vestrum *PVEeχ*¹
25 concursus *E*   26 consentiente *PV* : consentiente populo Rom.
cett.

nostris auctoritate sua consularibusque litteris non, ut tu
Insuber dicere ausus es, orbatum patria sed, ut senatus illo
ipso tempore appellavit, civem servatoremque rei publicae
commendavit. Ad meam unius hominis salutem senatus
5 auxilium omnium civium cuncta ex Italia qui rem publicam
salvam esse vellent consulis voce et litteris implorandum
putavit. Mei capitis conservandi causa Romam uno tempore quasi signo dato Italia tota convenit. De mea salute
P. Lentuli, praestantissimi viri atque optimi consulis,
10 Cn. Pompei, clarissimi atque invictissimi civis, ceterorumque principum civitatis celeberrimae et gratissimae
contiones fuerunt. De me senatus ita decrevit Cn. Pompeio 35
auctore et eius sententiae principe ut, si quis impedisset
reditum meum, in hostium numero putaretur, eisque verbis
15 ea de me senatus auctoritas declarata est ut nemini sit
triumphus honorificentius quam mihi salus restitutioque
perscripta. De me cum omnes magistratus promulgassent
praeter unum praetorem, a quo non fuit postulandum,
fratrem inimici mei, praeterque duos de lapide emptos
20 tribunos, legem comitiis centuriatis tulit P. Lentulus consul
de conlegae Q. Metelli sententia, quem mecum eadem res
publica quae in tribunatu eius diiunxerat in consulatu
virtute optimi ac iustissimi viri sapientiaque coniunxit.
Quae lex quem ad modum accepta sit quid me attinet 36
25 dicere? Ex vobis audio nemini civi ullam quo minus
adesset satis iustam excusationem esse visam; nullis
comitiis umquam neque multitudinem hominum tantam

---

1 consularibusque *PV* : consularibus *cett.* 2 Insuber *Turnebus* :
insuper (super *V*[1], semper *V*[2]) *codd.* 3 servatoremque (*om.* que
P) *PV* : conservatorem (·remque *e*) *cett.* 4 hominis *PV* : *om.*
cett. 5 civium *om. V* 7 conservandi *P* : servandi *cett.*
9 consule *V mg.* (*m.* 2) 14 reputaretur *V* eisque *V* : iisque
EM[2]*n* : hisque *P*ς : usque *eM*[1]μχ 15 ‹a de me] eadem *V* 17
praescripta *VN* 20 tribunos P.L.B. *V* 22 diiunxerat *i* :
disiunxerat (diluxerat *P*) *cett.* 23 ac] atque *Halm* 24 re-
cepta *P* 27 neque mult. *V* : nec mult. *cett.*

neque splendidiorem fuisse ; hoc certe video, quod indicant
tabulae publicae, vos rogatores, vos diribitores, vos custodes
fuisse tabellarum, et, quod in honoribus vestrorum propinquorum non facitis vel aetatis excusatione vel honoris, id in
salute mea nullo rogante vos vestra sponte fecistis.   5

16
    Confer nunc, Epicure noster ex hara producte non
37 ex schola, confer, si audes, absentiam tuam cum mea.
Obtinuisti provinciam consularem finibus eis quos lex
cupiditatis tuae, non quos lex generi tui pepigerat. Nam
lege Caesaris iustissima atque optima populi liberi plane et 10
vere erant liberi, lege autem ea quam nemo legem praeter
te et conlegam tuum putavit omnis erat tibi Achaia,
Thessalia, Athenae, cuncta Graecia addicta ; habebas
exercitum tantum quantum tibi non senatus aut populus
Romanus dederat, sed quantum tua libido conscripserat ; 15
38 aerarium exhauseras.   Quas res gessisti imperio, exercitu,
provincia consulari ? Quas res gesserit, quaero ! Qui ut
venit, statim—nondum commemoro rapinas, non exactas
pecunias, non captas, non imperatas, non neces sociorum,
non caedis hospitum, non perfidiam, non immanitatem, 20
non scelera praedico ; mox, si videbitur, ut cum fure, ut
cum sacrilego, ut cum sicario disputabo ; nunc meam
spoliatam fortunam conferam cum florente fortuna imperatoris.   Quis umquam provinciam cum exercitu obtinuit
qui nullas ad senatum litteras miserit ? tantam vero pro- 25
vinciam cum tanto exercitu, Macedoniam praesertim, quam
tantae barbarorum gentes attingunt ut semper Macedonicis
imperatoribus idem fines provinciae fuerint qui gladiorum

1 splendorem *N*   2 diribitores *V* : distributores *cett.*   3
tabellarum *codd. Lallemandi* : tabularum *mei*   6 nunc] te nunc *V*
11 erant *om. V*   16 imperio *V* : in imperio *cett.*   18 *post*
statim *lacunam statuit Lagomarsini*   non exactas *VEeφχ*[1] : nondum
exactas *cett.*   20 caedes *V* : caedem *cett.*   22 sacrilego ut]
sacrilego *Mμ*   26 quam tantae barb. gentes attingunt *V* : quae
tantis barb. gentibus attingitur *cett.*   27 Macedonicis *VEeφχ*ϛ :
Macedonibus *cett.*   28 gladiatorum *MeN*

atque pilorum ; ex qua aliquot praetorio imperio, consulari
quidem nemo rediit, qui incolumis fuerit, quin triumpharit !
Est hoc novum ; multo illud magis. Appellatus est hic
volturius illius provinciae, si dis placet, imperator. Ne tum **17**
5 quidem, Paule noster, tabellas Romam cum laurea mittere 39
audebas ? 'Misi,' inquit. Quis umquam recitavit, quis ut
recitarentur postulavit ? Nihil enim mea iam refert, utrum
tu conscientia oppressus scelerum tuorum nihil umquam
ausus sis scribere ad eum ordinem quem despexeras, quem
10 adflixeras, quem deleveras, an amici tui tabellas abdiderint
idemque silentio suo temeritatem atque audaciam tuam
condemnarint ; atque haud scio an malim te videri nullo
pudore fuisse in litteris mittendis, at amicos tuos plus habuisse
et pudoris et consili, quam aut te videri pudentiorem fuisse
15 quam soles, aut tuum factum non esse condemnatum
iudicio amicorum. Quod si non tuis nefariis in hunc 40
ordinem contumeliis in perpetuum tibi curiam praeclusisses,
quid tandem erat actum aut gestum in tua provincia de quo
ad senatum cum gratulatione aliqua scribi abs te oporteret ?
20 vexatio Macedoniae, an oppidorum turpis amissio, an
sociorum direptio, an agrorum depopulatio, an munitio
Thessalonicae, an obsessio militaris viae, an exercitus
nostri interitus ferro, fame, frigore, pestilentia ? Tu vero
qui ad senatum nihil scripseris, ut in urbe nequior inventus
25 es quam Gabinius, sic in provincia paulo tamen quam ille
demissior. Nam ille gurges atque helluo natus abdomini 41
suo non laudi et gloriae, cum equites Romanos in provincia,
cum publicanos nobiscum et voluntate et dignitate con-
iunctos omnis fortunis, multos fama vitaque privasset, cum

1 consularis *MμN*   2 redit *V*   qui] quin *V*   quin *V* : qui
non *cett.*   5 tabellas *Asconius* : tabulas *codd.*   cum laurea
Romam *Asconius*   7 mea iam *V* : iam mea *cett.*   10 tabellas
V : tabulas *cett.*   13 at *scripsi* : an *codd.* : et *Lambinus* : *del.*
Graevius   habuisse et] habuisset *V*[1] : habuisse *V*[2]   18 tua *V* :
illa *cett.*   24 es inventus *E*   27 et *V* : atque *cett.*

egisset aliud nihil illo exercitu nisi ut urbis depopularetur,
agros vastaret, exhauriret domos, ausus est—quid enim ille
non audeat?—a senatu supplicationem per litteras postulare.
18 O di immortales! tune etiam atque adeo vos, geminae
voragines scopulique rei publicae, vos meam fortunam 5
deprimitis, vestram extollitis, cum de me ea senatus consulta absente facta sint, eae contiones habitae, is motus
fuerit municipiorum et coloniarum omnium, ea decreta
publicanorum, ea conlegiorum, ea denique generum ordi-
numque omnium quae non modo ego optare numquam 10
auderem sed cogitare non possem, vos autem sempiternas
42 foedissimae turpitudinis notas subieritis? An ego, si te et
Gabinium cruci suffixos viderem, maiore adficerer laetitia
ex corporis vestri laceratione quam adficior ex famae?
Nullum est supplicium putandum quo adfici casu aliquo 15
etiam boni viri fortesque possunt.   Atque hoc quidem
etiam isti tui dicunt voluptarii Graeci: quos utinam ita
audires ut erant audiendi; numquam te in tot flagitia
ingurgitasses. Verum audis in praesepibus, audis in stupris,
audis in cibo et vino. Sed dicunt isti ipsi qui mala 20
dolore, bona voluptate definiunt, sapientem, etiam si in
Phalaridis tauro inclusus succensis ignibus torreatur,
dicturum tamen suave illud esse seque ne tantulum quidem
commoveri. Tantam virtutis vim esse voluerunt ut non
43 posset esse umquam vir bonus non beatus. Quae est 25
igitur poena, quod supplicium? Id mea sententia quod
accidere nemini potest nisi nocenti, suscepta fraus, impedita

1 illo *V* : in illo *cett.*   2 ille non *V* : non ille *cett.*   3 audeat
V : auderet *cett.*   4 tune *V, Lag.* 9 : tunc (*del. c²*) *cett.*   7
sint *Vc* : sunt *cett.*   8 ea decreta] decreta *V¹*   10 non modo
ego *VEeχ¹* : ego non modo *cett.*   14 famae *V*: fama *Eeχ¹* : infamia
cett.   15 aliquo quo *Ee*   16 viri *VEeω¹* : *om. cett.*   20 et *V*: et
in *cett.*   22 inclusus *om. Charisius K.* i. 130   23 dicturum
post sapientem *hab. Charisius*   seque *V*: seseque *cett.*   24
vim esse *V*: esse vim *cett.*   25 esse umquam *Vχ¹* : umquam
esse *cett.*

et oppressa mens, bonorum odium, nota inusta senatus,
amissio dignitatis.   Nec mihi ille M. Regulus quem 19
Carthaginienses resectis palpebris inligatum in machina
vigilando necaverunt supplicio videtur adfectus, nec
5 C. Marius quem Italia servata ab illo demersum in Mintur-
nensium paludibus, Africa devicta ab eodem expulsum et
naufragum vidit.   Fortunae enim ista tela sunt non culpae ;
supplicium autem est poena peccati.   Neque vero ego, si
umquam vobis mala precarer, quod saepe feci, in quo di
10 immortales meas preces audiverunt, morbum aut mortem
aut cruciatum precarer.   Thyestea est ista exsecratio poetae
volgi animos non sapientium moventis, ut tu 'naufragio
expulsus uspiam

        saxis fixus asperis, evisceratus
15   latere penderes,'

ut ait ille,

     'saxa spargens tabo, sanie et sanguine atro.'

Non ferrem omnino moleste, si ita accidisset ; sed id tamen 44
esset humanum.   M. Marcellus, qui ter consul fuit, summa
20 virtute, pietate, gloria militari, periit in mari ; qui tamen ob
virtutem in gloria et laude vivit.   In fortuna quadam est
illa mors non in poena putanda.   Quae est igitur poena,
quod supplicium, quae saxa, quae cruces ?   Esse duos
duces in provinciis populi Romani, habere exercitus, appel-
25 lari imperatores ; horum alterum sic fuisse infrenatum conscientia scelerum et fraudum suarum ut ex ea provincia

1 mens *V* : mens conscientia *cett.*   bonorum *V* : bonorum omnium
cett.   inusta *Faernus* : iusta *V* : iussu *Ee* : iusti *cett.*   10 audierunt *V*   11 est ista exsecratio *V* : ista exsecratio est *cett.*   15
pendens *Ennius*   17 et *V* : om. *cett.*   19 M. *om. V¹, codd.*
Asconii   20 perit *VEe, codd. Asconii*   21 in gloria et laude
(*om. in Asconius*) *V. Asconius* : gloriae laude *cett.*   22 non in
VEeω¹ᵩₖ : non *cett.*   23 esse *V* : ecce *cett.*   duo *Eeχ¹*   25
infrenatum *V* : infirmatum *cett.*   26 fraudium *Mμ*   ut ea
ex *Eeφ*

quae fuerit ex omnibus una maxime triumphalis nullam sit
ad senatum litteram mittere ausus. Ex qua provincia modo
vir omni dignitate ornatissimus, L. Torquatus, magnis rebus
gestis me referente ab senatu imperator est appellatus, unde
his paucis annis Cn. Dolabellae, C. Curionis, M. Luculli 5
iustissimos triumphos vidimus, ex ea te imperatore nuntius
ad senatum adlatus est nullus ; ab altero adlatae litterae,
45 recitatae, relatum ad senatum. Di immortales ! idne ego
optarem ut inimicus meus ea qua nemo umquam ignominia
notaretur, ut senatus is qui in eam iam benignitatis consue- 10
tudinem venit ut eos qui bene rem publicam gesserint
novis honoribus adficiat et numero dierum et genere verborum, huius unius litteris nuntiantibus non crederet, postu-
20 lantibus denegaret ? His ego rebus pascor, his delector,
his perfruor, quod de vobis hic ordo opinatur non secus ac 15
de acerrimis hostibus, quod vos equites Romani, quod
ceteri ordines, quod cuncta civitas odit, quod nemo bonus,
nemo denique civis est, qui modo se civem esse meminerit,
qui vos non oculis fugiat, auribus respuat, animo asper-
netur, recordatione denique ipsa consulatus vestri perhor- 20
46 rescat. Haec ego semper de vobis expetivi, haec optavi,
haec precatus sum ; plura etiam acciderunt quam vellem ;
nam ut amitteretis exercitum, numquam me hercule optavi.
Illud etiam accidit praeter optatum meum, sed valde ex
voluntate. Mihi enim numquam venerat in mentem furo- 25
rem et insaniam optare vobis in quam incidistis. Atqui
fuit optandum. Me tamen fugerat deorum immortalium

---

1 fuerit ex] fuerit *V*   nullam . . . litteram *V*: nullas . . . litteras
cett.   4 ab senatu *Manutius* : absens *codd.*   est *V* : sit (*om. Ee*)
cett.   6 ex ea te] et ex ea *Ee* : ex ea a te *Bake*   7 litterae
om. V[1]   8 relatae *E*   9 optaram *Garatoni*   10 iam *om. V*
11 gesserunt φ, *edd. VR*   16 de acerrimis *V*: deterrimis *Ee Lagg.*
7, 13 : de deterrimis *Mμ*: de (*om. de* ς) teterrimis *cett., edd. VR*
20 recordationem . . . ipsam *Eeχ*[1]   23 me *om. V*   25 numquam
V : *om. cett.*   veniret *VEeχ*   27 me] nec me *Bake*

has esse in impios et consceleratos poenas certissimas.
Nolite enim ita putare, patres conscripti, ut in scaena
videtis, homines consceleratos impulsu deorum terreri furialibus taedis ardentibus; sua quemque fraus, suum facinus,
5 suum scelus, sua audacia de sanitate ac mente deturbat;
hae sunt impiorum furiae, hae flammae, hae faces. Ego 47
te non vaecordem, non furiosum, non mente captum, non
tragico illo Oreste aut Athamante dementiorem putem, qui
sis ausus primum facere—nam id est caput—deinde paulo
10 ante Torquato, sanctissimo et gravissimo viro, premente
confiteri te provinciam Macedoniam, in quam tantum
exercitum transportasses, sine ullo milite reliquisse? Mitto
de amissa maxima parte exercitus; sit hoc infelicitatis tuae;
dimittendi vero exercitus quam potes adferre causam?
15 quam potestatem habuisti, quam legem, quod senatus
consultum, quod ius, quod exemplum? Quid est aliud
furere? non cognoscere homines, non cognoscere leges,
non senatum, non civitatem? Cruentare corpus suum leve
est; maior haec est vitae, famae, salutis suae volneratio.
20 Si familiam tuam dimisisses, quod ad neminem nisi ad ip- 48
sum te pertineret, amici te constringendum putarent; praesidium tu rei publicae, custodiam provinciae iniussu populi
Romani senatusque dimisisses, si tuae mentis compos fuisses?
Ecce tibi alter effusa iam maxima praeda quam ex fortunis 21
25 publicanorum, quam ex agris urbibusque sociorum ex-
hauserat, cum partim eius praedae profundae libidines
devorassent, partim nova quaedam et inaudita luxuries,
partim etiam in illis locis ubi omnia diripuit emptiones ad

1 certissimas *V* : constitutas *add. cett.*   2 ita *V* : *om. cett.*   3
furialibus *V* : furiarum *cett.*   10 sanctissimo et gravissimo *V* : gravissimo et sanctissimo *cett.*   premente] praesente *V*   17 furere]
quam *add. M mg.* : nisi *add. N*   18 leve est *V* : *om. cett.*   21
amici te *PV* : amici te tui *cett.*   22 rei p. *V* : populi R. *cett.*
23 Romani *PV* : *om. cett.*   25 quam ex agris *P* : ex agris *cett.*
26 partem *V*   praedae *PV* : praedam *cett.*   28 emptiones *P* :
partim permutationes (mut- *V²*) *add. cett.* (*V² in lac.*)

hunc Tusculani montem exstruendum; cum iam egeret,
cum illa eius intermissa intolerabilis aedificatio constitisset, se ipsum, fascis suos, exercitum populi Romani,
numen interdictumque deorum immortalium, responsa
sacerdotum, auctoritatem senatus, iussa populi Romani, 5
49 nomen ac dignitatem imperi regi Aegyptio vendidit. Cum
finis provinciae tantos haberet quantos voluerat, quantos
optarat, quantos pretio mei capitis periculoque emerat, eis
se tenere non potuit; exercitum eduxit ex Syria. Qui
licuit extra provinciam? Praebuit se mercennarium comi- 10
tem regi Alexandrino. Quid hoc turpius? In Aegyptum
venit, signa contulit cum Alexandrinis. Quando hoc
bellum aut hic ordo aut populus susceperat? Cepit
Alexandream. Quid aliud exspectamus a furore eius nisi
50 ut ad senatum tantis de rebus gestis litteras mittat? Hic 15
si mentis esset suae, nisi poenas patriae disque immortalibus eas quae gravissimae sunt furore atque insania pen-
deret, ausus esset — mitto exire de provincia, educere
exercitum, bellum sua sponte gerere, in regnum iniussu
populi Romani aut senatus accedere, quae cum plurimae 20
leges veteres, tum lex Cornelia maiestatis, Iulia de pecuniis
repetundis planissime vetat? Sed haec omitto; ille si non
acerrime fureret, auderet, quam provinciam P. Lentulus,
amicissimus huic ordini, cum et auctoritate senatus et sorte
haberet, interposita religione sine ulla dubitatione depo- 25
suisset, eam sibi adsciscere, cum, etiam si religio non
impediret, mos maiorum tamen et exempla et gravissimae
legum poenae vetarent?

1 Tusculani (-culani *in lac. ante* 5 *litt. spatium add.* V^2) PV :
Tusculam in montem *Ee* : Tusculanum *cett.* : *fort.* Tusculi immanem
cum iam egeret PV : *om. cett.*   2 cui illa V intermissa PVζ :
inmissa (immensa et N) *cett.*   3 Romani Pζ : *om. cett.*   8 optarat P : optaverat *cett.*   pretio mei cap. PV : mei cap. pretio *cett.*
periculoque *om.* V 10 praebuit se P : praebuisse V : tribuit se
cett.   11 Alexandrino PVχ1ζ : Alexandro *cett.*   14 Alexandriam
codd.   20 Romani P : *om. cett.*   aut] ac V 21 maiestatis
Cornelia P 22 vetat PV : vetant *cett.*   24 cum et] cum ex V
26 sibi] sibi cum N

22
51

Et quoniam fortunarum contentionem facere coepimus,
de reditu Gabini omittamus, quem, etsi sibi ipse praecidit,
ego tamen os ut videam hominis exspecto ; tuum, si placet,
reditum cum meo conferamus. Ac meus quidem is fuit
5 ut a Brundisio usque Romam agmen perpetuum totius
Italiae viderit. Neque enim regio ulla fuit nec municipium
neque praefectura aut colonia ex qua non ad me publice
venerint gratulatum. Quid dicam adventus meos, quid
effusiones hominum ex oppidis, quid concursus ex agris
10 patrum familias cum coniugibus ac liberis, quid eos dies
qui quasi deorum immortalium festi atque sollemnes apud
omnis sunt adventu meo redituque celebrati ? Vnus ille 52
dies mihi quidem immortalitatis instar fuit quo in patriam
redii, cum senatum egressum vidi populumque Romanum
15 universum, cum mihi ipsa Roma prope convolsa sedibus
suis ad complectendum conservatorem suum progredi visa
est. Quae me ita accepit ut non modo omnium generum,
aetatum, ordinum omnes viri ac mulieres omnis fortunae ac
loci, sed etiam moenia ipsa viderentur et tecta urbis ac
20 templa laetari. Me consequentibus diebus in ea ipsa domo
qua tu me expuleras, quam expilaras, quam incenderas,
pontifices, consules, patres conscripti conlocaverunt mihique,
quod ante me nemini, pecunia publica aedificandam domum
censuerunt.

25 Habes reditum meum. Confer nunc vicissim tuum, 53
quando quidem amisso exercitu nihil incolume domum
praeter os illud tuum pristinum rettulisti. Qui primum

1 et V: sed *cett.*   5 a] e V 6 viderit V: viderem *cett.* :
viderim *Garatoni*   ulla fuit nec V: fuit ulla neque *cett.*   7 ad
me publice V: publice ad me *cett.*   9 concursus V: concursum
(occurs. N) *cett.*   11 apud omnis om. $M\mu$ 14 cum V: quo
cett.   Romanum om. V 16 progredi V: procedere *cett.*   17
quae me] me Roma *Cus.*   21 quam expilaras om. *Asconius*   22
collocarunt *Asconius*   23 ante me] antea *Asconius*   pecuniam
publicam ad aedific. *codd. Asconii*   27 tuum pristinum $V\phi$: pristinum tuum *cett.*

qua veneris cum laureatis tuis lictoribus quis scit? Quos
tu Maeandros, dum omnis solitudines persequeris, quae
deverticula flexionesque quaesisti? quod te municipium
vidit, quis amicus invitavit, quis hospes aspexit? Nonne
tibi nox erat pro die, solitudo pro frequentia, caupona pro 5
oppido, non ut redire ex Macedonia nobilis imperator sed
23 ut mortuus infamis referri videretur? Romam vero ipsam,
o familiae non dicam Calpurniae sed Calventiae, neque
huius urbis sed Placentini municipi, neque paterni generis
sed bracatae cognationis dedecus! quem ad modum in- 10
gressus es? quis tibi non dicam horum aut civium cete-
54 rorum sed tuorum legatorum obviam venit? Mecum enim
L. Flaccus, vir tua legatione indignissimus atque eis consiliis quibus mecum in consulatu meo coniunctus fuit ad
conservandam rem publicam dignior, mecum fuit tum 15
cum te quidam non longe a porta cum lictoribus errantem
visum esse narraret; scio item virum fortem in primis, belli
ac rei militaris peritum, familiarem meum, Q. Marcium,
quorum tu legatorum opera in proelio imperator appellatus eras cum longe afuisses, adventu isto tuo domi 20
55 fuisse otiosum. Sed quid ego enumero qui tibi obviam
non venerint? quin dico venisse paene neminem ne de
officiosissima quidem natione candidatorum, cum volgo
essent et illo ipso et multis ante diebus admoniti et rogati?
Togulae lictoribus ad portam praesto fuerunt; quibus illi 25
acceptis sagula reiecerunt, catervam imperatori suo novam
praebuerunt. Sic iste a tanto exercitu tantae provinciae
triennio post Macedonicus imperator in urbem se intulit ut

---

1 quis *V*: qui *cett.*   2 quae *om. V*   5 die *V*: die non *cett.*
7 efferri *M²*   ipsam *Arusian. K.* vii. 483: foedavit (*om.* foedavit *V*)
adventus tuus *add. codd.*   8 o *om. V¹*   10 ingressus es
Arusian.: venisti *codd.*   12 enim *V*: enim tum *cett.*   17 narraret *V*: narrabat *cett.*   19 opera in *V*: *om. cett.*   20 longe
afuisses *V*: non longe abfuisses (aff- *e*χ) *cett.*   22 quin *Jeep*:
cui *V*: qui *cett.*   24 et ipso illo *V*   admoniti . . . lictoribus *om.*
V   26 catervam *V*: et catervam *cett.*   27 a *V*: *om. cett.*
tantae provinciae *V*: tanta provincia *cett.*

nullius negotiatoris obscurissimi reditus umquam fuerit
desertior. In quo me tamen, qui esset paratus ad se defendendum, reprehendit. Cum ego eum Caelimontana introisse dixissem, sponsione me ni Esquilina introisset homo
5 promptus lacessivit ; quasi vero id aut ego scire debuerim
aut vestrum quisquam audierit aut ad rem pertineat qua
tu porta introieris, modo ne triumphali, quae porta Macedonicis semper *pro* consulibus ante te patuit ; tu inventus
es qui consulari imperio praeditus ex Macedonia non
10 triumphares.   **24**
    At audistis, patres conscripti, philosophi vocem. Negavit 56
se triumphi cupidum umquam fuisse. O scelus, o pestis,
o labes ! Cum exstinguebas senatum, vendebas auctoritatem huius ordinis, addicebas tribuno pl. consulatum tuum,
15 rem publicam evertebas, prodebas caput et salutem meam
una mercede provinciae, si triumphum non cupiebas, cuius
tandem te rei cupiditate arsisse defendes ? Saepe enim
vidi qui et mihi et ceteris cupidiores provinciae viderentur
triumphi nomine tegere atque celare cupiditatem suam.
20 Hoc D. Silanus consul in hoc ordine, hoc meus etiam conlega dicebat. Neque enim quisquam potest exercitum
cupere aperteque petere, ut non praetexat cupiditatem
triumphi. Quod si te senatus populusque Romanus aut 57
non appetentem aut etiam recusantem bellum suscipere,
25 exercitum ducere coegisset, tamen erat angusti animi atque
demissi iusti triumphi honorem dignitatemque contemnere.
Nam ut levitatis est inanem aucupari rumorem et omnis

3 eum *V* : *om. cett.*   Caelimontana *V* : porta *add. cett.*   4
sponsione me ni *V* : responsione me menia *cett.*   introisset *V* :
introisse *cett.*   5 promptus *V*: promptissimus *cett.*   6 quisquam
V : quispiam *cett.*   8 pro *suppl. Naugerius* (2)   16 una *om. V¹*
17 te rei *V* : rei te *cett.*   19 celare *V* : velare *cett.*   20 hoc
dicebat (*ex* -am) Silanus *V* : hoc modo decimus sylanus (sil- *E*) *cett.* :
corr. Garatoni   21 potest quisquam *V*   23 senatus P. R. aut
V   26 demissi *VEn-ς* : dimissi *cett.*   iusti *V* : iussi *Ee* : *om.*
cett.   dignitatemque *V* : atque dignitatem *cett.*   27 et *V* : ut *cett.*

umbras etiam falsae gloriae consectari, sic est animi lucem
splendoremque fugientis iustam gloriam, qui est fructus
verae virtutis honestissimus, repudiare. Cum vero non
modo non postulante atque cogente sed invito atque oppresso senatu, non modo nullo populi Romani studio sed 5
nullo ferente suffragium libero, provincia tibi ista manu-
pretium fuerit eversae per te et perditae civitatis, cumque
omnium tuorum scelerum haec pactio exstiterit ut, si tu
totam rem publicam nefariis latronibus tradidisses, Macedonia tibi ob eam rem quibus tu velles finibus traderetur : 10
cum exhauriebas aerarium, cum orbabas Italiam iuventute,
cum mare vastissimum hieme transibas, si triumphum con-
temnebas, quae te, praedo amentissime, nisi praedae ac
58 rapinarum cupiditas tam caeca rapiebat? Non est integrum Cn. Pompeio consilio iam uti tuo ; erravit enim ; non 15
gustarat istam tuam philosophiam ; ter iam homo stultus
triumphavit. Crasse, pudet me tui. Quid est quod confecto per te formidolosissimo bello coronam illam lauream
tibi tanto opere decerni volueris a senatu? P. Servili,
Q. Metelle, C. Curio, L. Afrani, cur hunc non audistis tam 20
doctum hominem, tam eruditum, prius quam in istum
errorem induceremini? C. ipsi Pomptino, necessario
meo, iam non est integrum ; religionibus enim susceptis
impeditur. O stultos Camillos, Curios, Fabricios, Calatinos, Scipiones, Marcellos, Maximos! o amentem Paulum, 25
rusticum Marium, nullius consili patres horum amborum
consulum, qui triumpharint!

1 est animi *Lambinus* : est levis animi (-is *V*) *V*, *Cus.* : levis est
animi (-us *N*) *cett.* 6 suffragia *V²* 7 eversae *V* : non eversae
cett. et *V* : sed *cett.* 8 tu *om.* *V* 10 velles finibus *V* : finibus
velles *cett.* traderetur *Faernus* : utraderetur (ut trad. *sup. lin. m.* 1)
V : redderetur *cett.* 12 transiebas *VM¹* 13 praedae *V* : praeda
cett. 18 per te *VEe* : *om. cett.* 19 tanto opere *V* : tantopere
cett. 20 C. *om.* *V¹* luci afrane *V* : P. africani *cett.* hunc
non *V* : non hunc *cett.* 22 Pomptino *V* : Pontino *cett.* 24
o *om.* *V* 26 horum] istorum *N* 27 triumpharint *VM¹.*
triumpharunt (-rat *e*) *cett.*, *Asconius*

25
59

Sed quoniam praeterita mutare non possumus, quid
cessat hic homullus, ex argilla et luto fictus Epicurus, dare
haec praeclara praecepta sapientiae clarissimo et summo
imperatori genero suo? Fertur ille vir, mihi crede, gloria ;
5 flagrat, ardet cupiditate iusti et magni triumphi.   Non
didicit eadem ista quae tu.   Mitte ad eum libellum et, si
iam ipse coram congredi poteris, meditare quibus verbis
incensam illius cupiditatem comprimas atque restinguas.
Valebis apud hominem volitantem gloriae cupiditate vir
10 moderatus et constans, apud indoctum eruditus, apud generum socer.   Dices enim, ut es homo factus ad persua-
dendum, concinnus, perfectus, politus ex schola: 'quid
est, Caesar, quod te supplicationes totiens iam decretae tot
dierum tanto opere delectent? in quibus homines errore
15 ducuntur, quas di neglegunt; qui, ut noster divinus ille
dixit Epicurus, neque propitii cuiquam esse solent neque
irati.'   Non facies fidem scilicet, cum haec disputabis; tibi
enim et esse et fuisse videbit iratos.   Vertes te ad alteram 60
scholam; disseres de triumpho : 'quid tandem habet iste
20 currus, quid vincti ante currum duces, quid simulacra oppidorum, quid aurum, quid argentum, quid legati in equis et
tribuni, quid clamor militum, quid tota illa pompa? Inania
sunt ista, mihi crede, delectamenta paene puerorum, captare
plausus, vehi per urbem, conspici velle.   Quibus ex rebus
25 nihil est quod solidum tenere, nihil quod referre ad voluptatem corporis possis.   Quin tu me vides qui, ex qua pro- 61
vincia T. Flamininus, L. Paulus, Q. Metellus, T. Didius,

     v
  2 humillus V factus $V\phi^1$ Epicurus $V\chi$: Epicureus *cett.* : *del.*
Müller   3 praeclara $V\phi\varsigma$: paratae clara $E\epsilon\chi^1$: paratae *cett.*
6 et si iam V : sed iam si *cett.*   11 factus V^1, *A. Augustinus* :
facetus *cett.* (*Cus.*)   13 iam V: *om. cett.*   14 delectent V:
delectant *cett.*   15 divinus ille V: ille divinus *cett.*   18 videbit
iratos V: deos videbis iratos *cett.*   19 iste] iste triumphalis *Cus.*
24 ex] ex e V 26 corporis *om. N*   tu] tum V 27 T.
om. V^1   flaminius *codd.* : *corr. Manutius*

innumerabiles alii levitate et cupiditate commoti triumpharunt, ex ea sic redii ut ad portam Esquilinam Macedonicam
lauream conculcarim, ipse cum hominibus quindecim male
vestitis ad portam Caelimontanam sitiens pervenerim ; quo
in loco mihi libertus praeclaro imperatori domum ex hac 5
die biduo ante conduxerat ; quae vacua si non fuisset, in
campo Martio mihi tabernaculum conlocassem. Nummus
interea mihi, Caesar, neglectis ferculis triumphalibus domi
manet et manebit. Rationes ad aerarium continuo, sicut
tua lex iubebat, detuli, neque alia ulla in re legi tuae parui. 10
Quas rationes si cognoris, intelleges nemini plus quam mihi
litteras profuisse. Ita enim sunt perscriptae scite et litte-
rate ut scriba ad aerarium qui eas rettulit perscriptis
rationibus secum ipse caput sinistra manu perfricans
commurmuratus sit :   15

    'ratio quidem hercle apparet, argentum οἴχεται.'

Hac tu oratione non dubito quin illum iam escendentem
in currum revocare possis.

26
62
   O tenebrae, o lutum, o sordes, o paterni generis oblite,
materni vix memor ! ita nescio quid istuc fractum, humile, 20
demissum, sordidum, inferius etiam est quam ut Mediolanensi praecone, avo tuo, dignum esse videatur. L. Crassus,
homo sapientissimus nostrae civitatis, specillis prope scru-
tatus est Alpis ut, ubi hostis non erat, ibi triumphi causam
aliquam quaereret ; eadem cupiditate vir summo ingenio 25
praeditus, C. Cotta, nullo certo hoste flagravit. Eorum
neuter triumphavit, quod alteri illum honorem conlega, alteri

---

1 levitate et *V* : levi *cett.*   3 male] a male *V* : ac male *Halm*
7 marciali *V*   8 mi *P*   ferculis *PV* : vehiculis *cett.*   9
continuo . . . iubebat detuli *V* : retuli continuo . . . iubebat *cett.* (*P*)
16 οἴχεται *Naugerius* (1) : oechetε *V*, *et corr. in* ω : et doctum te thece
(chere ωs5) *cett.* (*deficit P*)   17 tua *V*   iam *om. PN*   escendentem *P* : ascendentem *cett.*   18 revocare possis *PV* : possis
revocare *cett.*   19 o sordes] sordes *P*   20 o materni *P*
istud *V*   23 specillis *Madvig* : pecullis (-ulis *V²*) *V* : speculis χ :
spiculis *cett.*   26 C. *om. codd. Asconii*   27 quod] quorum *V*

mors peremit. Inrisa est abs te paulo ante M. Pisonis
cupiditas triumphandi, a qua te longe dixisti abhorrere.
Qui etiam si minus magnum bellum gesserat, ut abs te
dictum est, tamen istum honorem contemnendum non
5 putavit. Tu eruditior quam Piso, prudentior quam Cotta,
abundantior consilio, ingenio, sapientia quam Crassus, ea
contemnis quae illi 'idiotae,' ut tu appellas, praeclara
duxerunt. Quos si reprehendis quod cupidi coronae laureae 63
fuerint, cum bella aut parva aut nulla gessissent, tu tantis
10 nationibus subactis, tantis rebus gestis minime fructum
laborum tuorum, praemia periculorum, virtutis insignia
contemnere debuisti. Neque vero contempsisti, sis' licet
Themista sapientior, sed os tuum ferreum senatus convicio
verberari noluisti.

15 Iam vides—quoniam quidem ita mihimet fui inimicus
ut me tecum compararem—et digressum meum et absentiam
et reditum ita longe tuo praestitisse ut mihi illa omnia
immortalem gloriam dederint, tibi sempiternam turpitudinem inflixerint. Num etiam in hac cotidiana adsidua 64
20 urbanaque vita splendorem tuum, gratiam, celebritatem
domesticam, operam forensem, consilium, auxilium, auctoritatem, sententiam senatoriam nobis aut, ut verius dicam,
cuiquam es infimo ac despicatissimo antelaturus? Age, sena- 27
tus odit te—quod eum tu facere iure concedis—adflictorem
25 ac perditorem non modo dignitatis et auctoritatis sed omnino
ordinis ac nominis sui; videre equites Romani non possunt,

---

1 peremit *V, cod. S Asconii*: praeripuit *P*: ademit *cett.*   a te
Asconius   3–4 ut … est *om. Asconius*   4 contemnendum]
omittendum *Asconius*   5 prudentior] doctior *N*   6 ea *om. V*
8 quos si *Vc*: quod si *cett.*   9 fuerunt *V*   12 sis *PVM²*: *om.*
cett.   13 sed *PVM²*: si *cett.*   14 verberari *PVEe*: verberare
cett.   15 quoniam *PVEeφc¹*: quando *cett.*   mihimet] met mihi
V: egomet mihi *Garatoni*   19 num *PV*: nunc *cett.*   assidua
PVN: assiduaque *cett.*   22 ut *P²V*: *om. cett.*   23 es *om. V*
infimo *PV*: infirmissimo *cett.*   desperatissimo (despectissimo *c²k*)
codd.: *corr. Lambinus*   sis antelaturus *V*   25 ac *VE*: et *cett.*

quo ex ordine vir praestantissimus et ornatissimus, L. Aelius,
est te consule relegatus; plebs Romana perditum cupit, in
cuius tu infamiam ea quae per latrones et per servos de me
egeras contulisti; Italia cuncta exsecratur, cuius idem tu
65 superbissime decreta et preces repudiasti. Fac huius odi 5
tanti ac tam universi periculum, si audes. Instant post
hominum memoriam apparatissimi magnificentissimique
ludi, quales non modo numquam fuerunt, sed ne quo modo
fieri quidem posthac possint possum ullo pacto suspicari.
Da te populo, committe ludis. Sibilum metuis? Vbi sunt 10
vestrae scholae? Ne acclametur times? Ne id quidem
est curare philosophi. Manus tibi ne adferantur? Dolor
enim est malum, ut tu disputas; existimatio, dedecus,
infamia, turpitudo verba atque ineptiae. Sed de hoc non
dubito; non audebit accedere ad ludos. Convivium publi- 15
cum non dignitatis causa inibit, nisi forte ut cum P. Clodio,
hoc est cum amoribus suis, cenet, sed plane animi sui
66 causa; ludos nobis 'idiotis' relinquet. Solet enim in
disputationibus suis oculorum et aurium delectationi abdo-
minis voluptates anteferre. Nam quod vobis iste tantum 20
modo improbus, crudelis, olim furunculus, nunc vero etiam
rapax, quod sordidus, quod contumax, quod superbus, quod
fallax, quod perfidiosus, quod impudens, quod audax esse
videatur, nihil scitote esse luxuriosius, nihil libidinosius,
nihil protervius, nihil nequius. Luxuriem autem nolite in 25
67 isto hanc cogitare. Est enim quaedam quae, quamquam
omnis est vitiosa atque turpis, *est* tamen ingenuo ac libero

3 et per] per *V* 4 item *V* 7 apparatissimi *P, Asconius* :
paratissimi *cett.* 11 times *V* : *om. cett.* 12 afferantur *V* : afferantur
times *cett.* 13 tu *P (sup. lin.)* : *om. cett.* 14 verba *PV* : verba
sunt *cett.* atque *om. P*[1] de hoc] haec *V* 15 dubito nam
non *V* audebis *N* 16 P. Clodio *Naugerius* (1) : patribus con-
scriptis (P. C. *Mμk*) *codd.* 17 amoribus *Manutius* : amatoribus *V* :
maioribus *cett.* 18 enim *V* : *om. cett.* 25 proterbius *V* :
posterius *cett.* luxuriem *P* : luxuriam *cett.* nolite in
isto *PV* : in isto nolite *cett.* 26 quae *V* : *om. cett.* 27 est
supplevi

dignior. Nihil apud hunc lautum, nihil elegans, nihil ex-
quisitum—laudabo inimicum—quin ne magno opere quidem
quicquam praeter libidines sumptuosum. Toreuma nullum,
maximi calices, et ei, ne contemnere suos videatur, Placen-
5 tini ; exstructa mensa non conchyliis aut piscibus, sed multa
carne subrancida. Servi sordidati ministrant, non nulli
etiam senes; idem coquus, idem atriensis; pistor domi
nullus, nulla cella; panis et vinum a propola atque de
cupa; Graeci stipati quini in lectis, saepe plures; ipse
10 solus ; bibitur usque eo dum de dolio ministretur. Vbi
galli cantum audivit, avum suum revixisse putat ; mensam
tolli iubet.

Dicet aliquis: 'unde haec tibi nota sunt?' Non me **28**
hercules contumeliae causa describam quemquam, prae- 68
15 sertim ingeniosum hominem atque eruditum, cui generi
esse ego iratus ne si cupiam quidem possum. Est quidam
Graecus qui cum isto vivit, homo, vere ut dicam—sic enim
cognovi—humanus, sed tam diu quam diu aut cum aliis
est aut ipse secum. Is cum istum adulescentem iam tum
20 hac dis irata fronte vidisset, non fastidivit eius amicitiam,
cum esset praesertim appetitus ; dedit se in consuetudinem
sic ut prorsus una viveret nec fere umquam ab eo discederet.
Non apud indoctos sed, ut ego arbitror, in hominum erudi-
tissimorum et humanissimorum coetu loquor. Audistis pro-
25 fecto dici philosophos Epicureos omnis res quae sint homini
expetendae voluptate metiri ; rectene an secus, nihil ad nos

2 quin *Halm* : cui *V* : om. *cett.*   4 ii χ⌐, *Klotz* : hi *cett.*   5
conchyliis *V* : conchiliis *cett.*   8 propala (-ula *V*) *codd.* : corr.
Manutius   9 lectis *V* : lectulis *cett.*   10 bibitur usque eo
dum *V* : bibiturusque eodem *cett.*   solio *codd.* : corr. *A. Augustinus* (cf. *Brut.* 288)   13 tibi haec *N*   14 hercules *V* : hercule
(-cle *E*) *cett.*   16 esse ego *VE* : ego esse *cett.*   17 ut vere
dicam *V*   18 quam diu om. *codd. Asconii*   aut cum *V*, *Asconius* :
cum *cett.*   aliis] humanis *Müller*   19 tum *V* : tum cum *cett.*
20 fastidivit *V* : fugit *cett.*   22 umquam ab eo *V* : ab isto umquam *cett.*   25 sint *V* : sunt *cett.*   26 recteneant *V* : recte an
(nam *Ee*) *cett.* : corr. *Garatoni*

aut, si ad nos, nihil ad hoc tempus ; sed tamen lubricum
genus orationis adulescenti non acriter intellegenti et saepe
69 praeceps. Itaque admissarius iste, simul atque audivit voluptatem a philosopho tanto opere laudari, nihil expiscatus est,
sic suos sensus voluptarios omnis incitavit, sic ad illius hanc 5
orationem adhinnivit, ut non magistrum virtutis sed auctorem
libidinis a se illum inventum arbitraretur. Graecus primo
distinguere et dividere illa quem ad modum dicerentur ;
iste 'claudus,' quem ad modum aiunt, 'pilam'; retinere
quod acceperat, testificari, tabellas obsignare velle, Epicurum 10
diserte dicere existimare. Dicit autem, opinor, se nullum
bonum intellegere posse demptis corporis voluptatibus.
70 Quid multa ? Graecus facilis et valde venustus nimis
pugnax contra imperatorem populi Romani esse noluit.
29 Est autem hic de quo loquor non philosophia solum sed 15
etiam ceteris studiis quae fere Epicureos neglegere dicunt
perpolitus ; poema porro facit ita festivum, ita concinnum,
ita elegans, ut nihil fieri possit argutius. In quo reprehendat eum licet, si qui volet, modo leviter, non ut improbum, non ut audacem, non ut impurum, sed ut Graeculum, 20
ut adsentatorem, ut poetam. Devenit autem seu potius
incidit in istum eodem deceptus supercilio Graecus atque
advena quo tot sapientes et tanta civitas. Revocare se
non poterat familiaritate implicatus et simul inconstantiae
famam verebatur. Rogatus, invitatus, coactus ita multa ad 25
istum de ipso quoque scripsit ut omnis libidines, omnia

---

2 et *Müller* : est *V* : *om. cett.*   6 adhinnivit *V* : adhinniit
(adhibuit χ*n*) *cett.*   8 et *V* : atque *cett.*   9 quem ad modum
V : quo modo *cett.*   11 diserte *Ee* : disertum *cett.* : desertum
Madvig   dicere *V* : decernere *cett.*   existimare. Dicit autem *scripsi* :
est tamen. Dicit ut *V* : et tamen dictum *cett.*   14 imperatorem *V* :
senatorem *cett.*   16 ceteris studiis quae *V* : litteris quod *cett.*   fere]
ceteros *add. codd.* : *del. Orelli*   18 ut nihil *VM* : nihil ut *cett.*   19
qui modo vult *V*   20 non ut impurum *hic hab. V*, *post* leviter *cett.*
21 autem seu *V* : aut *cett.*   23 tot sapientes *V* : tam sapiens *cett.*
revocare se *VEe* : se revocare *cett.*   26 ipso *Müller* : isto *codd.*   quoque *V* : *om. cett.*   omnis *V* : omnis hominis *cett.*   omnia stupra *V* :
om. cett.

stupra, omnia cenarum conviviorumque genera, adulteria
denique eius delicatissimis versibus expresserit, in quibus, 71
si qui velit, possit istius tamquam in speculo vitam intueri ;
ex quibus multa a multis et lecta et audita recitarem, ni
5 vererer ne hoc ipsum genus orationis quo nunc utor ab
huius loci more abhorreret ; et simul de ipso qui scripsit
detrahi nihil volo. Qui si fuisset in discipulo comparando
meliore fortuna, fortasse austerior et gravior esse potuisset ;
sed eum casus in hanc consuetudinem scribendi induxit
10 philosopho valde indignam, si quidem philosophia, ut fertur,
virtutis continet et offici et bene vivendi disciplinam ; quam
qui profitetur gravissimam sustinere mihi personam videtur.
Sed idem casus illum ignarum quid profiteretur, cum se 72
philosophum esse diceret, istius impurissimae atque intempe-
15 rantissimae pecudis caeno et sordibus inquinavit.

Qui modo cum res gestas consulatus mei conlaudasset,
quae quidem conlaudatio hominis turpissimi mihi ipsi erat
paene turpis, ' non illa tibi,' inquit, ' invidia nocuit sed
versus tui.' Nimis magna poena te consule constituta est
20 sive malo poetae sive libero. ' Scripsisti enim : " cedant
arma togae." '   Quid tum ? ' Haec res tibi fluctus illos
excitavit.'   At hoc nusquam opinor scriptum fuisse in illo
elogio quod te consule in sepulcro rei publicae incisum est :
' VELITIS IVBEATIS VT, QVOD M. CICERO VERSVM FECERIT,'
25 sed ' QVOD VINDICARIT.' Verum tamen, quoniam te non 30
Aristarchum, sed Phalarin grammaticum habemus, qui non 73
'notam apponas ad malum versum, sed poetam armis perse-
quare, scire cupio quid tandem in isto versu reprehendas :

1 conviv. genera V : genera conviv. cett.   2 denique V : om. cett.
3 si quis ed. V   4 et lecta V : lecta cett.   ni V : nisi cett.   7
nihil volo V : nolo (volo Ee) cett.   12 confitetur V   sustinere
mihi V : mihi sustinere cett.   16 cum VEe : om. cett.   con-
laudasset] cum laudasset c²k   17 conlaudatio V : laudatio cett.
18 illa V : ulla cett.   20 enim V : enim versus cett.   24 ut quod
VX¹ : ut non (nunc N) quod cett.   26 Phalarin V : Phalarim cett.
28 in isto VEe : isto in cett.

'Cedant arma togae.' 'Tuae dicis,' inquit, 'togae summum imperatorem esse cessurum.' Quid nunc te, asine, litteras doceam? Non opus est verbis sed fustibus. Non dixi hanc togam qua sum amictus, nec arma scutum aut gladium unius imperatoris, sed, quia pacis est insigne et 5 oti toga, contra autem arma tumultus atque belli, poetarum more tum locutus hoc intellegi volui, bellum ac tumultum 74 paci atque otio concessurum. Quaere ex familiari tuo Graeco illo poeta; probabit genus ipsum et agnoscet neque te nihil sapere mirabitur. 'At in altero illo,' inquit, 10 'haeres: "concedat laurea laudi."' Immo me hercule habeo tibi gratiam; haererem enim nisi tu me expedisses. Nam, cum tu timidus ac tremens tuis ipse furacissimis manibus detractam e cruentis fascibus lauream ad portam Esquilinam abiecisti, iudicasti non modo amplissimae sed 15 etiam minimae laudi lauream concessisse. Atque ista oratione hoc tamen intellegi, scelerate, vis, Pompeium inimicum mihi isto versu esse factum, ut, si versus mihi nocuerit, ab eo quem is versus offenderit videatur mihi 75 pernicies esse quaesita. Omitto nihil istum versum per- 20 tinuisse ad illum; non fuisse meum, quem quantum potuissem multis saepe orationibus scriptisque decorassem, hunc uno violare versu. Sed sit offensus primo; nonne compensavit cum uno versiculo tot mea volumina laudum suarum? Quod si esset commotus, ad perniciemne non 25 dicam amicissimi, non ita de sua laude meriti, non ita de re publica, non consularis, non senatoris, non civis, non liberi, in hominis caput ille tam crudelis propter versum

---

4 aut *V*: et *cett.*   5 quia *V*: quae *Ee*: quod *cett.*   6 poetarum more *V*: more poetarum *cett.*   7 tum locutus *Lambinus*: conlocutus *V*: locutus *cett.*   9 probabis ... agnosces *Ee*   10 altero illo *V*: illo altero *cett.*   11 laudi] linguae χ¹, *Quintil.* i. 24 (*cf. Off.* i. 77) 12 tu me] tu *M, Faernus*   14 e *V*: om. *cett.*   15 indicasti 1 *det., Naugerius* 1)   17 oratione *VEe*: ratione *cett.*   intellegi φ²χ²: intelligis *cett.*   21 meum] eum *Ee*   23 violarem *Eeχ* compensabit *codd.*: corr. *Klotz*   25 esset *Schütz*: est *codd.*

fuisset ? Tu quid, tu apud quos, tu de quo dicas, intellegis ? 31
Complecti vis amplissimos viros ad tuum et Gabini scelus,
neque id occulte ; nam paulo ante dixisti me cum eis
confligere quos despicerem, non attingere eos qui plus
5 possent, quibus iratus esse deberem.   Quorum quidem—
quis enim non intellegit quos dicas ?—quamquam non est
causa una omnium, tamen est omnium mihi probata.   Me 76
Cn. Pompeius multis obsistentibus eius erga me studio
atque amori semper dilexit, semper sua coniunctione dignis-
10 simum iudicavit, semper non modo incolumem sed etiam
amplissimum atque ornatissimum voluit esse.   Vestrae
fraudes, vestrum scelus, vestrae criminationes insidiarum
mearum, illius periculorum nefarie fictae, simul eorum qui
familiaritatis licentia suorum improbissimorum sermonum
15 domicilium in auribus eius impulsu vestro conlocarant,
vestrae cupiditates provinciarum effecerunt ut ego ex-
cluderer omnesque qui me, qui illius gloriam, qui rem
publicam salvam esse cupiebant, sermone atque aditu pro-
hiberentur ; quibus rebus est perfectum ut illi plane suo 77
20 stare iudicio non liceret, cum certi homines non studium
eius a me alienassent, sed auxilium retardassent.   Nonne
ad te L. Lentulus, qui tum erat praetor, non Q. Sanga,
non L. Torquatus pater, non M. Lucullus venit ? qui
omnes ad eum multique mortales oratum in Albanum
25 obsecratumque venerant ut ne meas fortunas desereret
cum rei publicae salute coniunctas.   Quos ille ad te et
ad tuum conlegam remisit, ut causam publicam susciperetis,
ut ad senatum referretis ; se contra armatum tribunum pl.

1 fuisset] fuit *Müller*   quid *E* : quidem *cett.*   tu de *Ee* : de *cett.*
2 complecti vis *E* : complecteris *cett.*   3 mecum hos *E*   4 quos...
attingere *om. N*   7 causa una *P* : una causa *cett.*   8 erga me eius
P   13 mearum] vestrae cupiditates provinciarum effecerunt *add.*
codd. (*deficit P*), *post* c⟨o⟩nlocarant *transtulit Angelius*   15 colocarant
P : collocaverunt (-arunt χ²) *cett.*   19 stare in suo *P*   25 ut *P* :
om. cett.   27 remisit *om. E*   28 ut ... referretis *del. Müller*

sine publico consilio decertare nolle ; consulibus ex senatus
consulto rem publicam defendentibus se arma sumpturum.
78 Ecquid, infelix, recordaris quid responderis? in quo illi
omnes quidem, sed Torquatus praeter ceteros furebat contumacia responsi tui : te non esse tam fortem quam ipse 5
Torquatus in consulatu fuisset aut ego ; nihil opus esse
armis, nihil contentione ; me posse rem publicam iterum
servare, si cessissem ; infinitam caedem fore, si restitissem.
Deinde ad extremum neque se neque generum neque
conlegam suum tribuno pl. defuturum. Hic tu hostis ac 10
32 proditor aliis me inimiciorem quam tibi debere esse dicis?
79 Ego C. Caesarem non eadem de re publica sensisse quae
me scio ; sed tamen, quod iam de eo his audientibus saepe
dixi, me ille sui totius consulatus eorumque honorum quos
cum proximis communicavit socium esse voluit, detulit, 15
invitavit, rogavit. Non sum propter nimiam fortasse constantiae cupiditatem adductus ad causam ; non postulabam
ut ei carissimus essem cuius ego ne beneficiis quidem
sententiam meam tradidissem. Adducta res in certamen
te consule putabatur, utrum quae superiore anno ille 20
gessisset manerent, an rescinderentur. Quid loquar plura?
Si tantum ille in me esse uno roboris et virtutis putavit ut
quae ipse gesserat conciderent, si ego restitissem, cur ego
80 non ignoscam, si anteposuit suam salutem meae? Sed
praeterita mitto. Me ut Cn. Pompeius omnibus studiis 25
suis, laboribus, vitae periculis complexus est, cum municipia pro me adiret, Italiae fidem imploraret, P. Lentulo

1 consulibus] se consulibus *P* : sed consulibus *Klotz*   3 ecquid
ed. R : haec quid *E* : et quid *cett.*   quid] quid his *Ee*   6
esset armis nihil contione *P*   7 rem p. iterum *P* : iterum rem p.
cett.   8 fore caedem *E*   9 se . . . suum] te . . . tuum *coni.*
Garatoni   10 tribunum pl. *P*   defuturum *P* : non defuturum *cett.*
16 sum *P* : sum ego *cett.*   18 ne beneficiis quidem *P* : beneficiis
ne quidem *Ms* : beneficiis quidem *cett.*   20 quae *P* : ea quae *cett.*
superiorem anno ille gessissent *P*   23 cur ego *P*φ : cur *cett.*   25
mitto *P* · omitto *cett.*   studiis suis *P* : suis studiis *cett.*

consuli, auctori salutis meae, frequens adsideret, senatus
sententiam praestaret, in contionibus non modo se defensorem salutis meae sed etiam supplicem pro me profiteretur,
huius voluntatis eum quem multum posse intellegebat, mihi
5 non inimicum esse cognorat, socium sibi et adiutorem,
C. Caesarem, adiunxit. Iam vides me tibi non inimicum
sed hostem, illis quos describis non modo non iratum sed
etiam amicum esse debere ; quorum alter, id quod memi-
nero, semper aeque mihi amicus fuit ac sibi, alter, id quod
10 obliviscar, sibi aliquando amicior quam mihi. Deinde hoc 81
ita fit ut viri fortes, etiam si ferro inter se comminus
decertarint, tamen illud contentionis odium simul cum ipsa
pugna armisque deponant. Neque me ille odisse potuit
umquam, ne tum quidem cum dissidebamus. Habet hoc
15 virtus, quam tu ne de facie quidem nosti, ut viros fortis
species eius et pulchritudo etiam in hoste posita delectet.

Equidem dicam ex animo, patres conscripti, quod sentio, **33**
et quod vobis audientibus saepe iam dixi. Si mihi numquam
amicus C. Caesar fuisset, si semper iratus, si semper asper-
20 naretur amicitiam meam seque mihi implacabilem inexpia-
bilemque praeberet, tamen ei, cum tantas res gessisset
gereretque cotidie, non amicus esse non possem ; cuius ego
imperium, non Alpium vallum contra ascensum trans-
gressionemque Gallorum, non Rheni fossam gurgitibus illis
25 redundantem Germanorum immanissimis gentibus obicio
et oppono ; perfecit ille ut, si montes resedissent, amnes 82
exaruissent, non naturae praesidio sed victoria sua rebusque
gestis Italiam munitam haberemus. Sed cum me expetat,

1 senatus *P*: senatui *cett.* 6 C. Caesarem *del. Bake* 9
amicus fuit *PEe* : fuit amicus φ𝕾 : fuit (favit *M²*) *cett.* 10 sibi
aliquando *Pχ²* : aliquando sibi *cett.* 13 deponant *P* : ponant *cett.*
neque *PEe* : atque *cett.* potuit umquam *P* : numquam (um- *E*)
potuit *cett.* 14 hoc habet *E* 19 fuisset si *PEe* : fuisset sed *cett.*
semper (*ante* aspern.) *P* : om. *cett.* 20 seque *P* : seseque *cett.*
23 imperium *Pχ¹*, *Lambinus* : imperio *cett.* 26 residissent *EeMφ𝕾*

diligat, omni laude dignum putet, tu me a tuis inimicitiis
ad simultatem veterem vocabis, sic tuis sceleribus rei publicae
praeterita fata refricabis ? Quod quidem tu, qui bene
nosses coniunctionem meam et Caesaris, eludebas, cum a
me trementibus omnino labris, sed tamen cur tibi nomen 5
non deferrem requirebas. Quamquam, quod ad me attinet,

'numquam istam imminuam curam infitiando tibi,'

tamen est mihi considerandum quantum illi tantis rei
publicae negotiis tantoque bello impedito ego homo amicissimus sollicitudinis atque oneris imponam. Nec despero 10
tamen, quamquam languet iuventus nec perinde atque
debebat in laudis et gloriae cupiditate versatur, futuros
aliquos qui abiectum hoc cadaver consularibus spoliis
nudare non nolint, praesertim tam adflicto, tam inopi, tam
infirmo, tam enervato reo, qui te ita gesseris ut timeres ne 15
indignus beneficio viderere, nisi eius a quo missus eras
simillimus exstitisses.

34
83
An vero tu parum putas investigatas esse a nobis labis
imperi tui stragisque provinciae ? quas quidem nos non
vestigiis odorantes ingressus tuos sed totis volutationibus 20
corporis et cubilibus persecuti sumus. Notata a nobis
sunt et prima illa scelera in adventu cum, accepta pecunia
a Dyrrachinis ob necem hospitis tui Platoris, eius ipsius
domum devertisti cuius sanguinem addixeras, eumque
servis symphoniacis et aliis muneribus acceptis timentem 25
multumque dubitantem confirmasti et Thessalonicam fide
tua venire iussisti. Quem ne maiorum quidem more supplicio adfecisti, cum miser ille securibus hospitis sui cervices

---

2 veterem vocabis *scripsi* : revocabis *codd.*   3 fata] ĩta ω, facta
φk, ed. V   quod] in quo *Koch*   tu qui] cum qui *Ee* : cum tu *n* : tum
qui *coni. Halm*   12 debebat *Ee* : debeat *cett.*   14 nolint *Ee⌒* :
nolit *cett.*   inopi *Halm* : opimo *codd.*   15 infirmo *φ⌒* : infimo *cett.*
20 gressus *N*   21 notanda *codd.* : *corr. Angelius*   24 evertisti
codd. : *corr. Mommsen*   25 accepisti trementem *Ee*

subicere gestiret, sed ei medico quem tecum tu eduxeras
imperasti ut venas hominis incideret; cum quidem tibi 84
etiam accessio fuit ad necem Platoris Pleuratus eius comes,
quem necasti verberibus summa senectute confectum.
5 Idemque tu Rabocentum, Bessicae gentis príncipem, cum
te trecentis talentis regi Cotyi vendidisses, securi percussisti,
cum ille ad te legatus in castra venisset et tibi magna
praesidia et auxilia a Bessis peditum equitumque polli-
ceretur, neque eum solum sed etiam ceteros legatos qui
10 simul venerant; quorum omnium capita regi Cotyi vendidisti. Denseletis, quae natio semper oboediens huic
imperio etiam in illa omnium barbarorum defectione Macedoniam C. Sentio praetore tutata est, nefarium bellum et
crudele intulisti, eisque cum fidelissimis sociis uti posses,
15 hostibus uti acerrimis maluisti. Ita perpetuos defensores
Macedoniae vexatores ac praedatores effecisti; vectigalia
nostra perturbarunt, urbes ceperunt, vastarunt agros, socios
nostros in servitutem abduxerunt, familias abripuerunt,
pecus abegerunt, Thessalonicensis, cum *de* oppido despe-
20 rassent, munire arcem coegerunt. A te Iovis Vrii fanum **35**
antiquissimum barbarorum sanctissimumque direptum est. 85
Tua scelera di immortales in nostros milites expiaverunt;
qui cum novo genere morbi adfligerentur neque se recreare
quisquam posset, qui semel incidisset, dubitabat nemo quin
25 violati hospites, legati necati, pacati atque socii nefario
bello lacessiti, fana vexata hanc tantam efficerent vastitatem. Cognoscis ex particula parva scelerum et crudelitatis
tuae genus universum.

1 tu] tum *Halm* : *del. Naugerius* (1)   2 quidem *i, ed. V* :
equidem *codd.*   6 te *del. Mommsen*   Cotyi *Garatoni* : coddo
(coccho *c*) *codd.*   8 et auxilia] auxilia *Ee, del. Baiter*   10
coccho (cottho *E,* coddo *M²*) *codd.* : *corr. Garatoni*   12 macedonica
(-ia *N*) *codd.* : *corr. Garatoni*   13 C. Sentio p. R. *Ee* : C. sextio
(-ium *M²*) *cett.*   16 praedatores *E* : perditores *cett.*   18
arripuerunt *codd.* : *corr. Hotoman*   19 de *supplevi*   20 Vrii
Turnebus : velsuri *codd.*   23 novo *Müller* : uno *codd.*   24
simul *Ee*φ

86   Quid avaritiae, quae criminibus infinitis implicata est,
summam nunc explicem?   Generatim ea quae maxime
nota sunt dicam.   Nonne sestertium centiens et octogiens,
quod quasi vasari nomine in venditione mei capitis ascri-
pseras, ex aerario tibi attributum Romae in quaestu reliquisti? 5
Nonne, cum cc talenta tibi Apolloniatae Romae dedissent
ne pecunias creditas solverent, ultro Fufidium, equitem
Romanum, hominem ornatissimum, creditorem debitoribus
suis addixisti?   Nonne, hiberna cum legato praefectoque
tuo tradidisses, evertisti miseras funditus civitates, quae non 10
solum bonis sunt exhaustae sed etiam nefarias libidinum
contumelias turpitudinesque subierunt?   Qui modus tibi
fuit frumenti aestimandi, qui honorarii? si quidem potest
vi et metu extortum honorarium nominari. Quod cum
peraeque omnes, tum acerbissime Bottiaei, Byzantii, Cher- 15
ronensus, Thessalonica sensit.   Vnus tu dominus, unus
aestimator, unus venditor tota in provincia per triennium
36
87 frumenti omnis fuisti.   Quid ego rerum capitalium quae-
stiones, reorum pactiones, redemptiones, acerbissimas damnationes, libidinosissimas liberationes proferam?   Tantum 20
locum aliquem cum mihi notum esse senseris, tecum ipse
licebit quot in eo genere et quanta sint crimina recordere.
Quid? illam armorum officinam ecquid recordaris, cum
omni totius provinciae pecore compulso pellium nomine
omnem quaestum illum domesticum paternumque reno- 25
vasti?   Videras enim grandis iam puer bello Italico repleri
quaestu vestram domum, cum pater armis faciendis tuus

---

    1 implicita *Priscian.* ix. 37   6 c *E*   apolloniatae (-ini- *E*)
*E*χ : apollinate *cett.*   10 tuo *Ee* : *om. cett.*   13 aestimandi
*Ee*χ*k* : extimandi *cett.*   15 Bottiaei *Madvig* : boetii *cett.*   Byzantii *Müller* : et Byzantii (biz-) *codd.*   Cherronenses (cherr- *M*)
codd. : *corr. Müller* (Cherronesus et *Halm*)   17 aestimator
*E*χ²ϛ : extimator *cett.*   21 esse χ¹ϛ : est *cett.*   22 recordere
ϛ, *Angelius* : recordare *cett.*   23 armorum *i, Beroaldus* : mar-
morum *mei*   ecquid *E, Angelius* : et quid *cett.*

praefuisset. Quid? vectigalem *populi Romani* provinciam,
singulis rebus quaecumque venirent certo portorio im-
posito, servam tuis publicanis a te factam esse meministi?
Quid? centuriatus palam venditos, quid? per tuum ser- 88
5 volum ordines adsignatos, quid? stipendium militibus per
omnis annos a civitatibus mensis palam propositis esse
numeratum? quid? illa in Pontum profectio et conatus
tuus, quid? debilitatio atque abiectio animi tui Macedonia
praetoria nuntiata, cum tu non solum quod tibi succede-
10 retur sed quod Gabinio non succederetur exsanguis et
mortuus concidisti, quid? quaestor aediliciis reiectis praepositus, legatorum tuorum optimus abs te quisque violatus,
tribuni militares non recepti, M. Baebius, vir fortis, interfectus iussu tuo? Quid quod tu totiens diffidens ac 89
15 desperans rebus tuis in sordibus, lamentis luctuque iacuisti,
quod populari illi sacerdoti sescentos ad bestias amicos
sociosque misisti, quod, cum sustentare vix posses maerorem tuum doloremque decessionis, Samothraciam te
primum, post inde Thasum cum tuis teneris saltatoribus
20 et cum Autobulo, Athamante, Timocle, formosis fratribus,
contulisti, quod inde te recipiens in villa Euchadiae, quae
fuit uxor Execesti, iacuisti maerens aliquot dies atque inde
obsoletus Thessalonicam omnibus inscientibus noctuque
venisti, quod, cum concursum plorantium ac tempestatem
25 querelarum ferre non posses, in oppidum devium Beroeam
profugisti? quo in oppido cum tibi spe falsa, quod Q.

1 populi Romani (*i.e.* p.r.) *supplevi*: *cf. Rull.* ii. 64   3 servam
scripsi. servis *codd.*   publicanis *del. Bake*   factam *epc*: facta
E: factum *cett.*   11 aedilicius reiectus *codd.*: *corr. Gulielmius*
16 ad bestias socios stipendiariosque misisti *Asconius*   17 quod *Garatoni*: quid *Eeꞇ*: quid quod *cett.*   18 decessionis *i, Angelius*:
descensionis (discess- ꞇ) *cett.*   19 post inde (in ꞇ) *Eφꞇ*: inde
cett.   tharsum *codd.*: *corr. Turnebus*   20 Autobulo *E*: anto-
bulo *cett.*   Athamante] et *add. codd.*, *del. Madvig*   timode
codd.: *corr. Beroaldus*   21 quod inde *Garatoni*: quid cum inde (quid
quod cum *E*) *codd.*   22 exegisti *codd*: *corr. Garatoni*   24 quod
cum *Lambinus*: qui cum *codd.*   26 profugisti *Ee*: perfugisti *cett.*

Ancharium non esse successurum putares, animos rumor
inflasset, quo te modo ad tuam intemperantiam, scelerate,
renovasti !   Mitto aurum coronarium quod te diutissime
torsit, cum modo velles, modo nolles.   Lex enim generi
tui et decerni et te accipere vetabat nisi decreto triumpho. 5
In quo tu acceptam iam et devoratam pecuniam, ut in
Achaeorum centum talentis, evomere non poteras, vocabula
tantum pecuniarum et genera mutabas.   Mitto diplomata
tota in provincia passim data, mitto numerum navium
summamque praedae, mitto rationem exacti imperatique 10
frumenti, mitto ereptam libertatem populis ac singulis qui
erant adfecti praemiis nominatim, quorum nihil est quod non
sit lege Iulia ne fieri liceat sanctum diligenter.   Aetoliam,
quae procul a barbaris disiuncta gentibus, in sinu pacis
posita, medio fere Graeciae gremio continetur, o Poena et 15
Furia sociorum ! decedens miseram perdidisti.   Arsinoen,
Stratum, Naupactum, ut modo tute indicasti, nobilis urbis
atque plenas, fateris ab hostibus esse captas.   Quibus autem
hostibus ?   Nempe eis quos tu Ambraciae sedens primo
tuo adventu ex oppidis Agrianum atque Dolopum demi- 20
grare et aras et focos relinquere coegisti.   Hoc tu in exitu,
praeclare imperator, cum tibi ad pristinas cladis accessio
fuisset Aetoliae repentinus interitus, exercitum dimisisti,
neque ullam poenam quae tanto facinori deberetur non
maluisti subire quam *quemquam* numerum tuorum militum 25
reliquiasque cognoscere.

Atque ut duorum Epicureorum similitudinem in re
militari imperioque **videatis**, Albucius, cum in Sardinia
triumphasset, Romae damnatus est ; hic cum similem

---

3 renovasti *scripsi* : innovasti *codd.*   5 te *om. k, codd. Faerni*
6 accepta tamen et devorata pecunia *codd.* : *corr. Abram* (iam *add.*
Klotz)   13 liceat *Ee*φ : possit *cett.*   14 disiuncta ς, *ed. V* : disiuncta
est *cett.*   16 Arsinoan Thracum *codd.* : *corr. Turnebus*   17
Naupactum *Ee* : neopactum *cett.*   20 aggrinarum *codd* : *corr.*
Turnebus   25 quemquam *suppl. Madvig*   26 cógnosci *Lallemand*

exitum exspectaret, in Macedonia tropaea posuit; eaque
quae bellicae laudis victoriaeque omnes gentes insignia et
monumenta esse voluerunt noster hic praeposterus imperator amissorum oppidorum, caesarum legionum, provinciae
5 praesidio et reliquis militibus orbatae ad sempiternum
dedecus sui generis et nominis funesta indicia constituit;
idemque, ut esset quod in basi tropaeorum inscribi inci-
dique posset, Dyrrachium ut venit decedens, obsessus est
ab eis ipsis militibus quos paulo ante Torquato respondit
10 benefici causa a se esse dimissos.   Quibus cum iuratus
adfirmasset se quae deberentur postero die persoluturum,
domum se abdidit; inde nocte intempesta crepidatus veste
servili navem conscendit Brundisiumque vitavit et ultimas
Hadriani maris oras petivit, cum interim Dyrrachii milites 93
15 domum in qua istum esse arbitrabantur obsidere coeperunt
et, cum latere hominem putarent, ignis circumdederunt.
Quo metu commoti Dyrrachini profugisse noctu crepidatum
imperatorem indicaverunt.   Illi autem statuam istius per-
similem, quam stare celeberrimo in loco voluerat ne
20 suavissimi hominis memoria moreretur, deturbant, adfligunt,
comminuunt, dissipant.   Sic odium quod in ipsum attu-
lerant, id in eius imaginem ac simulacrum profuderunt.
Quae cum ita sint—non enim dubito quin, cum haec quae 94
excellunt me nosse videas, non existimes mediam illam
25 partem et turbam flagitiorum tuorum mihi esse inauditam—
nihil est quod me hortere, nihil est quod invites; admoneri
me satis est.   Admonebit autem nemo alius nisi rei publicae
tempus, quod mihi quidem magis videtur quam tu umquam arbitratus es appropinquare.   Ecquid vides, ecquid 39

1 exspectaret *Faernus* : spectaret *cett.*   eaque quae *ed. Crat.* :
eaque (ea quae φχ϶) *codd.*   3 monimenta *Ee*   6 funesta *Eeφ* :
om. *cett.*   13 Brundisiumque *E* : Brundusiumque *cett.*   15 arbitrabantur *Lag.* 9, *edd. VR* : arbitrantur (-rarentur 1 *det.*) *cett.*   19 in *om. E*
24 excellunt *Lag.* 9, *Naugerius* (1) : excellent *cett.*   25 e turba *N*
26 nihil quod invites ω[1], *Halm*   28 quidem mihi *Eφ*   29 ecquid
. . . et quid *E* : et quid . . . et quid *cett.*

sentis, lege iudiciaria lata, quos posthac iudices simus
habituri ? Neque legetur quisquis voluerit, nec quisquis
noluerit non legetur ; nulli conicientur in illum ordinem,
nulli eximentur ; non ambitio ad gratiam, non iniquitas ad
aemulationem conitetur ; iudices iudicabunt ei quos lex 5
ipsa, non quos hominum libido delegerit. Quod cum ita
sit, mihi crede, neminem invitum invitabis ; res ipsa et rei
publicae tempus aut me ipsum, quod nolim, aut alium
quempiam aut invitabit aut dehortabitur.

95   Equidem, ut paulo ante dixi, non eadem supplicia esse 10
in hominibus existimo quae fortasse plerique, damnationes,
expulsiones, neces ; denique nullam mihi poenam videtur
habere id quod accidere innocenti, quod forti, quod
sapienti, quod bono viro et civi potest. Damnatio ista
quae in te flagitatur obtigit P. Rutilio, quod specimen 15
habuit haec civitas innocentiae. Maior mihi iudicum et
rei publicae poena illa visa est quam Rutili. L. Opimius
eiectus est e patria, is qui praetor et consul maximis
rem publicam periculis liberarat. Non in eo cui facta
est iniuria sed in eis qui fecerunt sceleris et conscien- 20
tiae poena permansit. At contra bis Catilina absolutus
est, emissus etiam ille auctor tuus provinciae, cum stuprum
Bonae deae pulvinaribus intulisset. Quis fuit in tanta
civitate qui illum incesto liberatum, non eos qui ita
40 iudicarant pari scelere obstrictos arbitraretur ? An ego 25
96 exspectem dum de te v et lxx tabellae diribeantur,
de quo iam pridem omnes mortales omnium generum,

---

1 post haec *E*   2 neque *Madvig* : non aeque (enim ⸋) *codd.*   5
aemulationem *Madvig* : simulationem *codd.*   conicientur *codd.* : *corr.*
Faernus   7 invitus *codd.* : *corr. Hotoman*   16 haec civitas *i, ed. V* :
hic civis *EeM*⸋ : hic cuius *cett.*   18 e *Ee* : a *cett.* : *om. codd. Asconii*
praetor] et post praeturam *Asconius*   19 periculis rem p.
Asconius   20 iniuria est *Asconius*   et *Eeφ*⸋, *Asconius* :
ac *cett.*   21 permansit *Ee* : remansit *cett., codd. Asconii*   22 est
o : *om. cett.*   provinciae *om. N*   25 iudicarint *codd.* :
corr. Madvig   26 diripiantur *codd.* : *corr. A. Augustinus*

aetatum, ordinum iudicaverunt ?   Quis enim te aditu, quis
ullo honore, quis denique communi salutatione dignum
putat ?   Omnes memoriam consulatus tui, facta, mores,
faciem denique ac nomen a re publica detestantur. Legati
5 qui una fuerunt alienati, tribuni militum inimici, centuriones,
et si qui ex tanto exercitu reliqui milites exstant non
dimissi abs te sed dissipati, te oderunt, tibi pestem ex-
optant, te exsecrantur. Achaia exhausta, Thessalia vexata,
laceratae Athenae, Dyrrachium et Apollonia exinanita,
10 Ambracia direpta, Parthini et Bulidenses inlusi, Epirus
excisa, Locri, Phocii, Boeotii exusti, Acarnania, Amphi-
lochia, Perraebia, Athamanumque gens vendita, Macedonia
condonata barbaris, Aetolia amissa, Dolopes finitimique
montani oppidis atque agris exterminati ; cives Romani
15 qui in eis locis negotiantur te unum suum sociorumque
depeculatorem, vexatorem, praedonem, hostem venisse
senserunt. Ad horum omnium iudicia tot atque tanta 97
domesticum iudicium accessit sententiae damnationis tuae,
occultus adventus, furtivum iter per Italiam, introitus in
20 urbem desertus ab amicis, nullae ad senatum e provincia
litterae, nulla ex trinis aestivis gratulatio, nulla triumphi
mentio ; non modo quid gesseris sed ne quibus in locis
quidem fueris dicere audes. Ex illo fonte et seminario
triumphorum cum arida folia laureae rettulisses, cum ea
25 abiecta ad portam reliquisti, tum tu ipse de te ' FECISSE
VIDERI ' pronuntiavisti.   Qui si nihil gesseras dignum
honore, ubi exercitus, ubi sumptus, ubi imperium, ubi illa

1 aditu *Eeφχϛ* : auditu *cett.*   3 putat *Cus.* : putet *cett.*   5
fuerunt *i, Halm* : fuere *cett.*   militum *φk, ed. V* : mil. *cett.*
6 exstant *Eeφ* : existunt *cett.*   10 parthenii *codd.* : *corr.*
Naugerius (1)   bullienses *codd.* : *corr. Vrsinus*   11 excissa *c¹,*
Lambinus   boeotii *i* : boetii *cett.*   Acarnania *n, ed. R* :
acharnia *cett.*   12 perrhebia *Eeo* : perthebia *cett.*   Athamanumque *e, Lag.* 7 : achamanumque *cett.*   15 iis *ed. V* : his *codd.*
suum sociorumque *Cus.* : solum suum *cett.*   18 sententiae . . .
tuae *del. Bake*   24 laurea *Ee*

299

uberrima supplicationibus triumphisque provincia? Sin
autem aliquid sperare potueras, *si* cogitaras id quod imperatoris nomen, quod laureati fasces, quod illa tropaea plena
dedecoris et risus te commentatum esse declarant, quis te
miserior, quis te damnatior, qui neque scribere ad senatum a 5
te bene rem publicam esse gestam neque praesens dicere

41 ausus es?   An tu mihi cui semper ita persuasum fuerit non
98
eventis sed factis cuiusque fortunam ponderari, neque in
tabellis paucorum iudicum sed in sententiis omnium civium
famam nostram fortunamque pendere, te indemnatum videri 10
putas, quem socii, quem foederati, quem liberi populi, quem
stipendiarii, quem negotiatores, quem publicani, quem universa civitas, quem legati, quem tribuni militares, quem reliqui
milites qui ferrum, qui famem, qui morbum effugerunt, omni
cruciatu dignissimum putent, cui non apud senatum, non 15
apud equites Romanos, non apud ullum ordinem, non in
urbe, non in Italia maximorum scelerum venia ulla ad igno-
scendum dari possit, qui se ipse oderit, qui metuat omnis,
qui suam causam nemini committere audeat, qui se ipse
99 condemnet?   Numquam ego sanguinem expetivi tuum, 20
numquam illud extremum quod posset esse improbis et
probis commune supplicium legis ac iudici, sed abiectum,
contemptum, despectum a ceteris, a te ipso desperatum et
relictum, circumspectantem omnia, quicquid increpuisset
pertimescentem, diffidentem tuis rebus, sine voce, sine 25
libertate, sine auctoritate, sine ulla specie consulari, hor-

---

2 aliquid *E*ς : aliquod *cett.*   potueras *Madvig* : volueras *codd.* :
visus eras *Müller*   si *suppl. Naugerius* (2)   5 quis dam-
pnatior, quis impudentior *Cus.*   quis te damnatior *om. N*   8
ponderari *c²k, Manutius* : dicere audes *add. cett.*   10 te *del. Garatoni*   14 morbum *Ee* : mortem *cett.*   15 putant *codd.* : *corr. Garatoni*
non . . . Romanos *huc transp. Garatoni, post* ordinem *hab. codd.* : *del.
Halm*   18 ipse *cod. Pithoei* : ipsum *mei*   19 ipse *Ee* : ipsum
              a
cett.   20 expetivi *M* : expectavi *Eeω¹*   22 ac] atque *Halm*
iudicium *N*

rentem, trementem, adulantem omnis videre te volui ; vidi.
Qua re si tibi evenerit quod metuis ne accidat, equidem
non moleste feram; sin id tardius forte fiet, fruar tamen
tua et indignitate et timiditate, nec te minus libenter metuen-
5 tem videbo ne reus fias quam reum, nec minus laetabor
cum te semper sordidum, quam si paulisper sordidatum
viderem.

1 omnibus *i, ed. V (cf. Arusian. K.* vii. 457)   4 et indignitate et
timiditate *Cus.* : indignitate *cett.*   te *om. N5*   videbo metuentem
Cus.   7 viderim *Cus.*

M. TVLLI CICERONIS
PRO C. RABIRIO POSTVMO ORATIO

SIGLA

Ω = cod. Laur. XLVIII. 26 (Lag. 26)
μ = cod. Matritensis 10097
m = cod. Ambros. C. 96 supr.
o = cod. Oxon. Dorvill. 78 (Lag. 38)
p = cod. Paris. Nouv. Acq. 1564
q = cod. Paris. 7788
s = cod. Senensis H. VI. 12
t = cod. Senensis H. XI. 61
ψ = cod. Laur. (Gadd.) XC. sup. 69

———————

c = cod. Oxon. Canon. 226
k = cod. Paris. 7779, A. D. 1459 scriptus
ς = codd. ck

Omnes codices saeculo XV° scripti sunt

M. TVLLI CICERONIS

PRO C. RABIRIO POSTVMO ORATIO

Sɪ quis est, iudices, qui C. Rabirium, quod fortunas suas,
fundatas praesertim atque optime constitutas opes, potestati
regiae libidinique commiserit, reprehendendum putet, ascri-
bat ad iudicium suum non modo meam sed huius etiam
5 ipsius qui commisit sententiam ; nec enim cuiquam eius
consilium vehementius quam ipsi displicet.   Quamquam
hoc plerumque facimus ut consilia eventis ponderemus et,
cui bene quid processerit, multum illum providisse, cui
secus, nihil sensisse dicamus.   Si exstitisset in rege fides,
10 nihil sapientius Postumo, quia fefellit rex, nihil hoc amen-
tius dicitur, ut iam nihil esse videatur nisi divinare sapientis.
Sed tamen, si quis est, iudices, qui illam Postumi sive 2
inanem spem sive inconsultam rationem sive, ut gravissimo
verbo utar, temeritatem vituperandam putet, ego eius
15 opinioni non repugno ; illud tamen deprecor ut, cum ab
ipsa fortuna crudelissime videat huius consilia esse multata,
ne quid ad eas ruinas quibus hic oppressus est addendum
acerbitatis putet.   Satis est homines imprudentia lapsos
non erigere, urgere vero iacentis aut praecipitantis impellere
20 certe est inhumanum, praesertim, iudices, cum sit hoc
generi hominum prope natura datum ut, sɪ qua in familia
laus aliqua forte floruerit, hanc fere qui sint eius stirpis,

---

1 fortunas suas *t*: fortunae suae (suae fortunae *μpqϛ*) *cett.*   2
fort. fundatissimas   opes *om. t, del. Muretus*   16 Fortuna
Halm   19 aut periclitantes ϛ   21 uti qua in (in qua *p*) *codd.* :
corr. ed. Bipont.   22 sunt *sψ²c*

quod sermone hominum ac memoria patrum virtutes celebrantur, cupidissime persequantur, si quidem non modo in
gloria rei militaris Paulum Scipio ac Maximus filii, sed
etiam in devotione vitae et in ipso genere mortis imitatus
est P. Decium filius. Sint igitur similia, iudices, parva 5
2 magnis. Fuit enim pueris nobis huius pater, C. Curtius,
3 princeps ordinis equestris, fortissimus et maximus publi-
canus, cuius in negotiis gerendis magnitudinem animi non
tam homines probassent, nisi in eodem benignitas incredibilis fuisset, ut in augenda re non avaritiae praedam, sed 10
4 instrumentum bonitati quaerere videretur. Hoc ille natus,
quamquam patrem suum numquam viderat, tamen et natura
ipsa duce, quae plurimum valet, et adsiduis domesticorum sermonibus in paternae disciplinae similitudinem deductus est.
Multa gessit, multa contraxit, magnas partis habuit publi- 15
corum ; credidit populis ; in pluribus provinciis eius versata
res est ; dedit se etiam regibus ; huic ipsi Alexandrino
grandem iam antea pecuniam credidit ; nec interea locu-
pletare amicos umquam suos destitit, mittere in negotium,
dare partis, augere *re*, fide sustentare. Quid multa? cum 20
magnitudine animi, tum liberalitate vitam patris et consuetudinem expresserat. Pulsus interea regno Ptolomaeus
dolosis consiliis, ut dixit Sibylla, sensit Postumus, Romam
venit. Cui egenti et roganti hic infelix pecuniam credidit,
nec tum primum ; nam regnanti crediderat absens ; nec 25
temere se credere putabat, quod erat nemini dubium quin

1 quod sermone h. ac memoria p. virtutes celebrantur *Schütz* :
quod sermo h. ad memoriam p. virtute celebretur *codd.*   3 ac
Maximus filii *scripsi* (*cf. Lael.* 69): aut Maximum filium (-ius μpqtk)
codd. : aut Maximus *Madvig*   6 fuit Ω²ost⌒ : sufficit *cett.*   Curtius
⌒ : Curius *cett.*   9 homines tψ² : *om. pc* : in eo (eos) *cett.*   12 quamquam *Klotz* : quamvis *codd.* : qui oculis *Klussmann*   videret *Madvig*
et t⌒ : ei *cett.*   14 disciplinae *scripsi* (*cf. Verr.* v. 30) : culpae *codd.* :
vitae *Hotoman*   esset *Madvig*   20 augere re *Klotz* : re augere *codd.*
Lambini : augere *mei*   24 cui *Müller* : huic *codd.*   25 regnanti]
fort. ante *addendum*

is in regnum restitueretur a senatu populoque Romano.
In dando autem et credendo processit longius nec suam 5
solum pecuniam credidit sed etiam amicorum, stulte; quis
negat, aut quis iam audebit, quod male cecidit, bene con-
5 sultum putare? sed est difficile, quod cum spe magna sis
ingressus, id non exsequi usque ad extremum. Supplex **3**
erat rex, multa rogabat, omnia pollicebatur, ut iam metuere
Postumus cogeretur ne quod crediderat perderet, si cre-
dendi constituisset modum. Nihil autem erat illo blandius,
10 nihil hoc benignius, ut magis paeniteret coepisse quam
liceret desistere.

Hinc primum exoritur crimen illud; senatum corruptum **6**
esse dicunt. O di immortales! haec est illa exoptata iudiciorum severitas? corruptores nostri causam dicunt; nos
15 qui corrupti sumus non dicimus? Quid ergo? senatum*ne*
defendam hoc loco, iudices? Omni equidem loco debeo;
ita de me est meritus ille ordo ; sed nec id agitur hoc
tempore nec cum Postumi causa res ista coniuncta est.
Quamquam ad sumptum itineris, ad illam magnificentiam
20 apparatus comitatumque regium suppeditata pecunia a
Postumo est, factaeque syngraphae sunt in Albano Cn.
Pompei, cum ille Roma profectus esset, tamen non debuit
is qui dabat, cur ille qui accipiebat tum sumeret, quaerere. Non enim latroni, sed regi credidit, nec regi inimico
25 populi Romani, sed ei cuius reditum consuli commendatum
a senatu videbat, nec ei regi qui alienus ab hoc imperio
esset, sed ei quicum foedus feriri in Capitolio viderat.

4 iam audebit *Müller*: iam amouet (admonet *p*) *codd.*: iam audet
Madvig: iam volet *Halm*   bene] id bene *Patricius*   5 putares
Ωμοψ : putaret *cett.* : *corr. Patricius*   sed *Turnebus* : at *o* : id *cett.*
spe magna *qt⌐* : spem magnam *cett.*   7 rogabat *μpq⌐* : rogarat
cett.   8 si credere Ω²*pq*   15 ergo] ego *ed. R*   -ne *add.*
Patricius   23 cur *k* : cum (t- Ω) *cett.* : quo modo *Patricius*   tum
sumeret *Turnebus* : consumeret *codd.*   25 consulucum (*ex* -sulcu
Ω, consolutum *tψ* : est solutum *μq*) datum senatum *codd.* : *corr.*
ten Brink (*sic fere Lambinus*)   27 ferire *codd.* : *corr. Naugerius* (2)

7 Quod si creditor est in culpa, non is qui improbe credita
pecunia usus *est*, damnetur is qui fabricatus gladium est et
vendidit, non is qui illo gladio civem aliquem interemit.
Quam ob rem neque tu, C. Memmi, hoc facere debes ut
senatum, cuius auctoritati te ab adulescentia dedidisti, in 5
tanta infamia versari velis, neque ego id quod non agitur
defendere. Postumi enim causa, quaecumque est, seiuncta
8 a senatu est. Quod si item a Gabinio seiunctam ostendero,
certe quod dicas nihil habebis.

4   Est enim haec causa 'QVO EA PECVNIA PERVENERIT' 10
quasi quaedam appendicula causae iudicatae atque damna-
tae. Sunt lites aestimatae A. Gabinio, nec praedes dati
nec ex bonis populo universae *lites solutae.* Iubet lex
Iulia persequi ab eis ad quos ea pecunia quam is ceperit
qui damnatus sit pervenerit. Si est hoc novum in lege 15
Iulia, sicuti multa sunt severius scripta quam in antiquis
legibus et sanctius, inducatur sane etiam consuetudo huius
9 generis iudiciorum nova ; sin hoc totidem verbis translatum
caput est quot fuit non modo in Cornelia sed etiam ante
in lege Servilia, per deos immortalis ! quid agimus, iudices, 20
aut quem hunc morem novorum iudiciorum in rem publicam inducimus ? Erat enim haec consuetudo nota vobis
quidem omnibus, sed, si usus magister est optimus, mihi
debet esse notissima. Accusavi de pecuniis repetundis,
iudex sedi, praetor quaesivi, defendi plurimos ; nulla pars 25
quae aliquam facultatem discendi adferre posset a me afuit.

1 est in c. non is *Klotz* : in c. sit non is ς : is in c. non sit *cett.*
2 usus est *Orelli* : sit usus *k* ; usus *cett.*   est gladium *Quintil.* ix. 3. 6
5 dedidisti *Patricius* : dedisti *codd.*   13 populo universae lites solutae
scripsi : populi servari lex (*om.* lex Ω*st*) aequa est (*adnotatio* 'lex aequa
est' *verba Ciceronis expulit*)   17 inducta Ω²*st*   etiam *pq, Angelius* :
etiam cum *cett.*   18 sin *Manutius* : sit (sint) *codd.*   19 quot *Manutius* : quod *codd.*   20 lege *del. Patricius*   21 rem *pk* : R. (re) *cett.*
24 notissimus *codd.* : *corr. ed. Hervag.*   26 dicendi *codd.* : *corr.
Hotoman*   a me afuit *Halm* : mea (non mea ς) fuit *codd.* : mea non
fuit *Angelius*

Ita contendo, neminem umquam ' QVO EA PECVNIA PER-
VENISSET ' causam dixisse qui in aestimandis litibus
appellatus non esset. In litibus autem nemo appellabatur
nisi ex testium dictis aut tabulis privatorum aut rationibus
5 civitatum. Itaque in inferendis litibus adesse solebant qui 10
aliquid de se verebantur, et, cum erant appellati, si videbatur,
statim contra dicere solebant ; sin eius temporis recentem
invidiam pertimuerant, respondebant postea. Quod cum
fecissent, permulti saepe vicerunt. Hoc vero novum et 5
10 ante hoc tempus omnino inauditum. In litibus Postumi
nomen est nusquam. In litibus dico ; modo vos idem in
A. Gabinium iudices sedistis ; num quis testis Postumum
appellavit ? testis autem ? num accusator ? num denique
toto illo in iudicio Postumi nomen audistis ? Non igitur 11
15 reus ex ea causa quae iudicata est redundat Postumus, sed
est adreptus unus eques Romanus de pecuniis repetundis
reus. Quibus tabulis ? Quae in iudicio Gabiniano recitatae
non sunt. Quo teste ? A quo tum appellatus nusquam est.
Qua aestimatione litium ? In qua Postumi mentio facta
20 nulla est. Qua lege ? Qua non tenetur.

Hic iam, iudices, vestri consili res est, vestrae sapientiae ;
quid deceat vos, non quantum liceat vobis, spectare debetis.
Si enim quid liceat quaeritis, potestis tollere e civitate
quem voltis ; tabella est quae dat potestatem ; occultat
25 eadem libidinem, cuius conscientiam nihil est quod quisquam timeat, si non pertimescat suam. Vbi est igitur sapien- 12
tia iudicis ? In hoc, ut non solum quid possit, sed etiam quid
debeat, ponderet nec quantum sibi permissum meminerit

2 qui in *st* : quin *cett.*   limitibus Ωπoψc (*v.* 5 Ω¹oc²)   9
et *Müller* : est (*om.* Ωt↓ϛ) *codd.* : est et *Patricius*   11 idem ϛ :
iidem *cett.*   14 non] num Ω¹   17 Gabiniano *Muretus* : Gabinio
Ω¹os : a Gabinio (-iio Ω²) *cett.* : A. Gabinii *Hotoman*   18 quo teste
stψ²ϛ : quod iste *cett.*   19 qua aestimatione *Pantagathus* : quam
(qua *st*ϛ) appellationem (-ne *st*ϛ) *codd.*   25 conscientiam ϛ : conscientia *cett.*   quicquam *codd.* : *corr. ed. V*

solum, sed etiam quatenus commissum sit. Datur tibi
tabella iudici. Qua lege? Iulia de pecuniis repetundis.
Quo de reo? De equite Romano. At iste ordo lege ea
non tenetur. 'Illo,' inquit, 'capite : *quo ea pecunia per-*
venerit.' *Nihil audisti* in Postumum, cum in Gabinium 5
iudex esses, nihil Gabinio damnato, cum in eum litis aesti-
mares. 'At nunc audio.' Reus igitur Postumus est ea
lege qua non modo ipse sed totus etiam ordo solutus ac
liber est.

6

¹³   Hic ego nunc non vos prius implorabo, equites Romani, 10
quorum ius iudicio temptatur, quam vos, senatores, quorum
agitur fides in hunc ordinem ; quae quidem cum saepe
ante, tum in hac ipsa causa nuper est cognita. Nam cum
optimo et praestantissimo consule, Cn. Pompeio, de hac
ipsa quaestione referente existerent non nullae, sed per- 15
paucae tamen acerbae sententiae, quae quidem censerent
ut tribuni, ut praefecti, ut scribae, ut comites omnes magistratuum lege hac tenerentur, vos, vos inquam, ipsi et
senatus frequens restitit, et, quamquam tum propter multorum delicta etiam ad innocentium periculum tempus 20
illud exarserat, tamen, cum odium nostri restingueretis,
¹⁴ huic ordini ignem novum subici non sivistis. Hoc animo
igitur senatus. Quid? vos, equites Romani, quid tandem
estis acturi? Glaucia solebat, homo impurus, sed tamen
acutus, populum monere ut, cum lex aliqua recitaretur, 25
primum versum attenderet. Si esset 'DICTATOR, CONSVL,
PRAETOR, MAGISTER EQVITVM,' ne laboraret ; sciret nihil
ad se pertinere ; sin esset 'QVICVMQVE POST HANC LEGEM,'

---

2 iudicii *codd.* : *corr. Madvig*   4–5 quo . . . audisti *suppl.*
Madvig   5 cum *Manutius* : quod *codd.*   6 damnato *Madvig* :
dato *codd.*   aestimaret (-rentur μ) *codd.* : *corr. Madvig*   7 at] ad
Ω¹s   8 etiam totus Ω*q*   10 R. equites Ω   11 iudicio
hoc *Patricius*   16 quidem ς : qui (*om. t*) *cett.*   19 restititis
Kayser   21 nostri *Müller* : non *codd.* : nostrum *Madvig*   24
fort. C. Glaucia   27 sciret ς : scire *cett.*

videret ne qua nova quaestione adligaretur. Nunc vos, 15
equites Romani, videte. Scitis me ortum e vobis omnia
semper sensisse pro vobis. Nihil horum sine magna cura
et summa caritate vestri ordinis loquor. Alius alios homines
5 et ordines, ego vos semper complexus sum. Moneo et
praedico, integra re causaque denuntio, omnis homines
deosque testor : dum potestis, dum licet, providete ne
duriorem vobis condicionem statuatis ordinique vestro
quam ferre possitis. Serpet hoc malum, mihi credite, **7**
10 longius quam putatis. Potentissimo et nobilissimo tribuno 16
pl., M. Druso, novam in equestrem ordinem quaestionem
ferenti: 'Sɪ QVIS OB REM IVDICANDAM PECVNIAM CEPISSET'
aperte equites Romani restiterunt. Quid ? hoc licere
volebant ? Minime ; neque solum hoc genus pecuniae
15 capiendae turpe sed etiam nefarium esse arbitrabantur.
Ac tamen ita disputabant, eos teneri legibus *eis* oportere
qui suo iudicio essent illam condicionem vitae secuti. Delectat amplissimus civitatis gradus, sella curulis, fasces,
imperia, provinciae, sacerdotia, triumphi, denique imago
20 ipsa ad posteritatis memoriam prodita; esto simul etiam 17
sollicitudo aliqua et legum et iudiciorum maior quidam
metus. 'Nos ista numquam contempsimus'—ita enim
disputabant—'sed hanc vitam quietam atque otiosam secuti
sumus ; quae quoniam honore caret, careat etiam mo-
25 lestia.' ' Tam es tu iudex *eques* quam ego senator.' 'Ita
est, sed tu istud petisti, ego hoc cogor. Qua re aut iudici
mihi non esse liceat, aut lege senatoria non teneri.' Hoc 18
vos, equites Romani, ius a patribus acceptum amittetis ?
Moneo ne faciatis. Rapientur homines in haec iudicia ex

7 testes Ω   9 possitis *Patricius* : possit *codd.*   11 novam
Madvig : unam *codd.*   12 iudicatam *codd.* : corr. *Patricius*   14
nec enim *Patricius*   16 eis *suppl. Patricius*   20 esto *Patricius* :
est *codd.*: sit *Mommsen*   21 maior *k, Hotoman* : maiorum *cett.*   25
tam *Angelius* : tum *q* : tamen (eadem *ost⌐*) *cett.*   eques *suppl. Patricius*
27 legem lege senatoria non timere *codd.* : corr. *Patricius*

omni non modo invidia sed sermone malivolorum, nisi
cavetis. Si iam vobis nuntiaretur in senatu sententias dici
ut his legibus teneremini, concurrendum ad curiam puta-
retis ; si lex ferretur, convolaretis ad rostra. Vos senatus
liberos hac lege esse voluit, populus numquam adligavit, 5
soluti huc convenistis ; ne constricti discedatis cavete.
19 Nam, si Postumo fraudi fuerit, qui nec tribunus nec praefectus nec ex Italia comes nec familiaris Gabini fuit,
quonam se modo defendent posthac qui vestri ordinis
cum magistratibus nostris fuerint his causis implicati ?   10
8 ' Tu,' inquit, ' Gabinium ut regem reduceret impulisti.'
Non patitur mea me iam fides de Gabinio gravius agere.
Quem enim ex tantis inimicitiis receptum in gratiam summo studio defenderim, hunc adflictum violare non debeo.
Quocum me si ante Cn. Pompei auctoritas in gratiam non 15
20 reduxisset, nunc iam ipsius fortuna reduceret. Sed tamen,
cum ita dicis, Postumi impulsu Gabinium profectum Alexandream, si defensioni Gabini fidem non habes, oblivisce-
risne etiam accusationis tuae ?   Gabinius se id fecisse
dicebat rei publicae causa, quod classem Archelai timeret, 20
quod mare refertum fore praedonum putaret ; lege etiam
id sibi licuisse dicebat. Tu inimicus negas. Ignosco, et
eo magis quod est contra illud iudicatum. Redeo igitur
21 ad crimen et accusationem tuam. Quid vociferabare? decem
milia talentum Gabinio esse promissa. Auctor videlicet 25
perblandus reperiendus fuit qui hominem, ut tu vis, avarissi-
mum exoraret, HS bis miliens et quadringentiens *ne* magno

---

4 ferretur *Angelius* : referretur (conf. μ) *codd.* : ea de re ferretur
Mommsen   8 ex Italia *del. Patricius*   10 fuerint *p⸀* : fuere Ω :
fuerunt *cett.*   12 mea me iam *Muretus* : etiam mea *pqc*, mea (-am *o*)
etiam *cett.*   13 t⸳ntis] tacitis Ω   14 defenderim *pqψ²* : defenderem (-dente Ω¹) *cett.*   15 me stantem *codd.* : *corr. Madvig*   16
nunc *c* : hunc *cett.*   17 Alexandriam *codd.* (*ita* §§ 26, 35, 39)
20 marchilei *codd.* : *corr. ed. Hervag.*   24 quid] qui *mg. Lambini*
25 talenta *codd.* : *corr. Naugerius* (2)   auctor *scripsi* : huic (hui
c¹, Turnebus) *codd.*   26 persuasor blandus *cod. Hotomani*   27
HS *om.* Ωpqs   et] sed Ω¹mpqψ¹   ne *suppl. Angelius*

opere contemneret. Gabinius illud, quoquo consilio fecit,
fecit certe suo; quaecumque mens illa fuit, Gabini fuit.
Sive ille, ut ipse dicebat, gloriam, sive, ut tu vis, pecuniam
quaesivit, sibi, *non Rabirio quaesivit;* *Rabirius enim* non
5 Gabini comes vel sectator nec ad Gabini, cuius id negotium
non erat, sed ad P. Lentuli, clarissimi viri, auctoritatem a
senatu profectam et consilio certo et spe non dubia Roma
contenderat.

At dioecetes fuit regius. Et quidem in custodia etiam 22
10 fuit regia et *vis* vitae eius adlata paene est; multa praeterea
quae libido regis, quae necessitas coegit perferre, pertulit.
Quarum omnium rerum una reprehensio est quod regnum
intrarit, quod potestati *se* regis commiserit. Verum si
quaerimus, stulte. Quid enim stultius quam equitem
15 Romanum ex hac urbe, huius, inquam, rei publicae civem,
quae est una maxime et fuit semper libera, venire in eum
locum ubi parendum alteri et serviendum sit? Sed ego in 9
hoc tamen Postumo non ignoscam, homini mediocriter ²³
docto, *in* quo videam sapientissimos homines esse lapsos?
20 Virum unum totius Graeciae facile doctissimum, Platonem,
iniquitate Dionysi, Siciliae tyranni, cui se ille commiserat,
in maximis periculis insidiisque esse versatum accepimus;
Callisthenem, doctum hominem, comitem Magni Alexandri,
ab Alexandro necatum; Demetrium, qui Phalereus vocitatus
25 est, et ex re publica Atheniensi, quam optime gesserat, et

4 non... enim *suppl. Madvig*   non Gabinio Ω¹   5 nec ad
Madvig: negat *codd.*   6 clarissimi viri *Naugerius* (1): C. V. *codd.*   8
contenderet *codd.* : *corr. Orelli*   9 diogenes *codd.* : *corr. Beroaldus*
10 vis vitae *Madvig:* vita *codd.*   allata Ωmψ: ablata (ob- *pq*) *cett.*
11 perferre *om. c¹*   12 quarum *Naugerius* (2): quare (quae *mψ*)
codd.   13 se *hic suppl. Halm, post* quod *hab.* k : *om. cett.*   18 tamen
cod. Hotomani: tandem *mei:* labenti *Kayser*   19 in *suppl.*
Angelius   21 tyranni *tψ²k:* et tyrannide *cett.*   22 insidiisque
ed. V: inediisque *m l²k:* insidiis mediisque (ined- *o*) *cett.*: mediisque
in insidiis *Halm*   24 qui... est *post* clarum *hab. codd.* : *huc transp.*
Patricius   25 Atheniensi *Lambinus:* Athenis *codd.* : *del. Madvig*
gesserat ⌐ : digesserat *cett.*

ex doctrina nobilem et clarum, in eodem isto Aegyptio
24 regno aspide ad corpus admota vita esse privatum. Plane
confiteor fieri nihil posse dementius quam scientem in eum
locum venire ubi libertatem sis perditurus. Sed huius ipsius
facti stultitiam alia iam superior stultitia defendit, quae facit 5
ut hoc stultissimum facinus, quod in regnum venerit, quod *se*
regi commiserit, sapienter factum esse videatur, si quidem *non*
tam semper stulti quam sero sapientis est, cum stultitia sua
25 impeditus sit, quoquo modo possit se expedire. Quam ob
rem illud maneat et fixum sit quod neque moveri neque 10
mutari potest; in quo aequi sperasse Postumum dicunt,
peccasse iniqui, ipse etiam insanisse se confitetur, quod suam,
quod amicorum pecuniam regi crediderit cum tanto fortunarum suarum periculo, hoc quidem semel suscepto atque
contracto perpetienda *illa* fuerunt ut se aliquando ac suos 15
vindicaret. Itaque obicias licet quam voles saepe palliatum
fuisse, aliqua habuisse non Romani hominis insignia, quotiens eorum quippiam dices, totiens unum dices atque *idem*
illud, temere hunc pecuniam regi credidisse, suas fortunas
26 atque famam libidini regiae commisisse. Fecerat temere, 20
fateor; mutari factum iam nullo modo poterat; aut pallium
sumendum Alexandreae ut ei Romae togato esse liceret,
10 aut omnes fortunae abiciendae, si togam retinuisset. Deliciarum causa et voluptatis non modo *notos* civis Romanos,
sed et nobilis adulescentis et quosdam etiam senatores 25
summo loco natos non in hortis aut suburbanis suis, sed
27 Neapoli, in celeberrimo oppido, in tunica pulla saepe *vidi,*

1 et clarum *om.* Ω   Aegyptio] phalerio μρ¹qc¹ : Phario *Turnebus*
4 istius *codd.* : *corr. Halm*   5 alia *Madvig* : mali (maior *k*) *codd.*
iam Ϛ : iam iam *cett.*   6 se Ϛ, *Halm* : *om. cett.*   7 non *cod.*
Hotomani : *om. mei*   14 suscepto ... contracto o²stϚ (c²) : susceptum ... contractum *cett.*   15 illa *k, Naugerius* (2) : *om. cett.*
ac *Turnebus* : ad *codd.*   18 idem *suppl. Müller*   22 ei *k* : et
(est Ω¹) *codd.*   24 notos *supplevi*   27 in tunica pulla *scripsi*
(*cf. Verr.* iv. 54) : maeciapella *codd.* : in manicata palla *Reid*   vidi,
ibidem multi *supplevi*

ibidem multi viderunt chlamydatum illum L. Sullam imperatorem. L. vero Scipionis, qui bellum in Asia gessit Antio-
chumque devicit, non solum cum chlamyde sed etiam cum
crepidis in Capitolio statuam videtis ; quorum impunitas
5 fuit non modo a iudicio sed etiam a sermone. Facilius
certe P. Rutilium Rufum necessitatis excusatio defendet ;
qui cum a Mithridate Mytilenis oppressus esset, crudelitatem regis in togatos vestitus mutatione vitavit. Ergo ille
P. Rutilius qui documentum fuit hominibus nostris virtutis,
10 antiquitatis, prudentiae, consularis homo soccos habuit et
pallium ; nec vero id homini quisquam sed tempori adsi-
gnandum putavit ; Postumo crimen vestitus adferet is in quo
spes fuit posse sese aliquando ad fortunas suas pervenire?
Nam ut ventum est Alexandream, iudices, haec una ratio a 28
15 rege proposita Postumo est servandae pecuniae, si curationem et quasi dispensationem regiam suscepisset. Id autem
facere non poterat, nisi dioecetes—hoc enim nomine utitur
qui ea regit—esset constitutus. Odiosum negotium Postumo
videbatur, sed erat nulla omnino recusatio ; molestum etiam
20 nomen ipsum, sed res habebat nomen hoc apud illos, non
hic imposuerat. Oderat vestitum etiam illum, sed sine eo
nec nomen illud poterat nec munus tueri. Ergo 'aderat
vis' ut ait poeta ille noster,

'quae summas frangit infirmatque opes.'

25 'Moreretur,' inquies ; nam id sequitur. Fecisset certe, si 29
sine maximo dedecore tam impeditis suis rebus potuisset
emori. Noli igitur fortunam convertere in culpam neque regis 11
iniuriam huius crimen putare nec consilium ex necessitate

---

1 viderunt *scripsi* : videri (-e *t*) *codd.*   5 sermone] *fort.* omnium
addendum (clausulae gratia)   9 qui] quod Ω¹*pq*   11 homini
tum *ed. Crat.*   12 quo uno *Patricius*   14 Alexandriam
μρψ²ς   iudices *Quintil.* iv. 2. 18 : audies (vides μ) *codd.*   16 regiae
Patricius   17 dioecetes *codd.* : *corr. Angelius*   18 ea regit
Madvig. : aretie (a rege *p*) *codd.*   21 hic *Angelius* : hoc *codd.*
26 impeditis *k, Angelius* : impudentis *cett.*   27 noli *scripsi* : nolite
codd.   28 putare Ω²*ostς* : punire *cett.*

nec voluntatem ex vi interpretari, nisi forte eos etiam qui
in hostis aut in praedones inciderint, si aliter quippiam
coacti faciant *ac* liberi, vituperandos putes. Nemo nostrum
ignorat, etiam si experti non sumus, consuetudinem regiam.
Regum autem sunt haec imperia : 'animadverte ac dicto 5
pare ' et 'praeter rogitatum si plus ' et illae minae :

      'si te secundo lumine hic offendero,
       moriere' ;

quae non ut delectemur solum legere et spectare debemus,
sed ut cavere etiam *et* effugere discamus. 10

30   At ex hoc ipso crimen exoritur. Ait enim, Gabinio
pecuniam Postumus *cum* cogeret, decumas imperatarum
pecuniarum sibi coegisse. Non intellego hoc quale sit,
utrum accessionem decumae, ut nostri facere coactores
solent *in* centesima, an decessionem de summa fecerit. 15
Si accessionem, undecim milia talentum ad Gabinium
pervenerunt. At non modo abs te decem milia obiecta
31 sunt sed etiam ab his aestimata. Addo illud etiam : qui
tandem convenit aut tam gravi onere tributorum ad tantam pecuniam cogendam mille talentum accessionem 20
esse factam aut in tanta mercede hominis, ut vis,
avarissimi mille talentum decessionem esse concessam ?
Neque enim fuit Gabini remittere tantum de suo nec regis
imponere tantum pati suis. At erunt testes legati Alexan-

2 hostis] hospites $\Omega^1\mu pqc^1$ 3 ac liberi *Madvig* : libere (-os *μ*)
codd. : quam liberos *ed. Hervag.*   putetis *Patricius*   5 autem]
enim *Patricius*   ac dicto *pqc* : addicto (edicto *k*) *cett.*   6 rogi-
tandum Ω^1 si plus *scripsi* (*cf. Flacc.* 10) : sit (si *mψ*) pie *codd.* :
sile *Bücheler*   7 hic *Cic. Att.* vii. 26. 1 : hoc *codd.*   9 solum
$\Omega^2 ost\zeta$: si dum *cett.*   10 et *c*, *Naugerius* (1) : *om. cett.*   fugere
Patricius   discamus *k* : dicamus (du- $\Omega^2 m^1 p$) $\Omega\mu m^1 p$: dicamur *cett.*
12 cum *suppl. Klotz*   decumas *Madvig* : decumus $\Omega\mu$: decumis *cett.*
imperatarum *ψ*, *Madvig* : imperatorum *cett.*   13 pecuniarum Ω^1,
Madvig : pecuniam *cett.*   15 in centesima c^2, *Halm* : centima *cett.*
19 oneri *Patricius*   21 de tanta *Patricius* : tantam de *Müller*   22
mille talentum *del. Madvig*   24 imponere *μtψζ* : imponere tantum
de suo nec regis imponere *cett.*   pati *del. Patricius*   aderunt *codd.* :
corr *Madvig*

drini. Ei nihil in Gabinium dixerunt ; immo ei Gabinium
laudaverunt. Vbi ergo ille mos, ubi consuetudo iudiciorum,
ubi exempla ? Solet is dicere in eum qui pecuniam *redegit*
qui in illum cuius nomine ea pecunia redigeretur non dixerit ?
5 Age, si is qui non dixit solet, etiamne is solet qui laudavit ? 32
Isdem testibus, et quidem non productis, sed dictis testium
recitatis, quasi praeiudicata res ad has causas deferri solet.
Et ait etiam meus familiaris et necessarius eandem causam 12
Alexandrinis fuisse cur laudarent Gabinium quae mihi
10 fuerit cur eundem defenderem. Mihi, C. Memmi, causa
defendendi Gabini fuit reconciliatio gratiae. Neque me vero
paenitet mortalis inimicitias, sempiternas amicitias habere.
Nam si me invitum putas, ne Cn. Pompei animum offende- 33
rem, defendisse causam, et illum et me vehementer ignoras.
15 Neque enim Pompeius me sua causa quicquam facere
voluisset invitum, neque ego cui omnium civium libertas
carissima fuisset meam proiecissem. *Nec*, quam diu inimi-
cissimus Gabinio fui, non amicissimus mihi Cn. Pompeius
fuit, nec, postea quam illius auctoritate eam dedi veniam
20 quam debui, quicquam simulate *feci*, ne cum mea perfidia illi
etiam ipsi facerem cui beneficium dedissem iniuriam. Nam
non redeundo in gratiam cum inimico non violabam Pompeium ; si per eum reductus insidiose redissem, me scilicet
maxime, sed proxime illum quoque fefellissem. Ac de me 34
25 omittamus ; ad Alexandrinos istos revertamur. Quod habent
os, quam audaciam ! Modo vobis inspectantibus in iudicio
Gabini tertio quoque verbo excitabantur ; negabant pecuniam Gabinio datam. Recitabatur identidem Pompei

---

1 ii] ·11· Ωst : duo oʕ   3 solet is ʕ : soletis *codd.*   pecunia
codd. : *corr. ed. V*   redegit *suppl. Naugerius* (2)   4 qui in *k* : quin
(qui Ω²μρ) *cett.*   6 testium] tantum *Patricius*   10 fuerat *codd.* :
corr. Manutius   17 nec *suppl. Madvig*   18 Cn. *scripsi* : non
codd. : *del. Madvig*   19 auctoritati *Lambinus*   20 simulare
pψ : simulavi ʕ   feci *suppl. Klotz*   ne *q, ed. R* : nec *cett.*   cum]
enim ʕ   24 quoque *most*ʕ : quem *cett.*   ac *Müller* : at *codd.*

testimonium regem ad se scripsisse nullam pecuniam
Gabinio nisi in rem militarem datam. ' Non est,' inquit,
'tum Alexandrinis testibus creditum.'   Quid postea ?
' Creditur nunc.'   Quam ob rem ?   'Quia nunc aiunt quod
35 tum negabant.' Quid ergo ? ista condicio est testium ut, 5
quibus creditum non sit negantibus, isdem credatur dicen-
tibus?   At, si verum tum severissima fronte dixerunt, nunc
mentiuntur ; si tum mentiti sunt, doceant nos verum quo
voltu soleant dicere.   Audiebamus Alexandream, nunc
cognoscimus. Illinc omnes praestigiae, illinc, inquam, omnes 10
fallaciae, omnia denique ab eis mimorum argumenta nata
sunt. Nec mihi longius quicquam est, iudices, quam videre
13
36 hominum voltus.   Dixerunt hic modo nobiscum ad haec
subsellia, quibus superciliis renuentes huic decem milium
crimini ! Iam nostis insulsitatem Graecorum ; umeris gestum 15
agebant tum temporis, credo, causa ; nunc scilicet tempus
nullum est. Vbi semel quis peieraverit, ei credi postea,
etiam si per pluris deos iuret, non oportet, praesertim,
iudices, cum in his iudiciis ne locus quidem novo testi
soleat esse ob eamque causam idem iudices retineantur qui 20
fuerint de reo, ut eis nota sint omnia neve quid fingi novi
37 possit. *** QVO EA PECVNIA PERVENERIT † non suis propriis
iudiciis in reum facti † condemnari solent.   Itaque si aut
praedes dedisset Gabinius aut tantum ex eius bonis quanta
summa litium fuisset populus recepisset, quamvis magna ad 25
Postumum ab eo pecunia pervenisset, non redigeretur ; ut

---

4 nunc *Manutius* : non *codd.*   5 negabatur Ω   6 aientibus
coni. apud Orellium   7 tum *ed. V* : cum Ω¹ : tum (-nc *k*) cum *cett.*
verissima *codd.* : *corr. Hotoman*   8 tum *t* : tunc *cett.*   verum
quid (quo *p*) multi (*ita* Ω*pq*, vulti (-is) *cett.*) sileant *codd.* : *corr. Madvig*
10 illinc . . . illum *m* : illim . . . illim *Wesenberg*   11 iis *k* : his *cett.*
mimorum 𝔖, *ed. V* : minorum (malorum Ω *mg. t*) *cett.*   16 causa *tk* :
causae *cett.*   17 eiraverit (err- *q*) Ω*μpq* : deieraverit *cett.* (Ω *mg.*) :
corr. ed. Crat.   ei *t𝔖* : et *cett.*   21 neve *Patricius* : neque *codd.*
22 qui causam dicunt *ante* quo *suppl. Halm*   non . . . facti] *fort.*
criminibus suis propriis, non iudiciis de reo factis

intellegi facile possit, quod ex ea pecunia quae ad aliquem
reum qui damnatus est *venisset*, pervenisse ad aliquem
in illo primo iudicio planum factum sit, id hoc genere iudici
redigi solere. Nunc vero quid agitur ? ubi terrarum sumus?
5 quid tam perversum, *tam* praeposterum dici aut excogitari
potest ? Accusatur is qui non abstulit a rege, sicut Gabinius 38
iudicatus est, sed qui maximam regi pecuniam credidit.
Ergo is Gabinio dedit qui non huic reddidit. Itane ? Age,
cedo, cum is qui pecuniam Postumo debuit non huic, sed
10 Gabinio dederit, condemnato Gabinio utrum illi quo ea pecunia *pervenerit* an huic dicenda causa *est*? At habet et celat. 14
Sunt enim qui ita loquantur. Quod genus tandem est
istud ostentationis et gloriae ? Si nihil habuisset umquam,
tamen, si quaesisset, cur se dissimularet habere causa non
15 esset. Qui vero duo lauta et copiosa patrimonia accepisset
remque praeterea bonis et honestis rationibus auxisset, quid
esset tandem causae cur existimari vellet nihil habere? An, 39
cum credebat inductus usuris, id agebat ut haberet quam
plurimum ; postea quam exegit quod crediderat, ut existi-
20 maretur egere ? Novum genus hoc gloriae concupiscit.
' Dominatus est enim,' inquit, ' Alexandreae.' Immo vero
in superbissimo dominatu fuit ; pertulit ipse custodiam,
vidit in vinclis familiaris suos, mors ob oculos saepe versata est, nudus atque egens ad extremum fugit e regno.
25 At permutata aliquando pecunia est, delatae naves Postumi 40
Puteolos sunt, auditae visaeque merces. Fallaces quidem

1 ad aliquem reum *scripsi* : ad quem eorum *codd.*   2 venisset
supplevi, cf. Verr. iii. 89, 90   pervenisse] pervenisset *ψc*¹   3 id]
id in *ψ*²   4 solere *noc*² : soleret *cett.*   5 tam *ed. Ascens.* : aut *k* :
om. cett.   8 itane ? age cedo *scripsi* : iam ac credo (accredo *stψ* :
accedo *noϚ*) *codd.*   10 illi *scripsi*: illa *codd.*   11 pervenerit
Reid : sit *codd.*   an huic *Madvig*: a (an *pψ*²Ϛ) nunc *codd.*   dicenda
causa est *scripsi* : de (d' Ω) ea *codd.*   12 enim *ψ* : etenim *cett.*
14 se *Muretus* : si *mpψ* : is (*om. c*¹) *cett.* : *del. Madvig*   17
habere *om. ψ*¹, *ed. R*   25 delatae *scripsi* : dictae (duc- *nst*Ϛ
codd. (*cf. infra*)   26 Puteolos *scripsi* : Puteolis *codd.*

et fucosae *e* chartis et linteis et vitro; quibus cum multae
naves refertae fuissent, naulum non potuit parari. Cataplus
ille Puteolanus, sermo illius temporis, vectorumque cursus
atque ostentatio, tum subinvisum apud malivolos Postumi
nomen propter opinionem pecuniae nescio quam aestatem 5
unam, non pluris, auris refersit istis sermonibus.

15

41   Verum autem, iudices, si scire voltis, nisi C. Caesaris
summa in omnis, incredibilis in hunc eadem liberalitas
exstitisset, nos hunc Postumum iam pridem in foro non
haberemus. Ille onera multorum huius amicorum excepit 10
unus, quaeque multi homines necessarii secundis Postumi
rebus discripta sustinuerunt, nunc eius adflictis fortunis
universa sustinet. Vmbram equitis Romani et imaginem
videtis, iudices, unius amici conservatam auxilio et fide.
Nihil huic eripi potest praeter hoc simulacrum pristinae 15
dignitatis quod Caesar solus tuetur et sustinet; quae quidem
in miserrimis rebus huic tamen tribuenda maxima est; nisi
vero hoc mediocri virtute effici potest ut tantus ille vir
tanti ducat hunc, et adflictum praesertim et absentem, et
in tanta fortuna sua ut alienam respicere magnum sit, *et in* 20
tanta occupatione maximarum rerum quas gerit atque gessit
ut vel oblivisci aliorum non sit mirum vel, si meminerit,

42 oblitum esse *se* facile possit probare. Multas equidem C.
Caesaris virtutes magnas incredibilisque cognovi, sed sunt
ceterae maioribus quasi theatris propositae et paene popu- 25
lares. Castris locum capere, exercitum instruere, expugnare
urbis, aciem hostium profligare, hanc vim frigorum hiemum-

---

1 e *supplevi*   vitro] delatae (velatae *cod. Turnebi*) *add. codd.* (*cf.
supra*)   2 naulum non potuit parari *scripsi*: una non potuerit parva
codd.   cataplus *Turnebus*: artata plus *codd.*   6 una *codd.*:
corr. Naugerius (1)   pluribus $\Omega^1\mu o^1 pqs$ 9 Postumum *del. Manutius*
11 homines ψ: hominis *cett.*   12 descripta *codd.*: *corr. Kayser*
eius] unus *Patricius*   20 aliena *codd.*: *corr. Patricius*   et
in *suppl. Lambinus*   21 occupatione *Patricius*: oppugnatione *codd.*
22 ut 5, *Naugerius* (1): *om. cett.*   23 esse se *Patricius*: esset $\Omega^1\mu c$:
esse *pq*: etiam *cett.*   25 et] haec *Patricius*   populares *pk*:
popularis *cett.*, *Patricius*   27 hiememque *codd.*: *corr. Patricius*

que quam nos vix huius urbis tectis sustinemus excipere,
eis ipsis diebus hostem persequi cum etiam ferae latibulis
se tegant atque omnia bella iure gentium conquiescant—
sunt ea quidem magna ; quis negat ? sed magnis excitata
5 sunt praemiis ac memoria hominum sempiterna. Quo
minus admirandum est eum facere illa qui immortalitatem
concupiverit. Haec vera laus est, quae non poetarum car-
minibus, non annalium monumentis celebratur, sed prudentium iudicio expenditur. Equitem Romanum veterem
10 amicum suum studiosum, amantem, observantem sui non
libidine, non turpibus impensis cupiditatum atque iacturis,
sed experientia patrimoni amplificandi labentem excepit,
corruere non sivit, fulsit et sustinuit re, fortuna, fide, hodieque sustinet nec amicum pendentem corruere patitur ; nec
15 illius animi aciem praestringit splendor sui nominis, nec
mentis quasi luminibus officit altitudo fortunae et gloriae.
Sint sane illa magna, quae re vera magna sunt; de iudicio 44
animi mei, ut volet quisque, sentiat ; ego enim hanc in
tantis opibus, tanta fortuna liberalitatem in suos, memoriam
20 amicitiae reliquis virtutibus omnibus antepono. Quam
quidem vos, iudices, eius in novo genere bonitatem,
inusitatam claris ac praepotentibus viris, non modo *non*
aspernari ac refutare sed complecti etiam et augere debetis,
et eo magis quod videtis hos quidem sumptos dies ad labe-
25 factandam illius dignitatem. Ex qua illi nihil detrahi potest
quod non aut fortiter ferat aut facile restituat ; amicissimum
hominem si honestate spoliatum audierit, nec sine magno
dolore feret et id amiserit quod posse non speret recuperari.

16
43

2 iis *Halm* : his *codd.*   cum *Patricius* : tum cum *codd.*   5
ad memoriam . . . sempiternam *codd.* : *corr. Madvig*   7 concupiverit *k, ed. V* : concupiverat *cett.*   vera *Patricius* : mira *codd.* :
nimirum *Ernesti*   13 corruere non sivit *del. Schütz*   fortuna *del.
Halm*   14 pendentem *pk* : prudentem *cett.* : imprudentem (*cf.* § 2)
Halm (nec . . . patitur *del. Madvig*)   15 praestringit *cod. Turnebi* :
perstringit *mei*   22 non ⌐, *ed. V* : om. *cett.*   24 quidem *scripsi* :
quasi *codd.*   25 dignitatem] claritatem Ω¹   28 et *Müller* : nec *codd.*
non *del. Angelius*

17
45   Satis multa hominibus non iniquis haec esse debent,
nimis etiam multa vobis quos aequissimos esse confidimus.
Sed ut omnium vel suspicioni vel malivolentiae vel crudelitati satis fiat : ' occultat pecuniam Postumus, latent regiae
divitiae.' Ecquis est ex tanto populo qui bona C. Rabiri 5
Postumi nummo sestertio sibi addici velit ? Sed miserum
me, quanto hoc dixi cum dolore ! Hem, Postume, tune
es *C.* Curti filius, C. Rabiri iudicio et voluntate filius,
natura sororis ? tune ille in omnis tuos liberalis, cuius
multos bonitas locupletavit, qui nihil profudisti, nihil 10
ullam in libidinem contulisti ? Tua, Postume, nummo
sestertio a me addicuntur ? O meum miserum acerbum-
46 que praeconium ! At hoc etiam optat miser ut vel
condemnetur a vobis, *si* ita bona veneant ut solidum
suum cuique solvatur. Nihil iam aliud nisi fidem curat, nec 15
vos huic, si iam oblivisci vestrae mansuetudinis volueritis,
quicquam praeterea potestis eripere. Quod, iudices, ne
faciatis oro obtestorque vos, atque eo magis, si adventicia
pecunia petitur ab eo cui sua non redditur. Nam in eum
47 cui misericordia opitulari debebat invidia quaesita est. Sed 20
iam, quoniam, *ut* spero, fidem quam *tibi dedi* praestiti,
Postume, reddam etiam lacrimas quas debeo ; quas quidem
ego tuas in meo casu plurimas vidi. Versatur ante oculos
luctuosa nox meis omnibus, cum tu totum te cum tuis
copiis ad me detulisti. Tu comitibus, tu praesidio, tu etiam 25
tanto pondere auri quantum tempus illud postulabat discessum illum sustentasti, tu numquam meis me absente liberis,
numquam coniugi meae defuisti. Possum excitare multos

5 et quis *codd.* : *corr. Naugerius* (1)   8 C. *suppl. Orelli*   Curii Ω
9 sororis] filius *add. codd.* : *del. Ernesti*   tune *k* : tun *os* : tu *μ* : tum
(tamen *pc*) *cett.*   11 tua ... sestertio *om.* Ω   Postume *ψ5⁻* : Postumi *cett.*   13 optat miser ut vel *t* : optatim servi vel Ω*μpq* : optat
miser ut servi vel *s* : optet miser ut (miserve Ω *mg.*) *cett.* : optat miser
ut sive servetur sive *ten Brink*   14 si *supplevi*   20 debeat
codd. : *corr. Muretus*   21 ut *suppl. Madvig*   tibi dedi *Madvig* :
potui *k* : *om. cett.* : *fort.* debui

in patriam reductos testis liberalitatis tuae, quod saepe
audivi patri tuo Curtio magno adiumento in iudicio capitis
fuisse ; sed iam omnia timeo ; bonitatis ipsius invidiam 48
reformido.   Nam indicat tot hominum fletus quam sis
5 carus tuis, et me dolor debilitat intercluditque vocem.   Vos
obsecro, iudices, ut huic optimo viro, quo nemo melior
umquam fuit, nomen equitis Romani et usuram huius lucis
et vestrum conspectum ne eripiatis.   Hic vos aliud nihil
orat nisi ut rectis oculis hanc urbem sibi intueri atque ut
10 in hoc foro vestigium facere liceat, quod ipsum fortuna
eripuerat, nisi unius amici opes subvenissent.

1 in patriam *supplevi*   reductos] re doctos *Turnebus* : *del. Madvig*
2 Curtio *Madvig* : cui ià *codd.*   adiumento *k, Madvig* : adiumento
fecisset (fuisset *μp*) *cett.*   3 fuisse *ψ²* : fuisset (si stetisset *p*) *cett.*
4 nam *cⁱ, Halm* : iam *cett.*   5 includitque *codd.* : *corr. Lambinus*
9 atque ut] atque *μq, ed. V*